Alm- und Hüttenwanderungen
Salzburger Land

Pinzgau – Pongau – Dachstein-Tauern

51 Touren zwischen Salzburg, Gerlos und Dachstein

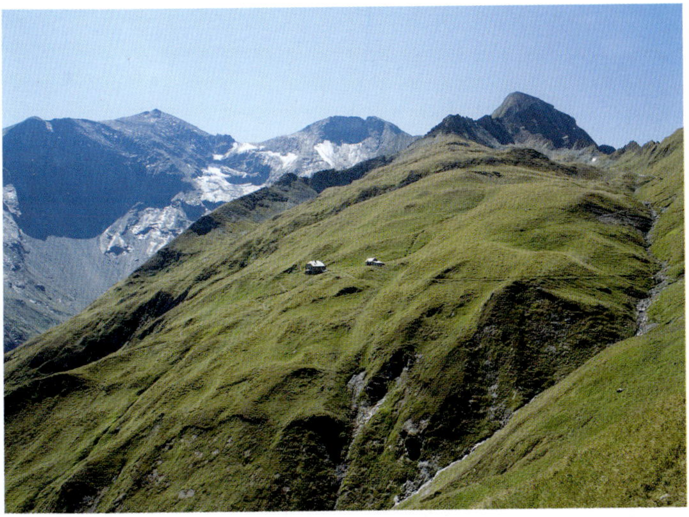

Thomas Man

ROTHER
BERGVERLAG

Vorwort

Die alpine Charakteristik des Landes Salzburg ist vielfältig: einerseits die Grasberge und die Felstürme der Hohen Tauern im Pinzgau und westlichen Pongau, andererseits die Niederen Tauern und die steilen Felswände mit Hochplateaus aus Kalk im östlichen Pongau und Dachsteingebiet. Eine mannigfaltige Landschaft, die für jeden Wanderer viel Abwechslung bietet. Schöne Steige und Wege führen zu urigen Almen und Alpenvereinshütten, die während einer Rast zum beschaulichen Rundumblick bei oft hausgemachten Produkten einladen. Dann sind da noch die Augenblicke, in denen man sich wünscht, die Zeit möge stehen bleiben – die Sonne scheint, die Kuhglocken läuten, der Duft der Almwiesen steigt in die Nase, das Summen der Insekten dringt leise ins Ohr, das leichte Rauschen der Bäume im Wind streichelt die Seele, die Sonnenaufgänge und -untergänge bewegen das Herz des Wanderers.

Aus dem großen Spektrum an Möglichkeiten habe ich 51 Touren ausgesucht, die Freude machen sollen beim Aussuchen und Planen, bei der Wanderung selbst, beim Gustieren und später beim Nachlesen und Erinnern. Die meisten Touren sind auch für Familien mit Kindern geeignet und eröffnen die spannende Erlebniswelt der Salzburger Berge mit ihren Almen und Hütten. Ich hoffe, mit diesem Buch zu vielen schönen, erinnerungsreichen und genussvollen Stunden in den Salzburger Bergen beitragen zu können.

Mein Dank gilt meinem verstorbenen Freund, dem Fotografen Bernhard Kern. Er hat seine Ideen und Eindrücke in dieses Buch mit eingebracht. Für die Geduld, Unterstützung und Hilfe bei der Erstellung dieses Buches möchte ich mich recht herzlich bei meiner Familie bedanken. Des Weiteren bei meinem Salzburger Freund, dem Wanderführer Oliver Schreier, für seine fachkundige technische Beratung, bei Herrn Nationalparkdirektor für Salzburg, DI Wolfgang Urban und seinem Stellvertreter DI Ferdinand Lainer, bei Nikolaus Eisank (Kärnten) für die Kärntner Koordination, bei den Nationalparkrangern Georg Granig (Kärnten) und Herbert Hofer (Salzburg) für ihre tatkräftige Unterstützung bei den Touren im Nationalparkbereich. Und bei allen andern, die uns mit Rat und Tat zur Seite gestanden sind. Ohne sie wäre dieses Buch nicht möglich gewesen.

Thomas Man

Liebe Leserinnen und Leser,

infolge der Corona-Krise können sich Änderungen ergeben haben, die bei Redaktionsschluss noch nicht absehbar waren. Vor allem das Überleben vieler Alm- und Hüttenbetriebe ist unsicher. Daher ist es ratsam, sich bei den Tourismusverbänden vor Ort zu erkundigen oder die entsprechenden Informationen im Internet abzurufen. Soweit möglich, werden wir aktuelle Hinweise unter www.rother.de (beim Buch) zur Verfügung stellen.
Sollten Sie geänderte Gegebenheiten vor Ort feststellen, freuen wir uns über Korrekturhinweise per E-Mail an leserzuschrift@rother.de.

Inhalt

Allgemeine Hinweise

Anforderungen

Grundsätzlich ist es nicht leicht, den Schwierigkeitsgrad objektiv zu beurteilen. Was dem Einen noch leicht erscheint, mag dem Anderen schon mittelschwer vorkommen. Die Einteilung nach den im Folgenden erklärten Maßstäben und die zusätzlichen Angaben im Tourenkopf ermöglichen es dem Bergwanderer aber im Vergleich mit eigenen Erfahrungen bezüglich Kondition und Orientierung, eine Auswahl an geeigneten Vorschlägen zu treffen. Die Tourenvorschläge sind in drei Farb- und Schwierigkeitsstufen eingeteilt.

▸ **Leicht**

Diese Wanderungen führen über gut markierte Alm- und Fortstraßen, breite Wanderwege und Steige und können auch mit wenig Bergerfahrung, von Familien und älteren Personen begangen werden. Sie sind mit entsprechender Ausrüstung und Vorsicht auch bei leicht regnerischem Wetter machbar (trotzdem gilt, im Zweifel lieber umzukehren, z. B. bei Rutschgefahr!).

▸ **Mittel**

Hier begeht man schmälere, jedoch ausreichend markierte Wege und Steige, das Gelände wird steiler und eventuell felsiger. Kondition, Trittsicherheit und Schwindelfreiheit müssen gegeben sein. Entsprechende Ausrüstung und Bergerfahrung sind für diese Touren notwendig.

▸ **Schwierig**

Diese Touren führen über schmale Steige in oftmals steilem und manchmal weglosem, unmarkiertem Gelände auch über 2000 m, erfordern absolute Trittsicherheit und Schwindelfreiheit und sind konditionsstarken Bergwanderern und Bergsteigern vorbehalten. Der Gebrauch der Hände zur Fortbewegung im steilen, felsigen Gelände kann nötig sein. Die Gehzeiten können über 6 Std. betragen.

Auf Steilflächen erleichtern Versicherungen den Abstieg sehr (Tour 32).

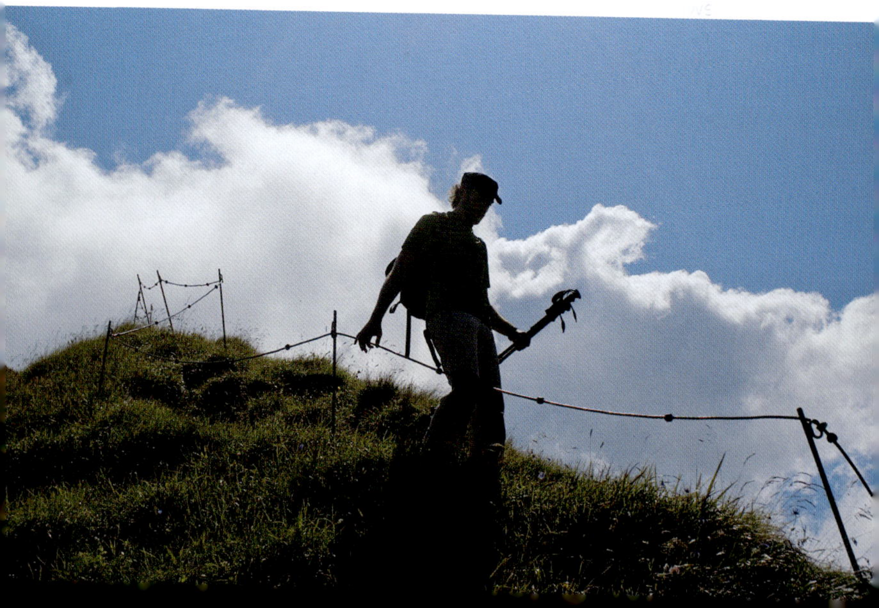

Wetter

Vier Wetterphänomene sind für den Outdoorsport wesentlich maßgeblich: Kaltfront, Warmfront, Gewitterbildung und Föhn. Eine Kaltfront zieht rasch auf und ist für den Wanderer gefährlich. Kalte Luft schiebt sich turbulent unter warme. Es fällt der Luftdruck, die Regenwahrscheinlichkeit nimmt stark zu und die Wolken werden dichter. Heftige Gewitter mit rascher und massiver Temperaturabnahme (Sturm und Schneefall auch im Sommer!) sind die Folge. Eine Warmfront dagegen lässt sich schon ein bis zwei Tage vorher erkennen. Warme Luft legt sich über die kalte Luft, Wolken verdichten sich und es beginnt allmählich zu regnen. Nach Durchzug der Warmfront kommt es meistens zu Aufheiterung und schönem Wetter. Gewitter bilden sich als Wärme- oder Frontgewitter. Wärmegewitter entstehen lokal begrenzt im Sommer am Nachmittag oder Abend, erkennbar an hoch aufgetürmten Wolken. Sie bringen keine nachhaltige Wetterverschlechterung mit sich. Frontgewitter sind meist die Vorboten einer Kaltfront, ganzjährig und jederzeit möglich, sie sind überregional und großflächig und ziehen mit hoher Geschwindigkeit heran.

Bei Gewittern sollte man so schnell wie möglich die nächste Hütte ansteuern, exponierte Orte wie Gipfel, Grate oder Hochebenen meiden und Metallgegenstände oder ein Mountainbike am besten in einigen Metern Abstand deponieren. Höhlen oder Überhänge bieten nur Schutz, wenn sie nach hinten, oben und vorne mindestens eine Körperlänge Platz bieten.

Der Föhn bildet sich im Bergland, wenn auf einer Seite, beispielsweise

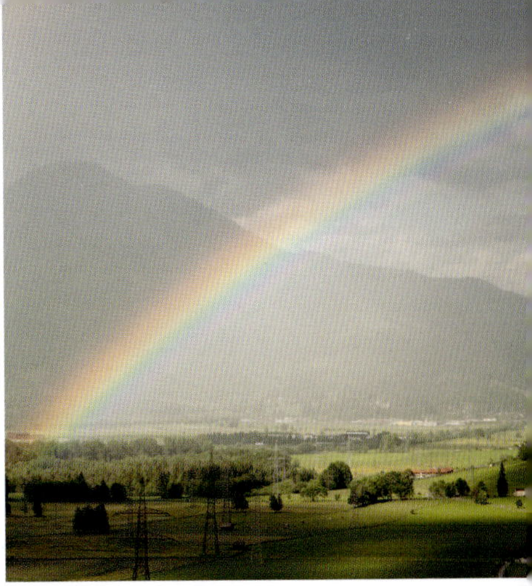

Regenbogen nach einem Gewitter.

im Norden, warme Luft vom Tal aufsteigt und abkühlt. Es bilden sich Wolken und Niederschlag, der es aber nicht über den Bergkamm hinüberschafft, während es im Süden der gleichen Bergkette keine Wolken gibt. Dort ist die Luft trocken und erwärmt sich beim Absinken in das Tal. Das Ergebnis sind trockene, warme Fallwinde, die als Föhn bekannt sind. Über dem Gebirge zeigt sich oftmals eine scharf abgegrenzte Föhnmauer, auf der Sonnenseite sind dann »Föhnfische« (Wellenwolken) zu sehen. Bei Föhnwetterlagen ist auf längerfristige Bergaufstiege (über 2 Tage) zu verzichten, da der Zusammenbruch des Föhns plötzlich und ohne erkennbare Anzeichen erfolgen kann und danach mit rasch einsetzenden, länger anhaltenden Niederschlägen und kräftig sinkenden Temperaturen zu rechnen ist. Bei jeder geplanten Gebirgstour sollte im Vorfeld die Großwetterlage anhand eines amtlichen Wetterberichts und zusätzlich das Barometer beobachtet werden (fallender Luftdruck deutet auf Wetterverschlechterung hin).

Gehzeiten

Die Zeitangaben sind Nettogehzeiten ohne Pausen und können nur Richtwerte sein. Die tatsächliche Geschwindigkeit richtet sich nach den eigenen Fähigkeiten und Vorlieben beziehungsweise nach dem Langsamsten in einer Gruppe. Dies ist bei der Tagesplanung und bei den Pausen, speziell mit Kindern, zu berücksichtigen. Weicht man von den beschriebenen Routen ab, gilt als Faustregel 400 Hm im Anstieg, 600 Hm im Abstieg und 4 km auf ebenem Weg pro Stunde.

Orientierung leicht gemacht? Alle nötigen Informationen zum Weg zeigen die gelben Wegweiser.

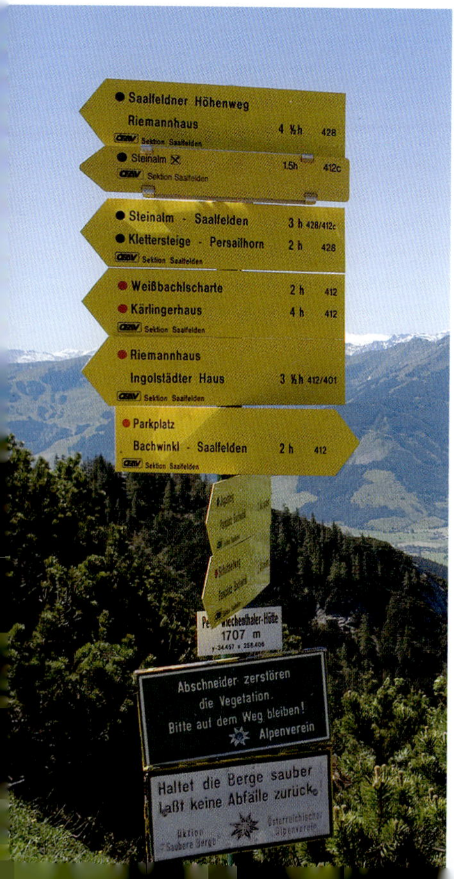

Kinder

Bergwandern und Bergsteigen ist grundsätzlich in jedem Alter möglich. Bei Säuglingen muss wegen der stärkeren Temperaturschwankungen in den Bergen gut darauf geachtet werden, dass sie nicht auskühlen. Wichtig ist eine geeignete, anatomisch korrekte Tragehilfe, falls man nicht mit dem Kinderwagen unterwegs ist. Kraxen sind erst geeignet, wenn das Kind längere Zeit komplett frei sitzen kann. Im Tragetuch oder anderen guten Tragehilfen kann man die Kinder dagegen bereits als Säugling mitnehmen. Anfangs sollten die Touren aber kurz sein, da man das Verhalten des Kindes noch nicht so gut einschätzen kann. Kleinkindern unter drei Jahren fehlt die Höhenanpassung oberhalb einer Grenze von 2000 bis 2500 Metern (je nach Kind und Gegebenheiten). Mit ihnen sollte man deshalb auf jeden Fall unterhalb von 2500 Metern bleiben und sie ab 2000 Meter gut beobachten und gegebenenfalls sofort umdrehen (Kopfweh, Blässe, auffälliges Verhalten). Kinder sind für das Wandern nur zu begeistern, wenn sie nicht überfordert und bei Laune gehalten werden. Es ist daher nicht sinnvoll, sich an einen genauen Zeitplan zu halten und die Tour strikt durchzuziehen. Es ist notwendig die Kinder unter aller gebotenen Vorsicht Erfahrungen und Eindrücke selbst machen zu lassen. Eine Sage zum Weg, eine gute Geschichte, ein Tier- und Pflanzenbestimmungsbuch oder diverse Spiele sollten eingeplant werden. Auf ausreichend Pausen, viel zu trinken und rechtzeitige Umkehr ist unbedingt zu achten. Alle Touren, die mit geländegängigem (!) Kinderwagen machbar sind, haben bei der Kurzinfo ein entsprechendes

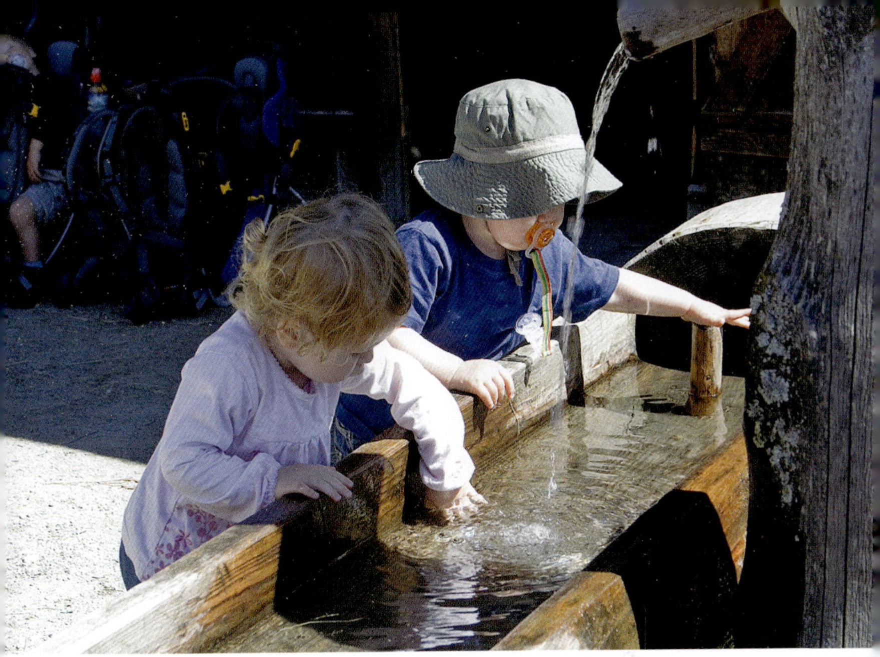

Almen sind ein Abenteuerspielplatz (Tour 26).

Symbol. Geländegängige Kinderwagen haben große Räder, die mit Luft gefüllt sein sollten (keine Räder aus Hartplastik – Bruchgefahr) und eine gewisse Bodenfreiheit. Als Hilfsmittel zum Ziehen bergauf durch eine zweite Person auf steileren Wegen kann ein Kletterkarabiner mit einer 2 bis 3 Meter langen Reepschnur oder eine lange Bandschlinge wahre Wunder wirken. Damit kann man den Wagen auch bergab gegen Davonrollen sichern, falls der Schiebende stürzen sollte. So eine Sicherung ist auf steileren Wegen auf jeden Fall anzuraten!

Gefahren und alpines Notsignal

Alm- und Hüttenwanderungen sind meist relativ gefahrlos. Aber Gefahren im Gelände, wie zum Beispiel stolpern, oder durch das Wetter gibt es auch auf an sich harmlosen Touren. Wer alpine Gefahren erkennt, kann sich davor schützen. Wetterberichte, Alpenvereine, Tourismusverbände, Hüttenwirte und Bergrettungsstellen geben detaillierte Informationen über die möglichen Gefahren einer Tour. Wer in Bergnot gerät, sollte in seinem Mobiltelefon die Notrufnummer der Bergrettung, in Österreich 140, abgespeichert haben, die netzunabhängig angewählt werden kann.

Ist es aus irgendwelchen Gründen nicht möglich, mit dem Mobiltelefon Hilfe zu holen, kann das standardisierte alpine Notsignal Rettung bringen. Dabei macht man nach einem festgelegtem Taktschema auf sich aufmerksam: Der Verunglückte setzt in regelmäßigen Abständen sechsmal innerhalb einer Minute, also im Abstand von jeweils 10 Sekunden, ein akustisches oder in der Nacht auch eine optisches Signal ab, gefolgt von einer Minute Pause. Wer das Notfallzeichen bemerkt, antwortet mit einem vergleichbaren

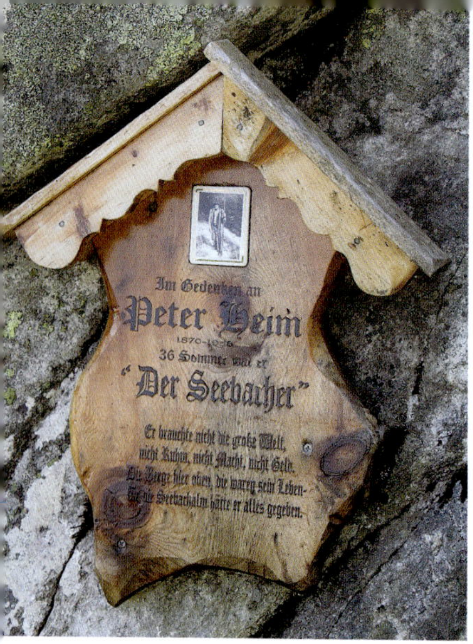

Gedenkstein für den Senner Peter Heim, der 36 Sommer auf der Seebachalm war (Tour 9).

Zeichen mit drei Signalen pro Minute, also in einem Abstand von jeweils 20 Sekunden.

Gefahren durch Weidevieh und Wildtiere

Immer öfter kommt es zu Zusammenstößen zwischen Mensch, Hund und Weidevieh. Kurz gesagt, der Mensch bleibt dabei immer auf der Strecke, schwere Verletzungen sind die Folge. Waren es früher eher Milchkuhherden, die ruhig und gelassen geweidet haben, so sind es heute meist Jungtiere und Mutterkühe mit ihren Kälbern, die im Sommer die Almen bevölkern. Während Jungtiere aus Neugierde und Übermut dem Menschen unabsichtlich Schaden zufügen, so ist es bei den Mutterkühen der natürliche Instinkt zur Verteidigung ihrer Kälber.

Gefahr besteht, wenn die Kühe den Kopf heben und senken, dabei in die Knie gehen und schnauben. Bevor sie loslaufen, gehen sie meist ein paar langsame Schritte auf ihr Ziel zu. Daher sollte man als Wanderer den Rindern nicht zu nahe kommen und vor allem Kälber weder streicheln noch füttern. Es empfiehlt sich, Abstand von den Tieren halten und besser einen Umweg in Kauf nehmen. Hunde sind immer an die Leine zu nehmen und dürfen einer Herde nie zu nahe kommen. Sie werden als Feinde betrachtet und daher vor allem von Muttertieren häufig angegriffen. Die Hunde sollen nur dann von der Leine gelassen werden, wenn absehbar ist, dass ein Rind angreifen wird, denn Hunde sind ja im Gegensatz zum Menschen schnell genug, um einem Angriff auszuweichen. Sollte es trotz aller Vorsichtsmaßnahmen zu gefährlichen Situationen kommen, dann Ruhe bewahren, nicht davonlaufen und, wenn möglich, mit einem Wanderstock oder einem ähnlichen Gegenstand Drohgebärden machen. Auch laute Zurufe können aggressive Rinder zum Umkehren bewegen. Notfalls hilft nur ein konsequenter, langsamer Rückzug aus der Gefahrenzone, ohne den Tieren jedoch den Rücken zuzukehren. Stieralmen sind auf jeden Fall zu meiden!

Schafe und Ziegen sind selten eine Bedrohung, Böcke können eventuell aggressiv sein, aber auch Muttertiere, deren Lämmern und Kitzen man zu nahe kommt. Nie füttern, der nächste Wanderer wird dankbar sein – man wird sonst nämlich stark bedrängt und um Futter angebettelt. Bei Pferden auf der Alm handelt es sich meist um Haflinger und Noriker, beide von der Rasse her friedliche Tiere. Trotzdem sind es große, kräftige Tiere, die sich bei vermeintlicher Gefahr zu wehren wissen. Bei den seltenen freilaufenden Pferdeherden einfach vor der Wanderung erkundigen, wie sich die Herde verhält und worauf im Umgang mit ihnen zu achten ist. Und: Man sollte besser nicht mit dem Hirten verwechselt werden, der die Herde versorgt und ihnen Lecksteine vorbeibringt. Denn es verursacht kein Glücksgefühl, wenn eine fröhliche Pferdeherde auf einen zu galoppiert.

Unter den Wildtieren sind die Wildschweine ernst zu nehmen, vor allem wenn eine Bache mit Frischlingen unterwegs ist. Bei einem Aufeinandertreffen sollte man sich ruhig verhalten und sich langsam zurückziehen. Gelegentlich tauchen in der Region Salzburg Wölfe auf, wobei es sich um Einzeltiere handelt, die vorübergehend aus Slowenien oder Südtirol zuwandern. Speziell im Pinzgau kam es zuletzt zu mehreren »Wolfsübergriffen« auf Schafe.

Karten

Die Kartenausschnitte im Buch geben nur einen Überblick über die Route, sie ersetzen nicht eine richtige Karte. Empfehlenswert sind die entsprechenden Karten vom Österreichischen Bundesamt für Eich- und Vermessungswesen im Maßstab 1:25.000 und 1:50.000 (auch als UTM), von Freytag & Berndt im Maßstab 1:50.000 und die Alpenvereinskarten im Maßstab 1:25.000 und 1:50.000 (kartenabhängig).

Mountainbike

Hütten und Almen sind auch für Mountainbiker beliebte Ziele. Jedoch sind in Österreich nicht alle Wege für Biker freigegeben, man muss sich beim jeweiligen Tourismusverband erkundigen. Dort gibt es Karten und Mountainbikeführer. Auch im Internet finden sich viele

Die nährstoffreichen Almkräuter und -wiesen sind ein wesentlicher Bestandteil für die bäuerliche Tierhaltung.

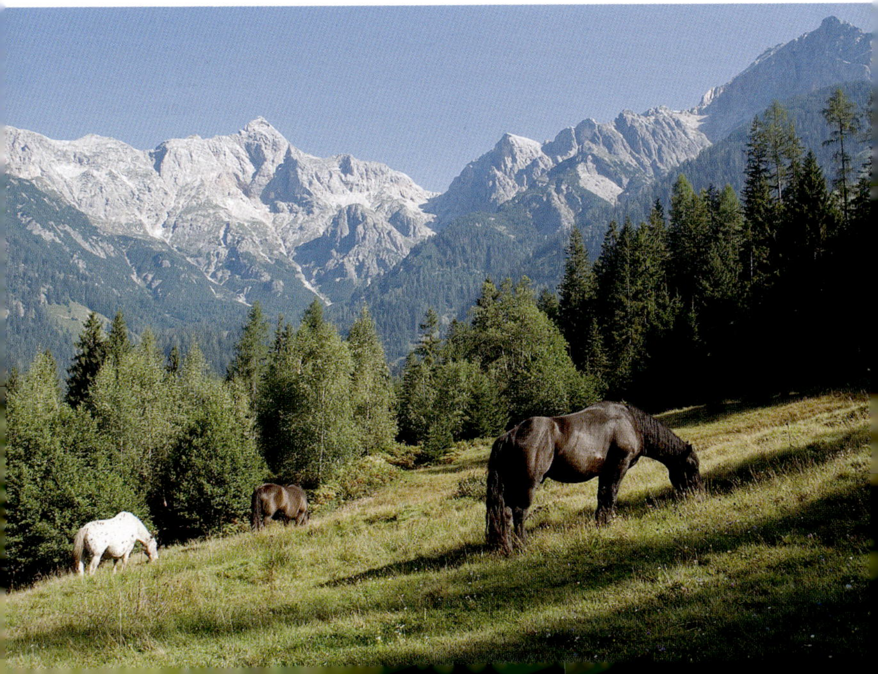

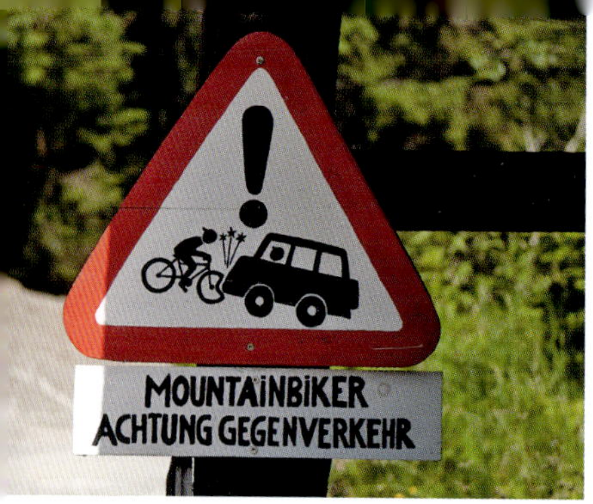

Größte Vorsicht ist vor allem beim Bergabfahren geboten!

Websites mit guten Routen und Tipps. Auf allen Mountainbikestrecken in Österreich gilt die Straßenverkehrsordnung (StVO). Touren in diesem Buch, die ganz oder teilweise mit dem Mountainbike möglich sind, werden unter »Mountainbike« in der Kurzinfo kurz beschrieben.

Winter

In diesem Buch werden nur in Einzelfällen Empfehlungen zur Wintertauglichkeit der Touren gegeben, da der Autor eine Einschätzung der Gefahrenlage nicht abgeben kann.
Generell ist darauf zu achten, dass im Winter die Routen eventuell beschwerlicher zu begehen sind und sich die Gehzeiten gegenüber dem Sommer deutlich erhöhen können. Schneefall, Nebel und Whiteout können aus einer einfachen Tour ein gefährliches Abenteuer machen. Daher wird empfohlen, lokale Guides zu buchen und an einer geführten Winter- beziehungsweise Schneeschuhwanderung teilzunehmen. Die Wanderführer sind gut ausgebildet, sie können das Gefahrenpotenzial besser einschätzen und die Route entsprechend planen. Die selbstständige Benützung der hier angeführten Wanderwege ist nur in Eigenverantwortung und nur auf eigene Gefahr möglich. Die Exposition der Route, Wetterbericht und Lawinenlagebericht sind bei Winterwanderungen immer zu bedenken. Winterruhezonen für das Wild sind zu beachten und Betretungsverbote unbedingt einzuhalten. Vorsicht auf allen Wegen – es können Skifahrer oder Rodler entgegenkommen! Besondere Vorsicht ist bei der Überquerung von Pisten geboten. Fußgänger dürfen im Allgemeinen nur den Rand einer Skipiste benützen.
Informationen zu Rodelbahnen im beschriebenen Gebiet finden Sie im Internet unter www.salzburgerland.com, www.rodeln.at und www.steiermark.com.

GPS-Tracks

Zu diesem Wandbuch stehen auf www.rother.de GPS-Tracks zum kostenlosen Download bereit.
3. Auflage, Passwort: **305503rym**
Sämtliche GPS-Daten wurden vom Autor teils im Gelände, teils auf einer digitalen Karte erfasst. Verlag und Autor haben die Tracks und Wegpunkte nach bestem Wissen und Gewissen überprüft. Dennoch können wir Fehler oder Abweichungen nicht ausschließen, außerdem können sich die Gegebenheiten vor Ort zwischenzeitlich verändert haben. GPS-Daten sind zwar eine hervorragende Planungs- und Navigationshilfe, erfordern aber nach wie vor sorgfältige Vorbereitung, eigene Orientierungsfähigkeit sowie Sachverstand in der Beurteilung der jeweiligen (Gelände-)Situation. Man sollte sich für die Orientierung auch niemals ausschließlich auf GPS-Gerät und -Daten verlassen.

Almen und Hütten im Land Salzburg

Die Almwirtschaft hat im Land Salzburg eine jahrhundertealte Tradition. Über 1800 bewirtschaftete Almen und 550 Hütten gibt es im Salzburger Land, fast ein Drittel des Landes sind Almflächen. Neben der für die bäuerlichen Betriebe sehr wichtigen wirtschaftlichen Funktion der Almen – sie liefern für viele Bergbauernbetriebe bis zu einem Drittel der Futtergrundlage – gewinnen die Schutz- und die Erholungsfunktion immer mehr an Bedeutung. Nur durch die Offenhaltung des Geländes findet man auf den Almen einen attraktiven Erholungsraum vor, in dem man sich vom Alltagsstress befreien und wieder neue Energien tanken kann. Ganze Täler, wie beispielsweise das Großarltal, haben viele ihrer Almen revitalisiert. Der Salzburger Almenweg, ein 350 km langer Rundweg, führt zu über 120 bewirtschafteten Almen. Unter den Hütten, die entlang des Salzburger Almenweges liegen, finden sich so klingende Namen wie die Gamskarkogelhütte (auch Bad Gasteiner Hütte; Tour 35), die Tappenkarseehütte (Tour 37) oder die Südwiener Hütte (Tour 41), aber auch weniger bekannte wie die Karseggalm (Tour 38), die Steinkaralm (Tour 40) oder die Kögerlalm (Tour 24), die unter Bergfexen als echte Geheimtipps gelten und ebenfalls in diesem Buch zu finden sind.

Brauchtum

Brauchtum wird in Salzburg von je her groß geschrieben. Mit den alten Traditionen lebt die Bevölkerung die Verbundenheit zu ihrer Heimat, zu ihrem Grund und Boden, der ihr Zuhause ist und sie über Generationen ernährt hat. Auf den Hütten und Almen haben sich drei Bräuche bis heute gehalten, das Kasen (»Käsemachen«, dient natürlich auch dem Verdienst), das Musizieren und Jodeln und der Almabtrieb. Das Kasen könnte man heute den Molkereien überlassen, trotzdem machen viele Almbauern den Käse noch auf der Alm, traditionell mit jenen Utensilien aus Holz, die schon vor hundert Jahren verwendet wurden. Butter, Käse und Brot werden heute für den Tourismus selbst gemacht und direkt vermarktet. Ergänzt mit Wurst und Speck vom hofeigenen Betrieb braucht man als Wanderer oftmals keine Brotzeit mehr mitzunehmen, die Sennerin auf der Hütte hat alles frisch und reichlich. Musiziert wurde früher meist mit einer Ziehharmonika, dem Hackbrett, der Maultrommel und der Teufelsgeige. In den Anfängen des kommerziellen Tourismus Mitte des vorigen Jahrhunderts kamen noch die Gitarre und diverse Blechblasinstrumente dazu. Während früher Haus- und Stubenmusik mit Mundartgesang gemacht wurde, entwickelte sich ein flotterer Rhythmus zur Volksmusik und zur volkstümlichen Musik als Gegenstück zur Schlagermusik. Auch das Jodeln, früher eine Art der Verständigung zwischen Sennern, Hirten und Waldarbeitern, machte diese Entwicklung mit und floss in die Volksmusikstücke mit ein. Die »Musikalische Almroas« und viele weitere Almfeste sind fester Bestandteil Salzburger Brauchtums. Die aktuellen Termine und Orte findet man unter www.salzburgerland.com/de/almsommer. Es lohnt sich bei der Tourenplanung darauf zu achten und so das ein oder andere Brauchtumsschmankerl »mitzunehmen«.

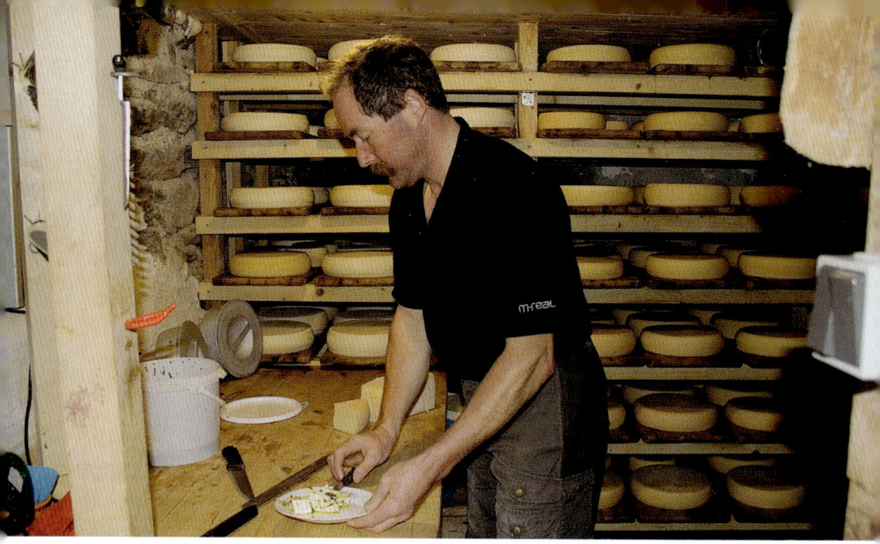

Senner im Käsekeller auf der Tödlingalm (Tour 25).

Der Almabtrieb ist die Überführung des Viehs von den Bergweiden (Almen) ins Tal, wo es in den Stallungen der Bauernhöfe überwintert. Der Almabtrieb wird durch das Ausbleiben des Gras- und Kräuterwachstums oder Schlechtwettereinbrüche bestimmt und liegt gebietsweise unterschiedlich zwischen Mitte September und Mitte Oktober. Ist der Almsommer für Mensch und Tier ohne tödliche Unfälle verlaufen, werden die Herden für den Abtrieb oft kunstvoll geschmückt und der Almabtrieb mit Musik- und Tanzveranstaltungen verbunden. Diese Feste bildeten früher im September oder Oktober den Abschluss des Almlebens und entsprachen den Erntedankfesten im Flachland. Für den Kopfschmuck der Tiere wird traditionell Almrausch (Alpenrose) oder Latschenkiefer verwendet, sowie Silberdistel und Seidenblumen. Eine besondere Rolle spielt dabei die sogenannte Kranzkuh. Sie bekommt einen ganz besonders pompösen Kopfschmuck. Bergab auf den Weg in die heimischen Ställe führt die Kranzkuh traditionell die Herde an. Der Kranz wird mit viel Liebe aus Zweigen, Blumen, Gräsern und Bändern in Form einer Krone geflochten. Meist enthält er ein Kreuz, womit um den Schutz des Himmels gefleht wird und einen Spiegel und Glocken zur Abwehr böser Geister. Heute dient dieser Brauch vielerorts als Touristenattraktion zum Ausklang der Sommersaison. Im nächsten Frühsommer, meist um Pfingsten, erfolgt der neuerliche Auftrieb, meist ohne besondere Veranstaltungen. Lediglich in Rauris findet Ende Juni der spektakuläre Hengstauftrieb der Norikerpferde beim Bodenhaus statt. Spektakulär deshalb, weil die mächtigen Hengste, bevor sie auf die Alm kommen, in hitzigem Kampf das Leittier bestimmen. Das ist eine Notwendigkeit, weil die Hengste ohne feste Rangordnung auf der Alm nicht zur Ruhe kämen, was auch für die Wanderer nicht ungefährlich wäre. Bis Anfang September bleiben die Hengste dann auf der Grieswiesalm (Tour 20) im hinteren Hüttwinkeltal.

Almen im Nationalpark Hohe Tauern

Mit 1836 km² ist der Nationalpark Hohe Tauern der größte im gesamten Alpenraum in dessen Kernzone der natürlichen Dynamik und Entwicklung freier Lauf gelassen wird. Etwa 600 km² sind als Außenzone ausgewiesen, hier steht die Bewirtschaftung der Almen als Naturschutzziel ganz oben. Die insgesamt über 350 Almen im Nationalpark Hohe Tauern sind über viele Jahrhunderte geschaffenes und gepflegtes Kulturland, das hier unmittelbar an die ursprüngliche alpine Naturlandschaft angrenzt. Eine nachhaltige Nutzung der Almen dient nicht nur der Erhaltung dieser einzigartigen Kulturlandschaft, sondern auch der dortigen großen Vielfalt an Tieren und Pflanzen. Auf den Almen und Bergmahdflächen der Hohen Tauern findet man unglaubliche 800 verschiedene Pflanzenarten. Viele davon kommen nur bei regelmäßiger Beweidung oder Mahd vor. Neben einer ökologischen und nachhaltigen Almbewirtschaftung begegnet man auf diesen Nationalpark-»Musteralmen« einer Vielfalt an heimischen Haustierrassen. 13 Touren (8–12, 14–16, 18–21, 38) führen zu solchen Almen und zeigen anschaulich in der Praxis das Miteinander von Mensch und Natur.

Hütten

Alpenvereins- oder Alpenclubhütten sind der überwiegende Anteil der über 1300 Schutzhütten in den Alpen. Sie werden von den Sektionen der Alpenvereine geführt beziehungsweise erhalten und bieten Wanderern, Bergsteigern und Kletterern Unterkunft und Schutz im Alpenraum. Der Großteil dieser Hütten ist bewirtschaftet, einige sind nur für Selbstversorger ausgelegt. Zwar haben grundsätzlich alle Bergsteiger und Bergwanderer Zugang zu den Hütten, allerdings werden den Mitgliedern der Alpenvereine besondere Konditionen geboten, wie vergünstigte Übernachtung, Bergsteigeressen, Teewasser, Recht auf Selbstversorgung gegen einen Infrastrukturbeitrag (Verzehr mitgebrachter Speisen und alkoholfreier Getränke). Für unbewirtschaftete Hütten erhalten Mitglieder bei der Alpenvereinssektion gegen Kaution einen Universalschlüssel, den Alpenvereinsschlüssel (meist kurz als AV-Schlüssel bezeichnet). Die großen alpinen Vereine haben sich in einem multilateralen Abkommen verpflichtet, die Mitglieder der jeweils anderen Vereine auf den vereinseigenen Hütten wie eigene Mitglieder zu behandeln (Gegenrecht). Dies sind der Deutsche und der Österreichische Alpenverein, die Fédération française des clubs alpins et de montagne, der Club Alpino Italiano, der Schweizer Alpen-Club und die Federación Española de Deportes de Montaña y Escalada. Neben den Alpenvereinshütten gibt es auch eine große Zahl von alpinen Unterkunftshütten, die privat geführt werden.

In der Liste der Schutzhütten in den Alpen sind die Privathütten entsprechend gekennzeichnet. Die Liste enthält bei weitem noch nicht alle Hütten in den sieben Alpenanrainerstaaten (Deutschland, Österreich, Schweiz, Liechtenstein, Italien, Frankreich und Slowenien) bietet aber einen ausreichenden Überblick (www.dav-huettensuche.de, www.alpenverein.at/huettenHome/DE/index.php).

Nächste Doppelseite: Blick auf Großes Wiesbachhorn, Hohen Tenn und Kitzsteinhorn, das Dreigestirn im Kaprunertal (Tour 26).

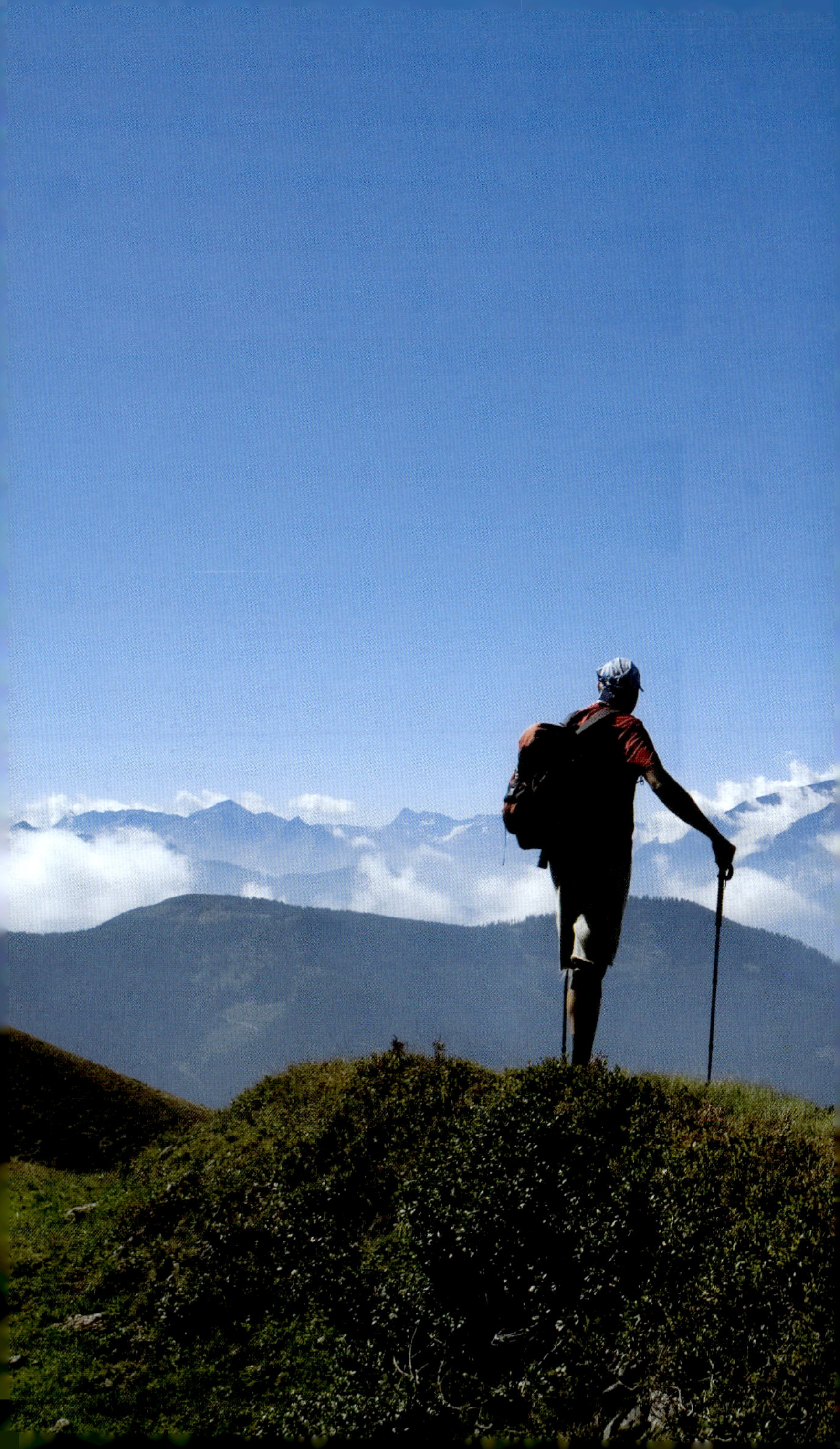

1 Unkener Hochalm, 1408 m

Runde über das Peitingköpfl ★★

Weißes Gold und andere Schätze

Die Unkener Hochalm ist in drei sogenannte Trett eingeteilt, die schon im Salinenvertrag von 1829 eingetragen sind: das Gschwendtner Trett, das Lochtrett und das Hochtrett, wobei Trett in dieser Region für Almfläche steht. Bayern erwarb damals das unwiderrufliche Recht im österreichischen Pinzgau Holz zur Beheizung der Reichenhaller Sudhäuser zu schlagen. Noch heute werden ca. 18.400 Hektar Wald in dem Gebiet zwischen Leogang und Unken, die offiziell als Saalforste bezeichnet werden, bewirtschaftet. Im Gegenzug schürften Halleiner Knappen am Dürrnberg tief unter Tag weit über die Grenze hinein auf bayerischem Gebiet nach Salz. Trotz veränderter Rahmenbedingungen besitzt die 1957 erneuerte Salinenkonvention bis zum heutigen Tag ihre Gültigkeit, auch wenn die Gruben im Salzburger Land bereits in den 1980er-Jahren stillgelegt wurden und Bad Reichenhall kein Holz mehr benötigt, um aus der Sole Salz zu gewinnen. Neben diesen beiden wichtigen Abmachungen wurden in der Salinenkonvention noch weitere Regelungen, auch rechtlicher Art, getroffen. So wurde beispielsweise festgelegt, wie vorzugehen ist, wenn ein Österreicher im bayerischen Forst einen Landsmann erschlägt oder welche Bewohner von Bauernhöfen im bayerischen Gebiet in den österreichischen Gruben garantiertes Arbeitsrecht erhalten. Die auf der Unkener Hochalm liegenden aussichtsreichen Kaser, wie die Almen hier bezeichnet werden, dienen fast alle nur mehr der Alpung von Jungvieh. Es ist auch eine sagenreiche Gegend, wo Goldschätze in Höhlen liegen und edle Metalle aus Quellen tropfen sollen. Eine der Sagen erzählt von einer Höhle in den steilen Wänden des Dietrichshorns auf der anderen Talseite der Unkener Hochalm, auf deren Grund ein goldener Wagen steht. Vor langer Zeit ließ sich ein Bauernsohn mit Hilfe von Freunden an einem langen Seil in die Höhle ab. Als er unten ankam, sah er neben anderen glitzernden Dingen einen goldenen Wagen. Vor Aufregung rief er zu seinen Freunden hinauf, dass sie alle nun reich wären. Kaum war sein Ruf verhallt, wurde es dunkelste Nacht und alles Geschmeide und der goldene Wagen waren verschwunden. Denn wer den Schatz bergen will, der darf dabei kein einziges Wort sagen, sonst ist er für lange Zeit verloren. Dafür ist die Landschaft mit ihrer herrlichen Aussicht ein wahrer Schatz, an dem man sich sooft sattsehen kann, wie man will.

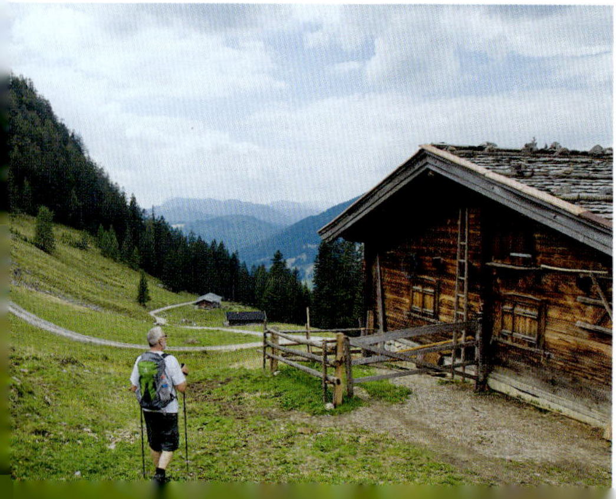

Abstieg über die Gschwendteralm.

EINKEHR

Jausenstation Unkener Hochalm, 1408 m: Geöffnet im Sommer von Anfang Juni bis Ende Oktober täglich (allerdings an Schlechtwettertagen geschlossen), im Winter von Weihnachten bis Ostern täglich (außer bei extremen Witterungsverhältnissen). Auf Parkplatz 1 das Hinweisschild beachten: Grün bedeutet geöffnet, rot bedeutet geschlossen. Viele Köstlichkeiten (u. a. Pinzgauer Kaspressknödel, Bauerngröstl, und hausgemachte Kuchen), gemütliche Rast beim Kachelofen, in der Stube oder auf der Sonnenterrasse. Keine Übernachtung. Tel. +43/(0)664/4533666, www.hochalm-unken.at.

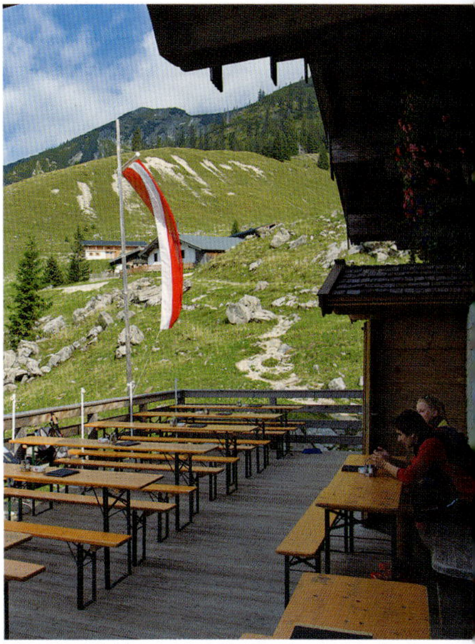

Auf der Terrasse der Unkener Hochalm mit Blick zum Reifelberg.

KURZINFO

Talort: Unken, 563 m; von Zell am See über Lofer oder von Salzburg über Bad Reichenhall, 6,3 km ins Heutal (Wegweisern folgen); Tourismusverband Salzburger Saalachtal in Lofer, Tel. +43/(0)6588/20404, www.salzburger-saalachtal.com.
Ausgangspunkt: Letzter Parkplatz beim Heutaler Hof oder Parkplatz beim Gasthof Heutal (dann ca. 20 Min. kürzer). Achtung: Alle Parkplätze sind gebührenpflichtig (Automaten), Kleingeld bereithalten!
Gehzeit: 4.30 Std., ohne Peitingköpfl 3.35 Std.
Höhenunterschied: 450 m im An- und Abstieg. Mit Peitingköpfl und Abstieg über die Gschwendteralm 760 m.
Anforderungen: Einfache Wanderung auf Steigen, Wanderwegen und Almstraßen; sehr kurzer aber blockiger Anstieg auf das Peitingköpfl (schwarz). Vorsicht im Gipfelbereich, Absturzgefahr über die Westwand!
Kinder: Rund um die Almen weiden Kühe und Jungvieh. Abenteuerspielplatz beim Gasthof Heutal. Kletterwand beim Wanderparkplatz 2 (nur mit Kletterausrüstung und Sicherung!).
Kinderwagen: Geeignet für geländegängige Kinderwagen auf Almstraße (Weg Nr. 20) vom Parkplatz 1 an der Talbrücke (insgesamt 3,6 km, ca. 1.15 Std. im Anstieg).
Mountainbike: Das Heutal in Unken ist ein beliebtes Ziel für Mountainbiker – sowohl für Anfänger als auch für Profis. MTB-Tour von Unken ins Heutal und zur Hochalm (ca. 9 km, 890 Hm, rot). Verschiedene Mountainbikekarten beim Tourismusverband Salzburger Saalachtal in Lofer erhältlich.
Gipfelmöglichkeiten: Sonntagshorn, 1961 m (Trittsicherheit nötig, ca. 1.30 Std. im Anstieg ab Hochalm, rot); Peitingköpfl, 1720 m (1.30 Std. hin und zurück, rot).
Varianten: a) Abstieg über die Obere Hölzlalm und Hölzlkaser nach Unken (ca. 1.30 Std vom Peitingköpfl).
b) Bereits 250 m östlich des Ausgangspunkts folgt man dem Fischbach nordwärts zum Fischbachfall (ca. 10 Min.). Nach weiteren 20 Min. erreicht man den imposanten Staubfall (insgesamt 2,4 km zusätzlich, 100 Hm, blau).

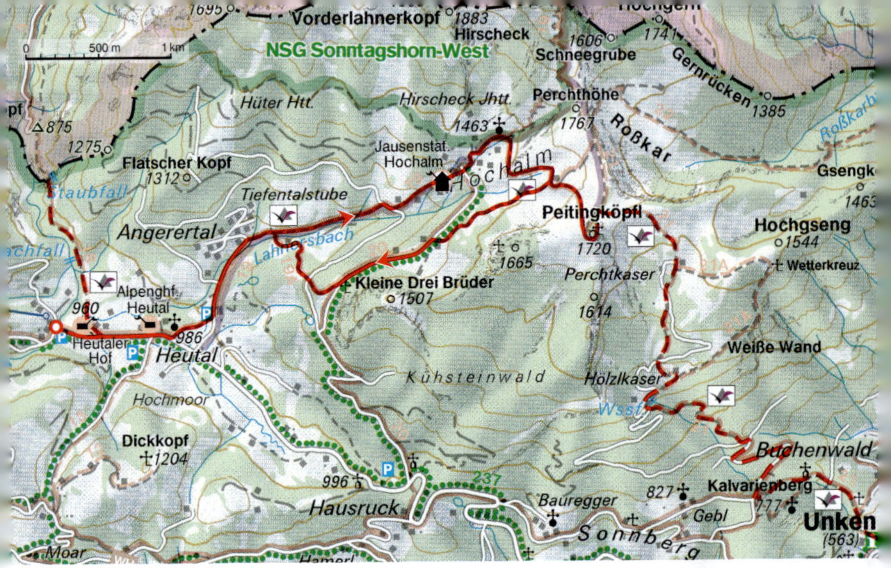

Vom Parkplatz **Heutaler Hof**, 960 m, ostwärts auf der Zufahrtsstraße ca. 750 m zur Abzweigung Alpengasthof Heutal, 976 m. Beim Wegweiser (Weg Nr. 19) links über einen Steig leicht aufwärts, vorbei an einer Kapelle, zum Wanderparkplatz 2 mit einer Kletterwand. Nun auf einem Güterweg nordostwärts zur **Skiclubhütte**, 1060 m. Hier rechts ab auf einen Fahrweg, später auf einen Steig, dann dem Lahnersbach und der rot-weiß-roten Markierung problemlos hinauf zur **Jausenstation Hochalm**, 1408 m, folgen.

Nun auf der Almstraße rechts hinauf bis zur Abzweigung Sonntagshorn. Ab hier auf Weg Nr. 20 einfach auf einer Almstraße bis zum **Ennsmannkaser**, 1551 m, hinauf. Hinter der Hütte den Steigspuren entlang steil hinauf nach Süden über Almwiesen zum **Peitingköpfl**, 1720 m.

Zurück zum Ennsmannkaser, hier nun links quer über die Almwiesen den Steigspuren nach (später als Forststraße), mit Blick auf die andere Talseite zur Jausenstation Hochalm, hinunter zu den ersten Hütten der **Gschwendteralm**, 1323 m. Links talwärts die Almstraße hinunter bis rechts die Abzweigung »Guter Hirt«, 1273 m, erreicht wird. Hier wieder auf Weg Nr. 19/19a hinunter zum Lahnersbach. Nach der Brücke links erneut zur **Skiclubhütte**, 1060 m. Weiter auf dem Anstiegsweg zurück zum Parkplatz **Heutaler Hof**, 960 m.

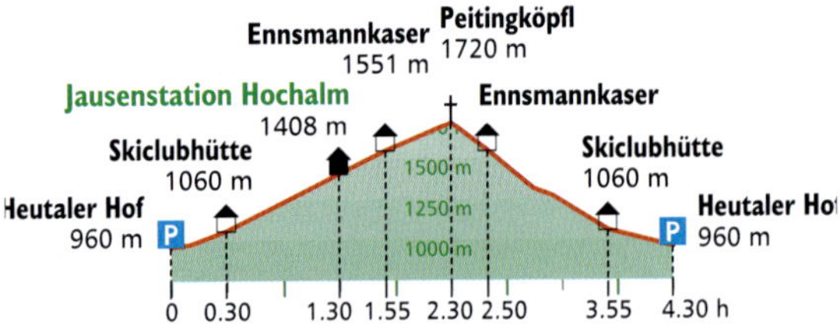

Licht- und Schattenspiele auf dem Weg zum Peitingköpfl, rechts das Sonntagshorn.

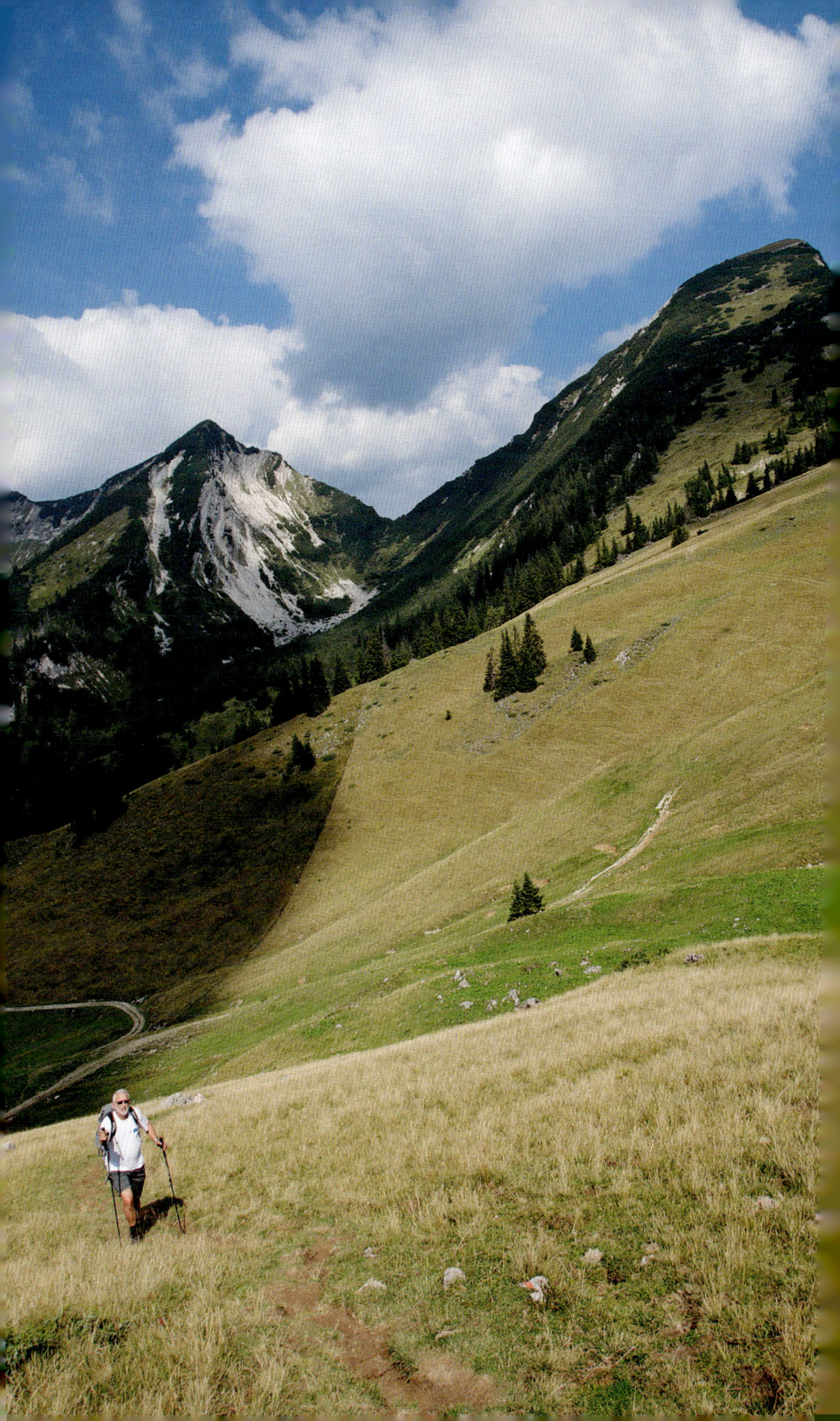

2 Passauer Hütte, 2051 m

Über den Normalweg ★★

In den Leoganger Steinbergen

Die Leoganger Steinberge sind eine Gebirgsgruppe der Nördlichen Kalkalpen zwischen Lofer, Saalfelden und Leogang. Von den benachbarten Loferer Steinbergen werden sie durch den Römersattel, 1202 m, getrennt. Die Leoganger Steinberge sind von den südlich liegenden Kitzbüheler Alpen und vom östlich liegenden Steinernen Meer durch tief eingeschnittene Täler getrennt. Typisch sind Plateaustöcke mit steilen Randabstürzen und stark gewellten Hochkaren. Eine bemerkenswerte Felsformation ist das Melkerloch in der Südostwand des Birnhorns. Das Birnhorn selbst bildet mit 2634 m den höchsten Gipfel. Das Birnbachloch liegt ca. 750 m unterhalb der Passauer Hütte und ist durch einen eigenen Weg zu erreichen. Es handelt sich um eine Karstquelle in einer großartigen, von latschenbewachsenen Kalkfelsen geprägten Umgebung. Der optische Eindruck des Birnbachlochs wird bestimmt von einer ca. 20 m breiten, »geräumigen« Eingangshalle, in deren Hintergrund der Birnbach entspringt und anschließend in anmutigen Kaskaden den Berg hinunterstürzt. Der Sage nach gibt es im Inneren des Berges einen tiefen See, der immer Wasser abgibt und nicht ergründbar ist. Als fürwitzige Besucher Steine in den See warfen, dröhnte der dumpfe Ruf aus der Tiefe: »Gründst du mi, so schlünd i di!« Seither hat niemand mehr die Tiefe des Sees zu ergründen versucht. Der im Winter und Frühjahr vor ca. 150 Jahren aus der Südostwand des Birnhorns herunterdonnernde Lawinenschnee bildete am Wandfuß einen richtiggehenden, von Spalten durchzogenen Gletscher (Birnbachgletscher), der damals noch bis nahe an die Waldgrenze reichte. Pfiffige Leoganger hatten seinerzeit die Idee, dass man mit dem Produkt dieses kleinen Gletschers Geld verdienen könnte. Denn Münchner Brauereien benötigten Eis zum Kühlen ihres Gerstensafts. Man brach die Eisstücke, ließ sie in hölzernen Rutschen talwärts sausen und zuletzt wurde das Eis in Körben zur Bahn geschleppt. 300 Waggonladungen täglich waren die Rekordzahlen.

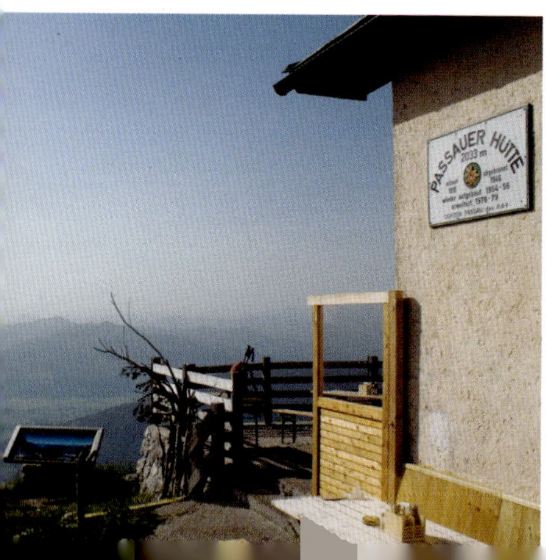

EINKEHR

Passauer Hütte, 2051 m: Alpenvereinshütte; geöffnet von Anfang Juni bis Anfang Oktober je nach Witterung; Winterraum. Gute Salzburger Hausmannskost, Speisen aus der Region. Herrlicher Blick auf Steinernes Meer, Hochkönig, Radstädter Tauern sowie die Ankogel-, Goldberg-, Glockner- und Granatspitzgruppe der Hohen Tauern. Übernachtung möglich. Tel. +43/(0)680/5072624, www.passauer-huette.de.

Morgens auf der Passauer Hütte.

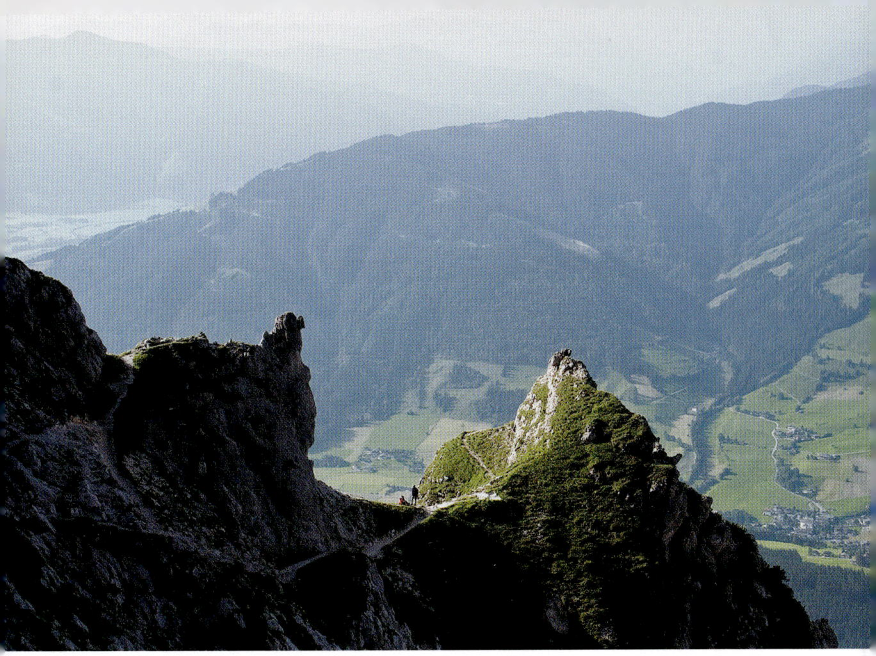

Nach der Scharte führt der Weg durch die steile Westflanke des Fahnenköpfl.

KURZINFO

Talort: Leogang, 748 m; von Zell am See oder Lofer bis Saalfelden, von hier nach Leogang; Fremdenverkehrsverband Leogang, Tel. +43/(0)6582/70660, www.saalfelden-leogang.com.
Ausgangspunkt: Wanderparkplatz im Ullachtal.
Gehzeit: 5.30 Std.
Höhenunterschied: 1150 m.
Anforderungen: Steiler, teils gesicherter alpiner Anstieg von Süden. Früh starten, um der Mittagssonne zu entgehen, und viel zum Trinken mitnehmen. Trittsicherheit und Schwindelfreiheit nötig.
Kinder: Mit ausreichend alpiner Erfahrung ab 12 Jahren.
Gipfelmöglichkeiten: Westliche Mitterspitze, 2160 m (zwei sehr gut abgesicherte Klettersteige, Leogang Nord Schwierigkeit B–C bzw. Leogang Süd Schwierigkeit D–E); Birnhorn, 2634 m (Hausberg der Passauer Hütte, 2.30 Std., schwarz mit Kletterstellen I); Hochzint, 2246 m (45 Min., rot).
Variante: Überschreitung über Hochgrub nach Diesbach im Saalachtal (insgesamt ca. 7 Std. ab Parkplatz Gunzenreit), Rückfahrt mit Autobus oder Taxi über Saalfelden nach Leogang.

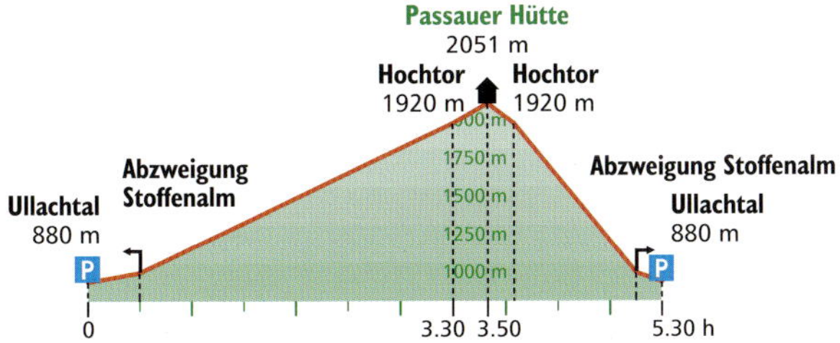

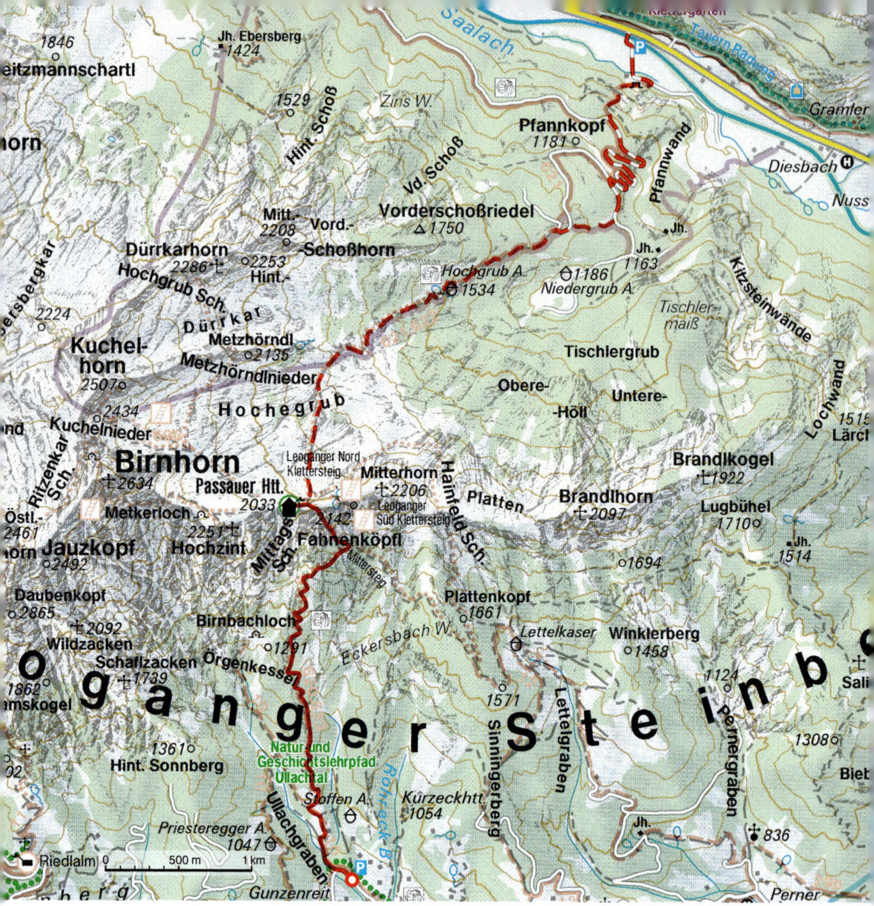

Vom Wanderparkplatz **Ullachtal** folgt man dem Naturlehrpfad (Nr. 10) Richtung Norden, überquert den Birnbach und zweigt nach 300 m rechts ab. Ab hier über Wiesen auf Steig Nr. 40 steil bergauf, bei der **Abzweigung Stoffenalm** links hinauf weiter und in den Wald hinein. Bei den Abzweigungen zum Birnbachloch hält man sich beide Male rechts und steigt dann in vielen Serpentinen hinauf über die Baumgrenze in die Latschenzone. Rechter Hand zieht ein Graben hinauf bis zur Felszone. Im oberen Bereich eröffnet sich dabei Schritt für Schritt die großartige Szenerie der Hohen Tauern, vom Hohen Sonnblick über den Großglockner bis zum Stubacher Sonnblick. Der Weg wendet nun gegen Nordosten und quert den Graben, wobei Trittbügel, Stahlseile und Betonstufen die heiklen Stellen sichern. Der Steig führt dann nordwestlich zum **Hochtor** (Wegkreuz), einer Scharte, wo rechts der Zustieg zum Klettersteig Leogang Süd erfolgt (2.30 bis 3 Std.). Ab hier hat man die Hütte bereits im Blick. Man folgt nunmehr links dem teilweise gesicherten Steig in der steilen felsigen Westflanke des Fahnenköpfls über die Mittagsscharte zur **Passauer Hütte**, 2051 m. Der Abstieg erfolgt über den Anstiegsweg.

Lindlalm, 1480 m

Almen unter dem Spielberghorn

★

Schaubergwerk, Alm und Kirche

Das Schwarzleotal, durchströmt vom gleichnamigen, wildromantischen Bach, umrahmt von ausgedehnten Fichten- und Lärchenwäldern, großflächigen Almgebieten, mit seinem Talschluss, umgeben von den Felsregionen des Spielberghorns, zählt zu den landschaftlich schönsten Tälern südlich von Leogang. Hier befinden sich die letzten Zeugen eines uralten, weitläufigen und berühmten Bergbaus. Leogang und das angrenzende Tiroler Pillerseetal bilden eines der ältesten und bekanntesten Bergbaugebiete. Es wurden Silber-, Quecksilber-, Kupfer-, Nickel-, Kobalt- und Bleierze abgebaut. In der Blütezeit förderten 60 Knappen knapp 63 Zentner Erz pro Jahr. Und auch eine Sage gibt es aus dieser Gegend. Seit 1477 scheint der heilige Leonhard, der »bayerische Herrgott«, als einziger Kirchenpatron auf. Kirchen und Kapellen, die ihm geweiht sind, trifft man häufig mit großen, eisernen Ketten umgürtet. Nach altem Brauch sollte jedes Jahr ein neues Glied angefügt werden. Läuft die Kette dreimal um die Kirche herum, so ist der jüngste Tag da. Es ist wohl die Furcht vor diesem Ereignis der Grund, dass man diesen Brauch aufgegeben hat. Von der Kette um die Kirche St. Leonhard in Leogang geht die Sage, dass sie aus den Kinnketten der genesenen Pferde des Ortes geschmiedet worden sei. Man findet auch auf dem Chor der Kirche eine Unzahl von Opfergaben für die Genesung kranker Haustiere, in rotes Wachs getriebene Pferde und weißwächserne Milchkühe. Das stolzeste Wahrzeichen des heiligen Leonhard stellt in Leogang bis heute die mächtige Kette dar, die sich um die ganze Kirche spannt. Das seltene Motiv der Kettenumspannung findet sich nur bei Leonhardikirchen, und als einzige Leonhardikirche in der Erzdiözese Salzburg ist nur die aus Leogang mit einer Eisenkette umschlossen.

Rastplatz im Schwarzleotal: die Lindlalm, eine der Spielbergalmen.

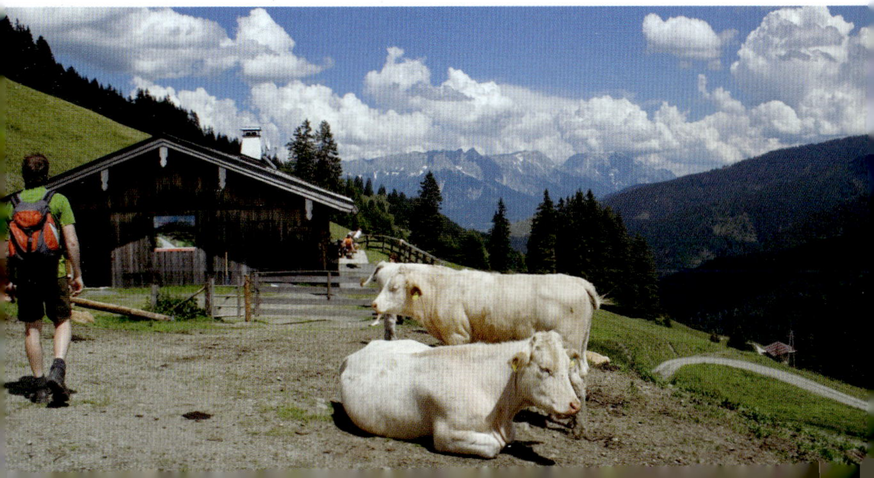

KURZINFO

Talort: Hütten, 846 m; von Zell am See oder Lofer bis Saalfelden, von hier ca. 11 km über Leogang nach Hütten; Fremdenverkehrsverband Leogang, Tel. +43/ (0)6582/70660, www.saalfelden-leogang.com.
Ausgangspunkt: Parkplatz Schaubergwerk; am Ortsende von Hütten nach ca. 400 m links abbiegen. Von hier noch ca. 3,2 km auf Schotterstraße immer rechts haltend ins Schwarzleotal zum Parkplatz.
Schaubergwerk: Öffnungszeiten täglich von Mitte Mai bis Ende Oktober, Montag Ruhetag, www.schaubergwerk-leogang.com.
Gehzeit: 3.30 Std., von Leogang 4.45 Std.
Höhenunterschied: 540 m.
Anforderungen: Einfache Wanderung ohne Probleme auf Wanderweg und Almstraße. Schlechtwettertipp, da auch bei Regen gut begehbar. Orientierung ohne Schwierigkeiten dank Wegweisern an den wenigen Kreuzungen.
Kinder: Rund um die Almen weiden Kühe und Jungvieh.
Kinderwagen: Gut geeignet für geländegängige Kinderwagen.
Mountainbike: Von Leogang ins Schwarzleotal bis zur Lindlalm. Rundtouren über Saalbach und Hochfilzen.
Gipfelmöglichkeiten: Von der Lindlalm auf das Spielberghorn, 2044 m, über Spielbergtörl und Scheltaualm (2.30 Std., schwarz) und auf den Barnkogel, 1709 m, über Spielbergtörl (1.30 Std hin und retour, blau).
Varianten: a) Am Rückweg in der dritten Kurve nach der Lindlalm rechts dem Weg bis zum Talgrund hinunter folgen, dann entlang dem Schwarzleobach zum Ausgangspunkt (ca. 30 Min. länger, mit etwas Geschick und Kraft mit dem Kinderwagen möglich).
b) Von der Lindlalm über Hinterriedalm zur Scheltaualm und weiter zur Adamalm, dann auf bekanntem Weg zum Parkplatz (1 Std., blau).
Winter: Im Winter gesperrt, keine Schlittenfahrten.

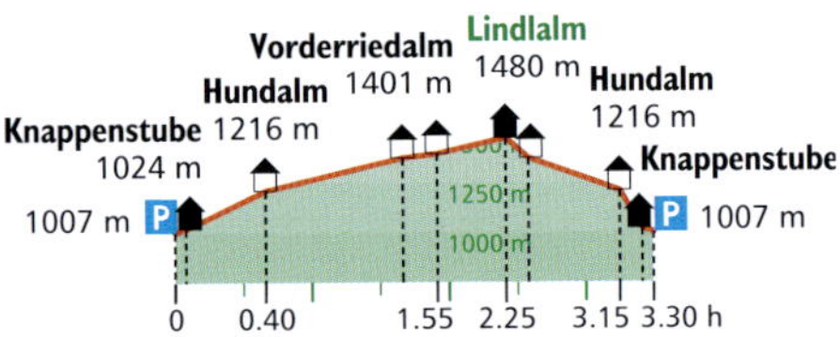

Blick talaus auf das Steinerne Meer.

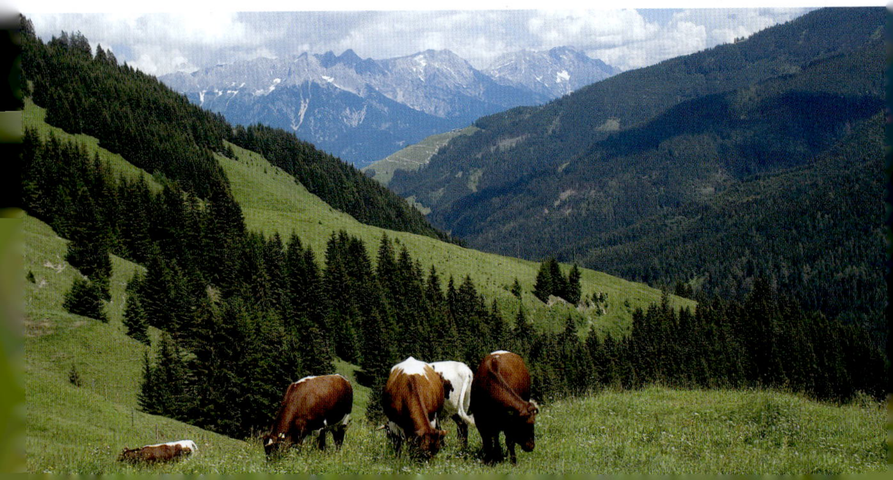

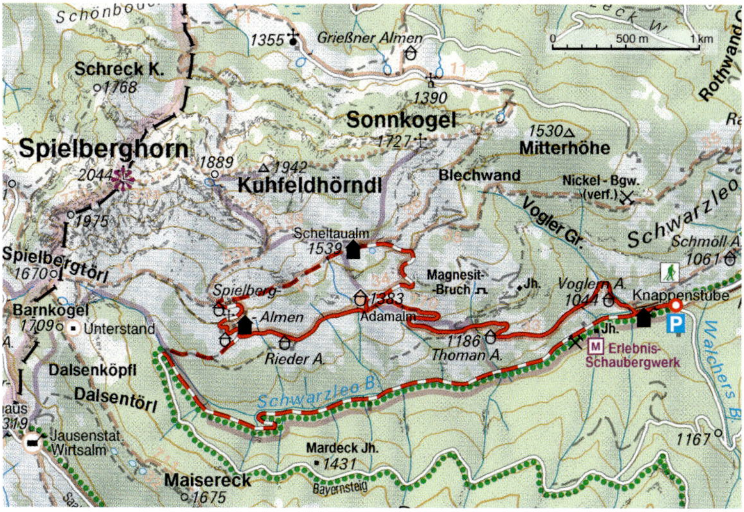

Vom Parkplatz geht man ca. 200 m zur **Knappenstube**, auch Anfahrtstube genannt, bei der man gleich rechts über die Brücke den Schwarzleobach überquert. Der Wegweiser dort zeigt 1.30 Std. auf Weg Nr. 33 zur Lindlalm an. Man folgt der Almstraße und kommt zu einem Gedenkschrein für verunglückte Bergsteiger. Diesem gegenüber steht ein alter Stadel mit »Leichladen«. Das sind hölzerne Spruchtafeln aus dem 19. Jahrhundert zum Gedenken an verstorbene Personen, die in der Land- und Forstwirtschaft tätig waren. Man folgt der Almstraße weiter mäßig steil bergauf, vorbei an der **Hundalm** bis zur bald sichtbaren **Adamalm**. Von hier sieht man auf einer Kuppe thronend schon das Tagesziel. Wenn man sich einmal umdreht und einen Blick zurück nach Osten riskiert, sieht man durch das Tal hinaus das Steinerne Meer. Bei der Adamalm zweigt man links ab und folgt dem Weg Nr. 33 weiter problemlos über die **Vorderriedalm** hinauf zur **Lindlalm**.

Der Abstieg erfolgt auf dem Anstiegsweg oder führt über eine der beiden Varianten durch das Schwarzleotal oder über die Scheltaualm zurück zum Parkplatz.

EINKEHR

Lindlalm, 1480 m: Von Ende Mai/Anfang Juni bis Anfang Oktober nur bei Schönwetter geöffnet. In der Hauptsaison Montag Ruhetag, in der Nebensaison Öffnungszeiten erfragen. Gäste werden mit echtem Grammelschmalz, geselchtem Rindfleisch, Hirschwurst, Landjäger, Speck und anderem vom eigenen Hof versorgt. Die Sennerin kocht am Herd noch den Almwuzel. Diese Pinzgauer Spezialität ist eine Mischung aus Kaiserschmarren und Salzburger Nockerl. Keine Übernachtungsmöglichkeit. Tel. +43/(0)664/1268396.

Scheltaualm, 1540 m: Nordöstlich der Lindlalm an der Variante gelegen. Geöffnet von Juni bis Mitte/Ende August, Mittwoch Ruhetag. Tel. +43/(0)6583/8273.

Knappenstube, Jausenstation Unterberghaus, 1024 m: Geöffnet von Mitte Mai bis Mitte Oktober, Montag Ruhetag. Hervorragende heimische Küche. Tel. +43/(0)664/3375852.

4 Hochsonnbergalm, 1841 m

Vom Naglbauer auf eine Aussichtsalm ★★★

Geschichte, Bergbau und Exotik unterhalb der Alm

Der Piesendorfer Ortsteil Walchen blickt auf eine lange Geschichte zurück. Der Siedlungsname Walchen (= die Fremden) bedeutet die Welschen; das kommt aus dem altgermanischen und war die frühere Bezeichnung für Kelten. Auch eine berühmte Persönlichkeit kann Walchen aufweisen, Friedrich II. von Walchen († 7. April 1284 in Friesach), fähiger Erzbischof von Salzburg. Friedrich stammt aus einem Pinzgauer Adelsgeschlecht. Um 1244 war er bereits Domherr und Stadtpfarrer von Salzburg, 1265 wurde er Dompropst. Er begründete die spätere Hausmacht der Habsburger durch die Erweiterung der Besitztümer in der Steiermark und in Österreich. Auch Bergbau wurde betrieben, am Nagelköpfl, nicht unweit vom Naglbauer (Ausgangspunkt der hier beschriebenen Tour), war von 1200 bis 500 vor Christus eine Knappensiedlung mit Illyrern aus dem Balkan, die Kupferkies abbauten. Und auch Exotisches gab es im Pinzgau. Eine »Chinesenstadt« mitten in den Alpen, erbaut vom Piesendorfer Schmiedemeister Sebastian Perfeller (1814–1883). Fasziniert von den chinesischen Gartenanlagen machte sich der weitgereiste und rebellische Perfeller 1866 an die Verwirklichung seines Traumes. In 15-jähriger Bauzeit schuf er sich im Fürthergraben seine eigene Chinesenstadt. Die Holzhäuser der Siedlung schmiegten sich mit zahlreichen Galerien, Rosengärten und Alleen terrassenförmig den steilen Hang hinauf. Nach seinem Tod fanden die exotischen Pfahlbauten und Grünanlagen keinen neuen Anhänger. Die Chinesenstadt verwahrloste, bis sie schließlich einem Brand zum Opfer fiel. Das detailgetreue Modell dieser chinesisch-alpenländischen Kuriosität kann man heute im Gemeindehaus Piesendorf bewundern.

Blick auf Hoher Tenn, Wiesbachhorn und Kitzsteinhorn.

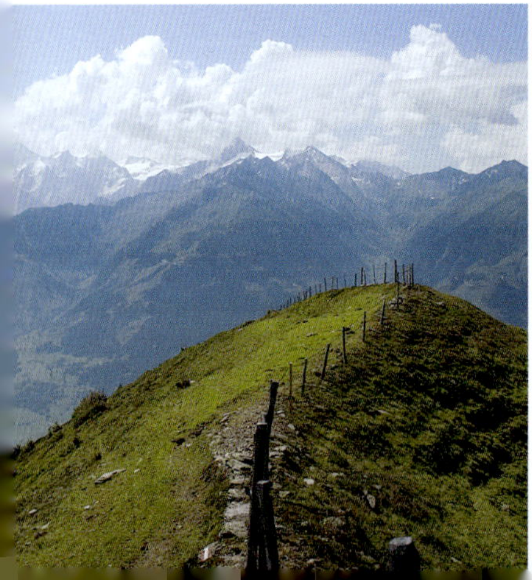

EINKEHR

Berggasthof Jausenstation Naglbauer, 1050 m: Im Sommer von Freitag bis Sonntag geöffnet, im Winter von Montag bis Sonntag. Das Restaurant wird zum Teil mit Speisen aus Produkten vom angeschlossenen Bio-Bauernhof versorgt. Übernachtung ganzjährig möglich. Tel. +43/(0)664/5230101, www.naglbauer.at.

Hochsonnbergalm, 1841 m: Geöffnet von Anfang Juni bis Mitte Oktober. Wunderschöne Lage oberhalb von Walchen und Piesendorf. Hausgemachte Produkte aus der biologischen Landwirtschaft sind Speck, Pinzgauer Hartkäse, Butter und Brot (auch zum Mitnehmen). Keine Übernachtung.

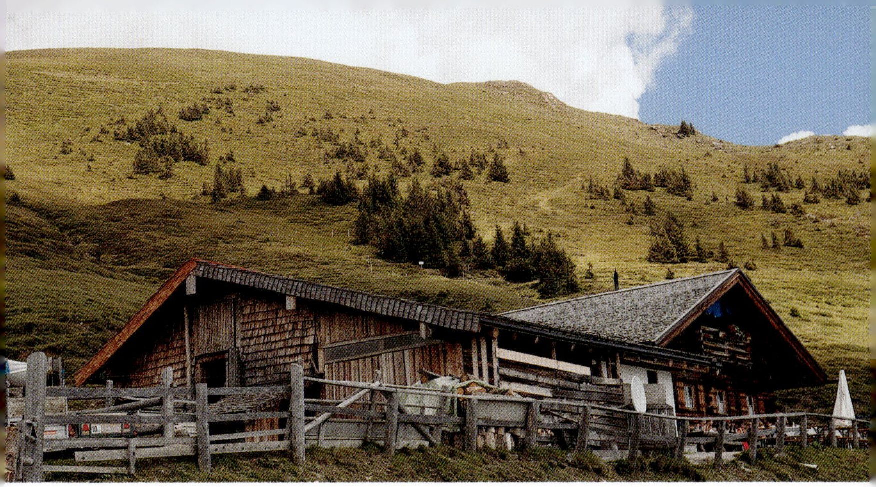

Die Hochsonnbergalm.

KURZINFO

Talort: Walchen, 795 m; von Zell am See oder Mittersill über die B 168; Tourismusverband Piesendorf, Tel. +43/(0)6548/8232, www.piesendorf.at.

Ausgangspunkt: Parkplatz beim Berggasthof Naglbauer, 1050 m (Urlaub am Bauernhof, www.naglbauer.at). Dorthin von der Kirche der Ausschilderung »Naglbauer« folgen.

Gehzeit: 6.00 Std.

Höhenunterschied: 880 m mit Gegenanstiegen.

Anforderungen: Einfache Wanderung ohne nennenswerte Probleme auf Steigen, Wanderwegen, Alm- und Forststraßen.

Kinder: Rund um die Alm weiden Kühe und Jungvieh, Pferde und Schafe, Almschweine bei der Hütte. Paragleiter und Segelflieger nutzen die warmen Aufwinde und fliegen unweit der Wege ihre Kreise. Kinderspielplatz auf der Alm.

Kinderwagen: Geeignet für geländegängige Kinderwagen, aber nur am Abstiegsweg auf der Forststraße Weg Nr. 18 ohne Abkürzungen. Kraft und Ausdauer nötig (19,2 km, 1176 Hm, 6–7 Std.).

Mountainbike: Von Piesendorf auf dem Tauernradweg bis Walchen, bei der Kirche rechts abbiegen zum Naglbauer. Bei der letzten Kehre vorm Naglbauer rechts abbiegen in Richtung Mittereggbauer, die Forststraße weiter bis zur Hochsonnbergalm. Am Abstiegsweg ohne Abkürzungen auf der Forststraße Weg Nr. 18.

Gipfelmöglichkeiten: Unterwegs Oberer Gernkogel, 2176 m (ca. 1 Std. hin und retour, rot), und/oder Rohrerkogel, 1995 m (ca. 1 Std., rot); von der Alm aus auf den Maurerkogel, 2074 m (gut 2 Std., rot).

Winter: Beleuchtete Rodelbahn vom Nagelköpfel oberhalb dem Berggasthof Naglbauer nach Walchen.

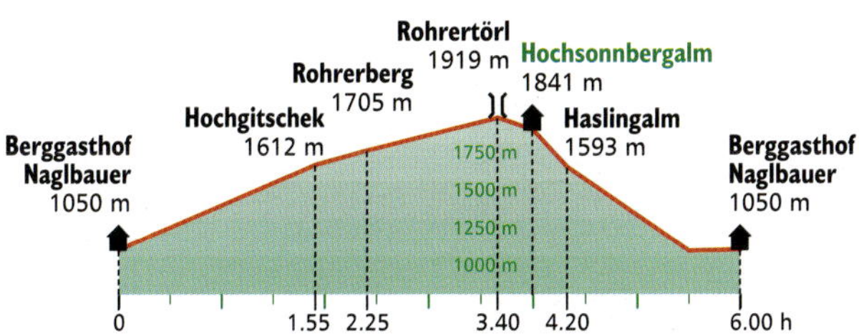

Vom **Berggasthof Naglbauer** folgen wir der Rechtskurve des Güterweges mit dem Wegweiser zur Hochsonnbergalm auf dem Weg Nr. 748 über die erste Kehre hinaus. Nach ca. 300 m biegen wir rechts schräg hinauf ab (Weg Nummer 19). Der linke Weg wäre ebenfalls möglich und bildet eine kürzere, aber steilere Tourvariante. In der Folge kommen wir an einem kleinen Berghof vorbei, hinter dem der Güterweg in einen Forstweg übergeht. Kurz steil bergauf, bei der nächsten Kreuzung links auf einen Steig. Diesem folgen wir über Wiesen in westlicher Richtung mit freiem Blick auf Hohe Arche, Kitzsteinhorn und Großes Wiesbachhorn bis zu einer Forststraße, wo wir rechts abbiegen. Wir folgen der Straße ca. 400 m im Wald, dann geht es links (Wegweiser Nr. 19) auf einen Weg. Bald verlässt man den Wald wieder und folgt zuerst flacher dem Weg, der weiter oben steiler wird und in einen Steig übergeht. Kurz darauf trifft man auf einen Steig von links. Über diesen kommt man herauf, wenn man sich unten für die linke Variante entschieden hat. Wir folgen unserem Steig durch lichten Bergwald mäßig steil rechts hinauf zum **Hochgitscheck**, 1612 m, und kommen eine halbe Stunde später über den **Rohrerberg**, 1705 m, zur Baumgrenze. Ab hier hat man uneingeschränkte Sicht auf die Hohen Tauern sowie in den Oberpinzgau Richtung Krimml und den Unterpinzgau Richtung Bruck an der Glocknerstraße. Weiter geht es am Grat des Bergrückens entlang leicht ansteigend auf dem »Pinzgauer Spaziergang« bis zu einem Wegweiser. Dieser zeigt nach links (westlich) Richtung Uttendorf, nach rechts (östlich) Richtung Rohrertörl und Schmittenhöhe. Diesem Weg (Nr. 719) folgen wir. Ab hier geht es eben auf ca. 1940 m mit großartiger Aussicht auf einem Steig dahin. Nach einer guten Viertelstunde erreicht man das **Rohrertörl**, 1919 m, wo man den ersten und auf dieser Tour auch einzigen Blick Richtung Norden nach Saalbach und Viehhofen werfen kann. Wer Lust hat, kann nun den Steigspuren folgen und den Oberen Gernkogel, 2176 m, und/oder den Rohrerkogel, 1995 m, mitnehmen. Vom Rohrertörl führt ein Fahrweg in einer halben Stunde bis zum Tourenziel, der **Hochsonnbergalm**, 1841 m. Hier lohnt es sich vor der Almhütte in der Sonne zu sitzen, sich kulinarisch mit Pinzgauer Spezialitäten zu stärken, den Paragleitern bei ihrem Spiel mit dem Wind zuzusehen und die freie Aussicht zu genießen.

Für den Abstieg hat man zwei Möglichkeiten: entweder unspektakulär von der Alm südöstlich auf der Forststraße (Nr. 18) in langen Serpentinen auf der Mountainbikestrecke hinunter Richtung Walchen oder – die hier beschriebene Variante – über den Abkürzungsweg Nr. 18A ins Tal. Dazu gehen wir hinter das Almgebäude, wo der Wegweiser auf den Weg neben dem Stall zeigt. Leicht bergab gleich durch ein Weidetor hindurch, folgen wir entlang dem Zaun den in den Boden geschlagenen Holzstöcken mit der rot-weiß-roten Markierung. Auf einem kleinen Rücken dann weglos und steil hinunter über eine Wiese, auch hier folgt man den in den Boden geschlagenen Holzstöcken bis zu einem Zaun. Hier nicht links dem Steig folgen, sondern den Zaun überqueren und rechts vom Bach weglos in die Waldschneise hinein. Kurz darauf beginnt wieder ein

Steig, dem man bis zur Forststraße mit einem Wegweiser und einem Holzstall folgt. Hier rechts abbiegen und der Straße (Nr. 18 und 18A) entlang bis zur zweiten Kurve folgen. Dort links über einen Steig (18A) zur **Haslingalm**, 1593 m, an dieser links vorbei bis zur nächsten Forststraße. Hier wieder links und nach knapp 50 m rechts auf einem Steig talwärts. Nach Überquerung einer durch Holzschlag entstandenen Lichtung erreicht man schlussendlich jene Forststraße, der man bis zur Brücke über den Walcherbach folgt. Hinter der Brücke links auf dem Güterweg bis zum **Rohrlehen**, wo man auf die ersten Häuser trifft. Dem Güterweg folgen, bei der zweiten Abzweigung (Wegweiser) kurz bergauf in 10 Min. zum **Berggasthof Naglbauer**.

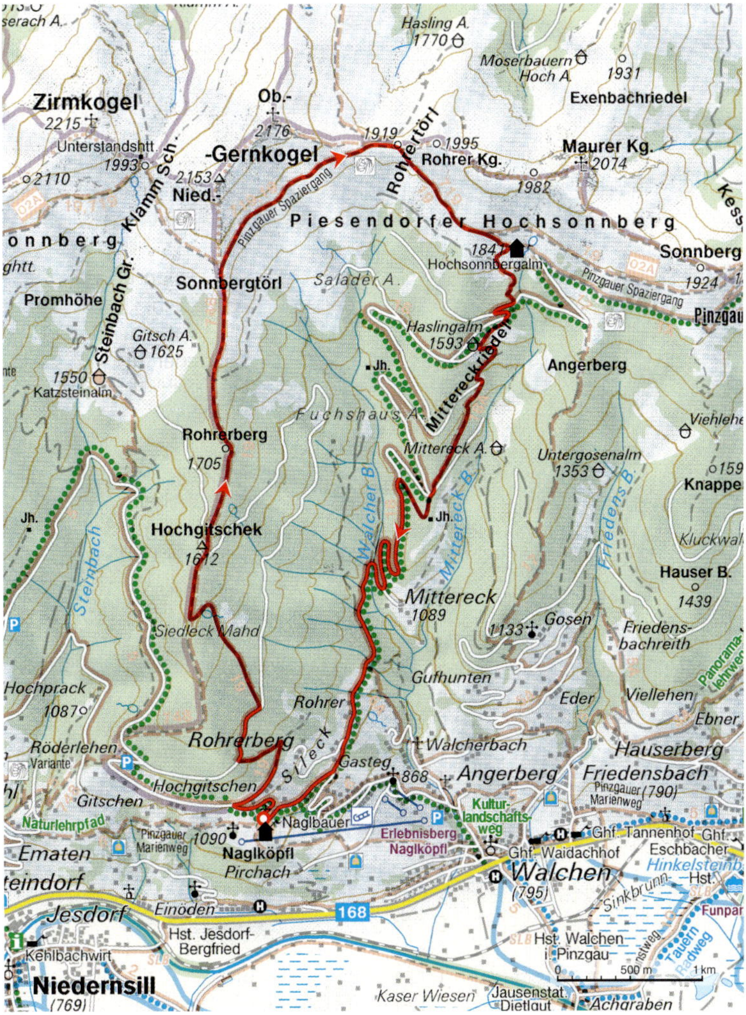

5 Bürglhütte und Pinzgauer Hütte

Pinzgauer Spaziergang ★★

Im Revier der Paragleiter

Diese Höhenwegwanderung sollte man auf jeden Fall gemacht haben. An einem verlängerten Wochenende, im Urlaub oder einfach so. Weil die Tour unvergesslich bleiben wird, landschaftlich, konditionell, entfernungsmäßig und von der Aussicht her. Die Aussicht hat früher die Segelflieger, heute vermehrt die Paragleiter in dieses Flugrevier gelockt. Während der Wanderer unten die herrliche Aussicht genießt und ohne große technische Schwierigkeiten den »Spaziergang« bewältigt, gleiten die Flieger mit ihren Schirmen im Bereich der Dreitausender durch die Luft, immer auf der Suche nach dem richtigen thermischen Aufwind, die der Paragleiter suchen muss. Aufwinde entstehen durch unterschiedliche Erwärmung der Erdoberfläche, was man als Bergsteiger beim Abstieg am Nachmittag oft als warmen Gegenwind aus dem Tal spürt. Sonnenbeschienene Felsen und Hänge oder ein reifes Weizenfeld erwärmen sich merklich schneller als eine Wiese, diese wiederum besser als Wald. Die am raschesten erwärmten »Luftpakete« steigen dann wie große Seifenblasen auf, während die weniger warmen ringsum sanft absinken. Hangaufwinde entstehen demgegenüber durch erzwungenes Steigen der Luft, wenn der Wind über ein Tal streicht und hangaufwärts weht (Luvseite). Auf den Leeseiten der Täler herrschen dann Abwinde. Hangwinde sind großräumiger und daher stabiler als die Thermik und erlauben bei stabilen Wetterlagen oft kilometerweites Segeln oder Paragleiten. Ein moderner Gleitschirm hat einen Geschwindigkeitsbereich von ca. 23 bis 50 km/h. Geflogen wird bis zu Windgeschwindigkeiten von ca. 25 km/h.

Blick von der Sintersbachscharte zu den Hohen Tauern.

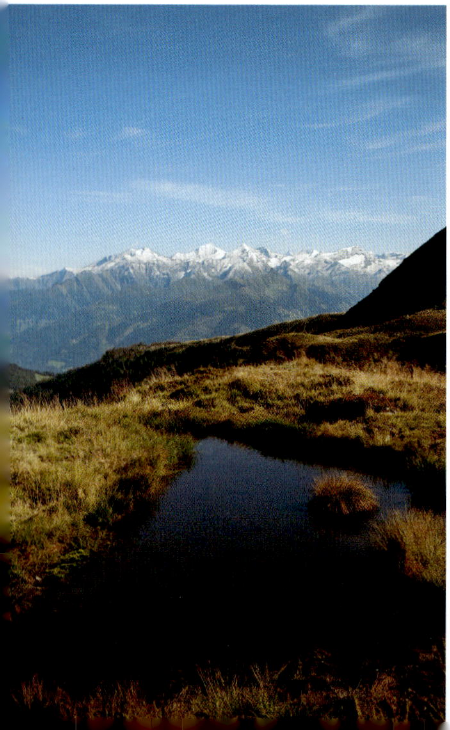

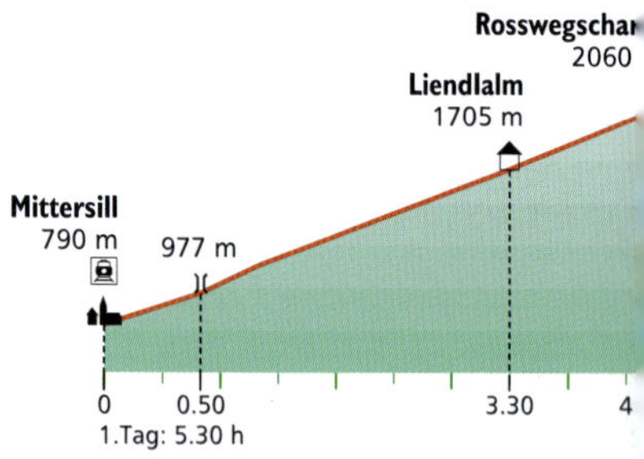

KURZINFO

Talort: Mittersill, 790 m; Anreise über Zell am See (B 168), Kitzbühel (B 161) oder Gerlospass (B 165); Tourismusverband Mittersill, Tel. +43/(0)6562/4292, www.mittersill-tourismus.at. Piesendorf, 785 m; Tourismusverband Piesendorf, Tel. +43/(0)6548/8232, www.piesendorf.at.
Ausgangspunkt: Bahnhof Mittersill, 790 m.
Endpunkt: Bahnhof Piesendorf, 778 m; Rückfahrt nach Mittersill mit der Pinzgauer Lokalbahn oder im Sommer auch auf Nostalgiefahrten; alternativ kann man vor der Tour nach Mittersill fahren und »zurückwandern«, Park&Ride-Parkplatz am westlichen Ortsrand.
Gehzeit: 14.30 Std. (1. Tag: 5.30 Std., 2. Tag: 9 Std.).
Höhenunterschied: 1590 m mit Gegenanstiegen.
Anforderungen: Technisch einfache, schöne, aber sehr lange Wanderung auf Steigen, Wanderwegen und Almstraßen. Konditionell anspruchsvoll ist besonders der zweite Tag, da zwischen der Bürglhütte und der Pinzgauer Hütte keine Einkehrmöglichkeit besteht und 7 bis 8 Std. Gehzeit einzurechnen sind.
Kinder: Für Kinder mit ausreichend alpiner Erfahrung und Kondition ab 12 Jahren geeignet.
Mountainbike: a) Von Stuhlfelden auf Güterweg Dürnberg – Kapelle Saueck – ins Mühlbachtal über die Postalm zum Zielpunkt Bürglhütte (knapp 10 km und 1.15 bis 1.30 Std. bis zur Hütte).
b) Von Piesendorf am Tauernradweg bis Walchen, bei der Kirche rechts abbiegen zum Naglbauer, bei der letzten Kehre vorm Naglbauer rechts abbiegen Richtung Mittereggbauer. Die Forststraße weiter bis zur Hochsonnbergalm, kurz vor der Alm rechts abzweigen bis zur Pinzgauer Hütte (knapp 13 km, 1.30–2 Std. bis zur Hütte).
Gipfelmöglichkeiten: Unterwegs bieten sich zahlreiche Gipfelabstecher an. Am ersten Tag wäre der Gaißstein, 2363 m (1.40 Std. von der Sintersbachscharte über den Gipfel zur Hütte, rot) eine Empfehlung. Am zweiten Tag ist zu bedenken, dass man ca. 7 bis 8 Std. Gehzeit hat. Es bleibt jedem Einzelnen überlassen, trotzdem einen Gipfel mitzunehmen (siehe auch nachfolgenden Tipp).
Tipp: XXXL-Variante des Pinzgauer Spazierganges für Abenteuerlustige: Oberhalb des Pinzgauer Spazierganges kann man zwischen Murnauer Scharte und Sommertor, Sommertor und Klinglertörl sowie Klinglertörl und Kesselscharte auf markierten Steigen oder Steigspuren alle Gipfel erklimmen. Dabei ist eine Übernachtung in der Unterstandshütte beim Klinglertörl oder bei der Klammscharte obligatorisch (individuelle Zeiten).
Varianten: a) Wer auf der Pinzgauer Hütte übernachtet, kann am dritten Tag alternativ über die Schmittenhöhe und den Zentralalpenweg 02 nach Zell am See hinabwandert (ca. 3 Std. ab Hütte).
b) Von Piesendorf lässt sich die Tour am dritten Tag verlängern, indem man ab dem Bahnhof weiter über die Piesendorfer Wiesen sowie Kottingeinöden eben nach Kaprun geht (ca. 1 bis 1.30 Std. ab Piesendorf).

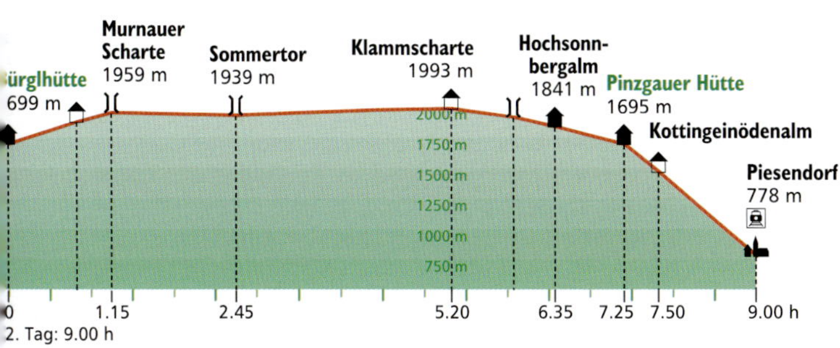

1. Tag
Vom Bahnhof **Mittersill**, 790 m, zurück zur Salzachbrücke, diese nicht überqueren, sondern links in die Gasse Schettbühel. Bei der Kapelle den Weg hinauf zur Pass-Thurn-Straße, durch eine Unterführung, eine Straße überqueren, über die Wiese aufwärts und nochmals die Pass-Thurn-Straße überqueren. Links zu einem Haus, an diesem rechts vorbei und über eine Wiese zu einem Zaun, diesen ein Stück entlang durch ein Gehöft und ein drittes Mal die Pass-Thurn-Straße durch eine Unterführung passieren. Die Straße geradeaus bis zur ersten Kreuzung, dort Richtung Liendlalm und Rescheskogel auf Weg Nr. 746. Der Straße entlang bis zu einer Brücke, 799 m. 150 m nach dieser links und nicht mehr entlang der Straße, sondern auf dem die langen Schleifen abkürzenden Steig hinauf bis nach Brand. Der Steig mündet in eine Forststraße, der man bis zu einem rechter Hand liegenden Wirtschaftsgebäude folgt. Weiter auf einem Fahrweg in den Wald hinein. Dieser geht in einen Steig über, man verlässt den Wald und wandert steiler an einer Holzhütte vorbei in einigen Serpentinen hinauf zur **Liendlalm**, 1705 m. Wer sich hier umdreht, bekommt einen Blick in die Venediger- und Glocknergruppe mit ihren eisbedeckten Spitzen geschenkt. Genau gegenüber liegt wie ein Klotz das Massiv des Spielbergkogel, 2112 m, Pihapper, 2513 m, und Stubenkogel, 2535 m. Ab der Alm folgt man den häufigen rot-weiß-roten Markierungen nordwärts über Almmatten, einen Zaun überquerend, hinauf zur **Rosswegscharte**, 2060 m, langsam an der linker Hand liegenden Rosswegalm. Nun am Westrand eines Kessels fast eben nordwärts hinüber in die **Sintersbachscharte**, 2035 m, der Landes-

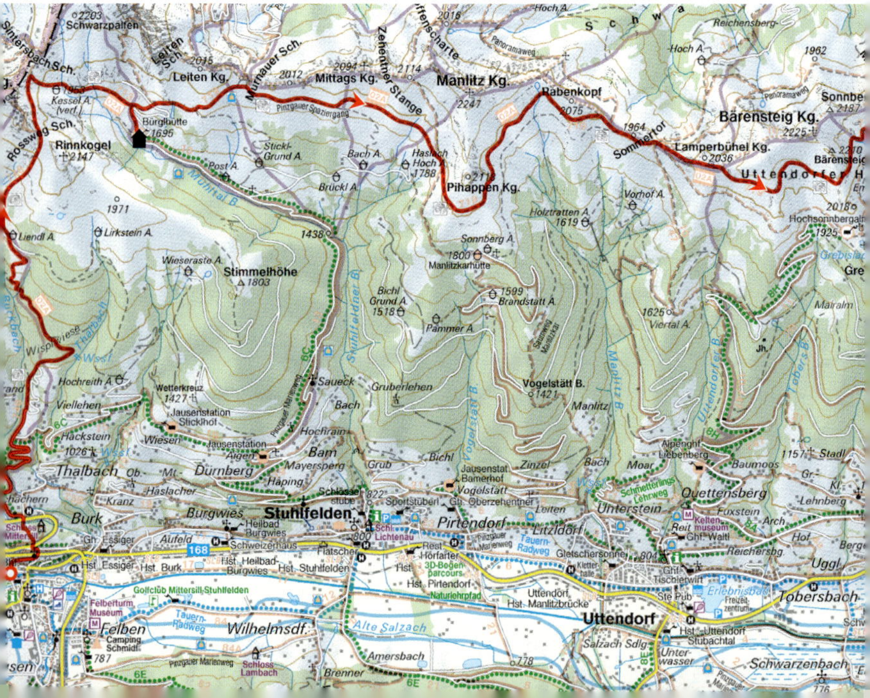

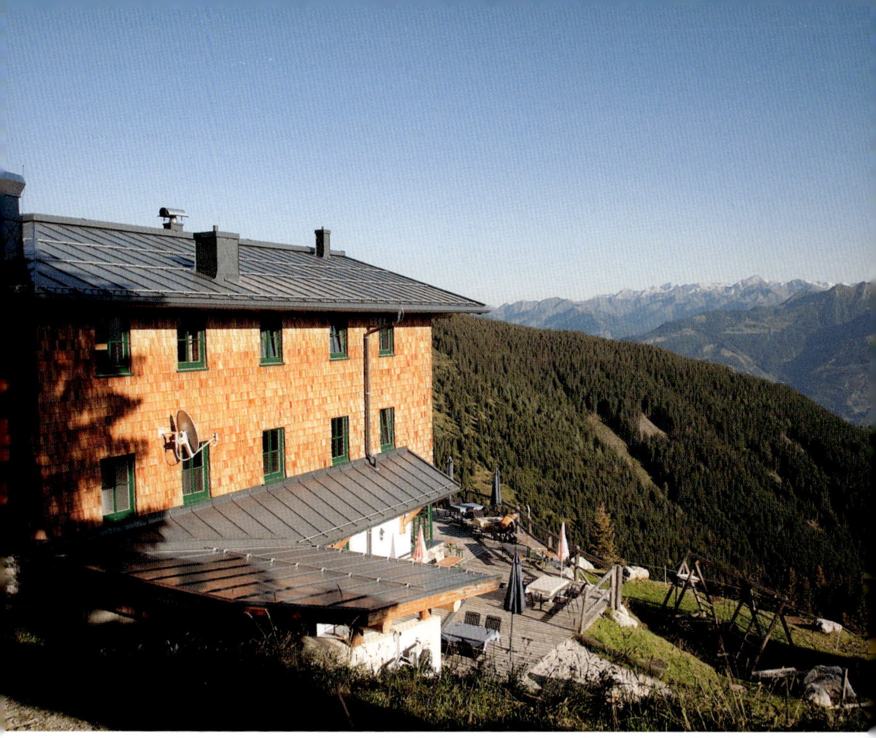

Die Pinzgauer Hütte.

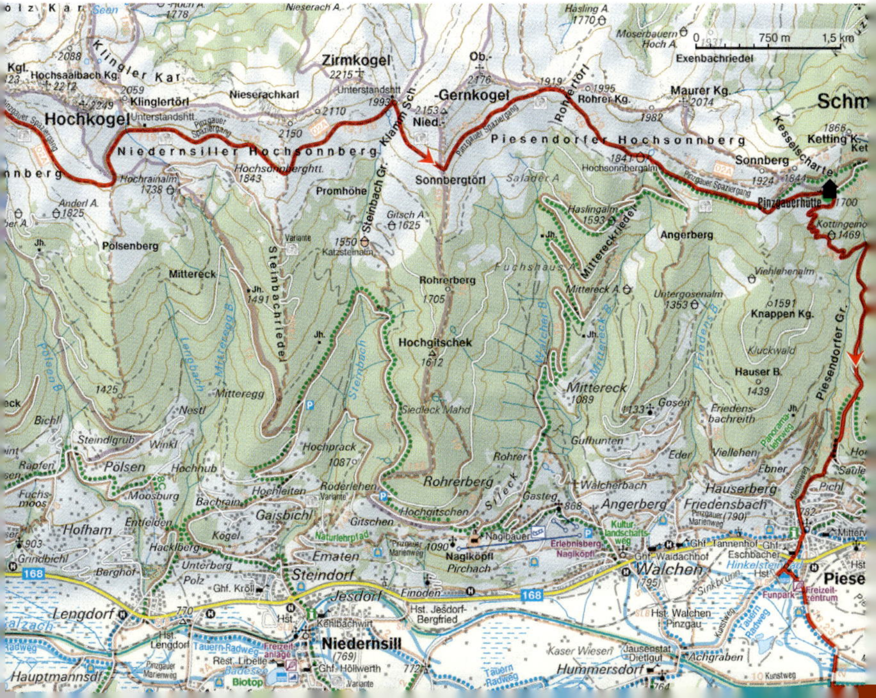

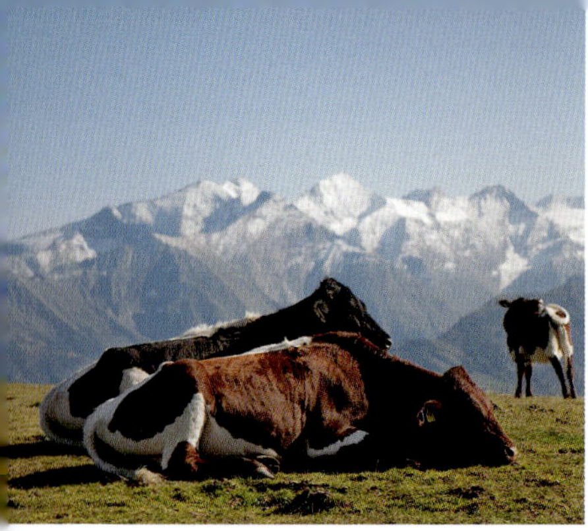

Am Rohrertörl.

EINKEHR

Bürglhütte, 1699 m: Geöffnet von Anfang Juni bis Anfang Oktober. Warme und kalte Küche. Übernachtung möglich. Tel. +43/(0)676/9439141, www.almgasthaus.de/buerglhuette.
Pinzgauer Hütte, 1695 m: Geöffnet von Ende Mai bis Ende September und von Weihnachten bis Ostern. Moderne Hütte in schöner Lage oberhalb von Piesendorf. Ganztägig warme Küche. Übernachtung möglich. Tel. +43/(0)6549/7861 und +43/(0)6542/53472, www.pinzgauer-huette.at.

grenze von Tirol, wo man an einem kleinen Tümpel stehend sowohl am Gamshag, 2178 m, vorbei den Wilden Kaiser sehen kann als auch den Tiroler Teil der Kitzbüheler Alpen. Nun steigt man auf Salzburger Seite auf Weg Nr. 713 Richtung Osten in den Kessel zur verfallenen Kesselalm ab, den Gaißstein, 2363 m, lässt man links liegen. Beim Abstieg über Almmatten hat man lange Zeit wieder die Eispanzer der Hohen Tauern vor Augen. Das letzte Stück zum Tagesziel über einen Steig ist etwas blockig und verwachsen, man quert ein Bächlein, kommt zu einem Fahrweg und steigt über eine Wiese rechts zur **Bürglhütte**, 1699 m, ab.

2. Tag

Von der **Bürglhütte**, 1699 m, hinauf über die Wiese zum Fahrweg, kurz nach der Rechtskurve links bei einem Wegweiser auf den Steig 719, 702A einschwenken und ostwärts über Almmatten an der

In der Sintersbachscharte, rechts der Gamshag, dahinter der Wilde Kaiser.

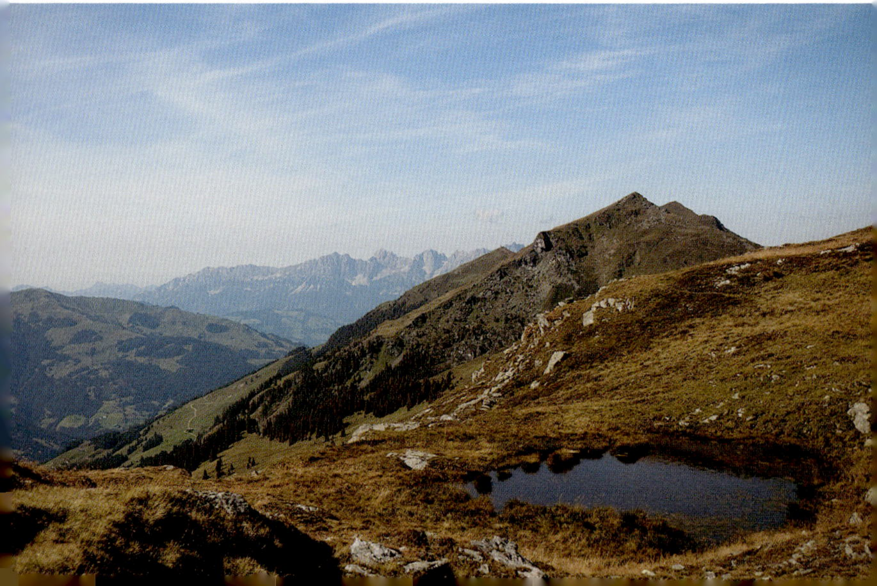

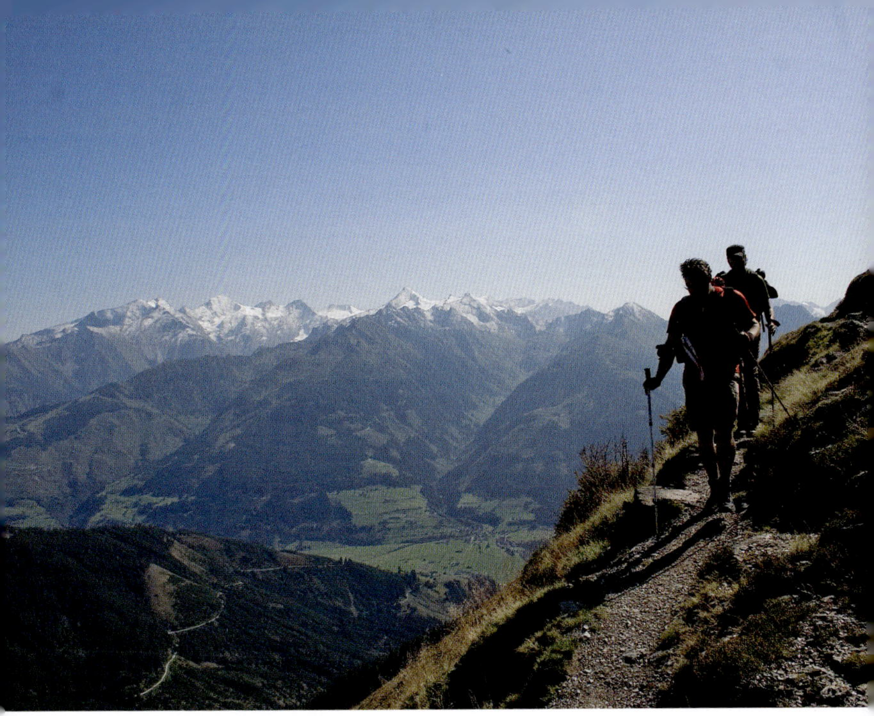

Bis auf wenige Ausnahmen verläuft der Weg quer über die Pinzgauer Grasberge mit Blick zu den Hohen Tauern.

Stickl-Hochalm, 1883 m (50 Min.), vorbei zur **Murnauer Scharte**, 1959 m. Die Almmatten sind bis zum Tagesziel ein ständiger Begleiter. Weiter in leichtem Auf und Ab geht es um den Pihappenkogel, 2118 m, herum, nicht die einzige Umrundung eines Berges bei dieser Tour.

Über die Ostflanke des Manlitzkogels Richtung Nordosten und in einem Bogen zurück nach Südosten erreicht man das tiefer liegende **Sommertor**, 1939 m. Kurz wieder bergauf und weiter zum Teich unter dem Lamperbichlkogel, 2036 m, um diesen und den daneben liegenden Bärensteig, 2210 m, herum, wieder talwärts Richtung Medalscharte, 2058 m, um den Hochkogel, 2249 m, herum zu einer Kreuzung mit dem Wegweiser **Klinglertörl** und einer Unterstandshütte, 1988 m. Auf dem Weg Nr. 719 über den Niedernsiller Hochsonnberg zur Unterstandshütte **Klammscharte**, 1993 m, um den Niederen Gernkogel, 2153 m, herum in die Ostflanke des Oberen Gernkogels, 2176 m. Diese Richtung Nordosten queren zum **Rohrertörl**, 1919 m (Wegweiser), von dort auf Fahrweg hinunter zur **Hochsonnbergalm**, 1841 m; bei der ersten Kreuzung links auf dem Fahrweg bis zum Wetterlackenboden. Dort rechts auf Steig 719, 1A abbiegen und über einen Wurzelpfad zur **Pinzgauer Hütte**, 1695 m.

Von der linken Terrassenseite führt ein breiter Wanderweg erst steil zur **Kottingeinödenalm**, 1469 m, dann gemütlich bergab nach **Piesendorf** und dort zum Bahnhof, 778 m.

6 Saalalm, 1442 m, und Forsthofalm, 1518 m

Im Tal des Saalachursprungs ★★

Eine kleine Runde im Talschluss eines berühmten Skiortes

Die Saalach, von den Bewohnern des Glemmtales »Ache« genannt, entspringt aus mehreren Quellen im Talschluss des Glemmtales im österreichischen Bundesland Salzburg. Das Glemmtal liegt in den Kitzbüheler Alpen. Am Torsee unterhalb des 2178 m hohen Gamshag macht sich die Saalach, ein 103 km langer Zufluss der Salzach in Österreich und Deutschland, auf den Weg. Vom Mittelalter bis in das 20. Jahrhundert diente sie neben der Fischerei hauptsächlich als Transportweg für die Sudpfannen der Saline in Bad Reichenhall. Die Saalach fließt anfangs in östlicher Richtung durch das Glemmtal, zuerst durch Hinterglemm und dann durch Saalbach nach Maishofen. Dort knickt der Fluss nach Norden ab und fließt über Saalfelden durch ein tief eingeschnittenes Tal nach Lofer und Unken. Unterhalb dieser Ortschaft bzw. nur wenige hundert Meter unterhalb des Steinpasses übertritt sie bei Melleck, einem Ortsteil der bayerischen Gemeinde Schneizlreuth, die Grenze nach Deutschland. Fortan bildet sie auf knapp drei Kilometer Länge erst ein Stück der deutsch-österreichischen Grenze und danach die nordwestliche Grenze vom Biosphärenreservat Berchtesgaden. Dabei durchfließt die Saalach Schneizlreuth, wo der Schwarzbach einmündet, und den recht lang gestreckten Saalachsee und gelangt am nordwestlichen Ende dieses Schutzgebietes nach Bad Reichenhall und etwas weiter nördlich nach Piding. Von dort bildet sie erneut ein langes Stück der deutsch-österreichischen Grenze, wobei sie nordostwärts über Siezenheim nach Freilassing fließt und nur etwas östlich des Stadtgebietes bzw. nördlich von Salzburg in die Salzach mündet. Die Einmündung befindet sich direkt auf der Grenze beider Staaten, nachdem die Saalach 1770 Höhenmeter überwunden hat.

Das Teufelswasser bei der Lindlingalm.

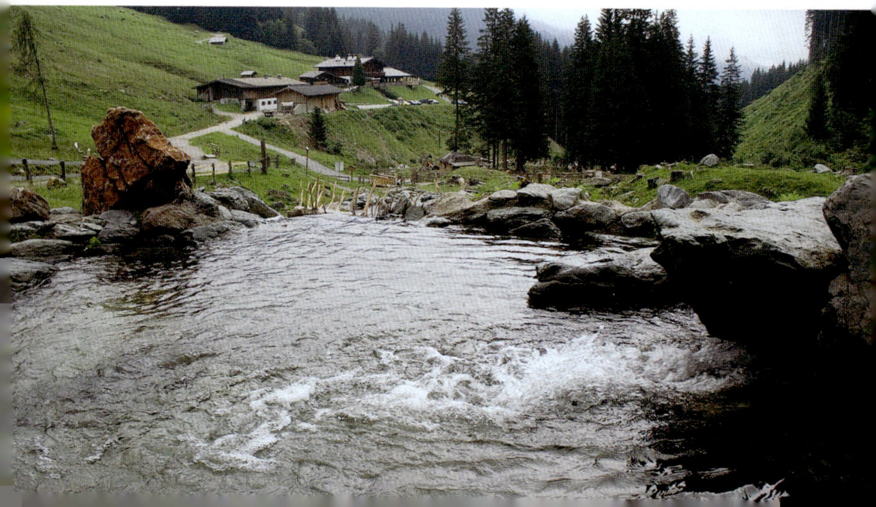

KURZINFO

Talort: Saalbach-Hinterglemm, 1002 m; Anreise über Lofer (B 311) oder Zell am See (B 311); Tourismusverband Saalbach-Hinterglemm, Tel. +43/(0)6541/6800-68, www.saalbach.com.
Ausgangspunkt: Parkplatz Lengau im Talschluss Hinterglemm, 1160 m.
Gehzeit: 3.45 Std., bei Benützung des Talschlusszuges 1 Std. weniger.
Höhenunterschied: 350 m.
Anforderungen: Problemlose Wanderung auf Steigen, Wanderwegen und Almstraßen.
Kinder: Talschlusszug zur Lindlingalm. Hochseilgarten, Wassererlebniswelt »Teufelswasser«, Holzpark, Baumzipfelweg und großer Kinderspielplatz auf der Lindlingalm. Rinder, Pferde, Schafe und Esel um die Almen.
Kinderwagen: Geeignet für geländegängige Kinderwagen bis zur Saalalm (Almstraße, ca. 4 km und 300 Hm ab Parkplatz, ca. 1.20 Std.; ab Lindlingalm 1,7 km, 170 Hm, ca. 45 Min.).
Mountainbike: Die Tour ist mit kleinen Änderungen erlaubt; diese sind deutlich ausgeschildert, ansonsten verläuft sie entlang der beschriebenen Route. Für Einsteiger und Familien geeignet.
Gipfelmöglichkeiten: Tristkogel, 2095 m (5.30 Std ab Lindlingalm, rot); Gamshag, 2178 m (ca. 6.30 Std. ab Lindlingalm, rot); Saalkogel, 2007 m (4.30 Std. ab Lindlingalm); Schusterkogel, 2208 m (5.30 Std. ab Lindlingalm).
Variante: Große Talrunde über Saaljoch, Tristkogel, Toralm bzw. Torsee, Mittagskogel zurück zur Lindlingalm (nicht bei Nässe, 5.30 Std., rot), Abzweig in westlicher Richtung ca. 15 Min. nach der Lindlingalm (Wegweiser »Gamshag, Torsee«).

EINKEHR

Lindlingalm, 1300 m: Geöffnet von Mitte März bis Mitte/Ende Oktober und Mitte Dezember bis Ostern. Alpengasthof mit bodenständiger Küche und regionalen Schmankerln aus der eigenen Landwirtschaft. 300 Jahre alte Almhütte direkt neben dem Bergrestaurant; hier erhält man einen Einblick in Tradition, Handwerk und ursprüngliche Lebensweise auf einer Alm. An der original belassenen Einrichtung der Hütte kann man sehen, wie vor hundert Jahren gelebt und Käse erzeugt wurde. Produkte aus der eigenen Käserei stehen im Almlad'l zum Verkauf. Keine Übernachtung. Tel. +43/(0)6541/7190, www.talschluss.at oder www.lindlingalm.at.
Saalalm, 1442 m: Geöffnet von Mitte Mai bis Ende September, Mittwoch Ruhetag. Jausenstation in schöner Lage und mit bodenständiger Küche und Wildgerichten. Keine Übernachtung. Tel. +43/(0)664/5756922 oder +43/(0)676/4209388, www.saalalm.at.
Forsthofalm, 1518 m: Geöffnet von Mitte Mai bis Ende September. Kleine Gerichte und Getränke.

An der Saalalm.

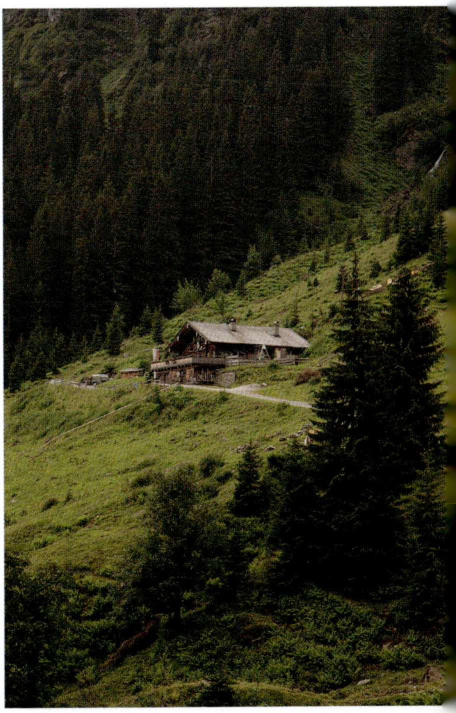

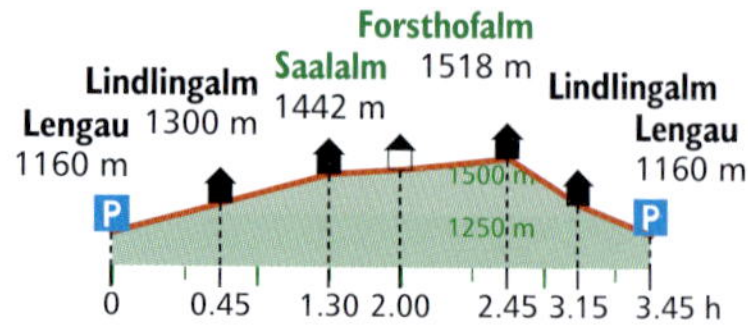

Vom Wanderparkplatz **Lengau**, 1160 m, rechts vor der Brücke geht man entlang der Saalach und der Promenade 3 auf Wanderweg leicht bergauf über die Henlabbrücke zur **Lindlingalm**, 1300 m. Bis hierher heißt der Weg »Umweltschutzweg«, benannt nach 82 Zeichnungen von Kindern der Volksschulen Saalbach und Hinterglemm, die entlang des Weges angebracht sind und anregen sollen, mit der Umwelt sorgfältiger umzugehen. Nun folgt man der Route 2, dem Talschlussrund- und Höhenweg zur **Saalalm**, 1442 m, vorbei am Teufelswasser und gemütlich auf breitem Almweg in ca. 30 bis 40 Min. Von der Saalalm folgt man dem Almweg ca. 100 m zurück hinunter Richtung Saalach, folgt im Scheitelpunkt der Kurve dem Steig, quert dabei einen der Quellbäche der Saalach, dann zwei Stege und wandert leicht bergauf zur hier bereits sichtbaren, unbewirtschafteten **Ossmannalm**, 1464 m. Neben der Alm trifft der Steig auf einen Almweg, dem man ca. 50 m links hinauf folgt. Bei einem Holzwegweiser schwenkt man gleich wieder rechts auf einen Steig ein, der über den Talschlusshöhenweg zur **Forsthofalm**, 1518 m, führt. Von der Forsthofalm südwestwärts über den Güterweg in 30 Min. hinunter zur **Lindlingalm**, in einer weiteren halben Stunde über die Promenade 3 wieder nach **Lengau** zum Parkplatz.

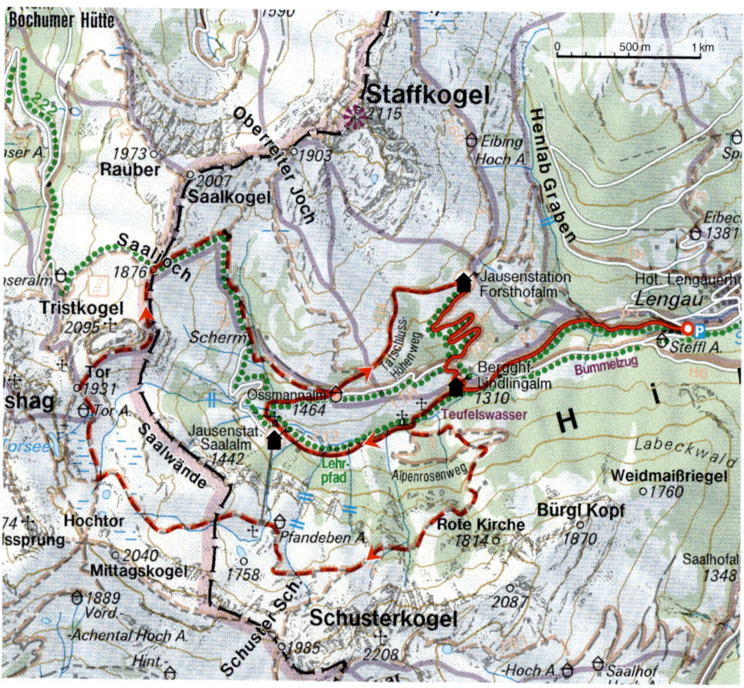

Trattenbachalm, 1732 m

Auf den Spuren Goethes durch das Trattenbachtal ★★

Am Goetheweg lernen von der Natur

Der Goetheweg ist ein neu geschaffener, besonders für Kinder und ältere Wanderer gut geeigneter Themenweg, der zwischen den Gemeinden Neukirchen am Großvenediger und Wald im Pinzgau durch das idyllische Trattenbachtal führt. Mit Aussicht auf die mächtigen Berge der Hohen Tauern wandert man zur Trattenbachalm oder weiter zum geschützten Landschaftsteil »Hinteres Filzenschartenmoos«. Bei den sieben Stationen am Goetheweg beschäftigen sich besonders Kinder mit der »Metamorphose der Pflanze« sowie mit »Goethes Farbenlehre«. Neben der besonderen Landschaft und dem herrlichen Naturraum befasst man sich hier mit der Entwicklung der Pflanze, vom Samenkorn über die Entfaltung von Kelch und Blüte bis hin zum reifenden Samen. Neben den Übersichtstafeln, die über den Wegverlauf informieren, erwarten die Kinder und Eltern am Goetheweg im Trattenbachtal Stationen, die sich unter anderem auch mit der Geologie als Basis der Landschaft und Hort großer Schätze, der Kulturlandschaft, dem Bach als durchgängige Lebensader und verschiedenen alpinen Lebensräumen und Themen befassen. Unsere Vorfahren wirtschafteten mit der Natur. Ihnen verdanken wir unsere typische und attraktive Gebirgslandschaft mit dem harmonischen Nebeneinander von Almwiesen, Wäldern und Felsformationen und dass wir immer noch von der Natur lernen können.

EINKEHR

Alpengasthof Rechtegg, 1253 m: Ganzjährig geöffnet. Gasthof mit Pinzgauer Hausmannskost, gutbürgerlicher Küche sowie Produkten aus eigener Landwirtschaft. Übernachtung möglich. Tel. +43/(0)6565/6324, www.rechtegg.com.

Trattenbachalm, 1732 m: Bewirtschaftet von Anfang Juni bis Ende September, je nach Witterung auch länger (Auskunft über Alpengasthof Rechtegg). Almgerichte mit Produkten aus eigener Landwirtschaft. Übernachtung möglich.

Sonntagalm, 1609 m: Bewirtschaftet von Anfang Juni bis Mitte Oktober sowie vom 25. Dezember bis 5. Jänner. Almgerichte mit Produkten aus der eigenen Landwirtschaft. Übernachtung möglich. Tel. +43/(0)6565/6263, +43/(0)680/1215996, www.sonntagalm.at.

Vom Ausgangspunkt blickt man auf Wildkarspitze und Seekarspitze, darunter liegt Krimml.

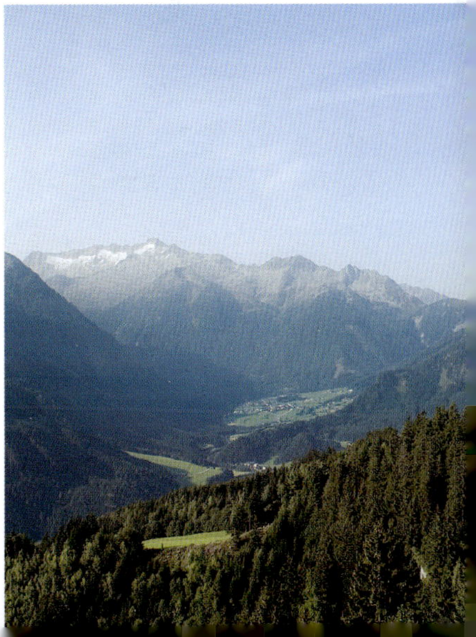

KURZINFO

Talort: Neukirchen am Großvenediger, 857 m; Anreise über Zell am See (B 168) oder Kitzbühel (B 161) bzw. Mittersill (B 165); Tourismusbüro Neukirchen am Großvenediger, Tel. +43/(0)720/710730, www.wildkogel-arena.at.
Ausgangspunkt: Alpengasthof Rechtegg, 1253 m, oder Parken am Wegrand beim Wegweiser am Höhenpunkt 1309.
Gehzeit: 4.45 Std.
Höhenunterschied: 480 m mit kurzen Gegenanstiegen.
Anforderungen: Einfache Wanderung ohne Probleme auf Wanderwegen und Almstraßen. Schlechtwettertipp, da auch bei Regen gut begehbar.
Kinder: Der Goetheweg mit sieben Stationen bietet Kindern viele Entdeckungen. Rund um die Alm weiden Kühe und Jungvieh.
Kinderwagen: Geeignet für geländegängige Kinderwagen.
Mountainbike: Die gesamte Strecke ist für Mountainbikes freigegeben.
Gipfelmöglichkeiten: Kröndlhorn, 2444 m, über die Trattenbach-Hochalm (ca. 3.30 Std. hin und retour von der Trattenbachalm aus, bis zur Alm blau, dann rot).

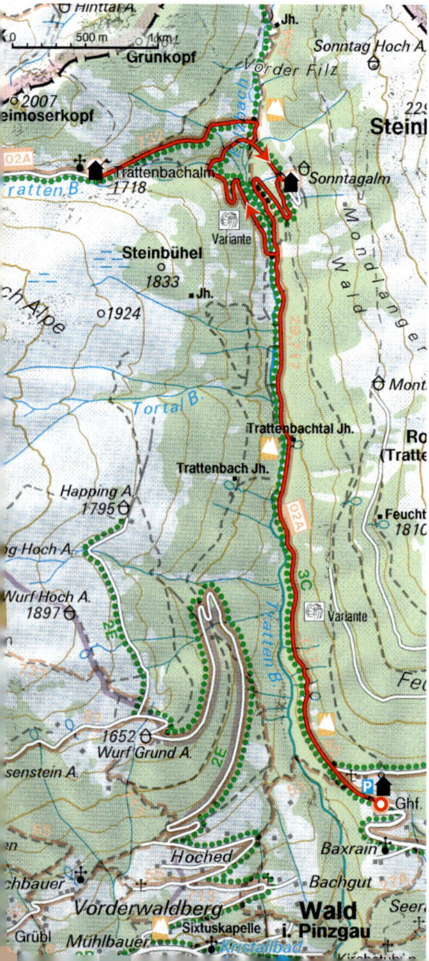

Vom **Alpengasthof Rechtegg**, 1253 m, in knapp 15 Min. hinauf zur Wegkreuzung auf Höhe 1309 m mit einer zweiten Parkmöglichkeit für Autos. Man folgt dem Weg Nr. 29 geradeaus mäßig ansteigend, vorbei an den ersten Stationen des Goethewegs, in das Tal hinein bis zum **Wehr**, 1400 m. Weiter bis zur nächsten Kreuzung und links über die Brücke über den **Trattenbach**, 1486 m. Nun geht der Weg steiler werdend in lang gezogenen Kurven, zwei Serpentinen und über zwei Brücken zur Kreuzung bei der Sonntagalm. (Rechts geht es zur Sonntagalm, die auf dem Rückweg besucht wird.)
Man geht nun links in Serpentinen auf einen kleinen Rücken, bei der folgenden Kreuzung wieder links und am südlichen Rand des **Hinteren Filzschartenmoos** nach Westen hinauf zur **Trattenbachalm**, 1732 m. Beim Blick hinein in den Talschluss sieht man hinauf zur Trattenbach-Hochalm, eingerahmt vom Tristkopf, 2361 m, dem Kröndlhorn, 2444 m, und dem Mitterkopf, 2306 m.
Beim Abstieg wieder zurück bis zur Kreuzung Sonntagalm, 1585 m. Nun aber links in 10 Min. zur **Sonntagalm**, 1590 m. Von hier entweder

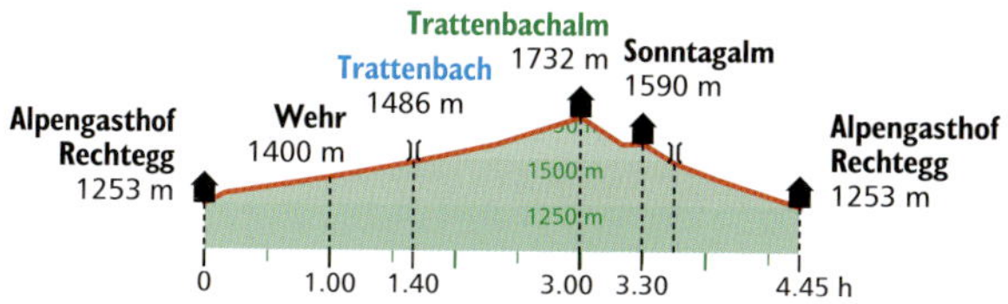

über den Fahrweg über zwei Serpentinen (alternativ vom Scheitelpunkt der ersten Serpentine abkürzend unmarkiert über einen Steig) hinunter zur Brücke über den **Trattenbach**, 1486 m. Talauswärts vorbei am **Wehr**, 1400 m, zum Ausgangspunkt bei der Wegkreuzung auf der Höhe 1309 m oder am **Alpengasthof Rechtegg**, 1253 m.

Die Trattenbachalm liegt knapp 600 m südlich der Tiroler Landesgrenze.

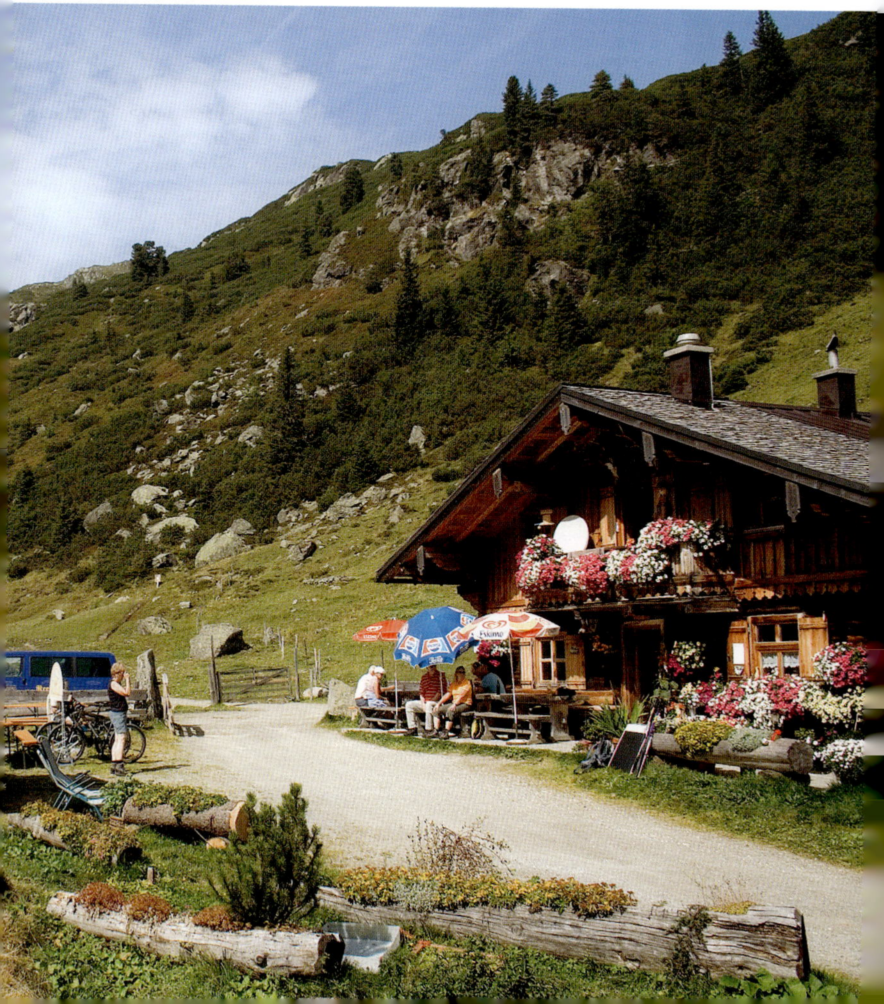

8 Gletscherblickalm und Trisslalm

Von der Tourismus- zur Naturlandschaft ★

Wanderung in einer Landschaft der Gegensätze

In keiner Landschaft ist der Gegensatz zwischen Wintertourismus und Natur so stark sichtbar wie dort, wo Naturschutz und teils notwendige wirtschaftliche Interessen aufeinander treffen. Sucht man heute die Lösung in der naturnahen Nachhaltigkeit in beiden Bereichen, so wurden von der tourismuswirtschaftlichen Revolution der Sechziger- und Siebzigerjahre des vorigen Jahrhunderts bis vor kurzem schwere Wunden in die Naturlandschaft geschlagen, um den wirtschaftlichen Aufschwung auch in die entlegensten Täler zu bringen. Diese Wunden lassen sich nur sehr langsam reparieren und sind ein weithin sichtbarer Makel: Eisengerippe, Schneekanonen und Stahlseile, die im Sommer von Geisterortschaften mit leeren Hotels auf die Berggipfel führen. Fehlende Sommerkonzepte und teure Umbaumaßnahmen unter erschwerten Auflagen lassen oft vor Verbesserungen zurückschrecken. Der Sommertourist muss seine Wanderungen damit auf Wegen über drainagierte Pisten ohne Bäume, unter Liftmasten und vorbei an riesigen Bergstationen machen, die auf den Gipfeln dann die Aussicht stören. Auch beim Anstieg auf den Plattenkogel hat man dieses Problem. Aber nicht sehr lange. Die Kombination mit dem Nationalpark Hohe Tauern hat die Möglichkeit geschaffen eine scharfe Grenze zu ziehen. Die Wege im Pistenbereich wurden aufgelassen, dafür hat man ab dem Gebiet der Gletscherblickalm bis zur Trisslalm wunderbare Kultur- und Naturlandschaft. Bleibt zu hoffen, dass in Verbindung mit dem Klimawandel, der weniger Schnee und höhere Temperaturen mit sich bringen dürfte, die Konzepte Innovationen beinhalten, die der Natur und dem Tourismus nachhaltig dienlich sind.

Die Rösser genießen ihren Almaufenthalt.

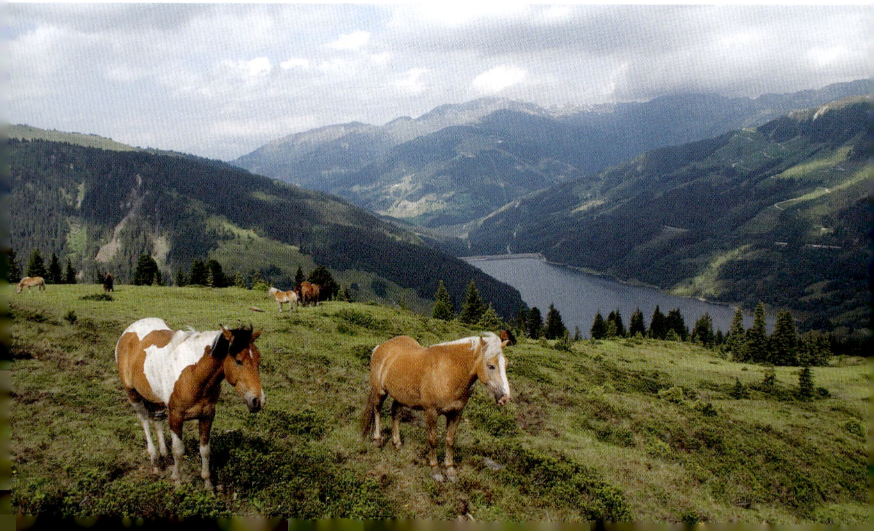

EINKEHR

Gletscherblickalm, 1850 m: Geöffnet von Ende Mai bis Anfang Oktober. Pinzgauer Hausmannskost und Produkten aus eigener Landwirtschaft. Herrlicher Blick auf Ebner- und Wildgerloskees, Schneekar-, Wildgerlos- und Reichenspitze. Keine Übernachtung. Tel. +43/(0)664/2735127, www.gletscherblickalm.at.
Trisslalm, 1583 m: Geöffnet von Mitte Juni bis Anfang Oktober. Pinzgauer Hausmannskost. Keine Übernachtung. Tel. +43/(0)664/4954499.
Alpengasthof Finkau, 1420 m: Am Westufer des Finkausees, ca. 10 Min. von der Hauptroute; ganzjährig geöffnet. Regionale und internationale Küche; Schwein und Rind stammen von Pinzgauer Bauern, Wildbret (Gämse, Hirsch, Reh) aus dem Wildgerlostal und den umliegenden Hochtälern. Übernachtung möglich. Tel. +43/(0)664/2613285, www.finkau.at.

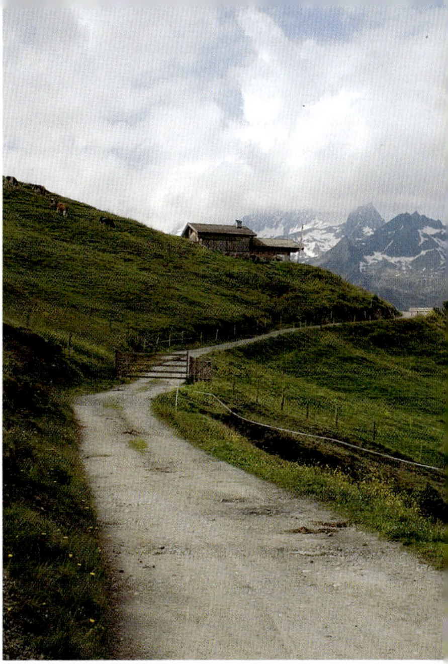

Kurz vor der Gletscherblickalm.

KURZINFO

Talort: Krimml, 1067 m; Anreise über Mittersill (B 165) oder aus dem Zillertal in Tirol über Gerlos (B 165) bis zur Abzweigung Hinterwaldberg (durch Unterführung) und weiter bis zum Seilbahnparkplatz Sonnwendkopfbahn. 350 m vor der Bräualm; Tourismusverband Krimml, Tel. +43/(0)6564/7239-0, www.krimml.at, www.zillertalarena.com.
Ausgangspunkt: Parkmöglichkeiten vor der Bräueralm, 1460 m.
Gehzeit: 5.30 Std.
Höhenunterschied: 560 m mit Gegenanstiegen.
Anforderungen: Einfache Wanderung ohne Probleme auf Steigen, Wanderwegen und Almstraßen bis zum Farnbühel. Anstrengend und Trittsicherheit erforderlich am Leitkammersteig; im unteren Teil des Steigs sehr steil und gelegentlich rutschig an den Bächen. Nicht bei Nässe! Für Kinder erst ab ca. 8 Jahren empfehlenswert. Abholung mit PKW am Alpengasthof Finkau möglich (Gehzeit verkürzt sich dann auf ca. 4 Std.).
Kinder: Streichelzoo auf der Gamsblickalm. Tiere am Bauernhof, Spielmöglichkeit am Abenteuerspielplatz und an See beim Alpengasthof Finkau.
Kinderwagen: Geeignet für geländegängige Kinderwagen von der Gerlosplatte zur Gamsblickalm oder zum Farnbühel. Rückweg über den Anstiegsweg.
Mountainbike: Von Krimml zur Gletscherblickalm oder von Zell am Ziller bis zur Auffahrt zum Gerlosberg und Hainzenberg, weiter nach Gerlos. Von dort bis zum Gerlospass, vor dem Pass unter der Unterführung durchfahren und am Stausee entlang zum Gasthof Finkau. Weitere Infos bei den Tourismusverbänden.
Gipfelmöglichkeiten: Unterwegs Plattenkogel, 2039 m (45 Min. im An- und Abstieg, blau); Farnbühel, 2028 m (weglos, ca. 30 Min. im An- und Abstieg, blau).
Variante: Zweitägige Tour über die Zittauer Hütte, 2329 m (Tel. +43/(0)6564/8262 oder +43/(0)664/8732205, www.zittauerhuette.at; Anfang Juni bis Mitte Oktober geöffnet, 4.45 Std. hin und zurück ab der Trisslalm, rot).

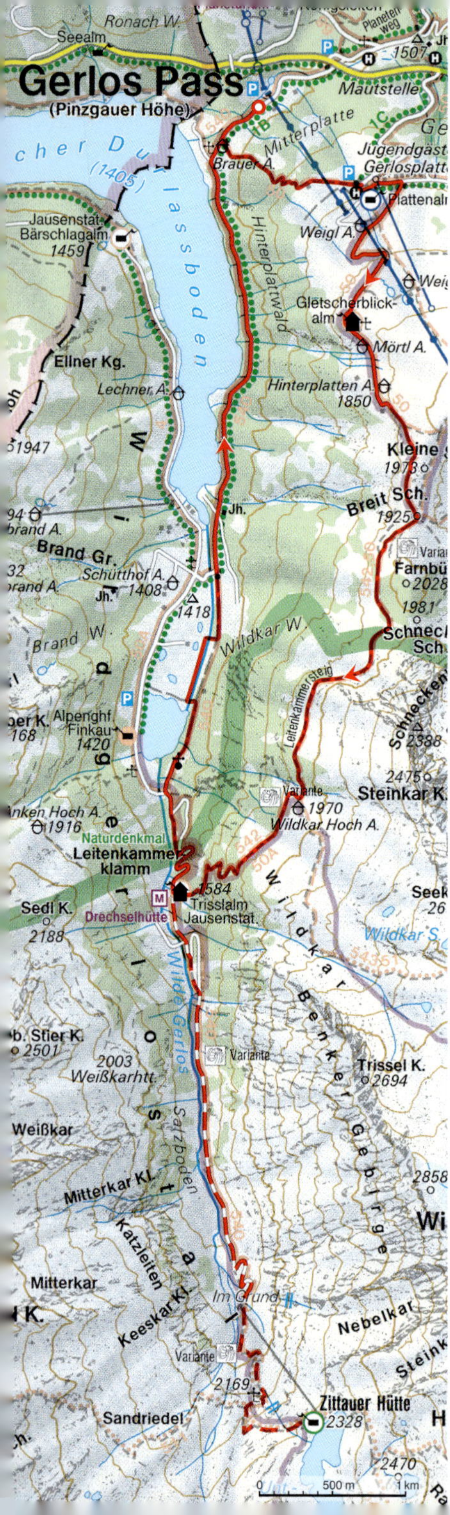

Vom Parklatz weg Richtung Speicher Durlassboden, vor der **Bräueralm** links hinauf dem Steig mit der rot-weiß-roten Markierung folgen, zuerst über eine Bergwiese, dann durch lichten Bergwald in Serpentinen, bis man aus dem Wald wieder heraustritt. Nun auf einem breiten Weg schräg den Hang hinauf zur **Gerlosplatte**. Zwischen dem Hotel und dem Restaurant Plattenalm (nur Winterbetrieb) durch und sofort rechts schräg hinauf auf einer Almstraße vorbei an der Bergstation vom Plattenkogelexpress 1 und über die Weiden der Weiglmahdalm zur **Gletscherblickalm**, 1850 m. Weiter auf breitem Almweg mit rot-weiß-roter Markierung, vorbei an der Hinterplattenalm, hinauf zur **Breitscharte**, 1925 m. Dann umrundet man den Farnbühel, einen dem Steinkarkopf vorgelagerten Hügel. Am Ende der Umrundung beginnt der Leitkammersteig und man betritt das eigentliche Gebiet des Nationalparks Hohe Tauern. Nun auf schmalem Steig über Felsen und Platten meist eben dahin bis zur Wildkar Hochalm auf 1970 m. Hier rechts bergab, bald in einen Bergwald hinein und sehr steil über teilweise hohe Stufen auf schmalem Steig hinunter, den immer wieder kleine Bäche queren. Beim Austritt aus dem Wald wird es flacher, wenige Minuten danach erreicht man die **Trisslalm**, 1583 m. Statt der Almstraße wählt man besser den Weg durch die Leichtenkammerklamm, er führt auf einer schöneren und kühleren Route hinunter zum Finkausee. Den Abzweig zum Alpengasthof Finkau (20 Min.) ignorierend, quert man die Straße beim Eingangsbereich der Klamm und erreicht in wenigen Minuten die **Hubertuskapelle** am östlichen Seeufer des **Finkausees**.

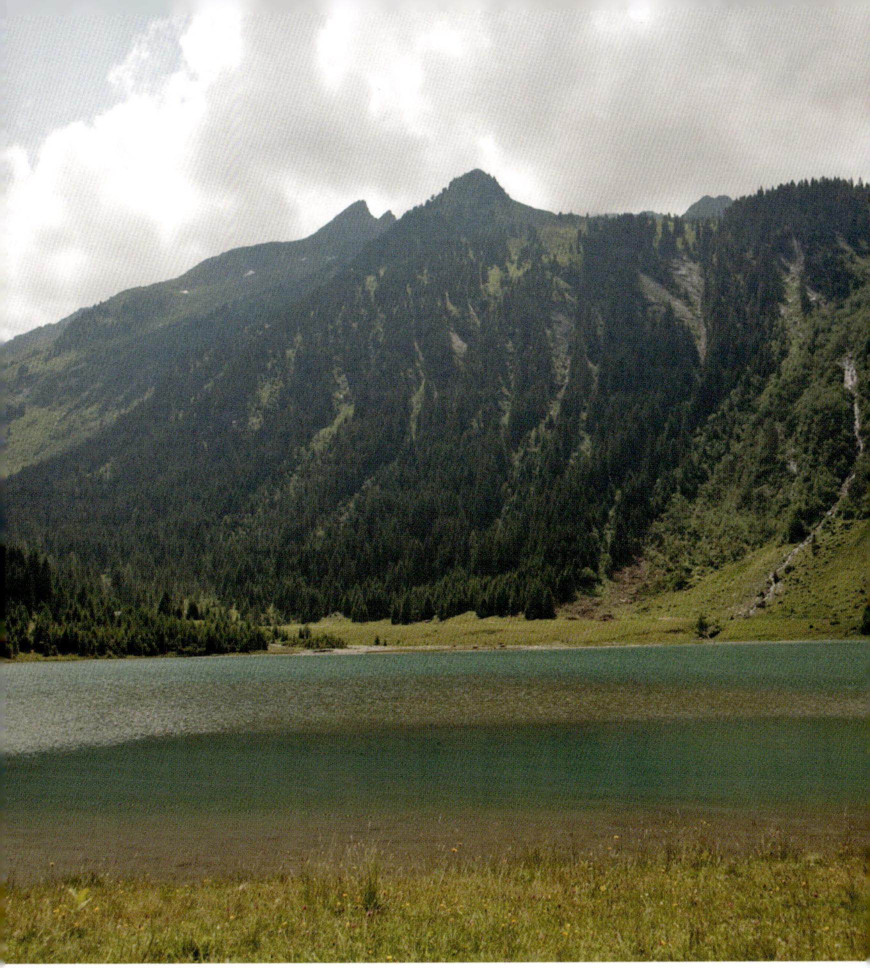

Die Finkau mit Gamsspitzl und Hänger im Hintergrund.

Weiter am Ufer dem Weg folgend bis links zu einem Steg am Seeabfluss, diesen überqueren und rechts weiter auf einem Weg durch pflanzenreiche Feuchtwiesen. Nach ca. 400 m wechselt man über eine kleine Holzbrücke wieder auf die andere Seite und folgt dem Weg bis zu einer Brücke, an der man auf die Zubringerstraße zum Alpengasthof Finkau trifft. Dieser folgt man die letzten drei Kilometer über mehrere Brücken zur **Bräueralm** und weiter zum Ausgangspunkt zurück.

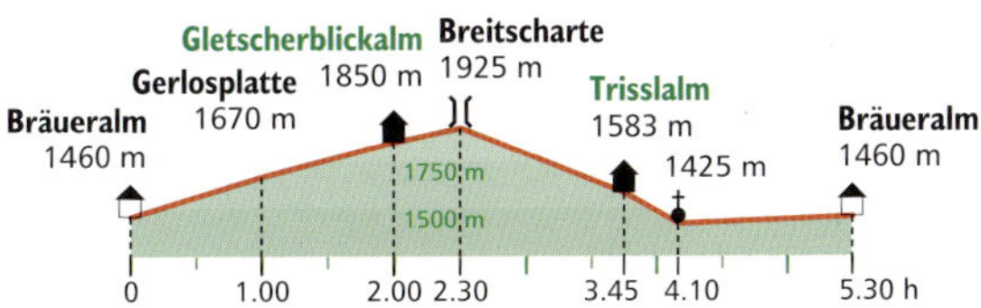

9 Seebachalm, 1995 m

Alm mit See ★★★

Einsame Wanderung zu ruhiger Alm und Märchensee

Diese Tour ist bestens geeignet, den Mythen, den Legenden und der Sagenwelt der Alpen als Kulisse zu dienen. Denkt man sich die Alm- und Zubringerwege, die in den letzten Jahren das Erreichen der Almen in den Talenden so sehr erleichtert haben, weg, verdrängt man die Materialseilbahnen und Stromleitungen aus dem Sichtfeld und sieht man sich den steilen, schmalen Pfad hinauf zur Alm genauer an, dann fühlt man sich 200 Jahre zurückversetzt. In eine Zeit, in der der Aberglaube die bäuerliche Bevölkerung in ihrem Bann hielt. Geschichten von versunkenen Dörfern, Häusern und Almen findet man von den Tälern bis zu den mit Eispanzern bedeckten Gipfeln. Von alpinen Paradiesen ist die Rede, wo auf blühenden Almflächen »Milch und Honig« flossen, bis durch Einfluss des Menschen oder wegen der Klimaänderungen diese Gebiete aufgegeben werden mussten. Die Geschichten entstanden aus der Suche der Menschen nach Erklärungen, aus dem Wunsch, die Kräfte der Natur zu verstehen, besonders in den extremen Lebensräumen der Alpen, wo die Gewalten der Natur und die Bedürfnisse der Menschen hart aufeinender prallten. Dort, wo in Sekunden die entfesselten Elemente die Existenzgrundlagen der Menschen vernichteten oder ganze Bergdörfer in den Tod rissen, entstanden – mit religiösen Verbindungen – die Mythen, Legenden und Sagen vom ewigen Eis, magischen Orten, heiligen Wassern, über Menschen, Bewacher, Beschützer und die Kreaturen der guten und der bösen Mächte. Zu ihnen gehören die Venedigermandl, etwa handlange Bergkobolde, die die Erzadern und Edelsteine in den Bergen hüteten. Wer mit dem Spaten in die Ader stach und ein klägliches Schreien vernahm, der hatte ein Venedigermandl verletzt. Die kleinen Wichte gebärdeten sich dann wie wilde Tiere und schleuderten große Felsstücke nach den Menschen. In allem steckt ein Körnchen Wahrheit, es liegt nur an den Menschen die richtige Interpretation zu finden. Woher wohl die Felsblöcke um die Poschalm bei dieser Tour stammen?

Der Seebachsee ist ein kleiner Bergsee auf einem Talboden in 2083 m. Dieser kleine Bergsee besticht natürlich vor allem durch sein einzigartiges Panorama und die imposanten Gipfel wie etwa dem 3360 m hohen Großen Geiger. Einzigartige Almblumen, saftige Wiesen sowie jede Menge Ruhe zeichnen den wildomantischen See aus und machen die Wanderung zum Seebachsee zu einer absoluten Besonderheit.

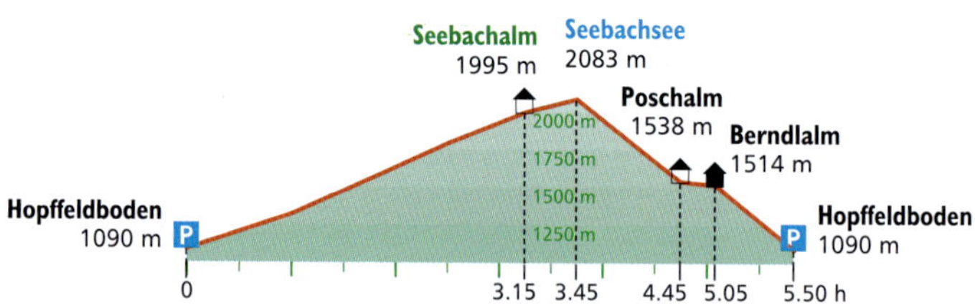

KURZINFO

Talort: Neukirchen am Großvenediger, 857 m; Anreise über Zell am See (B 311), Kitzbühel bzw. Mittersill (B 168 und B 165) oder Gerlospass-Krimml (B 165); Tourismusverband Neukirchen und Bramberg, Tel. +43/(0)6565/6256 oder +43/(0)720/710730, www.wildkogel-arena.at.
Ausgangspunkt: Wanderparkplatz Hopffeldboden (kostenpflichtig), 1080 m.
Gehzeit: 5.50 Std.
Höhenunterschied: 990 m.
Anforderungen: Steiler Anstieg über den Steig von der Abzweigung zur Seebachalm. Trittsicherheit notwendig. Von der Alm zum See ohne Probleme.
Kinder: Spielplatz und Streichelzoo auf der Berndlalm. Die Tour ist für Kinder ab 10 Jahren geeignet.
Kinderwagen: Geeignet für geländegängige Kinderwagen zur Berndlalm über die Almstraße (3,5 km vom Ausgangspunkt; 530 m im Anstieg, ca. 1.20 Std.).
Mountainbike: Bis zur Talstation der Materialseilbahn der Kürsingerhütte möglich (15 km, 1400 Hm).
Gipfelmöglichkeiten: Während der Tour keine. Wer den benachbarten Foiskarsee, 2132 m, erwandert (ca. 6 Std. ab Hopffeldboden, rot), kann die Seebachscharte »mitnehmen« (250 Hm, zusätzliche 45 Min. im Anstieg, schwarz). Großvenediger nur mit Bergführer.
Variante: Abstieg von der Berndlalm über die Kampriesenalm (mit kurzen Anstiegen, ca. 15 Min. länger).

EINKEHR

Almgasthof Berndlalm, 1514 m: Geöffnet von Anfang Mai bis Mitte Oktober. Gasthof mit regionaler Küche und Pinzgauer Hausmannskost. Übernachtung möglich. Tel. +43/(0)664/9166718 oder +43/(0)6565/6566, www.berndlalm.at.

Am idyllischen Seebachsee.

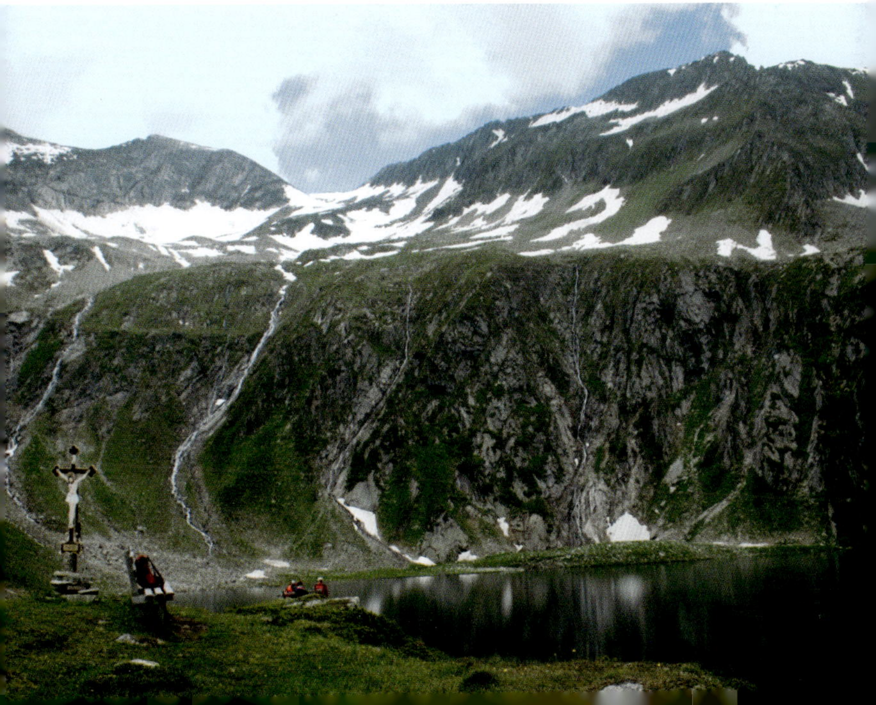

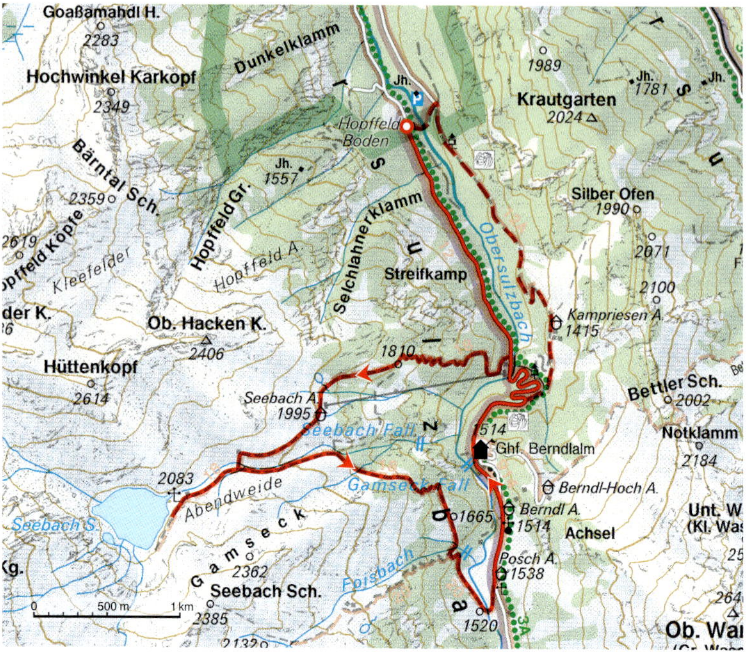

Vom Wanderparkplatz **Hopffeldboden** vorerst die Almstraße entlang bis zur Abzweigung Seebachsee. Hier rechts auf einen Forstweg, der nach 200 m in einen Steig übergeht. Ab hier steil in Serpentinen hinauf durch Bergwald, der immer wieder herrliche Tiefblicke ins Tal ermöglicht. Nach Erreichen der Baumgrenze betritt man die Kernzone des Nationalparks Hohe Tauern (Holztafel) und hat freie Sicht auf den Großen Geiger, 3360 m. Über stellenweise blockiges Gelände geht es nun nicht mehr so steil stetig aufwärts zu einer Gedenktafel von Peter Heim, der 36 Sommer lang Senner auf der Seebachalm war. Nach der nächsten Kurve hat man die **Seebachalm**, 1995 m, vor sich und erreicht diese in wenigen Minuten. Rechts geht es fast eben an zwei Almgebäuden vorbei, den Seebach über einen Steg querend, dann leicht ansteigend zum **Seebachsee**, 2083 m. Im Abstieg zurück zum Steg beim Seebach, den man diesmal nicht überquert. Stattdessen folgt man dem Steig vorerst am rechten Ufer talwärts, dann verlässt der Weg den Seebach und man kommt zur Kreuzung mit dem Steig zum Foiskarsee. Weiter folgt man dem bisherigen Steig hinunter bis zum Talgrund gegenüber der **Poschalm**, wo man noch 300 m taleinwärts zur sichtbaren Brücke muss, weil sich der Obersulzbach auf Grund seiner Wildheit ohne diese Brücke nicht überqueren lässt. Nach der Brücke links hinauf zur Almstraße, die in Kürze die **Berndlalm** erreicht. Von hier auf der Straße weiter hinunter zur Talstation einer Materialseilbahn und zur Abzweigung des Seebachsees; von dort wieder auf dem Anstiegsweg zum **Hopffeldboden** zurück.

Stockeralm, 1265 m

Unberührtes Nationalparktal mit Almraritäten ★

Ruhe und Einsamkeit inmitten herrlicher Natur

In der Reihe der zwölf Salzburger Nord-Süd-Tauerntäler, vom Krimmler- bis zum Großarl-Achental, ist das Untersulzbachtal inmitten des Nationalparks Hohe Tauern mit seinen 13 Kilometern eines der längeren. Es ist ein wildromantisches, eher unbekanntes und ruhiges Tal, in dem man einsam wandern kann. Lediglich Kühe sind manchmal Wegbegleiter. Das ganze Tal ist bewaldet, eng und fast weglos, ab der Stockeralm wird es hochalpin, bedingt durch die Zunge des Untersulzbachkees. Die Alm wurde 1976 als erste im Tal erbaut, noch bis 1990 wurde Almwirtschaft betrieben. Heute ist die Stockeralm eine Schutzhütte. Der am Weg liegende Untersulzbachfall im unteren Teil des Tales ist ein herrliches Naturschauspiel und bereits aus dem weiten Salzachtal sichtbar. Über einen Steig kommt man zu Aussichtspunkten nah am Wasserfall. Auf dem Weg zur Stockeralm bietet sich ein herrlicher Blick auf die Venedigergruppe.

KURZINFO

Talort: Neukirchen am Großvenediger, 857 m; Anreise über Zell am See (B 311), Kitzbühel bzw. Mittersill (B 168 und B 165) oder Gerlospass-Krimml (B 165); Tourismusverband Neukirchen und Bramberg, Tel. +43/(0)6565/6256 oder +43/(0)720/710730, www.wildkogel-arena.at.

Ausgangspunkt: Gasthof Schütthof, 849 m.

Gehzeit: 4.40 Std.

Höhenunterschied: 530 m.

Anforderungen: Einfache Wanderung ohne Probleme auf Wanderwegen und Almstraßen. Schlechtwettertipp, da auch bei Regen gut begehbar.

Kinder: Rund um die Alm weiden Kühe. Flache Uferzonen am Untersulzbach (Vorsicht ist dennoch geboten, es handelt sich um einen Wildbach). Schaubergwerk mit 1200 m langem Stollen- und Schachtsystem (Führung ca. 1.30 bis 2 Std.; gutes Schuhwerk und warme Kleidung sind erforderlich. Temperatur im Berg 6 °C; www.schaubergwerk-hochfeld.at).

Kinderwagen: Geeignet für geländegängige Kinderwagen.

Mountainbike: Untersulzbachtal bis zur Stockeralm und Finkalm.

Gipfelmöglichkeiten: Keine. Der Großvenediger, 3662 m, wird vorzugsweise von Prägraten (Osttirol) mit Bergführer bestiegen.

Variante: An der Finkalm vorbei und über die Bettlerscharte zur Berndlalm, 1500 m, im Obersulzbachtal. Mit einer Übernachtung auf der Berndlalm, Aufstieg zur Seebachalm und Seebachsee (siehe Tour 9).

Die unbewirtschaftete Finklalm ist wegen ihrer Aussicht einen Abstecher wert.

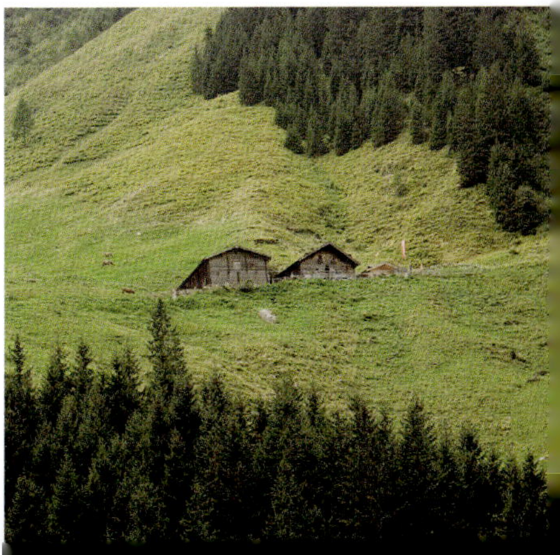

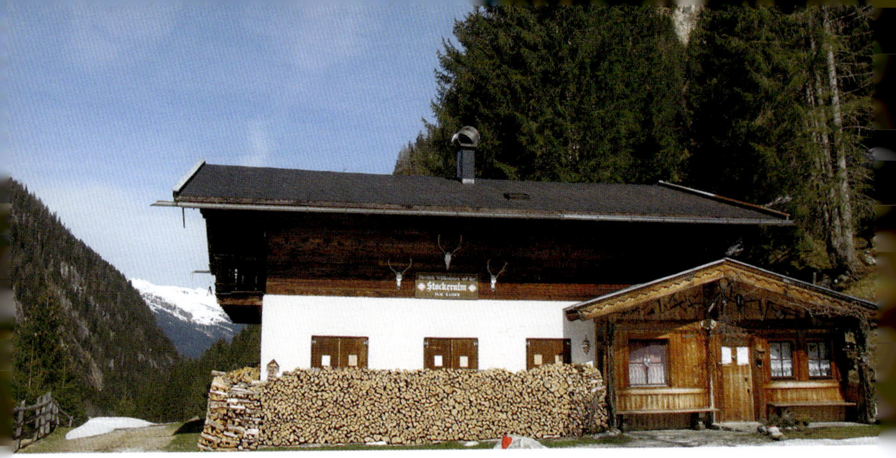

Im Frühjahr ist es noch still rund um die Stockeralm.

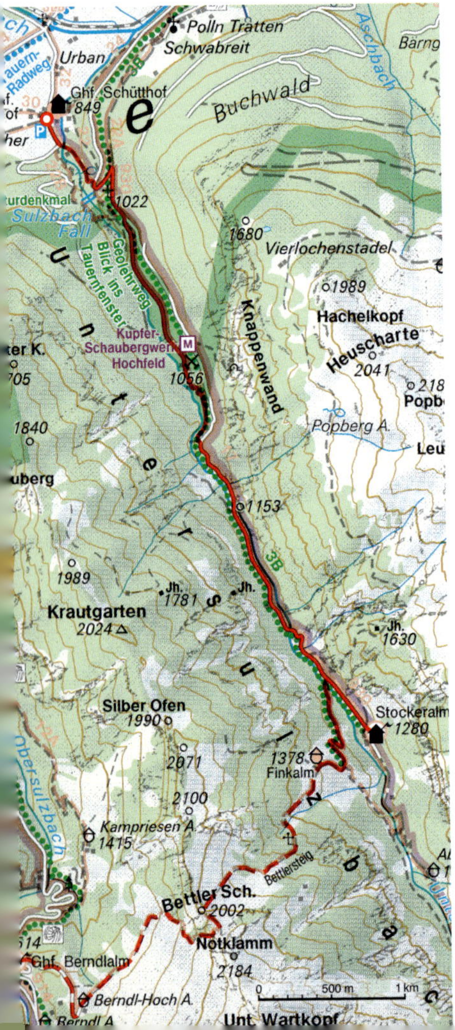

Vom Parkplatz beim **Gasthof Schütthof**, 849 m, folgt man dem Untersulzbach auf seiner linken Seite bachaufwärts in einer halben Stunde zum **Untersulzbachfall** (ca. 950 m, Wegweiser). Weiter dem Steig folgend erreicht man nach ca. 20 Min. eine Aussichtsplattform, den **Venedigerblick**, 1020 m.

EINKEHR

Gasthof Pension Schütthof, 849 m: Am Eingang ins Untersulzbachtal; ganzjährig geöffnet. Hausgemachte Pinzgauer Spezialitäten. Übernachtung möglich. Tel. +43/(0)6565/6334, www.schuetthof.at.
Stockeralm, 1280 m: Geöffnet von Anfang Juni bis Ende September. Ganztägig warme Küche. Die Stockeralm ist auch für Familien, unerfahrene Wanderer sowie Mountainbiker über einen abwechslungsreichen Wanderweg (kinderwagentauglich) entlang des Untersulzbaches gut erreichbar. Schöner Blick auf den Großvenediger. Ausgangspunkt für Wanderungen zum Gletscher und über den Bettlersteig ins Obersulzbachtal. Die Stockeralm ist auch mit dem Täler-Taxi erreichbar. Übernachtung möglich. Tel. +43/(0)664/9861041.

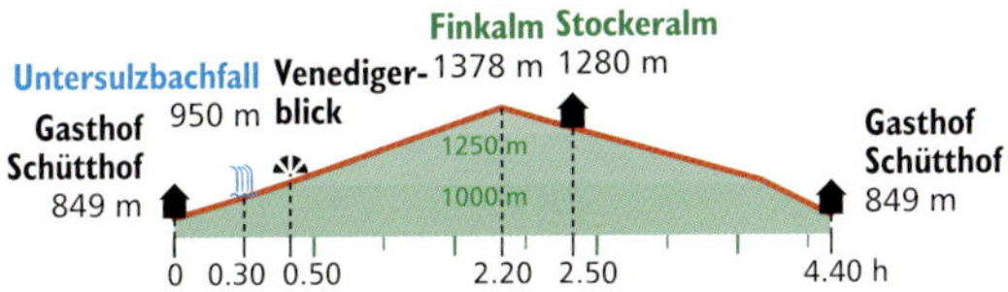

Auf dem Steig weiter und in wenigen Schritten hinüber zur Almstraße (Wegkreuz). Hier rechts zum Geolehrpfad Untersulzbach auf Weg Nr. 22 bzw. 930. Vorbei an der Knappenwand geht es abwechselnd links und rechts am Untersulzbach entlang Richtung Talschluss. Bereits in Sichtweite der Stockeralm zweigt nach rechts über eine Brücke bergauf (Wegweiser) der Almweg zur seit 2021 nicht mehr bewirtschafteten **Finkalm**, 1378 m, ab, die einen schöne Aussicht bietet. Zurück am Abzweig folgt man dem Almweg nach rechts in einigen Minuten zur **Stockeralm**, 1280 m.

Der Abstieg folgt dem Anstiegsweg.

Der Sulzbachfall.

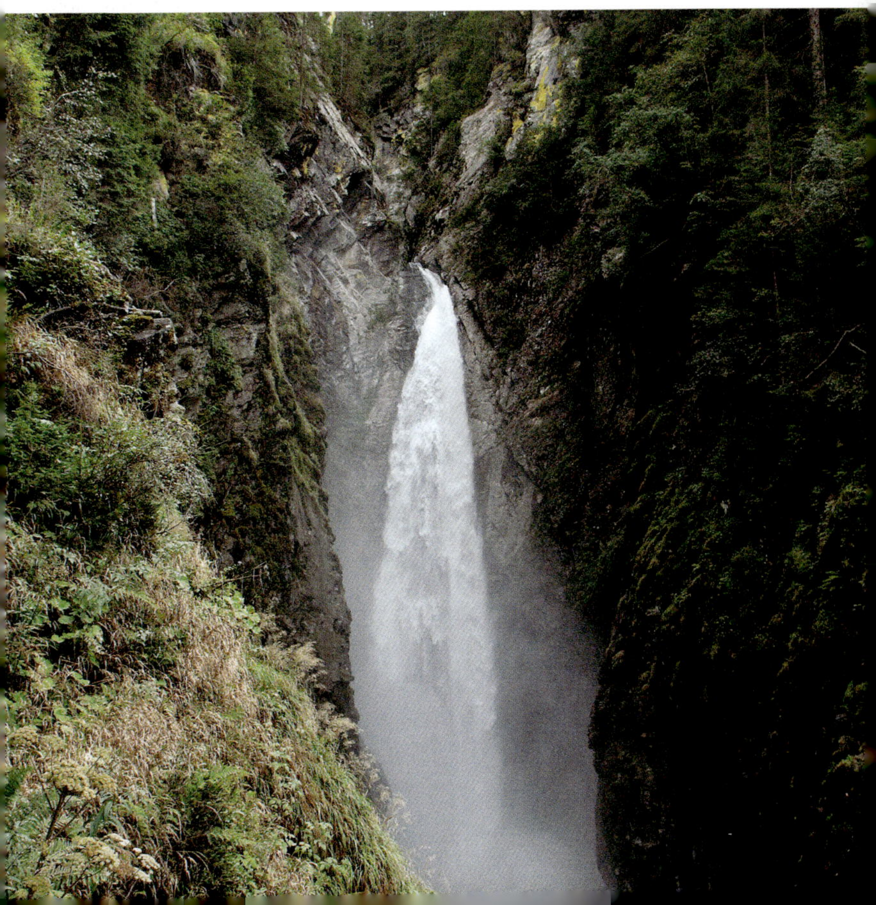

11 Neue Thüringer Hütte, 2212 m

Durch das schöne Habachtal ★★★

Das Tal der Smaragde und Bergwerke

Das Habachtal ist ein von den Eiszeitgletschern geformtes Trogtal in den Ostalpen mit dem einzigen, relevanten Smaragdvorkommen Europas; abgebaut wird noch in Spanien und Norwegen. Mit dem wirtschaftlichen Smaragdabbau wurde erst im 17. Jahrhundert begonnen. Aus dieser Zeit stammt auch der bisher wertvollste Fund, ein Smaragd mit 42 Karat (1 metrisches Karat = 200 mg = 0,2 g). Er zählt heute zu den Kronjuwelen der britischen Königin und wird im Londoner Tower aufbewahrt. Der nach seinem Fundort bezeichnete »Habachtaler« hat als Kennzeichen eine sehr intensive Grünfärbung. Lupenreine Smaragde wurden im Habachtal jedoch bisher äußerst selten gefunden. Nicht zuletzt wegen der schwer zugänglichen hochalpinen Lage in 2200 m Höhe, aber auch wegen geringer Ergiebigkeit waren die Versuche einer wirtschaftlichen Ausbeutung des Habachtaler Stollens bisher wenig erfolgreich. Die Suche nach dem »grünen Feuer« bringt viele Hobbyminerialiensammler ins Habachtal. Mit Smaragdwaschen, ähnlich der Goldgräbermethode, versuchen sie ihr Glück im Schotterbereich des Leckbaches. Gelegentlich finden sich dabei kleinere Smaragde beim Auswaschen. Auch Kupfervitriol für Kupferstichätzungen, die Medizin und die Herstellung von kupferhaltigen Farben wurde ab ungefähr 1400 bis zum 19. Jahrhundert in Bramberg abgebaut und nach Augsburg geliefert.

Alpiner Blumengarten beim Wasserfall im Habachtal.

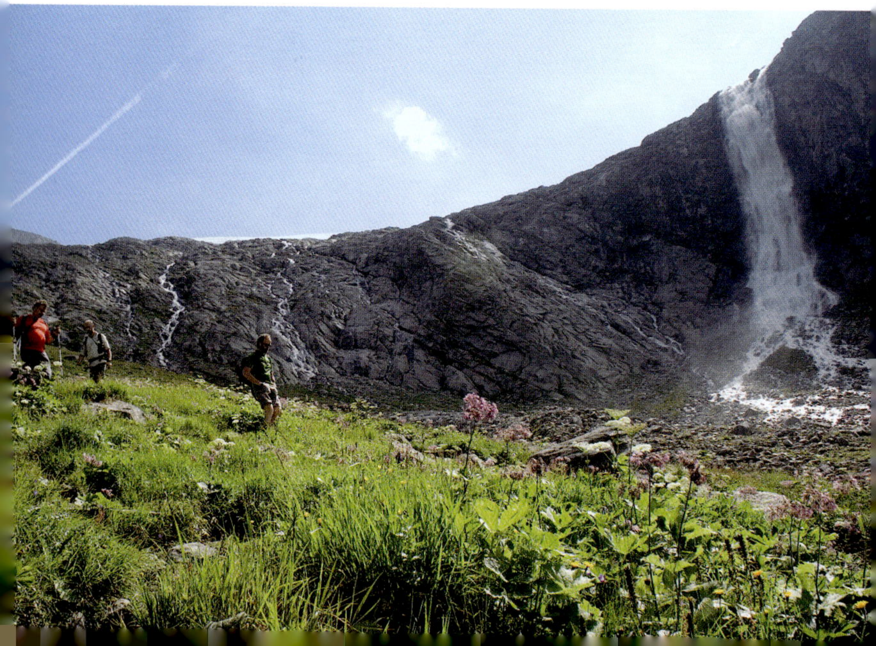

KURZINFO

Talort: Bramberg am Wildkogel, 816 m; Anreise über Krimml (B 165) oder Mittersill (B 165); Tourismusverband Bramberg am Wildkogel, Tel. +43/(0)6565/6256 oder +43/(0)720/710730, www.wildkogel-arena.at.
Ausgangspunkt: Alpengasthof Alpenrose, 1384 m. Zu erreichen nur mit dem Tälertransfer (»Smaragdexpress«) vom Busunternehmen Innerhofer; gebuchte Plätze werden vorrangig transportiert, bei Schlechtwetter können Fahrten ausfallen, Tel. +43/(0)6566/7451. Abfahrt Habachtal-Parkplatz im Mai und Juni: 9.00 und 10.00 Uhr; Juli bis September: 7.45, 9.00, 10.00, 13.30, 16.30 Uhr. Abfahrt Alpengasthof Alpenrose im Mai 17.00 Uhr, Juni bis September 14.00 und 17.00 Uhr, bis Mitte Oktober 14.00 und 16.00 Uhr (Stand 2020).
Gehzeit: 5.00 Std.
Höhenunterschied: 830 m.
Anforderungen: Bis zur Abzweigung Noitroisteig guter Weg, der in einen Bergpfad übergeht. Über den Noitroisteig, der im unteren Bereich in eine Felswand führt, teilweise sehr steil mit guten Sicherungen (Seilgeländer) und Tritthilfen, im oberen Teil des Steiges einfacher und gemütlicher.
Leichter, aber deutlich länger über den Normalweg (ca. 4 Std.), der im Abstieg begangen wird. Trittsicherheit notwendig, besonders bei Nässe. Es wird empfohlen den Noitroisteig nur im Anstieg zu begehen, weil besonders bei Nässe der Abstieg aufgrund der Steilheit gefährlich werden kann. Wenige Markierungen, aber da es nur den Noitroisteig und den Normalweg in diesem Bereich gibt (beide gut erkennbar) kann man sich nicht verirren.
Kinder: Neben dem Alpengasthof Alpenrose befindet sich eine Smaragdwaschanlage. Ziegen und Kühe am Weg ins Tal. Geeignet ab 8 Jahren, am Noitroisteig Seilsicherung empfohlen.
Kinderwagen: Geeignet für geländegängige Kinderwagen nur vom Parkplatz Habachtal zum Alpengasthof Alpenrose (Almstraße ca. 6,5 km; 600 Hm im Anstieg, ca. 2 Std.; unterwegs nach 5 km Einkehrmöglichkeit in der Enzianhütte, 1312 m).
Mountainbike: Freigegeben ist der Trail von der Nationalparkinformation rechts über die Habachbrücke zum Güterweg Habachtal, vorbei an den Alpengasthöfen Enzianhütte, 1312 m, und Alpenrose, 1384 m, bis zur Moaralm, 1410 m (15 km hin und retour, 540 Hm).
Gipfelmöglichkeit: Larmkogel, 3022 m (ca. 2.30 Std. von der Neuen Thüringer Hütte, rot).
Variante: Übernachtung auf der Neuen Thüringer Hütte. Am nächsten Tag Überschreitung der Larmkogelscharte und des Larmkogels mit Abstieg zur Neuen Fürther Hütte, 2201 m (ca. 820 Hm; gut 5 Std., rot), und Abstieg durch das Hollersbachtal (ca. 4.30 Std., auch Fahrt mit dem Tälertaxi möglich).

EINKEHR

Neue Thüringer Hütte, 2212 m: Alpenvereinshütte; geöffnet von Mitte Juni bis Ende September. Ganztägig warme Küche und bodenständige Hausmannskost. Sehr empfehlenswert ist der Kaiserschmarrn. Übernachtung möglich. Tel. +43/(0)664/4273214, www.nth-huette.de.
Alpengasthof Alpenrose, 1384 m: Geöffnet von Ende Mai bis Ende September. Warme und kalte Küche. Eigene Almsauna. Ab Ende Mai finden zweimal wöchentlich Mineralienexkursionen statt (Informationen im Tourismusverband Bramberg). Für Kinder kleiner Streichelzoo und Spielplatz. Übernachtung möglich. Tel. +43/(0)6566/8670 oder +43/(0)664/9168022, www.alpenrose-habachtal.at.
Moaralm: Geöffnet von Ende Mai bis Oktober täglich ab ca. 8 Uhr. Seit 1771 im Originalzustand – die älteste Hütte im Habachtal. Der Kuhstall wurde in eine Gaststube umgebaut, ganztägig warme Küche, hausgemachte Mehlspeisen.

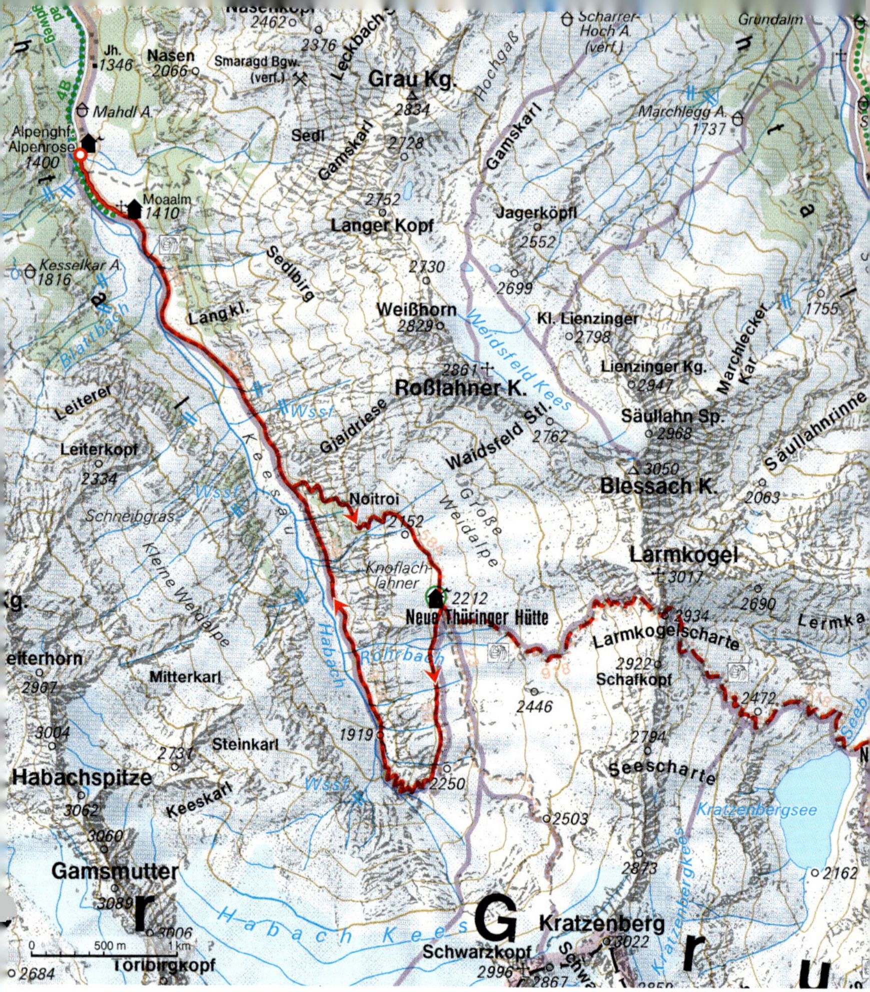

Vom **Alpengasthof Alpenrose**, 1384 m, auf Fahrweg zur **Moaralm**, 1410 m, dann entlang dem Habach auf der östlichen Talseite auf gutem, aber unmarkierten Steig weiter leicht bergauf ins Tal hinein, wobei man sich immer weiter vom Bach entfernt (Vorsicht: Der Steig im Talgrund entlang des Baches ist nur ein Viehtriebweg und führt nicht weiter!).

An der **Abzweigung Noitroisteig**, 1670 m, wendet man sich links. Der Steig führt zuerst in Serpentinen hinauf zur Felswand, dann weiter in engen Kurven mit Seilsicherungen und Tritthilfen in die Felswand hinein. Im oberen Wandbereich hat man eine beeindruckende Aussicht über das nach Norden einsehbare Tal und die kleinen Wasserfälle auf der anderen Talseite. Nach einer Linkskurve ist man plötzlich aus der Wand heraus und blickt über Bergwiesen, die sich taleinwärts immer mehr verflachen. Linker Hand findet man eine Trinkwasserquelle mit einem angeketteten Blechbecher, deren Wasser nach dieser Anstrengung sehr willkommen ist.

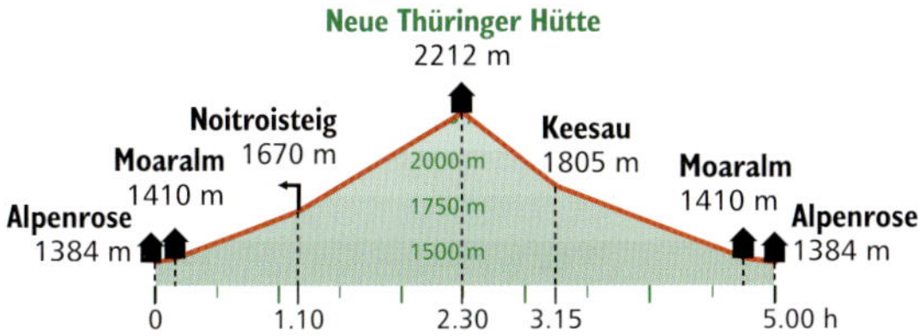

Ab hier geht es auf einem guten Steig immer einfacher in weiten Serpentinen aufwärts Richtung Ziel, der fast schon kitschige Blick in den Talschluss zum Wasserfall und der Blick zur Hütte begleitet einen die meiste Zeit. Kurz vor der Hütte wird der Weg fast eben, über Natursteinplatten gehend kommt man mit entspannten Beinen bei der **Neuen Thüringer Hütte** an, 2212 m.

Den Abstieg beginnt man, indem man kurz weiter eben, dann leicht bergab taleinwärts wandert. Bei der Wegkreuzung zum Larmkogel hält man sich rechts bergab Richtung Wasserfall, bewältigt einen kurzen Gegenanstieg und führt dann auf dem Serpentinenweg wie in einem weiten 180-Grad-Bogen hinunter zum Wasserfall in der **Keesau**, 1805 m. Von dort geht es unschwierig leicht bergab mit Blick hinaus bis zur **Moaralm** auf dem Anstiegsweg zum **Alpengasthof Alpenrose** zurück, 1384 m.

Die Neue Thüringer Hütte vor dem Habachkees.

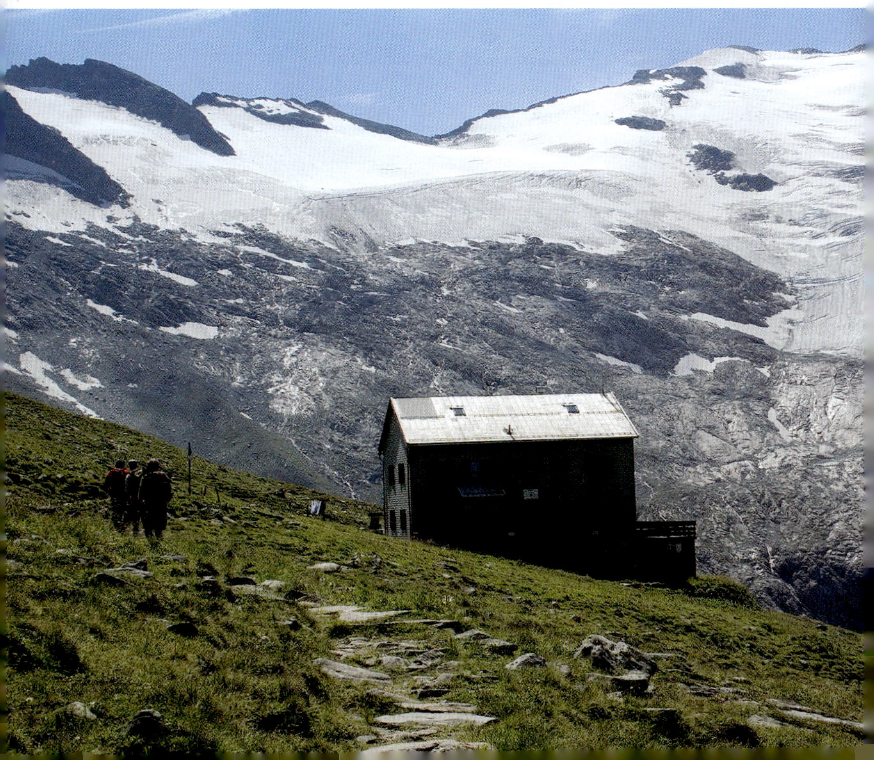

12 Senningerbräualm, 1132 m

Lachalmhöhenweg – Action zwischen zwei Almen ★★★

Vergessene Wege

Dieser Weg ist eine Art »vergessener Weg«. Er ist zwar regional bekannt, auch ausgeschildert, aber keine Führerliteratur hat ihn aufgenommen, im Gegensatz zur Neuen Fürther Hütte oder zum Vorderen Hollersbachtal, die im selben schönen Tal liegen. Dr. Albert Steidl, ehemaliges Mitglied der Salzburger Landesregierung, hat es sich nach seiner Pensionierung zur Aufgabe gemacht, in seinen Bildbänden »Pinzgauer Almen« und »Vom Hof zur Alm« Almen generell ein Überleben zu sichern. Wunderbare Bilder lassen den Wunsch entstehen, diese Almen zu besuchen. Abseits der bekannten Wege kann man wahre Schätze finden, sowohl in der Landschaft als auch bei den Almen. Auf diese Weise trägt er zu einem langen Gedeihen von Hof und Alm bei. In diesen Bildbänden sind auch die folgenden Almen zu finden, die in einem Rundweg mit gigantischer Bergkulisse zusammengefasst sind. Steile Grashänge und mehrere Bachüberquerungen machten früher den Viehauftrieb zu den Hochalmen zu einem ernsten Abenteuer; das ist es auch heute noch. Erst im Talgrund findet sich dann das Besucherleitsystem des Nationalpark Hohe Tauern wieder, in dessen Gebiet man sich großteils bewegt. Auf vergessenen Wegen zu wandern bedeutet alte Erfahrungen zu spüren, sich ins Bewusstsein zu bringen wie es früher einmal war: hart, entbehrungsreich und von Armut und Einsamkeit geprägt. Aber vielleicht auch zufriedener, wunschloser und gottesfürchtiger vor der Natur und den Bergen.

Auf der Vorderlachalm mit Blick auf die Pinzgauer Grasberge und Leoganger Steinberge.

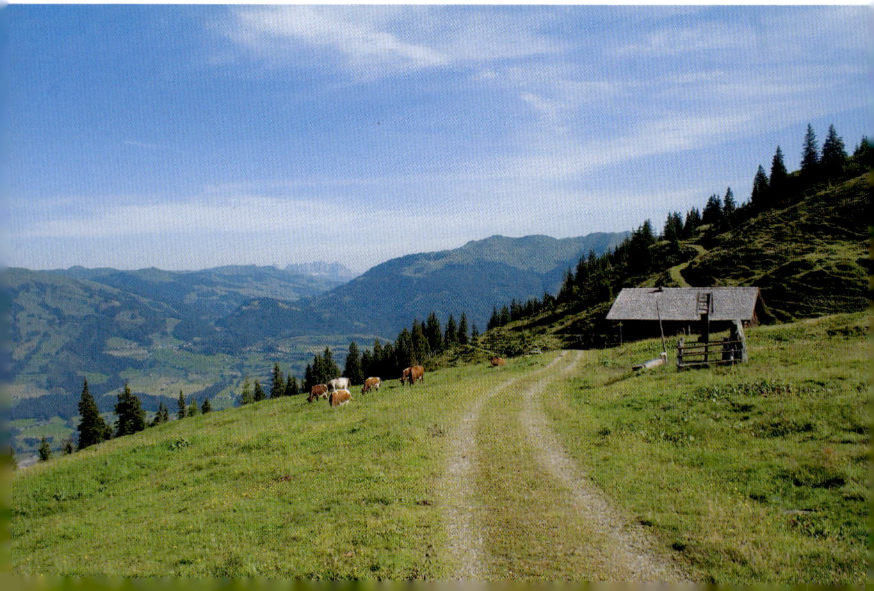

KURZINFO

Talort: Hollersbach im Pinzgau, 807 m; Anreise über Gerlospass oder Mittersill (B 165); Tourismusverband Hollersbach, Tel. +43/(0)6562/4292 oder +43/(0)6562/5007, www.mittersill-tourismus.at.
Ausgangspunkt: Parkplatz vor der Seestube, 875 m.
Gehzeit: 7.20 Std.
Höhenunterschied: 950 m.
Anforderungen: Bis zur Lach Hochalm Wege und Steige, teilweise steil, aber sonst keine nennenswerten Probleme. Zwischen der Lach Hochalm und der Lach Grundalm kurzer, schmaler Steig auf sehr steilem Wiesenhang mit Sicherungen, danach sind drei Bäche zu queren. Nur bei stabiler Schönwetterlage, nicht bei Nässe gehen (!); Trittsicherheit, Schwindelfreiheit und Orientierungsvermögen notwendig. Für Kinder und Unerfahrene wird ein Sicherungsseil bei den Bachquerungen angeraten. Kinder erst ab 10 Jahren.
Kinder: Rund um die Almen weiden Kühe, Jungvieh und Pferde. Immer wieder Bäche und Tümpel.
Kinderwagen: Geeignet für geländegängige Kinderwagen von der Seestube über den Almweg zur Senningerbräualm in ca. 2 Std.
Mountainbike: Von der Seestube über Almweg zur Senningerbräualm und Edelweißhütte, weiter zum Ofnerboden bzw. der Ofneralm.
Gipfelmöglichkeiten: Unterwegs keine; vom Berghof auf den Pihapper, 2513 m (ca. 7.30 Std., rot).
Variante: Um die lange Passage zwischen Lach Hochalm und Lach Grundalm abzukürzen, folgt man ab der Lach Hochalm entweder dem bekannten Anstiegsweg zurück (ca. 1.30 Std. weniger) oder geht nur bis zu einem Linksabzweig ca. 350 m nördlich der Rossalm zurück, um von dort in westlicher Richtung auf Forstwegen über den Rossalmwald und den Hinteren Lachwald zur Seestube zurückzuwandern (ca. 6 Std.).

Von den Parkplätzen vor der **Seestube**, 885 m, zweigt links eine Zufahrtsstraße ab, die auf den Schattberg führt. Ihr folgt man zwei Serpentinen lang bis zu einem Wegkreuz, wo ein hölzerner Wegweiser mitteilt, dass man nach rechts in 300 m die **Sahnealm** erreicht. Links an der Alm und an einem Spielplatz vorbei zu einem Wirtschaftsgebäude, auf dessen Rückseite versteckt ein wunderschön geschnitzter Herrgott hängt. Hier macht der Weg eine 180-Grad-Kurve und führt als Schotterweg in mehreren Kurven hinauf zu dem Haus Reitlehen 95. Links am Haus leicht hinauf, an einem Heustadel vorbei, tritt man ein in lichten Wald und folgt einem breiten Waldweg bis zu einer Wiese, durch die idyllisch ein Bach fließt. Diesen überqueren und dem breiten Weg links hinauf zum Gehöft **Berghof**, 1175 m, folgen. Dort zeigt ein Wegweiser an einem Güterweg rechts gegen Osten zum Lachalm-Rossalm-Höhenweg mit der Nr. 20. Nach circa 100 Metern am Güterweg bei der Linkskurve geradeaus und nach weiteren 50 Metern auf einem Steig rechts steil bergan in den Wald der rot-weiß-roten Mar-

EINKEHR

Senningerbräualm, 1132 m: Geöffnet von Mitte Mai bis Ende Oktober. Hausgemachte Produkte und warme Speisen auf der Karte. Ausrichtung von Almhochzeiten. Übernachtung in Zimmern und Lager möglich. Tel. +43/(0)664/4561380, www.alm-huette.at.
Gasthof Sahnealm, 1005 m: Geöffnet Mittwoch bis Sonntag 11.30–14 Uhr und 17.30–20.00 Uhr. Tel. +43/(0)6562/8225, www.sahnealm.at.
Seestube, 885 m: Ganzjährig ab 11 Uhr geöffnet (Tel. +43/(0)6562/8763). Gutbürgerliche Küche, Grillspezialitäten.

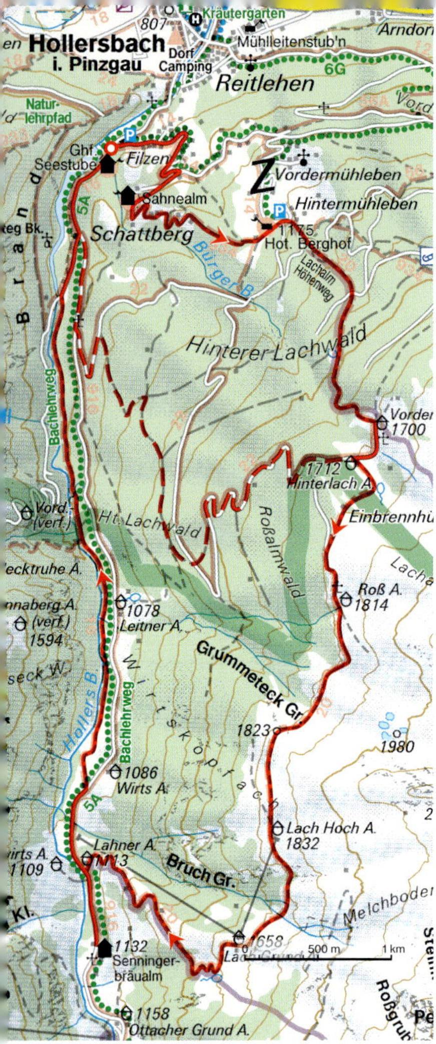

kierung folgen. Der Weg wird breiter, man quert drei Forststraßen und hält sich bei der einzigen markanten Abzweigung im Wald an den linken bergauf führenden Weg. Nach oben zu lichtet sich der Wald mehr und mehr und ausgeholzte Lichtungen geben wunderbare Blicke auf die Pinzgauer Grasberge frei, markant in ihrem Mittelpunkt ragt der Große Rettenstein, 2366 m, auf. Kurz darauf erreicht man die Baumgrenze, tritt auf die weiten Almflächen der **Vorder- und Hinterlachalm** und erreicht diese in wenigen Minuten, 1712 m. Zwischen den beiden Almen liegen auf ebenem Weg nur ein Wegkreuz, ein Teich und 5 Min. Wegzeit.

Vor der Hinterlachalm führt links ein Weg bergauf (Wegweiser, rot-weiß-rote Markierung), auf dem man nicht nur bis zum Wilden Kaiser sehen kann, sondern der auch über das Einbrennhüttl zur **Rossalm**, 1814 m, führt. Mit Blick auf den Pihapper, 2513 m, der hinter der Rossalm die höchste Erhebung bildet, quert man dessen Hänge eben und gelangt hoch oben ins Hollersbachtal hinein. Dabei hat man die Bergwelt zwischen dem Graukogel, 2834 m, und dem Larmkogel, 3017 m, mit ihren schroffen und schneebedeckten Steilhängen vor sich. Die wunderschön gelegene **Lach Hochalm**, 1832 m, erreicht man nach 30 Min.. Hier sollte eine längere Rast eingeplant werden, egal für welchen Weiterweg man sich entscheidet (Route oder Variante).

Richtung Grundalm geht es rechts neben der alten verfallenen Alm leicht bergab bis zu einem Weidetor, wo man nicht nur die Grundalm bereits vor Augen hat, sondern auch der Weg abrupt in einen sehr schmalen und sehr steilen Wiesensteig mit Sicherungen übergeht. Diesen bergab bis zum ersten Bach, diesen überqueren, durch wildes Gewächs dem fallenden Weg folgen zum zweiten Bach, über kleinen Holzsteg und wieder durch wildes Gewächs bis zu einer Almwiese und dem dritten Bach. Diesen ebenfalls überqueren und den dürftig auftauchenden Holzpflöcken mit rot-weiß-roter Markierung quer über die Almweiden zur **Lach Grundalm**

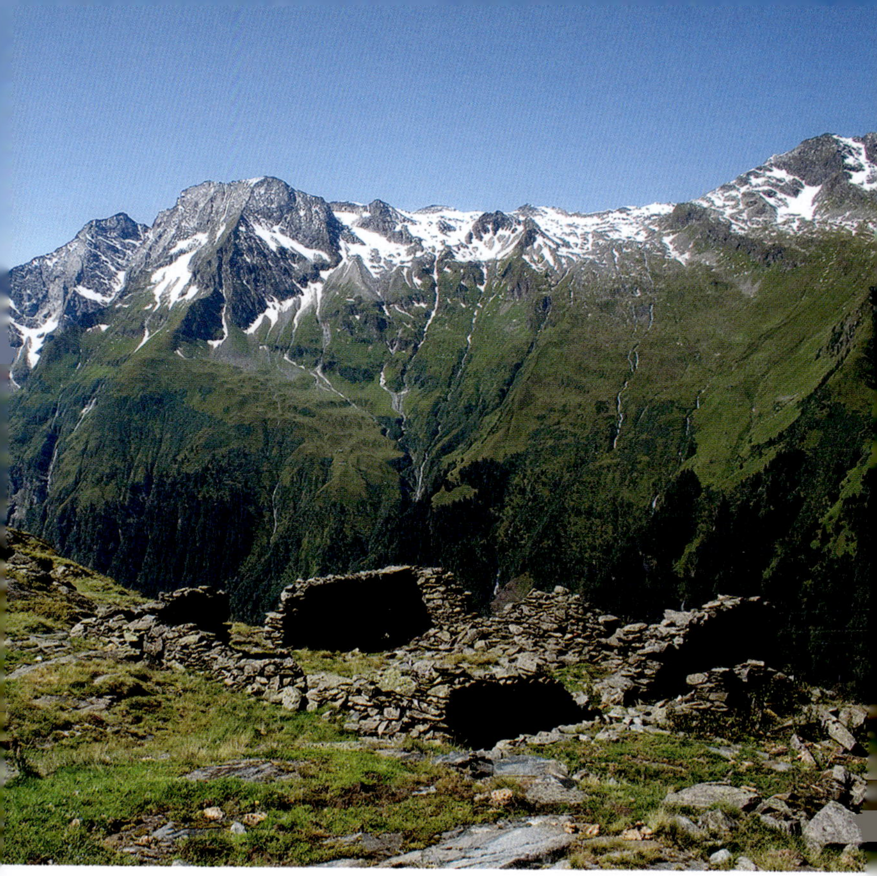

Auf der Lach Hochalm.

hinunter, 1658 m, folgen. Auch weiterhin ist etwas Orientierungssinn gefragt, weil die Holzpflockmarkierungen gelegentlich von den Rindern umgetreten wurden. Da immer wieder auf Steinen frische Markierungen angebracht sind, besonders auf diese achten. Auf dem einzigen Weg hinunter ins Tal zur **Lahneralm** und auf der Almstraße links in wenigen Minuten zur **Senningerbräualm**, 1132 m. Von hier folgt man dem Bachlehrweg talauswärts zurück zur **Seestube**, 885 m.

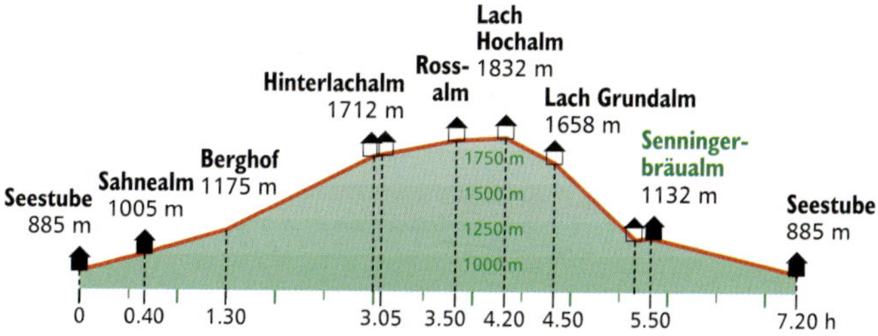

13 Unterbergalm, 1562 m

Maiskogler Hüttenrunde ★

Aussichtsreich ins Kapruner Tal

Die Unterbergalm liegt im Dietersbachtal im Gemeindegebiet von Piesendorf, umgeben von Maiskogel, Dreiwallnerhöhe, Schoppachhöhe, Hohe Arche und Mittagskogel. Sie ist kein klassisches Ausflugsziel, wird aber trotzdem oft und gerne besucht. Die alte Almhütte, 1743 erbaut, ist ein Knotenpunkt, einerseits für die Besteigung der 2453 Meter Hohen Arche, andererseits für die Überschreitung des Bergkammes zwischen dem Dietersbachtal und dem Kapruner Tal. Oben am Grat schlängelt sich der Alexander-Enzinger-Weg zur Krefelder Hütte am Fuße des Kitzsteinhorns, der auch gleichzeitig Teil des Arnoweges ist. Doch wer einmal auf den uralten Bänken und an den ebenso alten Tischen gesessen ist, den Duft von Käse, Kräutern und Kühen eingeatmet hat, wo die einzige Geräuschkulisse vom Gesumme der Insekten in den Almwiesen, dem Rauschen der Gebirgsbäche und den Kuhglocken stammt, der möchte eigentlich gar nicht mehr weiter. Und wenn doch, dann kommt man wieder. Auch wegen des herrlichen Ausblicks, um den man die Kühe beneiden muss. Almidylle pur.

Gemütlich und aussichtsreich ist es auf der Unterbergalm.

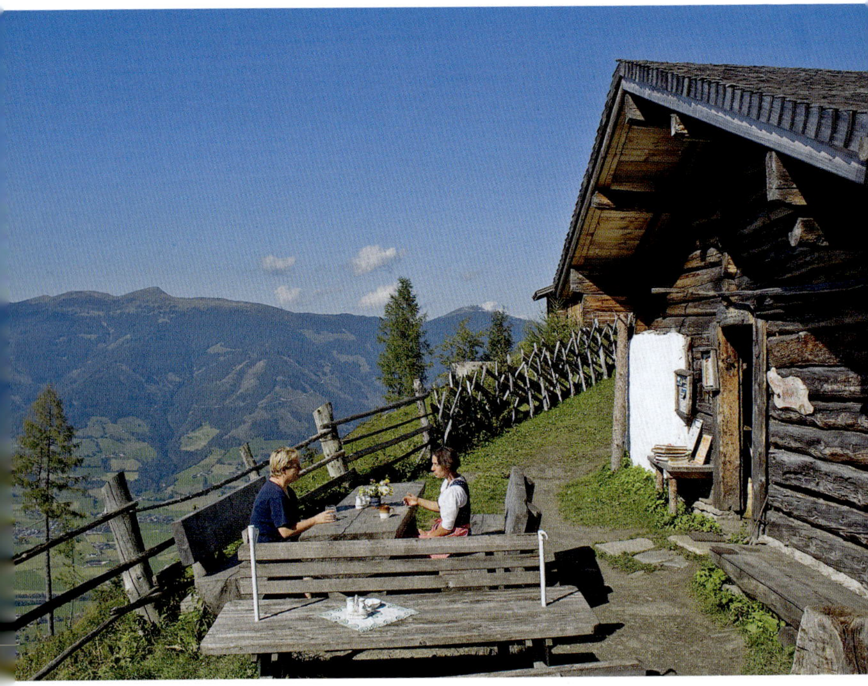

KURZINFO

Talort: Kaprun, 786 m; von Zell am See oder Mittersill bis Fürth, von hier 2 km nach Kaprun; Fremdenverkehrsverband Kaprun, Tel. +43/(0)6547/8080, www.kaprun.at, www.zellamsee-kaprun.com.
Ausgangspunkt: Großer Parkplatz bei der MK Maiskogelseilbahn am Ortseingang oder an der Sigmund-Thun-Klamm (Bus von Zell am See, Haltestelle Sigmund-Thun-Klamm).
MK Maiskogelseilbahn: Betriebszeiten ganzjährig 9–16 Uhr, www.kitzsteinhorn.at/de/sommer/maiskogel.
Gehzeit: 5.20 Std.
Höhenunterschied: 835 m im Anstieg, 875 m im Abstieg.
Anforderungen: Einfache Wanderung ohne Schwierigkeiten auf guten Wanderwegen, Alm- und Fahrstraßen. Achtung: Sigmund-Thun-Klamm kostenpflichtig!
Kinder: Die erste Alpen-Achterbahn im Salzburger Land: Alpine Coaster Maisiflitzer. Kinder von 3 bis 7 Jahren dürfen in Begleitung mitfahren! Kinder ab 8 Jahren und einer Größe von 1,25 m dürfen alleine einen Schlitten lenken.
Kinderwagen: Geeignet für geländegängige Kinderwagen. Mit der Seilbahn auf den Maiskogel und wenig steil über eine Forststraße (Weg Nr. 25) bis zur Unterbergalm. So auch wieder zurück oder auf der Alm- und Fahrstraße Nr. 33 über Stangerbauer (0.45 Std. länger) ins Tal.
Mountainbike: Die Klassische »Maiskogel-Mountainbike-Strecke« führt vom Gemeindeamt vorbei an der »Kaprun-Information«, dort rechts über die Brücke und gleich darauf links einbiegen in die Schulstraße. Die erste Straße (Schaufelbergstraße) rechts hinauf (Weg Nr. 33) zur Jausenstation Unteraigen bzw. Stangerbauer. Der Markierung Nr. 33 folgen bis zur Abzweigung rechts zur Unterbergalm – oder weiter zum Alpengasthof Glocknerblick oder zur Maiskogelalm. Von dort talwärts zum Ausgangspunkt.
Gipfelmöglichkeiten: Von der Unterbergalm auf die Hohe Arche, 2453 m (5 Std., schwarz); über die Jausenstation Glocknerblick auf die Dreiwallnerhöhe, 1861 m (ca. 1.15 Std. hin und retour, rot) oder die Schoppachhöhe, 2069 m (gut 2 Std., rot).
Winter: Die Mountainbikestrecke über den Weg Nr. 33 bis zur Jausenstation Glocknerblick dient im Winter als Zufahrtstraße. Am besten zum Aufstieg die Seilbahn auf den Maiskogel benutzen und den Weg im Abstieg gehen (Vorsicht: Skipisten kreuzen). Bei Bedarf Abfahrt mit Sesselliften ins Tal möglich. Unterbergalm im Winter geschlossen.
Variante: Vom Talparkplatz bei der MK Maiskogelseilbahn über die Saladeralm auf dem Zufahrtsweg Nr. 19 und dem Weg Nr. 39 bis zum Stalln gehen, der dann in einen Steig übergeht, diesem bis zur Kreuzung nach der Kehre folgen. Dann rechts auf Weg Nr. 14 bis zur Unterbergalm (5 Std. im Auf- und Abstieg).
Tipp: Sigmund-Thun-Klamm in der Regel von Mitte Mai bis Ende Oktober geöffnet (witterungsbedingt Schließung möglich). Eintritt: 3,30 € (Kinder) bis 6 € (Stand Juni 2021; www.klamm-kaprun.at).

Man hat zwei Möglichkeiten die Tour zu beginnen: Entweder man parkt am Taleingang von Kaprun auf dem Parkplatz der MK Maiskogelseilbahn und fährt mit dem Bus ins Tal hinein zur Haltestelle Sigmund-Thun-Klamm. Diese Variante ist zu empfehlen, da man das Auto nach der Wanderung nicht holen muss. Oder man lässt das Auto am Parkplatz der ehemaligen Seilbahnstation bei der Sigmund-Thun-Klamm stehen und holt es nach der Tour, entweder zu Fuß bei der Schulstraße rechts auf den Wanderweg und entlang der Kapruner Ache bis zur Bushaltestelle (ca. 3 km, 45 Min.) oder mit dem Bus zu den bei den Haltestellen angeführten Fahrzeiten.

Von der **Haltestelle Sigmund-Thun-Klamm** folgt man der Beschilderung zur Klamm und wandert durch die beeindruckende Szenerie bis zum Klammausgang am Klammsee. Dort

EINKEHR

Alle Almen und Jausenstationen am Weg bieten hervorragende regionale Küche.

Unterbergalm, 1562 m: Von Anfang Juni bis Mitte September geöffnet. Die Alm wird landwirtschaftlich genutzt. Gäste und Wanderer können nicht nur selbst gemachte Spezialitäten essen, sondern auch Almprodukte (Milch, Käse) kaufen. Keine Übernachtung. Tel. +43/(0)664/4427666.

Jausenstation Unteraigen, 840 m: Ganzjährig geöffnet. Wunderschöne Lage oberhalb von Kaprun. Ausgezeichnete regionale Küche, besonders beliebt sind die herzhaften Schweins- und Kalbsstelzen, gschmackige Ripperl sowie original Pinzgauer Blattlkrapfen. Diese Gerichte werden frisch nach Vorbestellung zubereitet. Hausgemachte Produkte aus biologischer Landwirtschaft (Speck, Wurst, Käse, Schnaps). Übernachtung möglich. Tel. +43/(0)6547/7277, www.bauernhofurlaub-kaprun.com.

Jausenstation Glocknerblick, 1659 m: Ganzjährig bewirtschaftet. Panoramablick. Keine Übernachtung. Tel. +43/(0)664/820600, www.glocknerblick-kaprun.at.

Maiskogel Alm Ranch, 1540 m: Ganzjährig geöffnet. Neben der Bergstation der MK Maiskogelbahn. Ganztägig kalte und warme Küche. Streichelzoo und Kinderspielplatz. Keine Übernachtung. Tel. +43/(0)676/5275740, www.kitzsteinhorn.at/de/sommer/maiskogel/huettenrunde.

Saulochalm, 1527 m: Im Mai, Juni, September und Oktober jeden Montag Ruhetag, im Juli und August täglich geöffnet. Kinderspielplatz direkt neben der sonnigen Terrasse. Tel. +43/(0)699/178219108, www.sauloch-alm.at.

Jausenstation Stangerbauer, 1083 m: Geöffnet von Anfang Juli bis Mitte September, sonst auf Anfrage. Frische Forellen und Saiblinge, Wildgerichte, Rindfleisch aus eigener Produktion. Übernachtung möglich. Tel. +43/(0)6547/8804.

folgt man links ca. 120 m dem Weg südwärts und biegt dann auf den Pfad 17a rechts ab. Nun weiter, zuerst durch Wald, dann über Weideflächen zu einem Gehöft. Hier rechts halten und dem Weg Nr. 29 steil über Serpentinen, einmal im oberen Bereich eine Forststraße querend, bis zur **Jausenstation Glocknerblick**, 1659 m. Seit dem Föhnsturm 2005 bietet sich dort ein herrlicher 270-Grad-Blick auf die Kitzbüheler Alpen, das Steinerne Meer, die Dientner Berge und die Hohen Tauern. Imbachhorn, Krapfbachkopf, Hoher Tenn und Großes Wiesbachhorn, Kitzsteinhorn und Großglockner dominieren das Panorama.

Hinter der Jausenstation folgt man dem Steig (Weg Nr. 25) kurz bergauf, dann immer leicht bergab zur **Unterbergalm**, 1562 m, kreuzt einmal schräg einen sehr steilen Güterweg. Der Steig mündet kurz vor der Alm in einen Fahrweg, hier hält man

Kurz vor der Jausenstation Glocknerblick – Aussicht nach Zell am See.

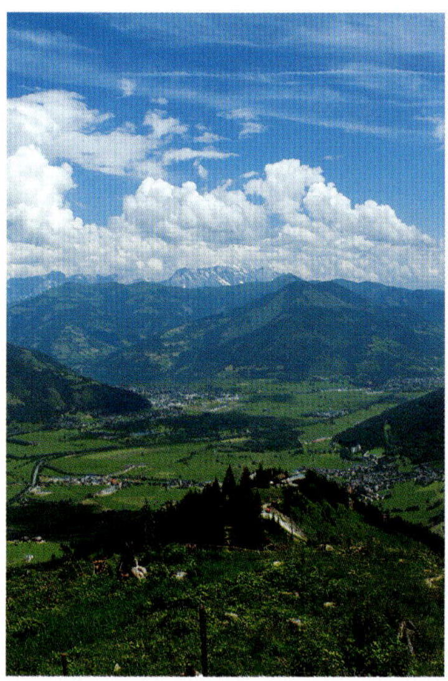

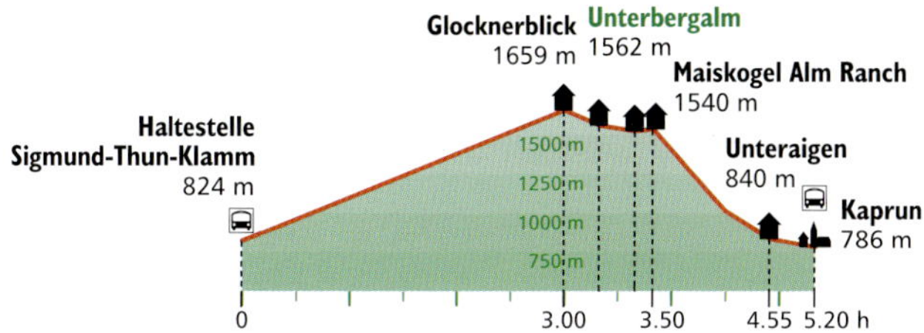

sich links. Von der Alm hat man einen schönen Blick in die grüne Almlandschaft des Dietersbachtales und auf die Hohe Arche. Zurück Richtung Bergstation hält man sich am besagten Fahrweg links, bis man, vorbei an der links unterhalb des Weges gelegenen Saulochalm und der Bergstation der neuen MK Maiskogelbahn, wieder zur kleinen Brücke kurz vor der **Maiskogel Alm Ranch** kommt. Bei dieser Brücke ca. 100 m links auf dem Güterweg bis zu einem Steig (gelber Wegweiser; Weg Nr. 35), der als Waldweg nach Kaprun rechts hinunter geht. Dieser Steig geht danach in einen Güterweg über, der bis zur Station des Sesselliftes führt. Hier ca. 150 m dem Weg ostwärts folgen, dann links. 50 m weiter geht man schräg rechts den Weg Nr. 1-35 entlang, vorbei an der **Jausenstation Stangerbauer**, bis zur **Weißsteinalm**, 983 m (keine Einkehr!).

Von dort entweder nach ca. 100 m rechts über einen Wiesensteig abkürzend bis zur zweiten Kreuzung und dort links auf Weg Nr. 33 oder gleich über Weg Nr. 33 auf verkehrsarmer Straße aussichtsreich über die **Jausenstation Unteraigen**, 840 m, ins Tal bis zur Sporthauptschule. Dort links über die Schulstraße und die Sigmund-Thun-Straße zum Ausgangspunkt in **Kaprun**.

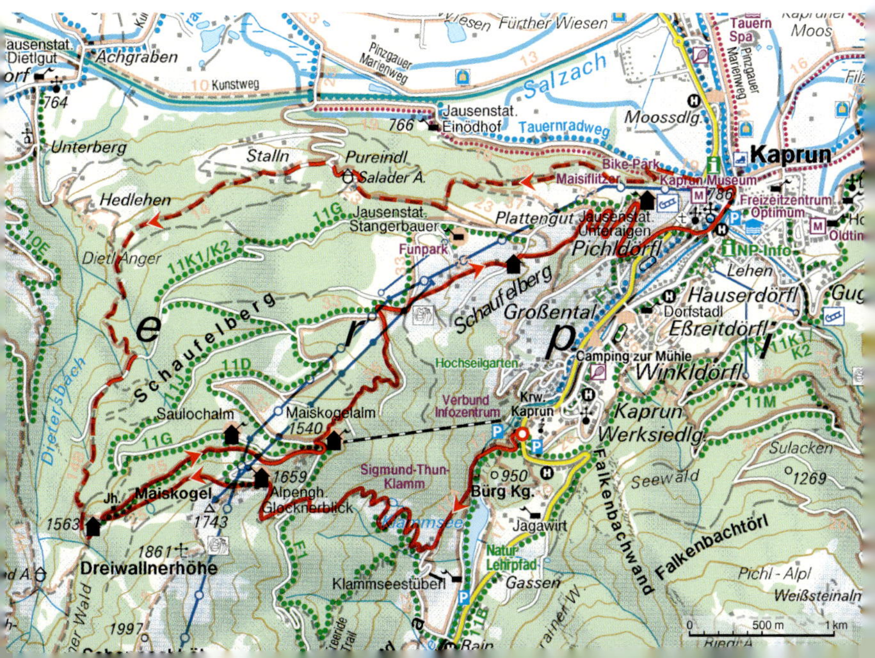

14 Gleiwitzer Hütte, 2174 m

Rundwanderweg Gleiwitzer Hütte ★★★

Still, schön und abgeschieden

Die Wanderung auf die Gleiwitzer Hütte ist ein Klassiker. Der Weg führt mit moderater Steigung und nicht allzu großen alpinen Mühen in ein herrliches Hochtal hoch über Fusch. Die Hütte gehört der Sektion Tittmoning des Deutschen Alpenvereins und befindet sich in einer herrlichen alpinen Urlandschaft, umgeben von den dominanten Gipfeln des Hohen Tenn, 3368 m, des Kleinen Tenn, 3158 m, des Imbachhorns, 2470 m, und anderen Bergen der Glocknergruppe im mittleren Teil des Nationalparks Hohe Tauern. Dazu eröffnet sich von der Terrasse ein Panoramablick hinunter in das Hirzbachtal und auf namhafte Berge und Gebirgsgruppen wie Steinernes Meer und Dachstein. Die 1900 eröffnete, 2015 zuletzt modernisierte und erweiterte Hütte liegt an einem stillen, abgelegenen Platz. Sie wurde früher auch unter den Namen Hoch-Tenn-Hütte geführt. Die Gleiwitzer Hütte verfügt heute trotz ihrer Abgeschiedenheit über viele Annehmlichkeiten, die sich Wanderer, Bergsteiger und Alpinisten nach einem langen Tag wünschen: gepflegte Zimmer- und Matratzenlager, zeitgemäße Sanitäranlagen und behagliche Hütten-Atmosphäre. Zitat von der Bergwelten-Website: »Waschräume mit Warmwasser-Dusche sind modern und sehr ansprechend. Stube und Zimmer sind urig. Hüttenschlafsack-Pflicht. Nur Barzahlung möglich. Handy-Empfang vorhanden.« Regionale alpenländische Spezialitäten runden das Angebot ab. Fast wie zu Hause …

Wer zwei Tage unterwegs sein will, macht einen Abstecher auf den erwähnten Hohen Tenn über den Gleiwitzer Höhenweg. Der Hohe Tenn und sein Nebengipfel, die Schneespitze, sind das ruhige Gegenstück zu so vielen überlaufenen Gipfeln der Glocknergruppe. Die grandiose Aussicht macht den etwa 4 km langen Gleiwitzer Höhenweg zu einem sehr lohnenden Unternehmen. Zitat Reinhold Messner: »Der schönste Höhenweg der Alpen«. Vorsicht am Hohen Tenn: Es gibt Trittstifte und Drahtseile als Sicherung und die Gipfelpassage erfordert Blockkletterei bis zum 2. Schwierigkeitsgrad und ist nicht versichert.

EINKEHR

Hirzbachalm, 1715 m: Bewirtschaftet von Ende Juni bis Ende September. Almhütte mit schöner Lage unterhalb der Gleiwitzer Hütte. Keine Übernachtung.
Gleiwitzer Hütte, 2174 m: Alpenvereinshütte; geöffnet von Mitte Juni bis Ende September, bei guter Witterung bis Anfang Oktober auf Anfrage. Winterraum ist ganzjährig offen. Hütte in sehr schöner Lage oberhalb von Fusch. Hausgemachte Produkte und warme Speisen. Halbpension und Lunchpakete zum Mitnehmen. Übernachtung möglich. Übernachtungen mit Hund im Winterraum (Nebengebäude) müssen vorweg abgesprochen bzw. reserviert werden. Tel. +43/(0)664/9294989, www.gleiwitzer-huette.at.
Ponyhofalm, 1367 m: Geöffnet von Juni bis Anfang Oktober. Früher als Hinterjudendorferalm bekannt. Deftige Jausen und Getränke. Keine Übernachtung. Tel. +43/(0)6546/6811, www.feriendorf-ponyhof.com.

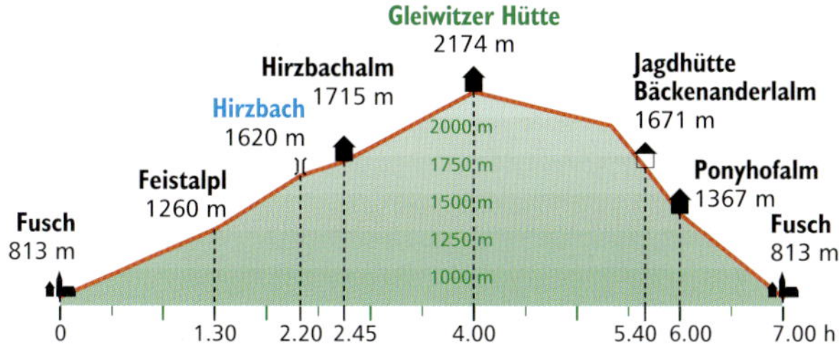

KURZINFO

Talort: Fusch an der Glocknerstraße, 813 m; von Zell am See oder Mittersill bis Bruck an der Glocknerstraße, von hier 7 km nach Fusch; Tourist Information Großglockner-Zellersee, Tel. +43/(0)6545/7295, www.grossglockner-zellersee.info.
Ausgangspunkt: Parkplatz beim Sägewerk oder Bauhof, 813 m.
Gehzeit: 7.00 Std.
Höhenunterschied: 1360 m.
Anforderungen: Wanderung auf guten Steigen und Wanderwegen. Kondition, Kraft und Ausdauer notwendig.
Kinder: Ab 8 Jahren mit Übernachtung. Sonst ab 12, wenn genug Kondition vorhanden ist.
Gipfelmöglichkeiten: Imbachhorn, 2470 m (ca. 1 Std., rot); Rettenzink, 2510 m (ca. 1 Std., rot); Bauernbrachkogel, 3125 m (3.30 Std., Kletterei I); Hoher Tenn, 3368 m (4.30 Std., Kletterei I–II, nur mit Bergführer oder alpiner Erfahrung), über Kempsenkopf, 3090 m, und Kleinen Tenn, 3158 m. Alle Zeiten im Anstieg von der Gleiwitzer Hütte.
Variante: Überschreitung von der Gleiwitzer Hütte (Übernachtung!) über Imbachhorn und die Piffscharte nach Kaprun, 786 m (knapp 6 Std. ab Hütte, rot).

Blick durch das Hochtal in die Tenngrube und zum Hohen Tenn.

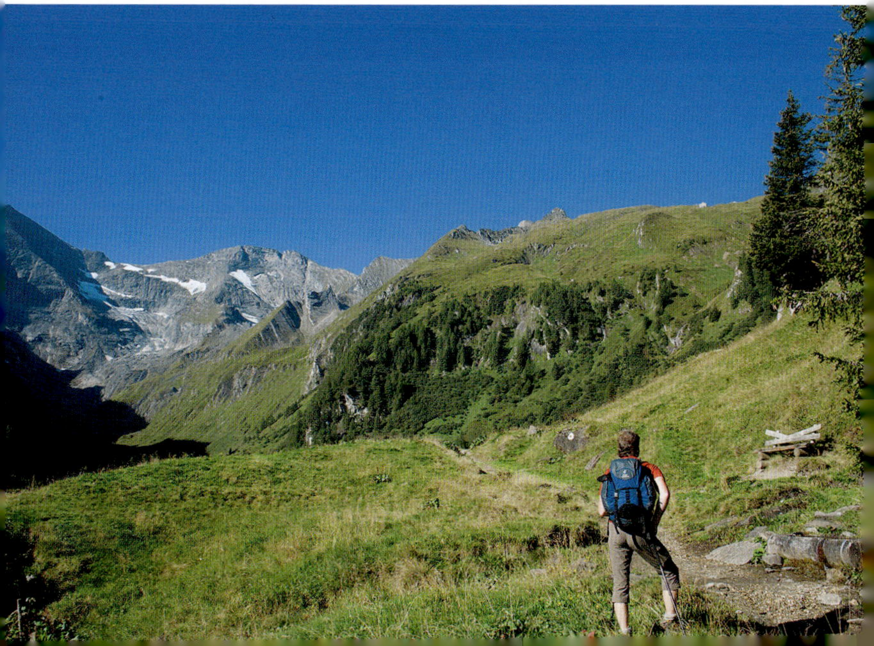

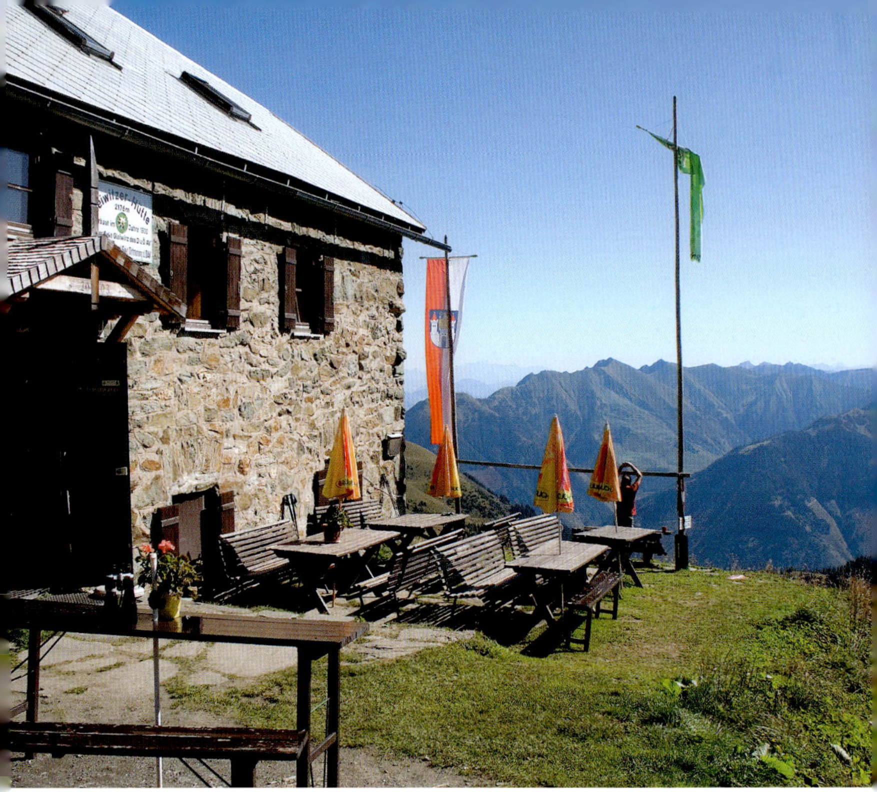

Auf der Gleiwitzer Hütte.

Die Tour beginnt bei der südlichen Zufahrtsstraße zum Sägewerk direkt in **Fusch**, 813 m. Parkt man beim Bauhof, geht man diese Straße hinauf bis zu einer Kurve. Parkt man beim Sägewerk, geht man nach links südlich zu besagter Kurve. Dort steht ein alter Lindenbaum mit Holzschild, das über die Bewirtschaftungszeit der Gleiwitzer Hütte informiert, und einem Wegweiser. Man betritt einen breiten Wanderweg und es geht ab nun stetig westwärts bergauf auf Weg Nr. 5, 725, vorbei am Hirzbachwasserfall und am **Feistalpl**, abwechselnd durch Bergwald und über Lichtungen, des Öfteren kleine Bäche querend, mit Rastbänken und schönen Aussichten ins Fuschertal. Auf ca. 1620 m quert man den **Hirzbach** über eine schräge Holzbrücke. Nun geht es unter Felswänden, dann unter der Mühlauer Hochalm weiter bergauf. Plötzlich tritt man aus dem Bergwald heraus, der Weg führt fast eben, rechts vorbei an einem kleinen, über eine Felswand gischtenden Bergbach, in einen gewaltigen Talkessel. Wie in alten Heimatfilmen liegt hier romantisch eingebettet die Hirzbachalm, 1715 m, mit der darüber thronenden Gleiwitzer Hütte. Kurz vor der Alm zweigt ein Steig rechts ab und führt zuerst mäßig steigend nach Süden, dann in vielen Serpentinen und über einen Grassteilhang aussichtsreich zur **Gleiwitzer Hütte**, 2174 m. Den Abstieg beginnt man hinter der Hütte, wo man auf Weg Nr. 723 erst eben und leicht bergab auf einem Höhenweg gemütlich dahinwandert. Zwischen Türchelkopf, 2136 m, und Rosskopf, 2152 m, geht es über eine Scharte und um einen Hügel herum, hinter dem man plötzlich Aussicht auf die Leoganger Steinberge, das Steinerne Meer, den Hochkönigstock, das Tennengebirge, die Dientner Berge und den Dachstein hat. Dazwischen eingebettet liegt der Zeller See und leuchtet grünblau herauf. Bei der **Kreuzung Türchelkopf**, 1950 m, rechts ostwärts auf Weg Nr. 735 abbiegen und hinunter zur **Jagdhütte Bäckenanderlalm**, 1671 m. Rechts hinunter Richtung Osten folgt man nun dem Wanderweg Nr. 7B zur **Ponyhofalm**, 1367 m, und gelangt über den Schnabler Spazierweg zurück nach **Fusch**, 813 m.

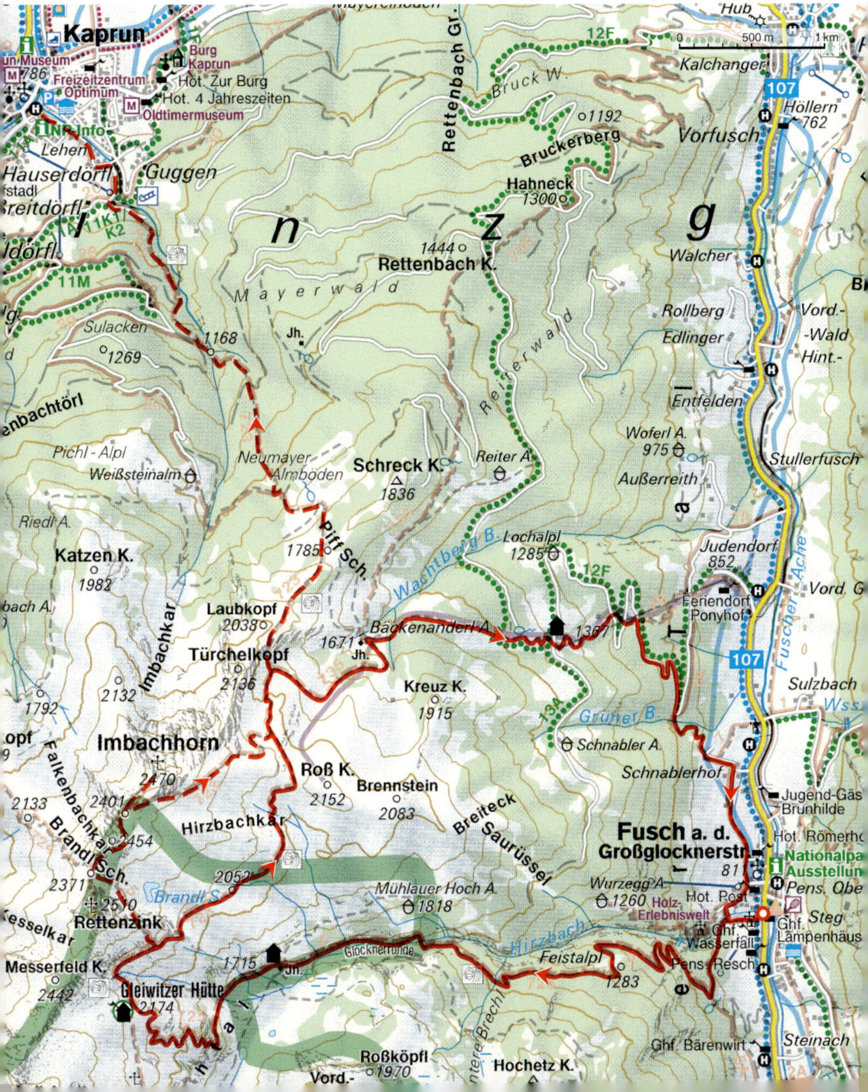

15 Heinrich-Schwaiger-Haus, 2802 m

Im Himalaya von Österreich ★★★

Gletscherblicke

Noch vor 25 Jahren waren die Eispanzer der Hohen Tauern rund um das Heinrich-Schwaiger-Haus ein beeindruckendes Bollwerk auf dem Weg zu den höchsten Gipfeln Österreichs. Diese Berge waren der kleinen Gruppe von Bergsportlern mit entsprechender Hochtourenerfahrung oder zumindest mit ortskundigem Führer vorbehalten. Heute müssen die Reste dieser und aller anderen österreichischen Gletschergebiete gesetzlich geschützt werden. Seit Jahrhunderten ist der Mensch von den Gletschern fasziniert. Das Leuchten des »ewigen Eises« als Alpensymbol für die wilde, unberührte, reine und heile Natur zog den Menschen immer schon an. Für den Klima- und Wasserhaushalt unserer Breiten sind die Gletscher ein lebenswichtiger Faktor, da speziell im Wasserkreislauf die Bedeutung als regulierender Abfluss aus dem Hochgebirge von größter Wichtigkeit ist. Gebirgsgletscher sind empfindliche Anzeiger für Klimaentwicklungen, die sich zuerst in Veränderungen der Schnee- und Eismasse, dann in Längen- und Größenänderungen zeigen. Dies passiert aber häufig erst Jahre nach den klimatischen Veränderungen, wie es gerade jetzt der Fall ist. Einen Vorteil bringt der Gletscherrückgang jedoch mit sich: Gletscher geben Neuland frei, in den Gletschervorfeldern und an den Gletscherbächen entsteht neuer Lebensraum in extremer Situation. Daher ist der Gletscherschutz heute ein wichtiger und stabilisierender Faktor in den Alpen und eine Vorsorgeplanung für die Gletscherwelt einer der wichtigsten Aspekte im Alpenraum.

Am Heinrich-Schwaiger-Haus, im Hintergrund das Steinerne Meer.

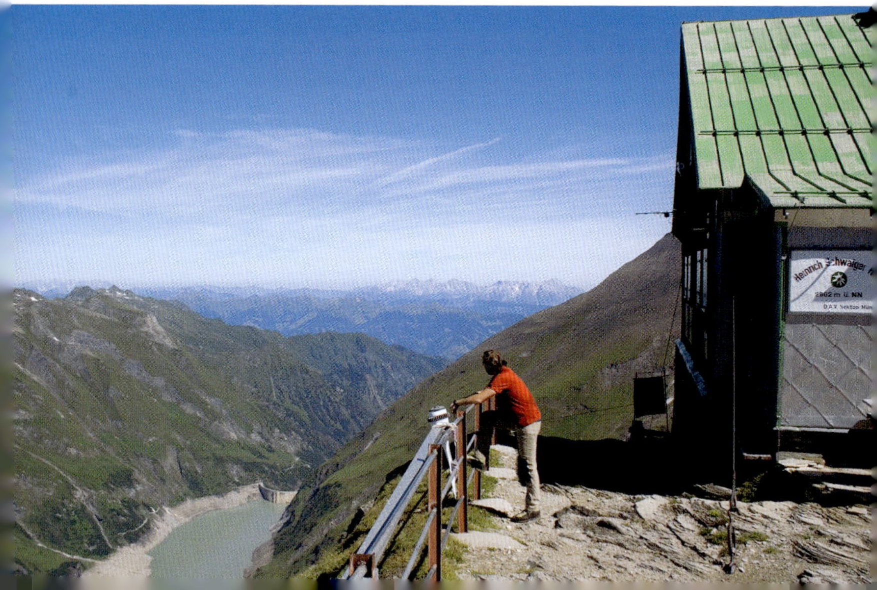

KURZINFO

Talort: Kaprun, 786 m; von Zell am See oder Mittersill bis Fürth, von hier 2 km nach Kaprun; Fremdenverkehrsverband Kaprun Tel. +43/(0)6547/8080, www.kaprun.at oder www.zellamsee-kaprun.com.

Ausgangspunkt: Nach der Fahrt bis ins hinterste Kaprunertal zum Alpenhaus Kesselfall beginnt die Tour in die Gletscherwelt mit halbstündlich verkehrenden Bussen (allgemeines Fahrverbot!), welche die Besucher auf der Lärchenwandstraße durch einen Tunnel zum Lärchenwand-Schrägaufzug bringen. Mit Europas größtem offenen Schrägaufzug fährt man durch die Lärchenwand und überwindet auf diese Weise 431 Hm. Weiter geht es in Sektion 2 mit Bussen hinauf in die Hohen Tauern. Man fährt vorbei am Stausee Wasserfallboden und der Fürthermoaralm, einem wichtigen Sommerweidegebiet für die Bauern im Tal. Rinderherden und bis zu 700 Schafe weiden hier. Austiegsstelle und damit auch Wanderbeginn ist die Heidnische Kirche am Mooserbodenstausee.

Gehzeit: 4.30 Std.

Höhenunterschied: 810 m.

Anforderungen: Hochalpine Wanderung auf schmalem Steig, teilweise versichert. Trittsicherheit und Schwindelfreiheit notwendig.

Kinder: Für Familienaufenthalte mit Kindern eignet sich die Hütte im Grunde nicht. Der Hüttenaufstieg, das Umfeld und auch die Gipfeltouren sind für Kinder zu schwierig bzw. zu gefährlich. Für Jugendliche mit alpiner Basiserfahrung jedoch wird das Schutzhaus (und eventuell sogar das Große Wiesbachhorn) zum Erlebnis. Im Bereich der Staumauern »Erlebniswelt« Strom und Eis, Staumauerführung und Tobi-Turbi-Kinderpfad (bei sechs Erlebnisstationen lernen Kinder ab 5 Jahren spielerisch mehr über Natur und Technik).

Kinderwagen: Nur im Bereich der Staumauern für Kinderwagen geeignet. Mit geländegängigem Kinderwagen entlang des Austriaweges am Südufer des Mooserbodenstausees.

Gipfelmöglichkeiten: Oberer Fochezkopf, 3159 m, und Großes Wiesbachhorn, 3564 m (Hochtour, die nur mit einem Bergführer oder der entsprechenden alpinen Erfahrung durchgeführt werden kann).

Tipp: Gleiwitzer Höhenweg (auch Max-Hirschl-Weg genannt) von der Drossensperre zur Gleiwitzer Hütte, 2174 m, und über das Imbachhorn nach Kaprun (2-Tage-Tour mit Übernachtung auf der Gleiwitzer Hütte; schwarz; anspruchsvolle, hochalpine Steiganlage, viele Stellen im Schwierigkeitsgrad I, teilweise Klettersteigcharakter bis Schwierigkeit B; bei Vereisung, Nässe und Schnee gefährlich. Nicht für Ungeübte!).

Variante: Abstieg von der Heidnischen Kirche zur Fürthermoaralm über den Kräuterlehrpfad (Weg Nr. 726, ca. 45 Min., blau), von der Autobushaltestelle an der Alm Rückfahrt zum Ausgangspunkt. Die Variante lässt sich allerdings fortführen, indem man von der Fürthermoaralm weiter zur Kammerscharte (3 Std.) und zur Krefelder Hütte (2 Std.) geht. Der Steig bietet einen der schönsten Ausblicke auf die Pinzgauer Grasberge, das Steinerne Meer und den Hochkönig. Talfahrt vom Alpincenter aus mit dem Gletscherjet 1, Rückfahrt nach Kaprun mit dem Bus.

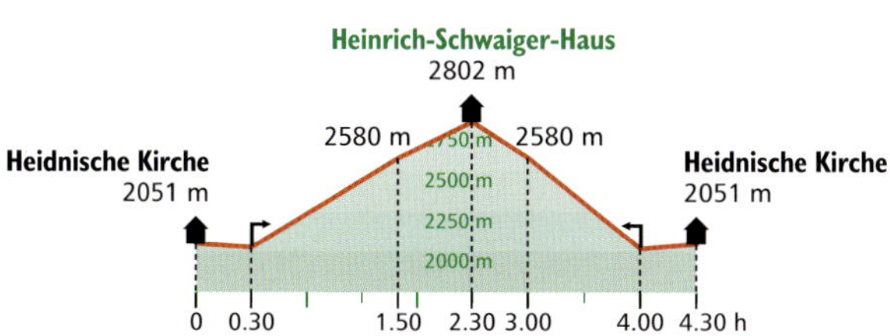

Wenn man aus den Bussen schließlich am Mooserbodenstausee an der Haltestelle bei der **Heidnischen Kirche** aussteigt, hat man erstmals den Ausblick auf die Gletscher der Glocknergruppe mit Glocknerin, Johannisberg und Hoher Riffel, der einen die ganze Tour über begleitet. Man wendet sich gegen Osten und überquert die beiden großen Staumauern. Dahinter wird es viel einsamer. Man wendet sich nach links, gelangt über eine Steintreppe in eine Grasmulde mit der Kreuzung Gleiwitzer Höhenweg, auch Max-Hirschl-Weg genannt (Nr. 723), der links zur Gleiwitzer Hütte führt, folgt jedoch geradeaus dem Steig Nr. 718 zum Heinrich-Schwaiger-Haus.

Über eine kurze, mit Seil und Eisenstiften gesicherte Passage, holt er zuerst nach Norden aus, ehe er in großen Schleifen über eine steile Flanke mit Seilgeländer, 2580 m, rasch an Höhe gewinnt. Nach einer Linkskurve, die um einen Felsen herumführt, legt sich der Berg zurück und das **Heinrich-Schwaiger-Haus**, 2802 m, liegt vor dem Wanderer. Abstieg folgt dem Anstiegsweg.

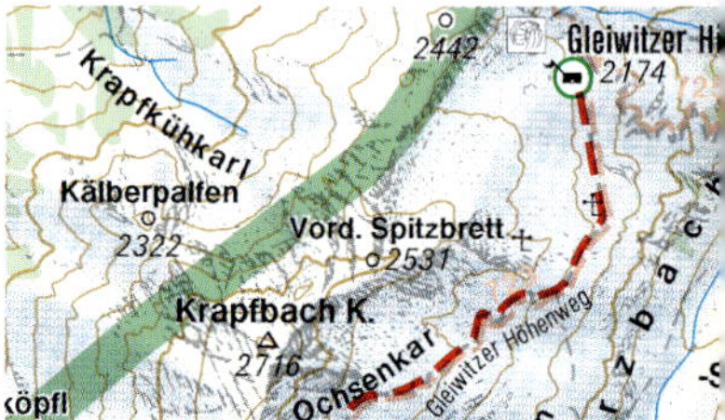

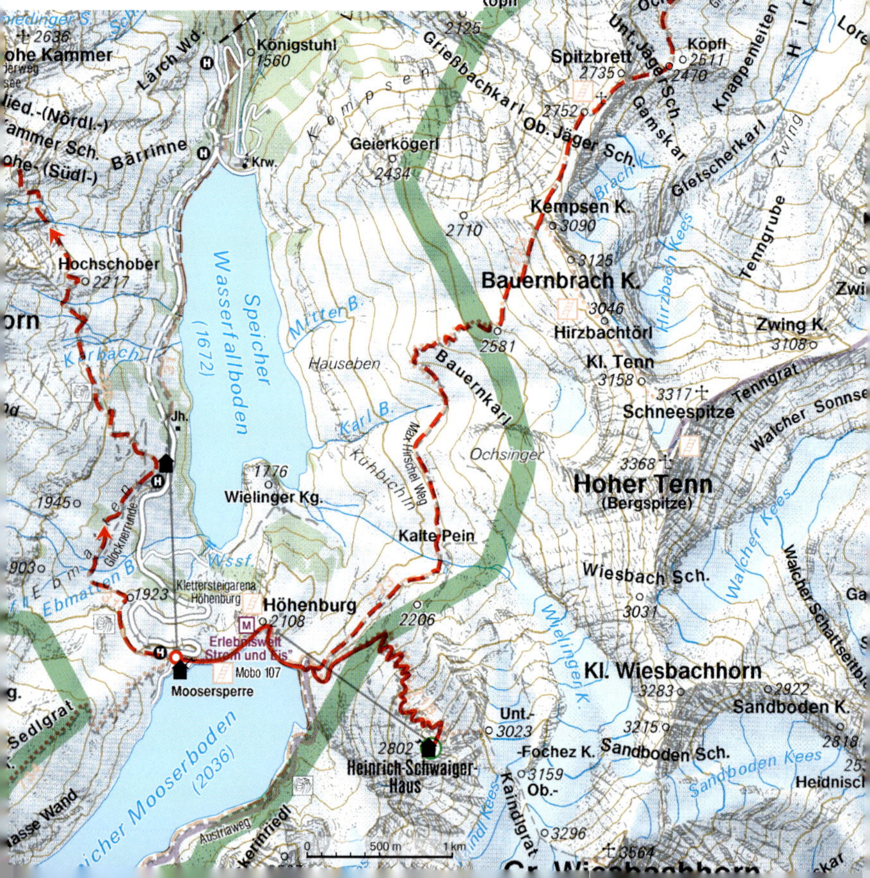

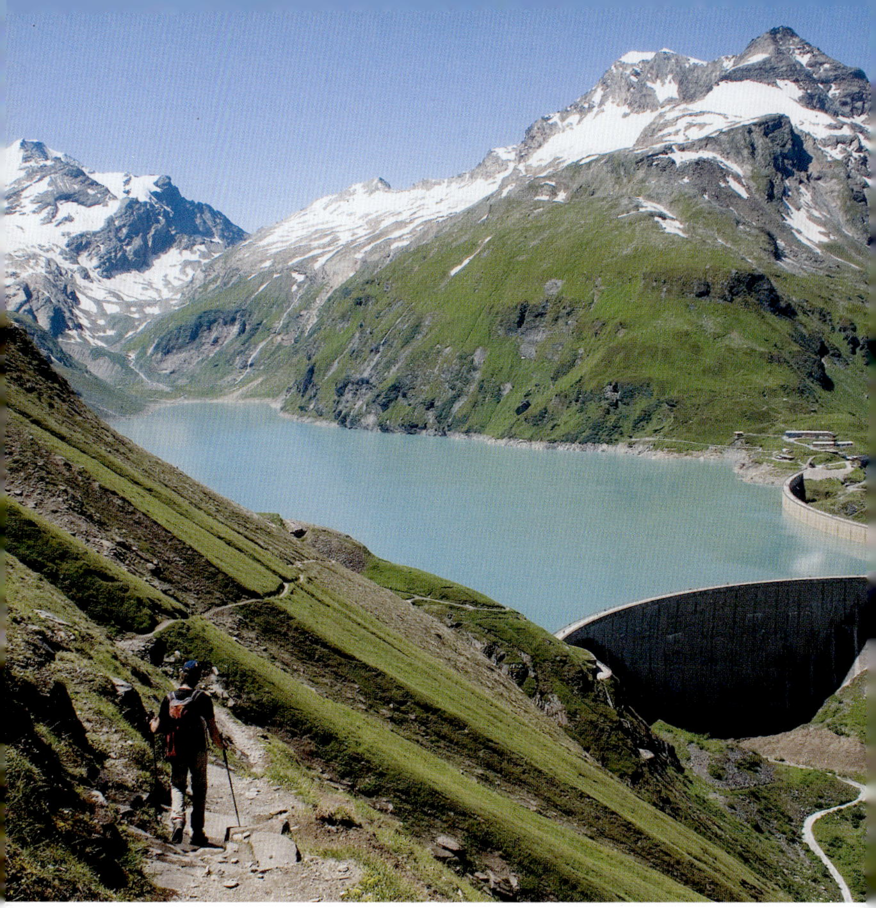

Der Kleine Grieskogel thront über dem Stausee Mooserboden.

EINKEHR

Alpenhaus Kesselfall, 1034 m: Gasthaus an der Anfahrtsstraße, 2,5 km vor dem Speicher Wasserfallboden, geöffnet Anfang Juni bis Ende Oktober. Heimische und internationale Küche. Übernachtung möglich. Tel. +43/(0)660/3522242, www.kesselfall.at.

Bergrestaurant Mooserboden und Kioske, 2051 m: Geöffnet Anfang Juni bis Mitte Oktober (Änderungen vorbehalten). Im Bergrestaurant erhält man bodenständige Küche, an den Kiosken Snacks und Getränke. Tel. +43/(0)664/4988847, www.mooserboden.at.

Fürthermoaralm, 1805 m: ÖAV-Vertragshaus; geöffnet von Juni bis Ende September/Anfang Oktober. Kulinarische Schmankerl (Pinzgauer Käse, Almbutter, Joghurt, Almmilch, Bauernbrot, Speck (Bauch, Karree) aus der eigenen Almwirtschaft. Eine urige Almhütte (18. Jahrhundert) dokumentiert als Museum das frühere Almleben. Übernachtung möglich. Tel. +43/(0)650/4246861, www.fuerthermoar.at.

Heinrich-Schwaiger-Haus, 2802 m: Alpenvereinshütte; geöffnet von Anfang Juni bis Ende September, im Zweifelsfall direkt beim Pächter nachfragen. Ausgangspunkt für die Besteigung des Großen Wiesbachhorns. Übernachtung möglich. Tel. +43/(0)664/4422294, www.heinrich-schwaiger-haus.at.

16 Walchergrundalm, 1580 m

Am Wassererlebnisweg ★★★

Kneippen im Hochgebirge

Wasser war immer schon von großer Bedeutung für das Fuscher Tal. Wandert man von Fusch auf der Badstraße etwa vier Kilometer (ca. 1 Stunde) leicht ansteigend ins Weichselbachtal, so kommt man in den ehemals berühmten, heute aber verfallenen Höhenkurort Bad Fusch, 1188 m. Das »Bad in der Fusch« war schon im 15. Jahrhundert bei der Pinzgauer Bevölkerung bekannt. Die ersten Heilungssuchenden kamen aus dem versumpften Oberpinzgau; die litten oftmals unter dem »Wechselfieber«, einer Art Malaria. Ein großer Förderer und Gönner war der Salzburger Fürsterzbischof Friedrich Schwarzenberg. Er besuchte von 1829 bis 1843 regelmäßig den Kurort und besaß hier ein Haus. Er war auch ein begeisterter Alpinist und bestieg mit dem Bergführer Johann Holzer, unter dem Namen Bad-Hans weitum bekannt, viele der umliegenden Gipfel. So wurde zum Beispiel der Hohe Tenn von ihm erstmals bestiegen. Die heute noch genutzten Heilquellen enthalten nur wenige mineralische Bestandteile, wie Natriumsulfat, Magnesiumkarbonat, Kieselsäure. Sie sind reich an natürlicher Kohlensäure und haben eine Temperatur von ca. 6,2 °C. Das Wasser hat dadurch eine erfrischende und belebende Wirkung, regt den Appetit an, fördert die Verdauung und den Blutkreislauf. Die ungünstige Verkehrslage und die starke Konkurrenz wurden in der Zwischenkriegszeit deutlich spürbar. Mehrmalige Besitzerwechsel und Katastrophen beschleunigten den Niedergang. Eine Wiederbelebung in den Fünfzigerjahren des vorigen Jahrhunderts scheiterte an der Finanzierung. Heute ist der ehemalige Kurort wegen seiner Weltabgeschiedenheit und schönen Landschaft ein beliebtes Ausflugsziel.

Walchergrundalm mit Embachhorn, Hochgamsburg und Klemerbrettkogel.

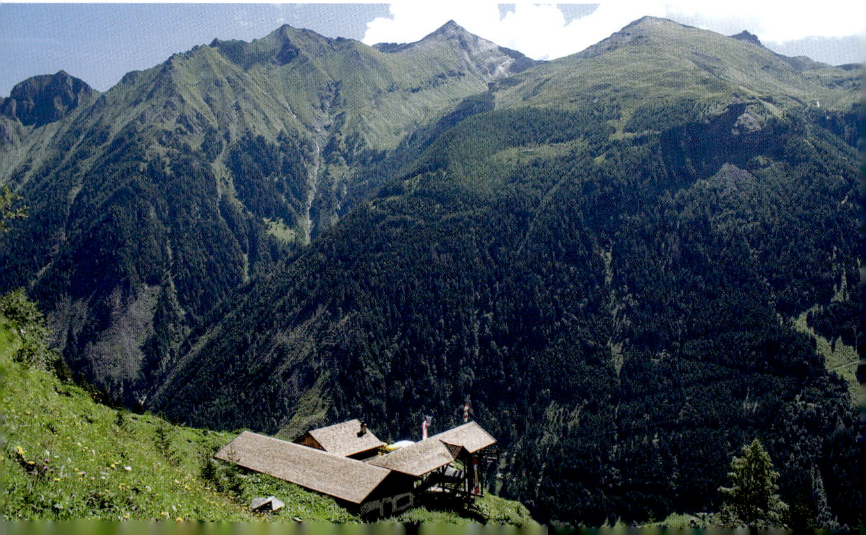

EINKEHR

Walchergrundalm, 1580 m: Die Alm ist nicht mehr bewirtschaftet, aber links neben der Alm steht eine gemütliche Sitzbank mit Tisch zum Jausen. Gelegentlich findet man eine Wanne mit gekühlten Getränken zur Erfrischung vor (natürlich gegen Bezahlung in die dortige Kassa). Dazu bietet sich von der Alm aus ein eindrucksvolles Gipfelpanorama mit Edelweißspitze, 2572 m, Hirzkarkopf, 2548 m, und Schwarzkopf, 2765 m.

Tauerngasthof Ferleiten, 1150 m: Im Sommer täglich 7.30–19 Uhr. Tel. +43/(0)664/1580100, www.tauernhaus-ferleiten.at.

Gasthof Wildpark Ferleiten, 1151 m: Gemütlicher Gasthof mit uriger Wildpark-Alm. Freizeitpark auf 20.000 m² und Wildpark auf ca. 15 ha mit mehr als 200 in den Alpen beheimateten Tieren. Tel. +43/(0)6546/220, www.wildpark-ferleiten.at.

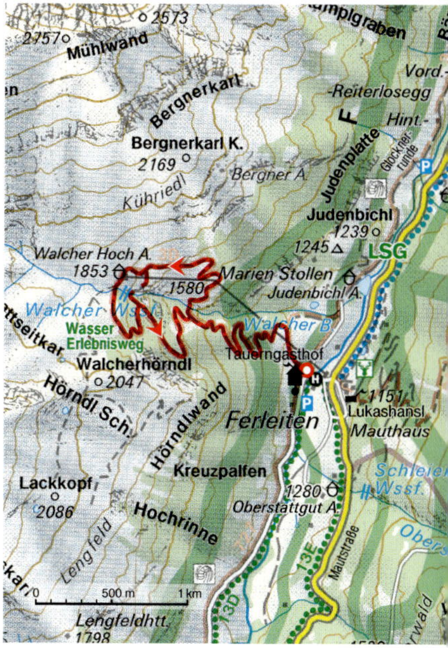

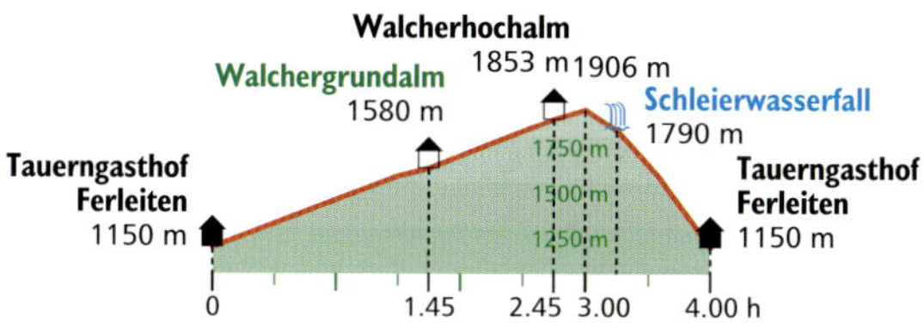

KURZINFO

Talort: Fusch an der Glocknerstraße, 813 m; von Zell am See oder Mittersill bis Bruck an der Glocknerstraße, von hier 7 km nach Fusch und 15 km nach Ferleiten; Tourist Information Großglockner-Zellersee, Tel. +43/(0)6545/7295, www.grossglockner-zellersee.info.

Ausgangspunkt: Großer Parkplatz bei der Mautstelle Ferleiten bzw. beim Tauerngasthof Ferleiten.

Gehzeit: 4.00 Std.

Höhenunterschied: 760 m.

Anforderungen: Stellenweise Trittsicherheit auf dem Almsteig erforderlich. Bis zum frühen Nachmittag ist die Route der Sonne ausgesetzt. Beim Wasserfall Trittsicherheit und Schwindelfreiheit notwendig.

Kinder: Bis zur Walchergrundalm ohne Probleme, zum Wasserfall Ausrüstung zur Kindersicherung (Brust-Hüftgurt mit kurzem Sicherungsseil) empfehlenswert. Wild- und Freizeitpark in Ferleiten.

Gipfelmöglichkeiten: Walcher Hörndlkopf, 2047 m (Steigspuren, 1 Std. hin und zurück, rot).

Variante: Wer nicht zur Hochalm hinauf möchte, kann von der Grundalm in ca. 30 Min. zum Schleierwasserfall hinauf gehen. Bei der Abzweigung in nur wenigen Minuten etwas ansteigender auf schmalem Steig in steilem Gelände zum Wasserfall (Trittsicherheit!), unter diesem durch und auf der anderen Seite absteigen.

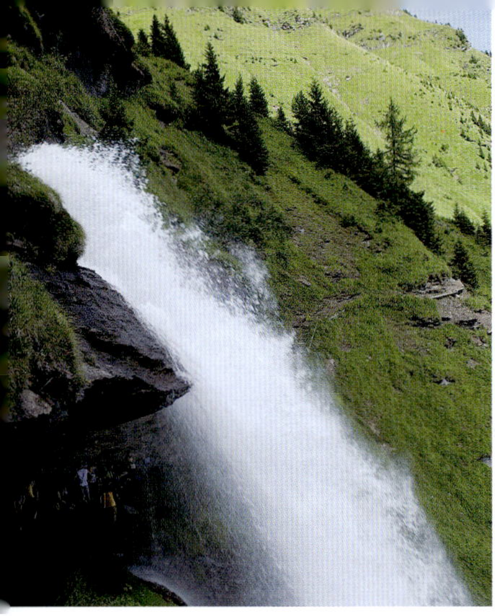

Unter dem Wasserfall.

Schon vom Parkplatz beim **Tauerngasthof Ferleiten** sieht man die Fallstufen des Walcherbaches, der sich über 700 m vom Bergkessel der Walcher Hochalm ins Fuschertal hinunterstürzt. Besonders im Frühjahr zur Schneeschmelze ist das Rauschen und Donnern unüberhörbar. Die Geräuschkulisse verstärkt sich, wenn man die Brücke der Fuscher Ache überquert und gleich vor dem »Eingang«, einem hölzernen Torbogen mit Gartentür, zum Wasser-Erlebnisweg Walcheralm steht. Über einige Steinstufen und eine Wiese geht es nordwestwärts, der Wegnummer 3D folgend, zu einem Fahrweg hinauf. Dieser geht bald in einen Steig über, der in vielen Serpentinen, diverse Bäche und Quellen querend, hinaufführt. Die Walcher Grundalm taucht immer wieder im Sichtfeld auf. Man kommt zu lauschigen Rastplätzen mit Blick auf den Walcherbach, der in weißen Schleiern über die Felswände seinen Weg ins Tal sucht. In weiterer Folge erreicht man eine Wegkreuzung, wo der linke Weg direkt zur Hochalm führt; diesen benutzen wir im Abstieg. Man folgt dem rechten Weg zum Walcherbach, überquert ihn über einen Steg und erreicht, einfach dem Weg folgend, in gut 15 Min. die **Walchergrundalm**. Da die Sonne bis zum frühen Nachmittag den Anstiegsweg aufheizt, nutzen wir die Rast auf der Alm um im »Kneippoktogon« die Füße zu kühlen oder in einem Liegestuhl die Aussicht zu genießen. Der Weg zur Hochalm führt hinter den Gebäuden weiter hinauf, die Hochalm ist die ganze Zeit über sichtbar. Bei der Abzweigung zum Schleierwasserfall sollte man diesen Zugang nur dann wählen, wenn man nicht vorhat bis ganz hinauf zu gehen (siehe Variante). Wir heben uns den Schleierwasserfall für den Abstieg auf und folgen dem Steig bis zur **Walcherhochalm**, 1853 m; Privatbesitz, nicht bewirtschaftet). Man befindet sich nun auf einem kleinen Hochplateau, welches problemlos erwandert werden kann. Wer möchte, kann in den Talschluss zum Wandfuß von Hoher Tenn, 3368 m, und Großem Wiesbachhorn, 3564 m, wandern oder auch einen Abstecher auf den Walcher Hörndlkopf, 2047 m, machen. Zum Abstieg suchen wir nun an der Südostecke des Plateaus den Steig, der uns in gut 15 Min. zum Zugang zum **Schleierwasserfall** bringt. Dort genießt man das einzigartige Erlebnis unter und hinter einem Wasserfall zu stehen und links und rechts noch einen Blick auf die Bergwelt der Hohen Tauern haben zu können. Zurück am Zugangsweg ist der Abstieg ohne Schwierigkeiten bis zur Wegkreuzung, die zur Grundalm und ins Tal führt. Rechts ab und auf dem Anstiegsweg hinunter ins Tal zum Parkplatz beim **Tauerngasthof Ferleiten**.

Trauneralm, 1522 m

Almen, Wasser und ein Naturschutzgebiet ★★

Einfache Wanderung zu Almen, Wasser und einem Naturschutzgebiet

Im Ferleitental gibt es viel zu sehen. Deswegen ist es gut, dass der Weg fast eben ins Tal hineingeht. Drei Themen bestimmen diese Wanderung: Almen, Wasser und Naturschutz. Die eindrucksvolle Kulturlandschaft mit den Almhütten, Bergmähdern, alten Holzzäunen und Steinmauern (Steinhaag) wurde jahrhundertelang sehr mühevoll bis heute erhalten und gepflegt. Pinzgauer Rinder, Pinzgauer Noriker, aber auch seltene Nutztierrassen wie die gamsfarbige Pinzgauer Ziege, die Tauernschecken (ebenfalls eine Ziegenrasse), aber auch das Berg- und Steinschaf prägen das Ferleitental und leisten ihren Beitrag zur Erhaltung dieses außergewöhnlichen Landschaftsbildes. Das Ferleitental ist auch ein Tal des Wassers. Nicht nur die Fuscher Ache entlang dieser Tour, sondern auch viele Wasserfälle, die sich im Talgrund als Bäche mäandrierend ihren Weg zur Ache suchen, sorgen für Abkühlung und dienen als Durstlöscher. Hier wird deutlich, dass sauberes Süßwasser die wichtigste Voraussetzung für das Funktionieren aller Landökosysteme und die Gesundheit des Menschen ist. Damit verbunden ist auch das Rotmoos. Dies ist eines der bedeutendsten Feuchtgebiete (seltenes Kalkniedermoor) im Bundesland Salzburg. Es ist ein ausgewiesenes Europa- und Naturschutzgebiet, hat eine Fläche von ca. 58 Hektar und liegt im Talschluss des Ferleitentales inmitten der Hochgebirgslandschaft der Hohen Tauern. Man findet im Rotmoos zahlreiche für Feuchtgebiete charakteristische Pflanzenarten, unter denen das Breitblättrige Knabenkraut, ein Orchideengewächs, hervorzuheben ist, weil es bei großflächigem Auftreten zur Blütezeit im Frühsommer einen unvergesslichen Eindruck vermittelt. Diesem Umstand verdankt das Ferleitental seinen Beinamen »Tal der Orchideen«. Seinen Namen selbst hat das Rotmoos vom eisenroten Schlamm erhalten, der sich überall, wo das Wasser langsamer fließt oder in Tümpeln stehen bleibt, ablagert.

Almsommer im Ferleitental.

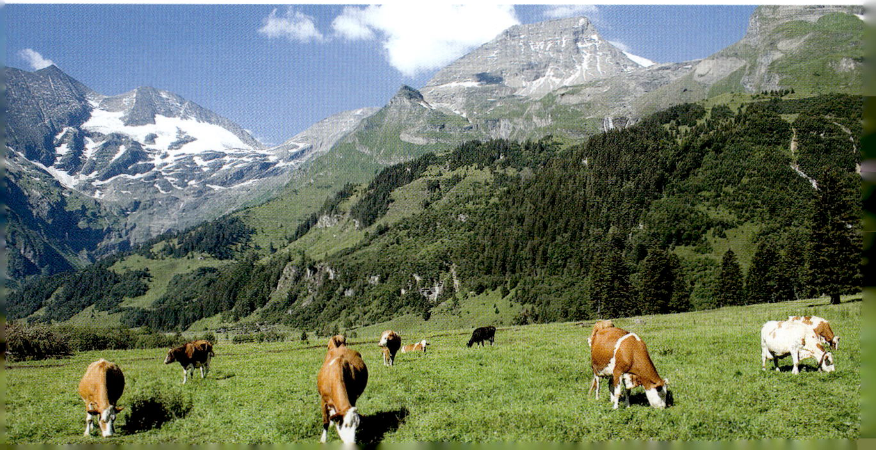

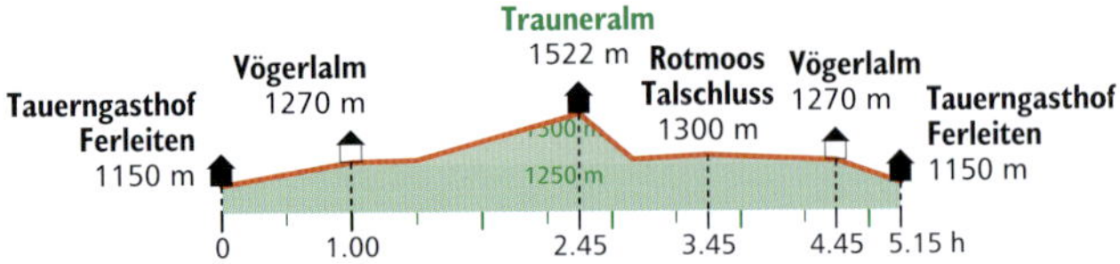

KURZINFO

Talort: Fusch an der Glocknerstraße, 813 m; von Zell am See oder Mittersill bis Bruck an der Glocknerstraße, von hier 7 km nach Fusch und 15 km nach Ferleiten; Tourist Information Großglockner-Zellersee, Tel. +43/(0)6545/7295, www.grossglockner-zellersee.info.

Ausgangspunkt: Großer Parkplatz bei der Mautstelle Ferleiten bzw. beim Tauerngasthof Ferleiten.

Gehzeit: 5.15 Std., ohne Rotmoos 4.15 Std.

Höhenunterschied: 390 m.

Anforderungen: Familienwanderung auf Almstraßen und breiten Wegen. Schlechtwettertipp, da auch bei Regen gut begehbar.

Kinder: Sanfte Noriker- und Haflingerpferde zum Streicheln. Kindgerechte Infostellen mit Abenteuerspielplatz-Charakter. Wild- und Freizeitpark in Ferleiten.

Kinderwagen: Geeignet für geländegängige Kinderwagen.

Mountainbike: Leichte Route entlang der Almstraße. Ideal für Kinder und Anfänger.

Variante: Von der Alm hinauf zur Großglockner-Hochalpenstraße (1 Std.) und mit dem Bus zurück nach Ferleiten (vorher Abfahrtszeiten beim Tourismusverband erfragen!). Auch umgekehrt möglich: Anfahrt mit dem Bus, Abstieg zur Trauneralm und Wanderung nach Ferleiten.

Die Trauneralm.

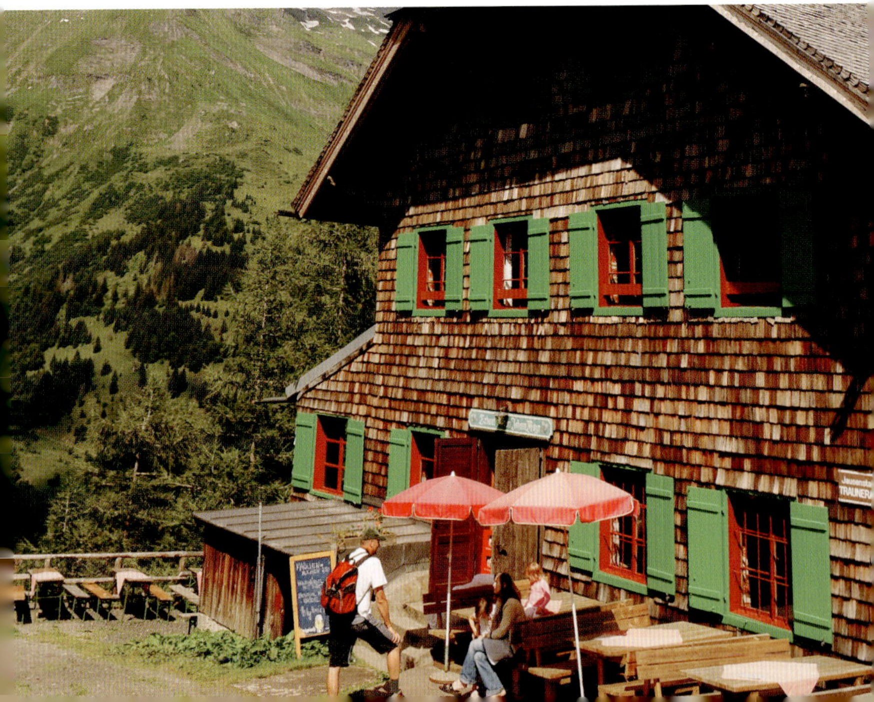

EINKEHR

Trauneralm, 1522 m: Bewirtschaftet von Anfang Juni bis Anfang Oktober. Die Nobelhütte aus der Zeit des Pfandelschartenübergangs zum Großglockner ist von 15 Dreitausendern umrahmt. Frische Bergmilch, Pinzgauer Käse sowie Fleisch und Speck kommen aus der eigenen Landwirtschaft. Fliegenfischen im Fischwasser Fuscher Ache, die Fischstrecke beginnt im Ferleitental (als Köder dürfen dort Trockenfliege, Nassfliege, Nymphe und Streamer verwendet werden). Übernachtung möglich in gemütlichen Einzel-, Doppel- und Mehrbettzimmern. Tel. Tal +43/(0)6545/7458, www.lukashansl.at.

Tauerngasthof Ferleiten, 1150 m: Im Sommer täglich 7.30–19 Uhr. Tel. +43/(0)6546/220, www.wildpark-ferleiten.at.

Gasthof Wildpark Ferleiten, 1151 m: Gemütlicher Gasthof mit uriger Wildpark-Alm. Freizeitpark auf 20.000 m² und Wildpark auf ca. 15 ha mit mehr als 200 in den Alpen beheimateten Tieren. Tel. +43/(0)6546/220, www.wildpark-ferleiten.at.

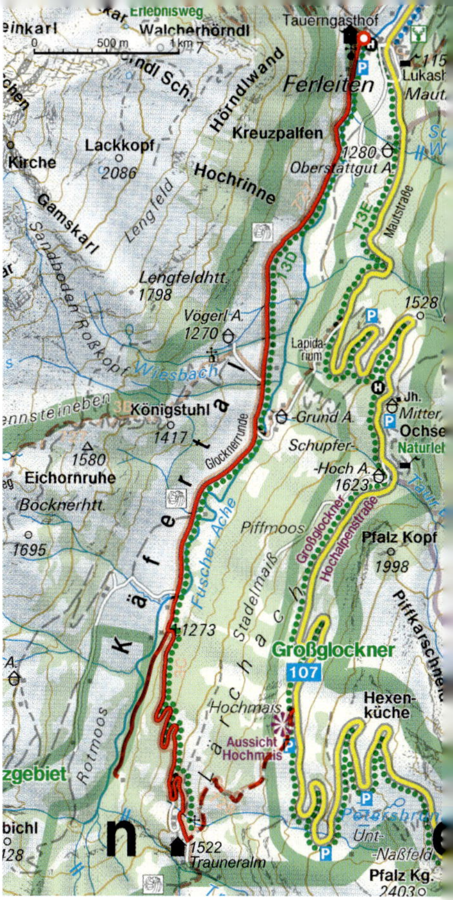

Vom Parkplatz beim **Tauerngasthof Ferleiten** aus glaubt man sich in den Himalaya versetzt. Blickt man Richtung Süden, springt einem die markante Form vom Fuscher-Kar-Kopf, 3331 m, mit dem gleichnamigen Kees und den steilen Wänden ins Auge und erinnert an die Gebirge mit den höchsten Gipfeln der Welt. Er bleibt uns aus verschiedensten Blickwinkeln bis tief ins Tal hinein erhalten, umrahmt von Wasserfällen, Bächen, Weidetieren und Bauminseln. Beim Tauerngasthof biegen wir links ab und folgen eine halbe Stunde problemlos und eben ins Tal hinein dem breiten Weg Nr. 727, 3c bis zur Kreuzung an der **Vögeralm**, 1270 m.

Geradeaus weiter erreichen wir nach einer weiteren halben Stunde und einigen Infostellen über den Nationalpark, das Wasser, Almen, Flora und Fauna die **Kreuzung Rotmoos**. Hier links über eine Brücke, dann leicht bergauf, vorbei an einem Gedenkstein für Fritz von Opel und Fritz Say, die 1922 dort in einer Lawine ums Leben gekommen sind. Nun ca. 330 Höhenmeter auf dem Weg gemütlich bergauf bis zur **Trauneralm**, 1522 m. Am Rückweg bis zur Kreuzung Rotmoos zurück, dann links in weitem Bogen über eine Brücke ins **Rotmoos** am Talschluss. Zurück am gleichen Weg geht es dann weiter bis zur Kreuzung an der **Vögerlalm** und entlang der Fuscher Ache zurück zum **Tauerngasthof Ferleiten**.

18 Oberwalderhütte, 2972 m

Über den Naturlehrpfad Gamsgrubenweg ★★★

Gletscher, Edelweiß und Murmeltier

Entlang dem Gamsgrubenweg Richtung Oberwalderhütte hat man neben den informativen Schautafeln die Natur und ihre Entwicklung hautnah dabei. Zum Anschauen natürlich, pflücken, füttern und mitnehmen ist verboten. Fotografieren dagegen wird ob der vielen Eindrücke empfohlen. Diese beginnen am Gamsgrubenweg oberhalb des Pasterzengletschers mit einem Gesamtüberblick über den Gletscher, über den ein Lehrpfad führt. Die Pasterze am Fuße des Großglockners im obersten Talboden des Mölltales ist mit etwa 9 Kilometern Länge der größte Gletscher Österreichs. Seit 1856 hat die Fläche des damals über 30 km² mächtigen Eispanzers beinahe um die Hälfte abgenommen. Das Wasser der Pasterze speist den Stausee Margaritze, der unterhalb des Glocknerhauses liegt. Von der Franz-Josefs-Höhe an der Großglockner-Hochalpenstraße führt eine Standseilbahn zu der Stelle, an der sich zur Zeit der Inbetriebnahme der Bahn (1963, der Gletscherrand befand. Inzwischen ist die Pasterze unterhalb der Talstation soweit abgeschmolzen, dass von dort zur Gletscherzunge eine etwa 300 Meter lange Treppe führt. Auch in der Länge verliert der Gletscher jährlich etwa 10 Meter, dadurch verändert sich der Wanderweg von der Gletscherbahn zur Pasterze kontinuierlich. Das Hochkar Gamsgrube ist eine naturkundliche Sensation; ein spezielles Klima – kalte Winter mit Stürmen und warme, trockene Sommer – lässt in diesem Gebiet für unseren Lebensraum einzigartige Pflanzen gedeihen: Steppenrasen, sibirische und arktische Arten. So unscheinbare, aber in ihrer Seltenheit wertvolle Arten wie das Alpenbreitschötchen, der Rudolfs Steinbrech, Immergrünes Hungerblümchen und natürlich das Edelweiß haben hier ihren Lebensraum. Neben den Pflanzen sind auch einige Wildtiere »hautnah« zu erleben, besonders Steinböcke, Alpendohlen und Murmeltiere sind beliebte Motive. Die in der Salzburger Mundart »Mankei« genannten Alpenmurmeltiere sind tagaktiv, leben in Familiengruppen von bis zu 20 Einzeltieren zusammen und haben ein ca. 2,5 ha großes Revier mit festen Reviergrenzen. Große Murmeltierbaue verfügen über ein verzweigtes System von Kammern und Tunneln. Es gibt Sommerbaue knapp unter der Erde und Winterbaue bis zu sieben Meter unterhalb der Erdoberfläche. Einzigartig ist auch die Warnung vor den Feinden durch Wachposten, die mit zwei verschiedenen Pfiffen andere Murmeltiere warnen. Ein einzelner Pfiff bedeutet unmittelbare Gefahr wie etwa einen im Angriffsflug befindlichen Adler. Mit einer Pfiffserie wird auf potenzielle Gefahr hingewiesen.

Die Sage zur Entstehung der Pasterze: Auf den Höhen, wo heute der Pasterzengletscher fließt, waren einmal fruchtbare Almmatten, auf denen die Bewohner einen Sonntag durch Tanz, Spiel und Laster entweihten. Gott sandte über den Großglockner einen furchtbaren Sturm, Hochwasser riss Menschen, Vieh und das Almdorf in die Tiefe der Möllschlucht. Da schickte Gott einen heftigen Frost, das Wasser erstarrte plötzlich zu Eis, in dem die Sünder ihr Grab fanden, die schuldlosen Talbewohner wurden aber gerettet.

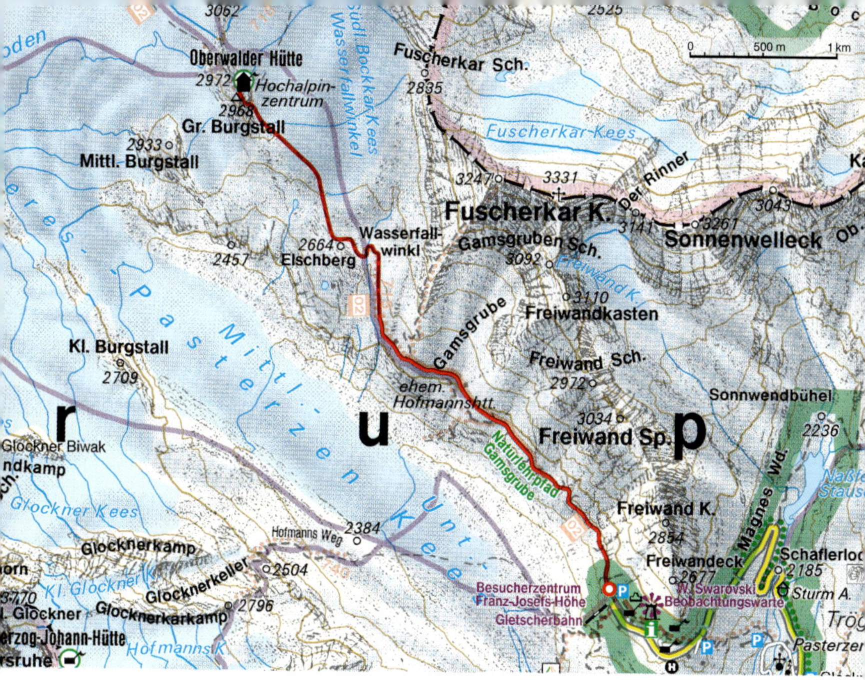

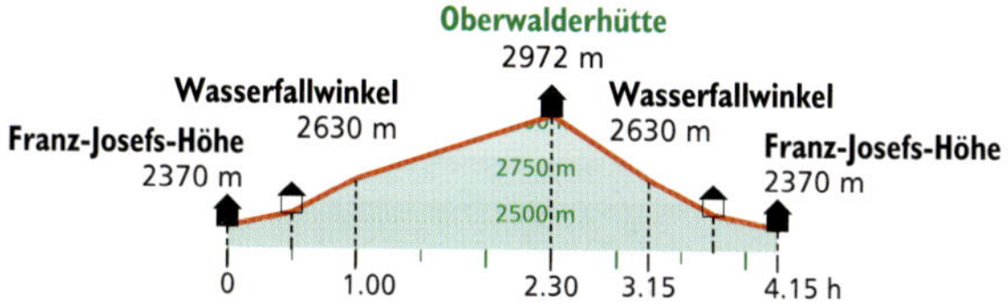

EINKEHR

Franz-Josefs-Höhe, 2370 m: Verschiedene Gaststätten, alle geöffnet während der Benutzbarkeit der Großglockner-Hochalpenstraße von Mai bis Oktober (www.grossglockner.co.at); Kaiser-Franz-Josef-Haus, Panoramarestaurant und Hoher Sattel (alle Tel. +43/(0)4824/2512 oder +43/(0)664/2868936). Übernachtungen nur im Kaiser-Franz-Josef-Haus möglich.

Oberwalderhütte, 2972 m: Alpenvereinshütte; geöffnet von Anfang/Mitte Juni bis Anfang/Mitte September. Kalte und warme Speisen. Übernachtung möglich. Bei Übernachtung Angebot von Frühstück, Halbpension oder Bergsteigerpauschale. Tel. +43/(0)4824/2546, +43/(0)660/1308530, www.oberwalderhuette.at.

Die Oberwalderhütte liegt auf einem kleinen Plateau.

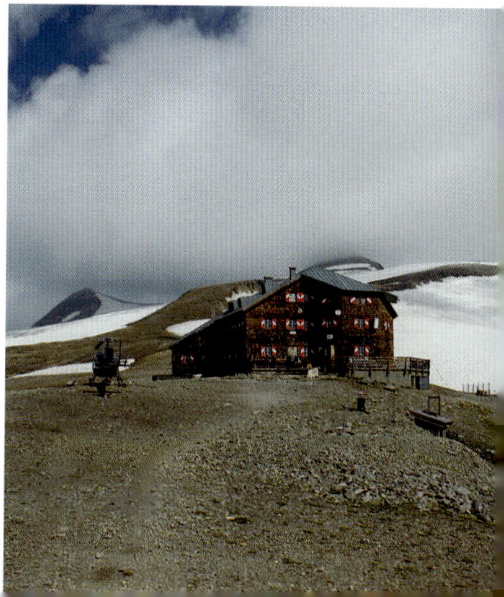

KURZINFO

Talort: Heiligenblut, 1291 m; Anreise über die Großglockner Hochalpenstraße (geöffnet von Anfang Mai bis Ende Oktober; Preise unter www.grossglockner.at), Lienz (B 107) oder Obervellach (B 106); Tourismusverband Heiligenblut, Tel. +43/(0)4824/2700, www.heiligenblut.at.
Ausgangspunkt: Parkplätze auf der Franz-Josefs-Höhe, 2370 m (www.grossglockner.at).
Gehzeit: 4.15 Std.
Höhenunterschied: 600 m.
Anforderungen: Einfache Wanderung am Gamsgrubenweg bis zum Wasserfallwinkel. Dann hochalpine Wanderung mit kurzer Eisfeldüberquerung. Vorsicht: Einbruchgefahr am Rand von Gletscherbächen. Alpine Erfahrung notwendig. Grödeln und Trekkingstöcke empfehlenswert.
Kinder: Nur mit alpiner Erfahrung und Trittsicherheit. Sicherungsseil wird empfohlen. Ab 10 Jahren.
Gipfelmöglichkeiten: Über die Bockkarscharte, 3039 m, auf den Mittleren, 3358 m, oder Großen Bärenkopf, 3396 m (nur mit hochalpiner Erfahrung oder mit Bergführer; je nach Schneelage zwischen 1.30 und 3 Std.); weitere Gipfel nur mit Bergführer (für Anfänger), Gletscherausrüstung und Seil möglich, in Teilen Kletterei.

Am Gamsgrubenweg.

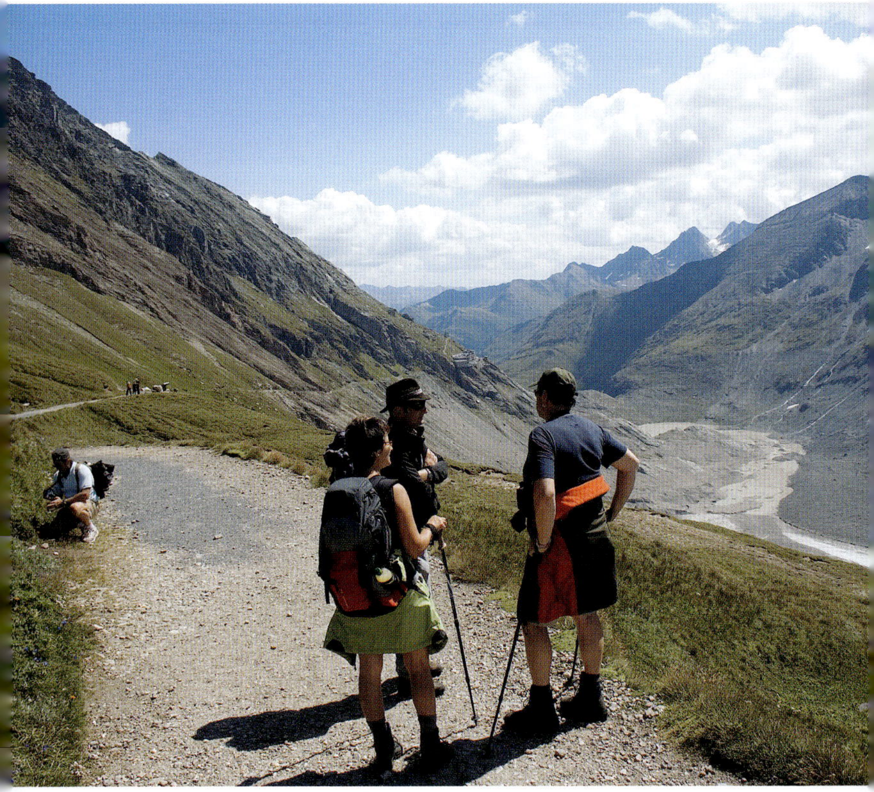

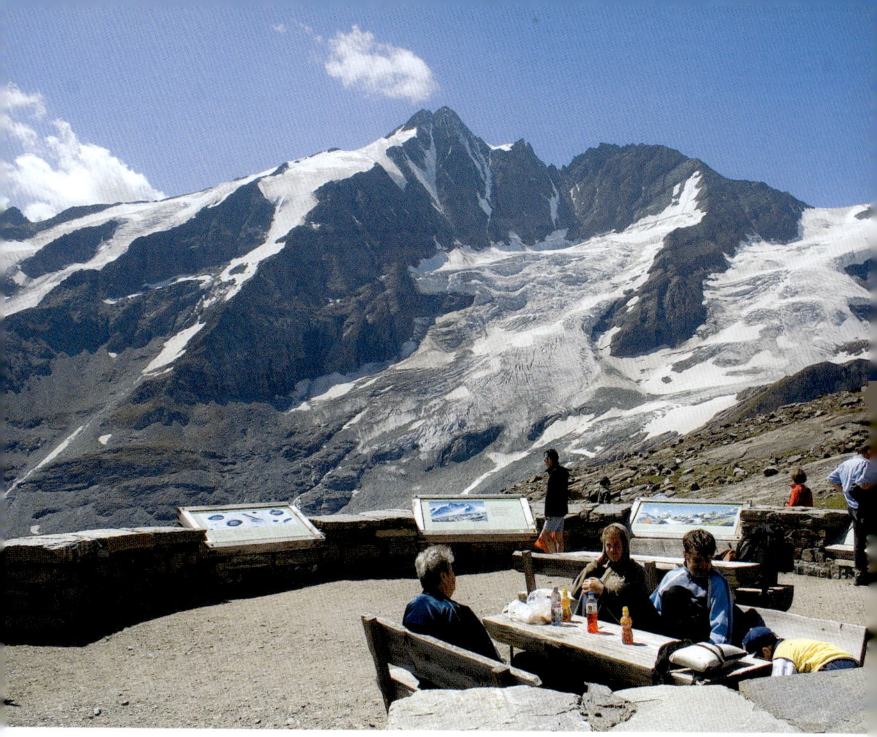

Der Wasserfallwinkel mit Großglockner.

Die Tour beginnt an der **Franz-Josefs-Höhe** bei den Parkgaragen, Souvenirshops und Restaurants. Dazwischen ist der Eingang in den sogenannten Schatztunnel, den ersten von sechs Schautunnels, die uns Informationen bieten zu verschiedenen Themen wie Wasser, Kristalle u. ä. Insgesamt sind diese Tunnels 857 m lang. Danach beginnt der Naturlehrweg Gamsgrube, der leicht ansteigend mit vielen Thementafeln vorbei am Platz der ehemaligen **Hofmannshütte**, 2444 m, bis zum **Wasserfallwinkel**, 2630 m, führt, einem in eine Steinmauer eingefassten Rastplatz. Markierungen und Wegweiser sind bis hierher nicht vorhanden, die thematische Routenführung ist aber stets offensichtlich.

Vom Wasserfallwinkel zweigt ein breiter Weg rechts ab und führt bergauf zu einem großen, vom Gletscher geschliffenen Felsen linker Hand, den man überqueren oder umrunden kann. Ziel ist ein kleiner Holzsteg ohne Geländer über einen breiten Gletscherbach, den man mit Hilfe des Stegs überquert. Nun geht es entlang von Markierungsstangen aufwärts über glattgeschliffenen Fels, Schneereste und feines Schottermaterial zum weit zurückgezogenen südlichen Bockkarkees. Mit Vorsicht, am besten den Steigspuren folgend, quert man den Gletscher weiter bergauf bis unter die Oberwalderhütte, verlässt den Gletscher und folgt dem schmalen Steig in Serpentinen durch die Felswand direkt hinauf zur **Oberwalderhütte**, 2972 m.

Der Abstieg erfolgt auf dem Anstiegsweg.

19 Salmhütte, 2638 m

Auf dem Wiener Höhenweg ★★★

Fürstbischof Graf Salm und die Spuren der Erstbesteiger

1786 erfolgte die sensationelle Erstbesteigung des Mont Blanc, 4808 m, des höchsten Berg Frankreichs und der Alpen. Dieses Ereignis bewog den geborenen Wiener und späteren innovativen Kärntner Fürstbischof Franz Xaver Graf von Salm-Reifferscheid (1749–1822), gleiches am Großglockner durchzuführen. Einerseits sollte der mit 3798 m höchste Gipfel Österreichs bezwungen, andererseits sollte wissenschaftliche Forschung betrieben werden. Salm scharte Wissenschaftler aus allen Bereichen der Naturgeschichte und Physik für dieses Unterfangen um sich. Im Frühjahr 1799 ordnete Salm an, dass Bauern und Zimmerleute den scheinbar leichtesten Anstieg auf den Großglockner durch das Leitertal erkunden und etwa nach der Hälfte des Weges eine Hütte bauen sollten (nahe der heutigen Salmhütte). Jedoch scheiterte diese erste Expedition am 25. August 1799 wegen schwerer Schneefälle. Wenige Männer (überliefert werden sechs) bestiegen noch den vorgelagerten Kleinglockner, 3783 m. Salm organisierte eine zweite Expedition mit dem Ziel, unter Zuhilfenahme aller möglichen menschlichen und technischen Mittel die komplette Besteigung des Großglockners zu vollbringen. Am 27. Juli 1800 machte sich die zweite Expedition mit 62 Personen, darunter Graf Salm und 12 Wissenschaftler zu Pferd, mit 16 Packpferden in Heiligenblut auf den Weg. Bedingt durch gutes Wetter erreichten die meisten Wissenschaftler binnen zwei Tagen die Adlersruhe, 3434 m, fünf Männer bezwangen am 28. Juli 1800 tatsächlich den Großglockner und setzten dort ein Gipfelkreuz. Neben dem alpingeschichtlichen Meilenstein gab der wissenschaftliche Erfolg besonderen Grund zum Feiern. Sowohl geografische Länge und Breite des Glocknergipfels als auch die Höhe wurden wissenschaftlich ermittelt; die Höhe mit 3761 m um 37 m zu wenig gegenüber heute, doch wesentlich genauer als 1799 mit 4216 m.

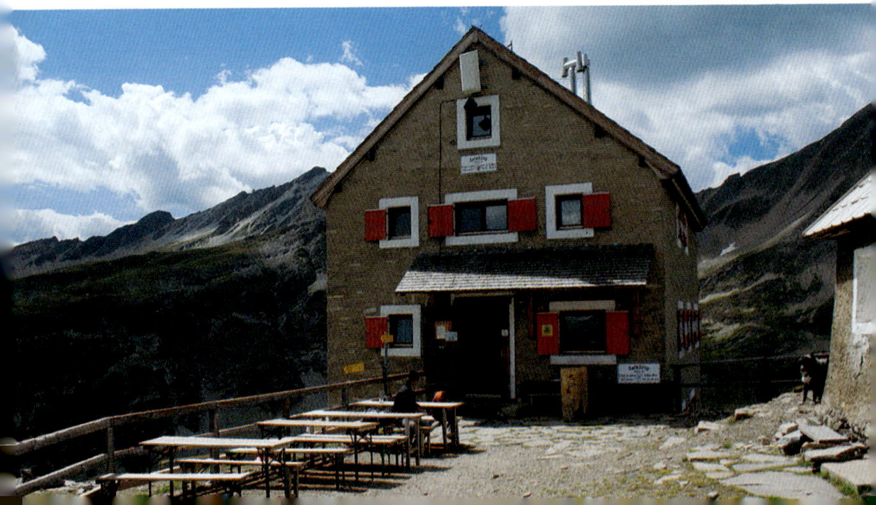

KURZINFO

Talort: Heiligenblut, 1291 m; Anreise über die Großglockner-Hochalpenstraße (geöffnet von Anfang Mai bis Ende Oktober; Preise unter www.grossglockner.at), Lienz (B 107) oder Obervellach (B 106); Tourismusverband Heiligenblut, Tel. +43/(0)4824/2700, www.heiligenblut.at.

Ausgangspunkt: Parkplatz beim Glocknerhaus, 2132 m.

Gehzeit: 6.45 Std.

Höhenunterschied: 910 m mit Gegenanstiegen.

Anforderungen: Hochalpine Wanderung auf Steigen und Wanderwegen. Am Anstieg zur Stockerscharte und am Wiener Höhenweg mit seinen steilen Wiesenhängen (Leiten) ist Trittsicherheit und Schwindelfreiheit notwendig. Die Schlüsselstelle am Wiener Höhenweg ist kurz seilversichert, was die Überwindung sehr erleichtert.

Kinder: Nur mit alpiner Erfahrung sowie Trittsicherheit und Schwindelfreiheit. Ab 12 Jahren.

Mountainbike: Für Könner und Wagemutige Radfahrer ist die Fahrt von Fusch an der Glocknerstraße zum Glocknerhaus oder die Überfahrt nach Heiligenblut ein Erlebnis wert (48 km; sehr anspruchsvoll).

Gipfelmöglichkeit: Großglockner, 3798 m (nur mit Bergführer oder hochalpinistischer Erfahrung und entsprechender Ausrüstung, Kletterei II, Gletscherbegehung, Firngrat, ca. 3 Std. bis zur Erzherzog-Johann-Hütte, auch Adlersruhe genannt, auf 3451 m und weitere 2 Std. zum Gipfel).

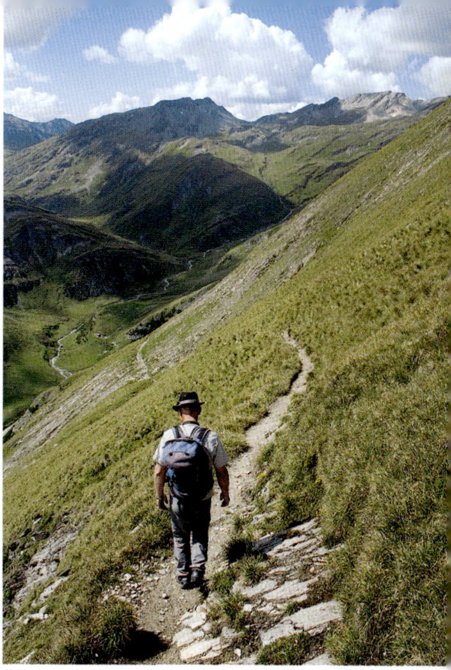

Der Wiener Höhenweg mit Blick zur Pfortscharte.

EINKEHR

Glocknerhaus, 2132 m: Alpenvereinshaus, Restaurant; geöffnet während der Benutzbarkeit der Großglockner-Hochalpenstraße von Mai bis Oktober. Übernachtung möglich. Tel. +43/(0)4824/24666, www.glocknerhaus.net.

Salmhütte, 2638 m: Alpenvereinshütte; geöffnet von Mitte Juni bis Ende September. Älteste hochalpine Schutzhütte der Ostalpen. Kalte und warme Speisen. Übernachtung möglich. Tel. +43/(0)4824/2089, www.alpenverein.at/salmhuette.

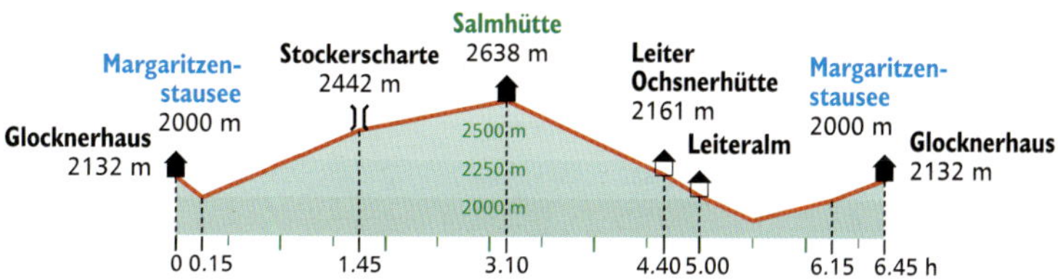

Die Salmhütte liegt im Nationalpark Hohe Tauern.

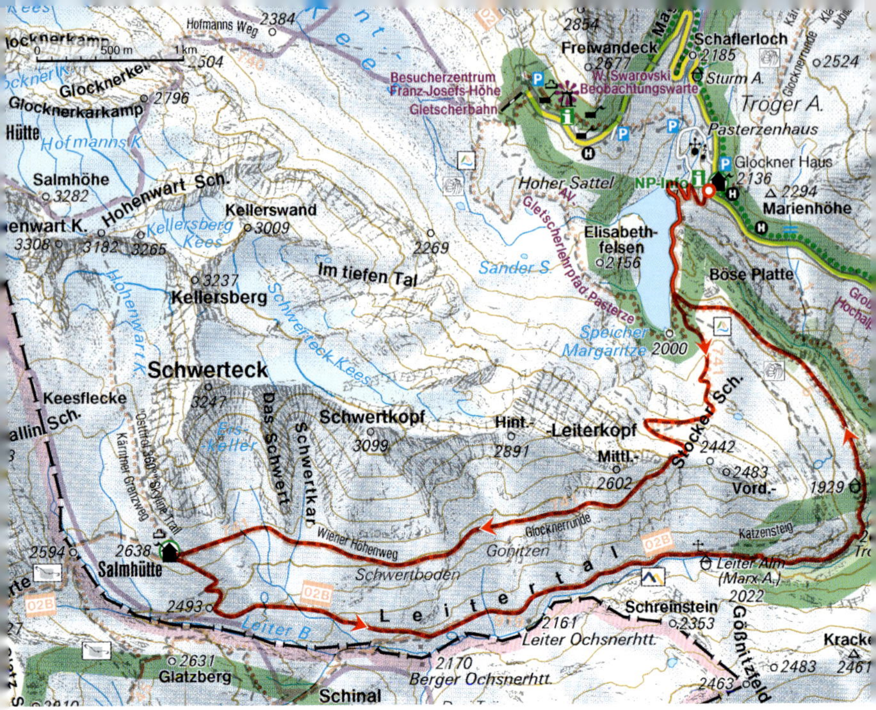

Links vom **Glocknerhaus** geht es vorerst einmal 130 Höhenmeter über einen Steig abwärts zum gut sichtbaren **Margaritzenstausee** auf genau 2000 m. Die zwei 93 m hohen Staumauern überquerend hat man bereits einen guten Blick auf den Großglockner.

Am Ende der Mauer gemütlich bergan bis zu einem Wegweiser, der dem Wanderer den mittleren Weg Nr. 741 Richtung Stockerscharte und Salmhütte zeigt. In immer enger werdenden Serpentinen geht es auf schmalem Steig steil aufwärts, teilweise über Felsstufen mit unterschiedlichen Schritthöhen. Nach einem kurzen Steilaufschwung, wo auch der Einsatz der Hände notwendig sein kann, erreicht man die **Stockerscharte**, 2442 m. In leichtem Bergab und Bergauf, an einer kurzen felsigen Stelle seilversichert, geht es auf steilen Grashängen am Wiener Höhenweg aussichtsreich nach Süden bis zur **Salmhütte**, 2638 m. Von dort hat man einen herrlichen Blick auf die fast schwarze Südwand des Großglockners und zur Adlersruhe auf 3451 m, die so nah erscheint und doch noch 3 Std. entfernt ist.

Der Abstieg erfolgt auf dem Fürstbischof Salm Weg (702B; Anstiegsweg der Erstbesteiger) immer kontinuierlich bergab, vorerst südwärts bis zu einer Kreuzung (Wegweiser), dort links halten und Richtung Osten talauswärts über die **Leiter Ochsnerhütte**, 2161 m, und die **Leiteralm**, 2022 m, immer entlang dem Leiterbach bis zum Taleingang, 1866 m, bei einer Brücke. Diese nicht überqueren, sondern links auf schmalen Weg zuerst leicht, später etwas steiler bergauf entlang der Möllschlucht hinauf zum **Margaritzenstausee.** Die Staumauer überqueren und kurz hinauf zum **Glocknerhaus**.

Palfneralm, 1333 m

Durch das Seidlwinkltal

★

Kurze oder lange Wanderung im Tal der Säumer

Ein Saumpfad (Saum = veraltet für Last) ist eine für Wagen oder Gespanne zu steile, zu schmale oder zu unwegsame Altstraße, auf der früher mit Hilfe von Saumtieren Güter transportiert wurden. Die Säumer (österreichisch auch Samer) waren die ersten »Transportunternehmer« über die Alpen und den Bayerischen Wald. Jahrhundertelang beförderten sie vor allem Salz und Wein, aber auch Seide, Samt, Reis, Korn, Brokat, Wolle, Käse und Öl über die Pässe. Später wurde auch Gold aus dem Rauriser Tal verfrachtet. Als Saumtiere kamen in erster Linie Esel, Maultiere und Pferde zum Einsatz. Der Säumer arbeitete auf eigene Rechnung im Auftrag fremder Kaufleute oder Kunden. Zum Teil waren sie auch in Säumergenossenschaften organisiert. Es gibt heute noch eine Vielzahl von Berggasthöfen, die früher als Saumstationen zum Wechseln der Saumtiere sowie als Hospize bei schlechtem Wetter dienten. Die meisten Saumpfade sind heute entweder verfallen oder sie wurden zu vollwertigen Straßen ausgebaut. Ein bekanntes Beispiel für einen seit Jahrtausenden bekannten Saumpfad in Salzburg ist die Felbertauernstraße oder der Krimmler Tauern. Das Seidlwinkltal bildete den östlichen Zugang zum Heiligenbluter Tauern (Hochtor), der gegenüber allen anderen Tauernübergängen den Vorteil hatte, länger offen zu sein. Dies führte zur Errichtung des bis heute original erhaltenen Rauriser Tauernhauses, das wie die übrigen Tauernhäuser in anderen Tälern Versorgungs- und Betreuungspflichten für den Handel treibenden Säumer hatte und bereits 1491 das Schankrecht bekam. Auch heute noch wird man gut verpflegt im Tauernhaus. Oder auf der Litzlhofalm. Wenn man die lange Tour macht. Aber auch die Gollehen- und die Palfneralm stehen in nichts nach, falls man sich für die kurze Tour entscheidet.

Im Seidlwinkltal gibt es viele Bäche, die zur Seidlwinklache ins Tal fließen.

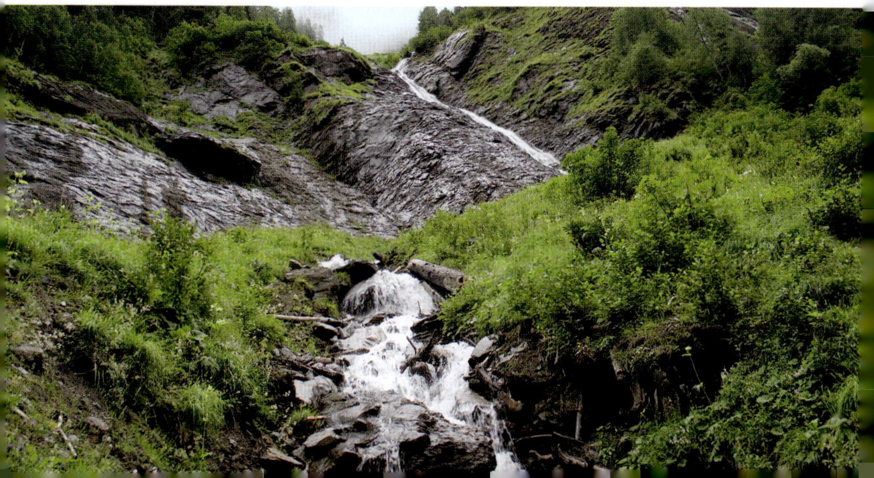

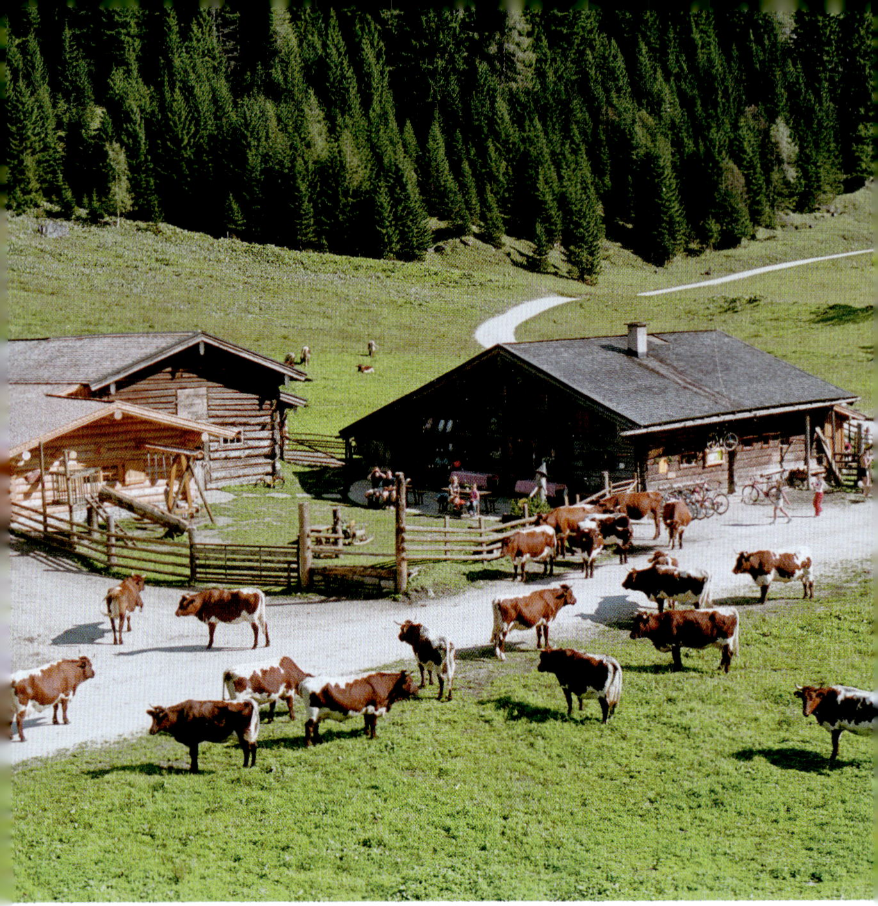

Die Palfneralm.

KURZINFO

Talort: Rauris-Wörth, 958 m; von Zell am See oder Salzburg bis Taxenbach, von hier 15 km nach Wörth und 5 km ins Seidlwinkltal; Tourismusverband Rauris, Tel. +43/(0)6544/20022, www.raurisertal.at.
Ausgangspunkt: Parkplatz Viehweide im Seidlwinkltal, 1108 m.
Gehzeit: 3.00 Std.
Höhenunterschied: 230 m.
Anforderungen: Familienwanderung auf Almstraßen und breiten Wegen. Schlechtwettertipp, da auch bei Regen gut begehbar.
Kinder: Zwergponys auf der Gollehenalm zum Streicheln. Spielplätze auf der Palfner- und der Gollehenalm. Quellmoor auf der Palfneralm.
Kinderwagen: Sehr gut geeignet für geländegängige Kinderwagen, nur wenige, kurze Anstiege.
Mountainbike: Leichte Tour auf der Almstraße bis zum Rauriser Tauernhaus.
Gipfelmöglichkeiten: Von der Palfneralm auf den Hirzkarkopf, 2548 m (1214 Hm, ca. 5 Std. hin und retour, schwarz); Übergang zur Edelweißspitze und zum Fuschertörl möglich.
Variante: In ca. 1.10 Std. von der Palfneralm zum Rauriser Tauernhaus, 1526 m; von dort in etwas über 1 Std. weiter zur Litzlhofalm, 1727 m (hin und zurück 3.20 Std. länger).

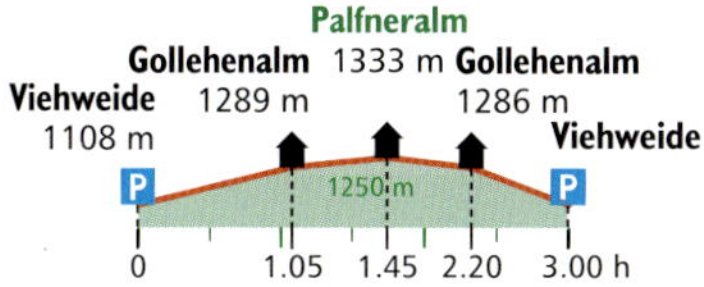

Beim **Parkplatz Viehweide** steht eine Informationshütte der Nationalparkverwaltung. Hier kann man sich mit Karten, Naturführern, Wanderführern und Souvenirs eindecken. Rechts der Hütte geht ein Weg hinauf zur Almstraße. Hier rechts und bergauf dem Straßenverlauf folgen. Links und rechts sieht man die Bäche in Schleiern über die Felswände fallen, bevor sie sich wieder zu einem Bach vereinigen und irgendwo in die Seidlwinklache münden. Am rechten Straßenrand trifft man auf einen Bildbaum zum Gedenken an einen 1927 verunglückten Knaben. Nun dauert es nur mehr eine gute Viertelstunde, bis wir die **Gollehenalm**, 1289 m, erreichen. Ob Einkehr in die Stube, vor der Hütte oder Rast am Teich neben der Alm um die Forellen zu beobachten, sei jedem selbst überlassen.

Eben weiter, dem Wegverlauf folgend, kommt man in wenigen Minuten zum Quellmoor Palfneralm. Mehrere Orchideenarten wachsen hier wie Mückenhändelwurz, Zweiblättrige Waldhyazinthe oder Rundblättriges Zweiblatt. Auch Kuckucksnelke, Sumpfvergissmeinnicht, Sumpfpippau und andere an Wasserversorgung gebundene Pflanzen haben hier ihren Standort. Dort bei der Abzweigung den rechten Weg nehmen, vorbei an einer Jagdhütte, am linken Hang taucht bald darauf unser Ziel auf. Nun gelangt man in knapp einer Viertelstunde bis zur **Palfneralm**, 1333 m.

Der Rückweg verläuft auf dem Anstiegsweg.

EINKEHR

Palfneralm, 1333 m: Bewirtschaftet von Mitte Mai bis Anfang Oktober. Bio-Almwirtschaft mit eigenen Produkten. Spielplatz, Tiere zum Streicheln. Musikalische Almnachmittage. Tel. +43/(0)664/5236863, www.palfnerhof.at/palfner-alm-seidlwinkltal.

Gollehenalm, 1289 m: Bewirtschaftet von Mitte Mai bis Anfang Oktober. Sonnenterrasse und Kinderspielplatz, Forellenteich mit Sitzbankerl; Produkte aus eigener Landwirtschaft. Tel. +43/(0)6412/6230.

Rauriser Tauernhaus, 1526 m: Auf der Variante; fast 2 Std. (hin und retour) von der Palfneralm. Bewirtschaftet von Ende Mai/Anfang Juni bis Anfang Oktober.

Litzlhofalm, 1727 m: Auf der Variante, ca. 3.30 Std. (hin und retour) von der Palfneralm. Bewirtschaftet von Pfingsten bis Ende September.

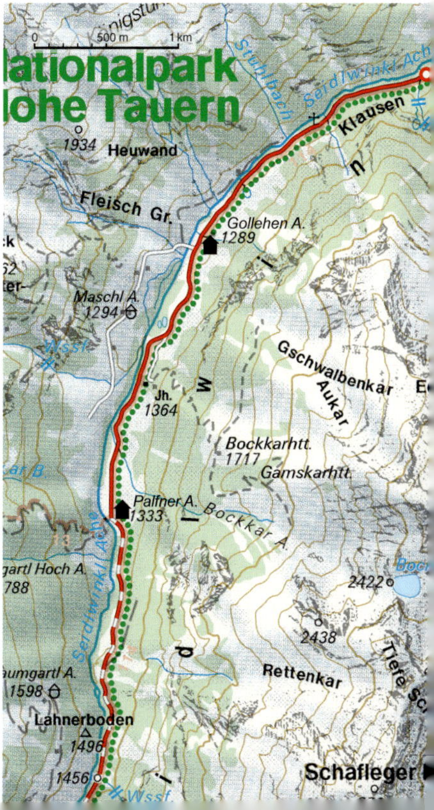

21 Durchgangalm, 1745 m

Almenrunde im Rauriser Tal ★★

Geschichte des Rauriser Tauerngoldes

Vor ca. 4000 Jahren wurde das erste Gold in den Tauern entdeckt; der Fund einer Serpentin-Lochaxt lässt vermuten, dass schon in der Jungsteinzeit in den Hohen Tauern nach Gold gegraben wurde. Auch Kelten und Römer kannten und nützten die Gold-, Silber- und Bleivorkommen rund um Kolm Saigurn und das Raurisertal. Am Ende des 14. Jahrhunderts waren in Salzburg erstmals in großem Umfang Goldgulden aus Tauerngold geprägt worden. Rauris wurde dadurch zu einer mittelalterlichen Großsiedlung mit über 3000 Bewohnern. Für diese Zeit der ersten Goldhochblüte wird eine durchschnittliche Jahresgewinnung von 50 Kilogramm Gold angenommen. Zur Hochblüte der Rauriser Goldgewinnung wurden 10 Prozent der Goldproduktion weltweit in der Goldberggruppe geschürft. Laut der Geschichtsschreibung wurden in der Zeit von 1450 bis 1570 in diesem Gebiet ca. 830 kg Gold gewonnen. Der Goldabbau und der damit verbundene Wohlstand erregte auch die Aufmerksamkeit der Salzburger Erzbischöfe und Landesherren. Die Hochblüte des Goldbergbaus war allerdings zu dieser Zeit schon vorbei und die Fördermengen vom vorigen Jahrhundert wurden nie mehr erreicht. Auch die 1804 erfundene Aufzugsmaschine brachte keinen entscheidenden Durchbruch mehr. Bis 1875 betrieb der Staat den Goldbergbau in Rauris, um der armen Bevölkerung Arbeit zu geben und nicht um Gewinne zu erzielen. 1930 verließ der letzte Knappe den Hohen Goldberg in Rauris. Zahlreiche Spuren des historischen Bergbaus sind heute noch auf dem »Rauriser Tauerngold-Rundwanderweg« zu sehen.

Die Durchgangalm, dahinter der Silberpfennig.

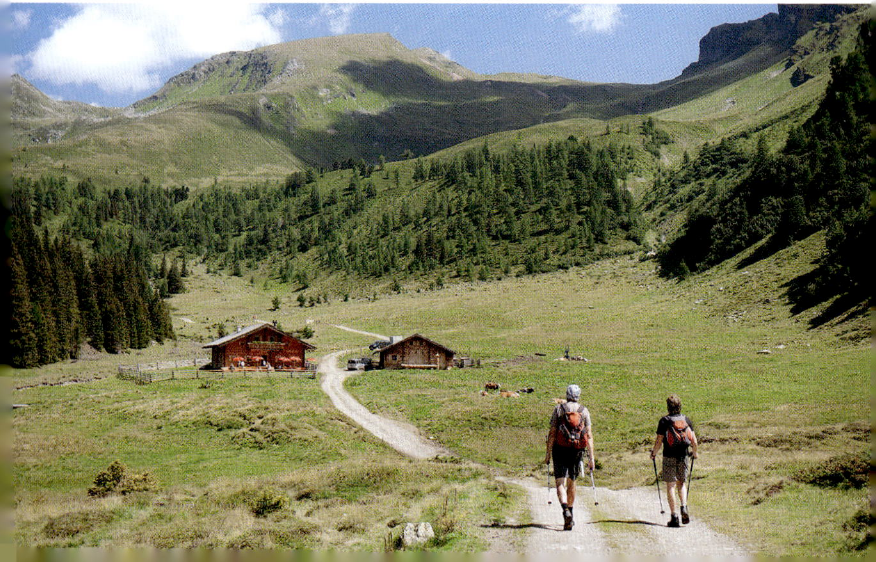

EINKEHR

Alpengasthof Bodenhaus, 1230 m: Ganzjährig geöffnet. Gasthof mit regionaltypischen Speisen und Getränken. Keine Übernachtung. Ein Goldwaschplatz liegt ganz in der Nähe. Alljährlich kommen am letzten Wochenende im Juni die besten Norikerdeckhengste beim Gasthof Bodenhaus zusammen, um gemeinsam auf der Grieswiesalm in Rauris die Almferien zu verbringen. Um Kämpfe auf der Alm zu vermeiden, wird bereits vorher der Leithengst ermittelt. Die wertvollen Zuchthengste raufen sich die Leithengstrolle am späten Vormittag aus, danach werden sie auf die Alm gebracht. Tel. +43/(0)6544/8111, www.bodenhaus.at

Durchgangalm, 1745 m: Geöffnet von Mitte Juni bis Ende September. Almhütte in schöner Lage. Hausgemachte Produkte. Übernachtung möglich. Tel. +43/(0)6416/7333 oder +43/(0)664/1648103, www.ganzenhubhof.at/durchgangalm/.

Filzenalm, 1784 m, und Mitterastenalm, 1762 m: Beide geöffnet von Juni bis September. Auf der Speisekarte stehen jeweils hausgemachte Produkte. Keine Übernachtung. www.mitterastenalm.at.

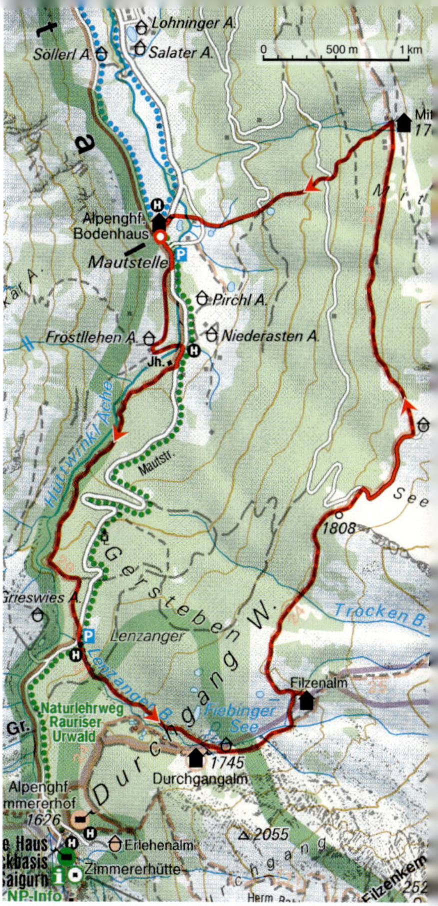

KURZINFO

Talort: Rauris, 949 m; Anreise über Lofer (B 311) oder St. Johann im Pongau (B 311) bis Taxenbach, dort nach Süden ins Raurisertal; Tourismusverband Rauris, Tel. +43/(0)6544/20022, www.raurisertal.at.

Ausgangspunkt: Wanderparkplatz Bodenhaus, 1230 m.

Gehzeit: 5.00 Std.

Höhenunterschied: 630 m.

Anforderungen: Einfache Wanderung ohne Schwierigkeiten, die auf Steigen, Wanderwegen, Forst- und Almstraßen verläuft.

Kinder: Rund um die Alm und entlang der Tour weiden Kühe, Jungvieh und Pferde. Vereinzelt kleine Tümpel mit Reptilien und Fröschen. Der seichte Lenzangerbach kurz vor der Alm ist ideal zum Plantschen.

Kinderwagen: Geeignet für geländegängige Kinderwagen vom Parkplatz Lenzanger über den Ammererhof bis zur Durchgangalm (Almstraße, ca. 4 km, 200 Hm im Anstieg, ca. 1.15 Std.).

Mountainbike: Von Rauris nach Kolm Saigurn (Rauris Ortszentrum – Goldberg-Radweg – Bucheben – Bodenhaus/Hüttwinkltal – Mautstelle – Durchgangwald – Kolm Saigurn; gesamt 46 km; leichte bis mittelschwere Tour).

Gipfelmöglichkeiten: Hoher Sonnblick, 3106 m (ca. 10 Std. vom Parkplatz Lenzanger aus, schwarz); Silberpfennig, 2600 m, über die Bockhartscharte, 2226 m (6 Std. vom Parkplatz Lenzanger, rot).

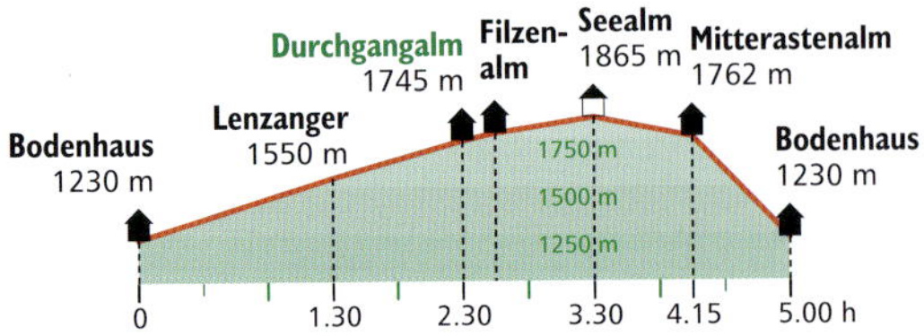

Vom Ausgangspunkt **Bodenhaus** auf der Straße bis zur Mautstelle. Dort links auf den Weg hinunter, der in wenigen Minuten zum Goldwaschplatz führt. Weiter auf dem Weg bis zur Mautstraße an der Brücke. Die Straße wird überquert und man wandert leicht bergauf auf einem breiten Pfad, dem Knappenwanderweg Kolm Saigurn, entlang der Hüttwinkler Ache. Diese wird dann auf einem Steg überquert und man trifft wieder auf die Mautstraße. Dieser kurz folgen und bei einer Jagdhütte rechts auf Weg Nr. 29 südwestlich abzweigen. Dieser führt in einen lichten Bergwald, dann auf einem Steg über ein trockenes Bachbett. Der Weg wird steiler, aber einzelne Rastbänke geben die Möglichkeit zum Luftholen. Dabei ergibt sich immer wieder ein Blick zum Hohen Sonnblick. Wo der Weg wieder flacher wird, tritt man aus dem Wald heraus und kommt zu einer Aussichtsplattform mit Schautafel. Der Weg wendet sich nun für ca. 250 m nach Südosten, man hört langsam wieder den Motorenlärm der Mautstraße zum Parkplatz **Lenzanger**. 100 m vor der Straße zweigt ein breiter Weg Richtung Süden ab,

Der Hohe Sonnblick ist der Talwächter des Hüttwinkltales.

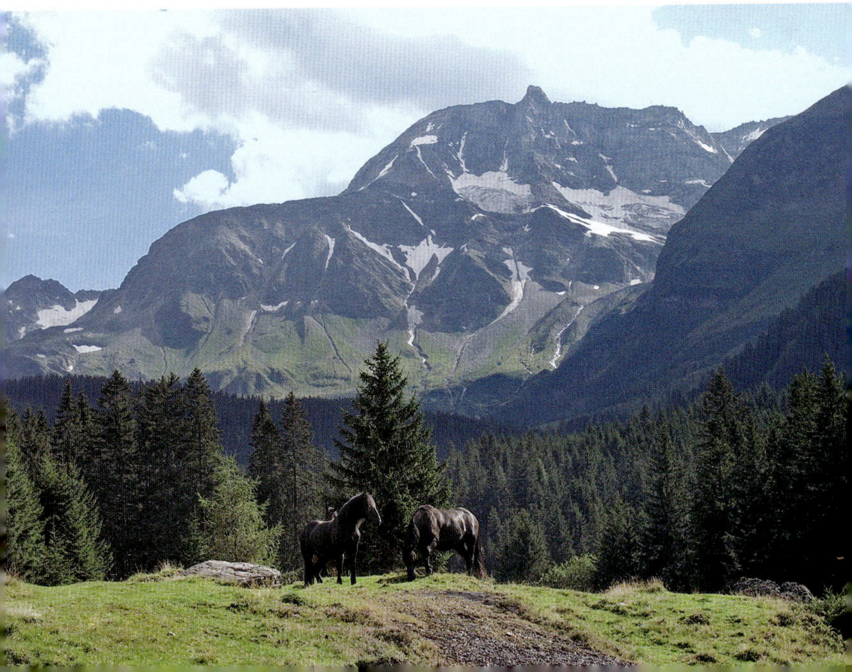

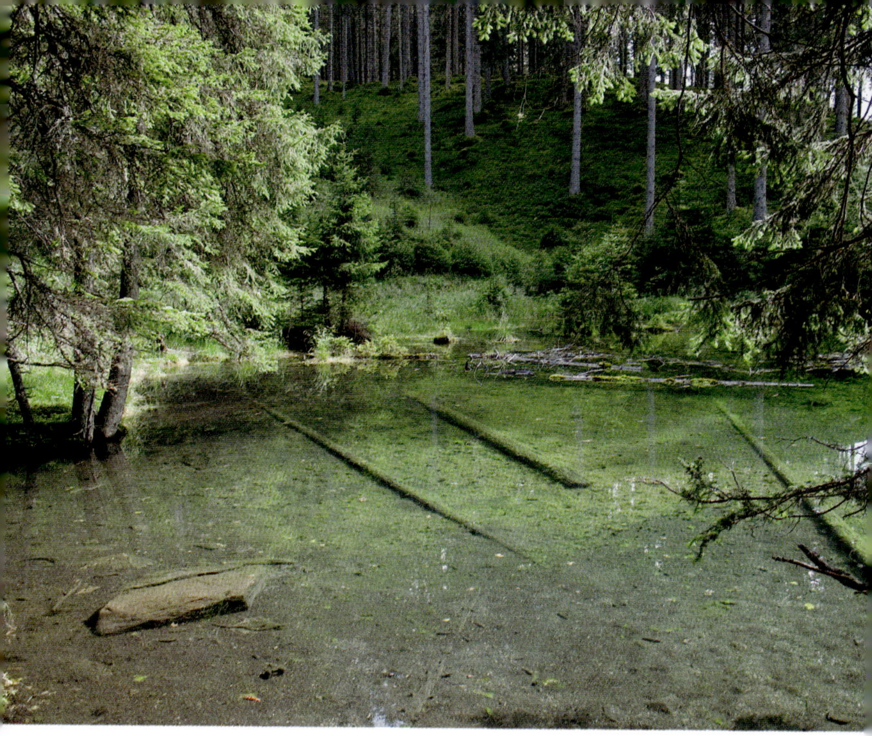

Zwischen der Mitterastenalm und der Astenschmiede liegt dieser romantische See im Bergwald.

der in wenigen Minuten zum Parkplatz Lenzanger führt, 1550 m. Dort geht man zum Infostand des Nationalparks Hohe Tauern und hält sich hier links zum Beginn des Almenweges. Dieser Steig mit der Nummer 31 und rot-weiß-roter Markierung führt südöstlich durch naturbelassenen Bergwald mit Tümpeln entlang dem Lenzangerbach, vorbei am versteckten Fiebingersee. Kurz darauf quert man den Lenzangerbach und erreicht ein Plateau, wo mittendrin die **Durchgangalm** liegt, 1745 m. Weiter auf einem Fahrweg Richtung Osten in ca. 15 Min. bis zu einer Wegkreuzung. Geradeaus erreicht man in 3 Min. die **Filzenalm** zur Einkehr, links geht der Wanderer weiter am Goldgräberweg in nördlicher Richtung, vorbei an der **Seealm**, fast eben zur **Mitterastenalm**, 1762 m. Vor der Alm führt links ein schmaler Weg ein Stück entlang eines Baches abwärts. Der Weg verlässt den Bach und geht kurz darauf in einen steilen Waldsteig über. Beim Abstieg werden zwei Forststraßen überquert, in weiterer Folge trifft man auf einen kleinen romantischen See mitten im Bergwald, der bis auf den Grund blicken lässt. Unterhalb des Sees überquert der Steig eine dritte Forststraße, man kommt zu einer Kreuzung, hält sich dort rechts bergab und tritt bald darauf aus dem Bergwald heraus. Hier sieht man schon das Ziel, den Parkplatz beim Alpengasthof **Bodenhaus**, 1230 m, den man in ca. 20 Min. erreicht.

22 Präau-Hochalm, 1808 m

Rundwanderung mit Hochkönigblick ★★

Alm mit Charme

Auf dieser Tour wandert man zur höchstgelegenen Alm in der Region von Dorfgastein. Auf der Alm erwartet uns eine Auswahl von biologischen Milchprodukten, darunter schmackhafter Almkäse und Butter, außerdem werden Kräuter und Früchte zu Säften, Marmeladen, Salben und mehr verarbeitet. Für alle, die einmal ganz anders übernachten wollen: Neben zwei urigen Schlaflagern und zwei Zimmerchen bietet die Hütte eine Flitterwochensuite im Alm-Style. Strom gibt es zwar nicht auf der Alm, dafür romantisches Kerzenlicht und die Ruhe der Natur. Vermeiden sollte man den Anstieg zur Alm um die Mittagszeit – an warmen Tagen macht die Hitze vor allem am südlichen Teil der Tour besonders zu schaffen. Von der Präau-Hochalm aus ergeben sich noch viele weitere Wandermöglichkeiten: Wetterkreuz, Tagkopf, Mooseckhöhe, Heinreichalm, Amoser Hochalm (Salzburger Almenweg), Bernkogel und andere mehr.

Aussichtsbalkon unterhalb vom Tagkopf auf die Heinreichalm und den Hochkönig.

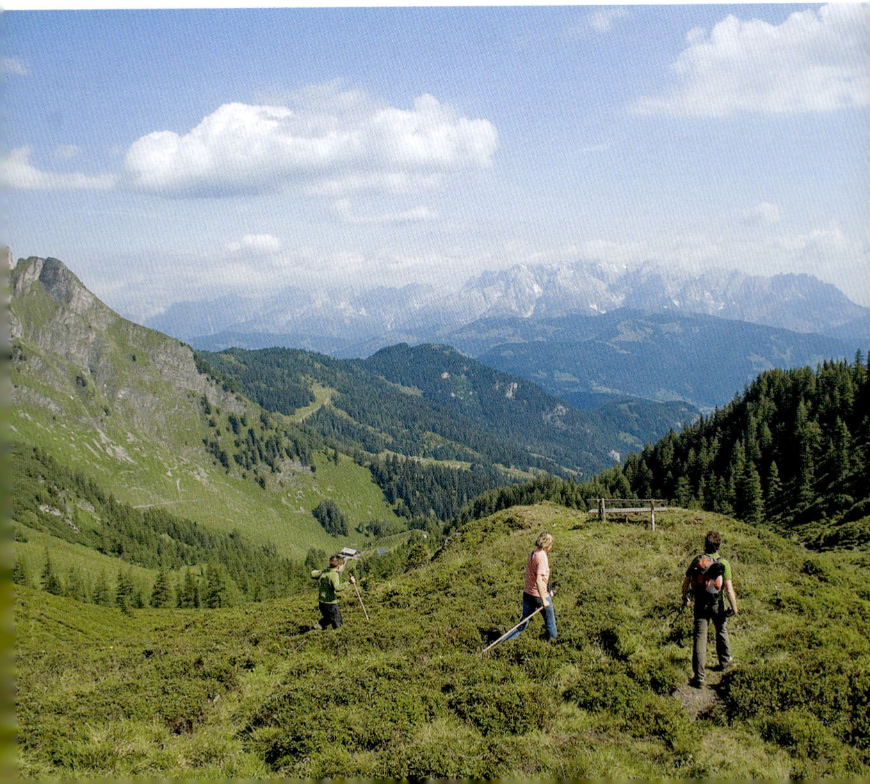

EINKEHR

Strohlehenalm, 1108 m: Geöffnet von Anfang Mai bis Ende Oktober, Montag und Dienstag Ruhetag. Auch im Winter geöffnet. Selbst gemachte Almspezialitäten aus eigener Landwirtschaft. Freitag Schaukäsevorführung. Spielplatz und Streichelzoo. Keine Übernachtung. Tel. +43/(0)664/2554490.
Präau-Hochalm, 1808 m: Geöffnet von Anfang Juli bis Anfang September. 150 Jahre alte Almhütte mit Übernachtung (»Flitterwochensuite«). Täglich frische Almprodukte, Kinderspielplatz, Grillmöglichkeit. Tel. +43/(0)6433/20059, +43/(0)699/10027636 oder +43/(0)664/1526552, www.praeaugut.at/hochalm/.
Heinreichalm, 1685 m: Geöffnet von Mitte Juni bis Mitte September. Selbst hergestellte Almspezialitäten, Forellenteich zum Fischen und Wild aus eigener Produktion. Übernachtung möglich. Sehenswert die Heinreichkapelle mit dem Zirbenholzaltar über der Alm auf 1700 m. Tel. +43/(0)6433/7316, www.heinreichgut.at/de/unsere-alm.html.

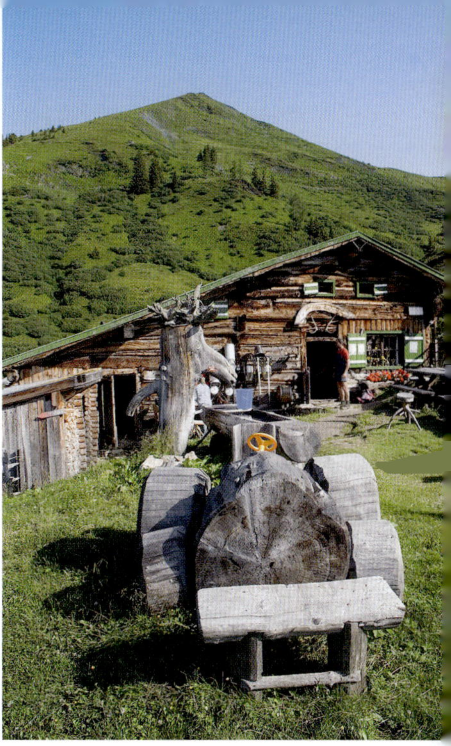

Die Präau-Hochalm mit der Mooseckhöhe dahinter.

KURZINFO

Talort: Dorfgastein, 830 m; Anreise über Zell am See (B 311) oder St. Johann im Pongau (B 311) bis Lend und dann nach Süden ins Gasteinertal; Tourismusverband Dorfgastein, Tel. +43/(0)6432/3393-0, www.dorfgastein.net oder www.gastein.com/de/region-orte/dorfgastein.
Ausgangspunkt: Kleiner Wanderparkplatz ca. 300 m vor der Strohlehenalm, 1108 m, bei der Strohlehenkreuzung. Bei der Strohlehenalm selbst bitte Rücksprache mit dem Besitzer halten, da diese Hütte bewirtschaftet ist und die Parkplätze für die eigenen Gäste benötigt werden.
Gehzeit: 4.45 Std.
Höhenunterschied: 870 m.
Anforderungen: Einfache Wanderung ohne Probleme auf Steigen, Wanderwegen und Almstraßen.
Kinder: Holzlokomotive auf der Präaualm, Fischteich an der Heinreichalm, Spielplatz und Streichelzoo auf der Strohlehenalm. Almschweine auf der Saugruam.
Kinderwagen: Geeignet für geländegängige Kinderwagen bis zur Präau-Hochalm (Almstraße, 6,3 km; ca. 700 Hm im Anstieg, Abstieg auf demselben Weg, ca. 3 Std.).
Mountainbike: Auf dem Anstiegsweg von Dorfgastein bis zur Präau-Hochalm, auf selbem Weg wieder retour, 21 km.
Gipfelmöglichkeiten: Wetterkreuz, 2046 m (unmarkiert, ca. 45 Min. im Anstieg, rot), und Übergang zur Mooseckhöhe, 2129 m (unmarkierter Steig, ca. 40 Min. mit Abstieg, rot); Tagkopf, 2085 m (schmaler Steig, ca. 25 Min. im An- und Abstieg, rot).
Tipp: Etappe 8 des Salzburger Almenweges von der Heinreichalm über die Präau-Hochalm zur Biberalm (11 km, 790 Hm, 4.30 Std., blau).

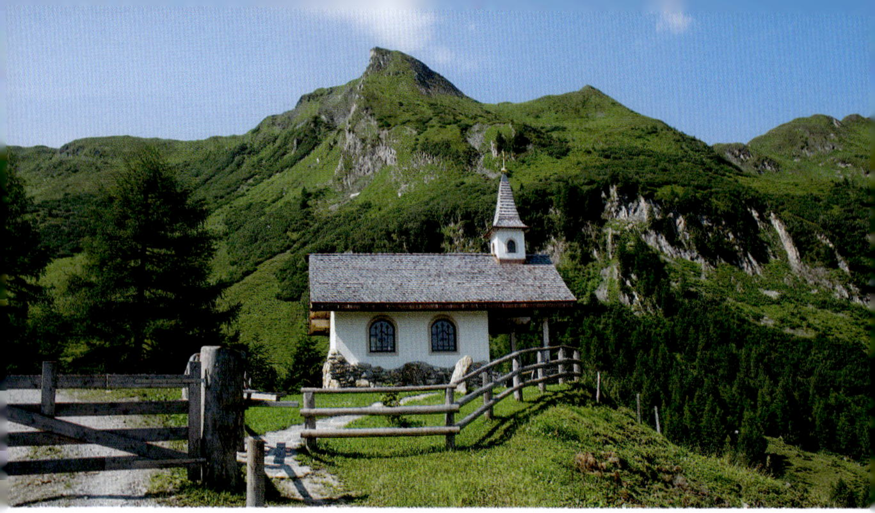

Die Heinreichkapelle liegt oberhalb der gleichnamigen Alm.

Vom **Parkplatz** kurz zurück zur Strohlehenkreuzung mit den verschiedenen Wegweisern. Man hält sich halb rechts Richtung Heinreichalm und wandert auf einer Forststraße gemächlich bergauf durch den lichten Dorfer Wald in südliche Richtung, vorbei an der unbewirtschafteten Böckenalm, hinauf zur ebenfalls unbewirtschafteten **Astenalm**, 1433 m. Dabei erleichtern die an den Kreuzungen aufgestellten Wegweiser die Orientierung und der Wald gibt mehr und mehr die Sicht auf die Berglandschaft frei. Die Forststraße wendet sich nun gen Westen, bald darauf gegen Nordwesten und wird zu einem Alm- und Forstweg. Bei der Kreuzung Jagahäusl mit der **Jagdhütte**, 1600 m, geht man geradeaus weiter und erreicht in einer Dreiviertelstunde, kurz nachdem sich der Weg nach Norden gedreht hat und man durch ein Weidetor gegangen ist, die **Präau-Hochalm**, 1808 m. Weiter geht es Richtung Norden, nunmehr auf einem schmalen Steig über Almmatten hinauf zur **Saugruam**, 1966 m, einem Bergsattel und höchster Punkt dieser Wanderung. Der Name kommt daher, dass sich hier oben neben den Kühen auch Alpschweine tummeln. Gleich hinter dem Sattel befindet sich ein Aussichtsbankerl, auf dem man die Aussicht auf die Dientner Berge und den Hochkönigstock genießen kann. Weiter geht es den Steig bergab zur Heinreichkapelle und der unter ihr liegenden **Heinreichalm**, 1685 m, und auf der Almstraße links hinunter zur unbewirtschafteten Kokaseralm, 1612 m. Links neben der Alm-

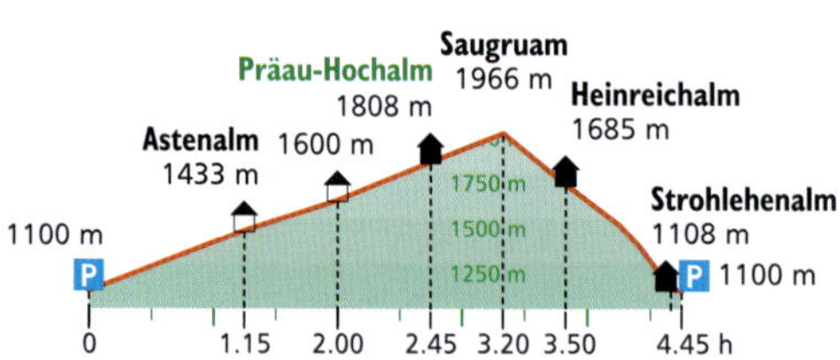

hütte führt ein schmaler Steig gegen Osten hinunter zu einer Almstraße; auf dieser links abwärts bis zur Abzweigung Zechnerbach, 1465 m. Rechts ab auf einen Steig, überquert man an einem wackeligen Holzgeländer den Zechnerbach und erreicht kurz darauf den **Hochkönigblick**, 1345 m, eine Stelle, wo man direkt durch die Klamm der Gasteiner Ache am Talanfang über die Dientner Berge auf den Hochkönig blicken kann. Man trifft in Kürze auf einen Fahrweg, folgt diesem etwas steiler ca. 500 m bergab und biegt dann links auf einen Wiesensteig ab, der in wenigen Minuten zur bereits sichtbaren **Strohlehenalm**, 1108 m, führt. Von dort in 5 Min. zum **Parkplatz**.

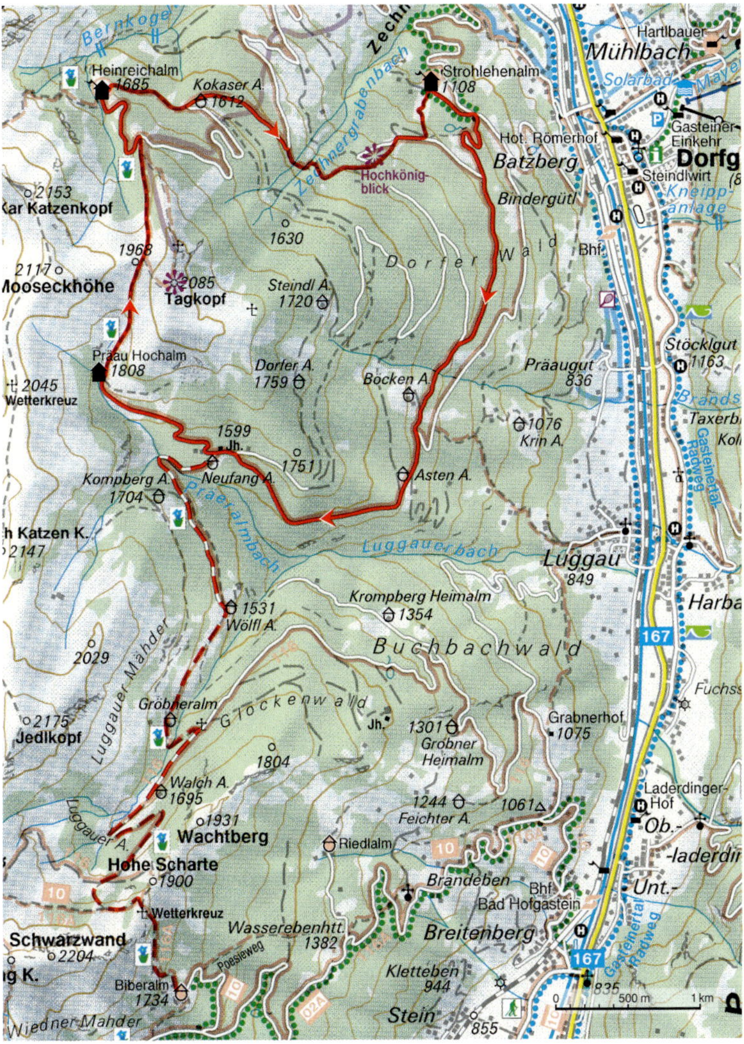

23 Kapelleralm, 1505 m, und Wastlalm, 1544 m

Unter dem Anthaupten ★

Wanderung im Tal der Geier

Eingebettet inmitten der wunderschönen Berglandschaft der Hohen Tauern liegt die Kapelleralm. Sie bietet Idylle, Stille und Erholung. Ihre Architektur vermittelt Harmonie zwischen Nostalgie und modernem Zeitgeist im Pinzgauer Stil aus. Die Küche auf der Kapelleralm verwöhnt mit kulinarischen Schmankerln und regionalen Köstlichkeiten, Getränke und Speisen werden sogar serviert – schlimm, so zum Nichtstun verdammt zu sein ... Aber für diese Sünde kann man anschließend Abbitte leisten: Die Holzkapelle zum hl. Ulrich liegt knappe 70 m westlich oberhalb der Kapelleralm auf einer Anhöhe und bietet einem traumhaften Blick ins Rauriser Tal. Die Wastlalm vereint dann die Reize der traditionellen Almkultur in Salzburg auf ihre Weise: aussichtsreiche Lage, die Verbundenheit zur Tradition und die Hingabe der Menschen an die Arbeit auf ihrer Alm. Die Besitzer bewirtschaften ihre Alm seit vielen Jahren. Bei der Komplettsanierung 2001 haben die Bauersleute genau darauf geachtet, dass der für ihre Alm so typische Charakter nicht verloren geht. So blieb etwa die alte Rauchkuchl unverändert und es wird weiter bewusst auf Strom verzichtet. Speck, Wurst und Brot stammen aus eigener Produktion, Käse kommt vom Nachbarbauer. Fazit: Da muss man einmal gewesen sein!

Das Rauriser Tal wird gern als »Tal der Geier« bezeichnet. Es ist das einzige Gebiet im Nationalpark Hohe Tauern, in dem sich die drei »Könige der Lüfte« (Steinadler, Gänsegeier und Bartgeier) regelmäßig beobachten lassen. Kaum ein anderes Tauerntal ist so dicht von Adlern besiedelt; die Gänsegeier wandern alljährlich über den Sommer aus Kroatien zu; und der Bartgeier, der in den Alpen bereits ausgerottet war, fand im Rahmen eines Artenschutzprojekts, das 1986 im Rauriser Krumltal im Nationalpark seinen Ausgang nahm, hier wieder eine Heimat – ein international viel beachtete Wiederansiedlungsprojekt.

Bei der Wastlalm.

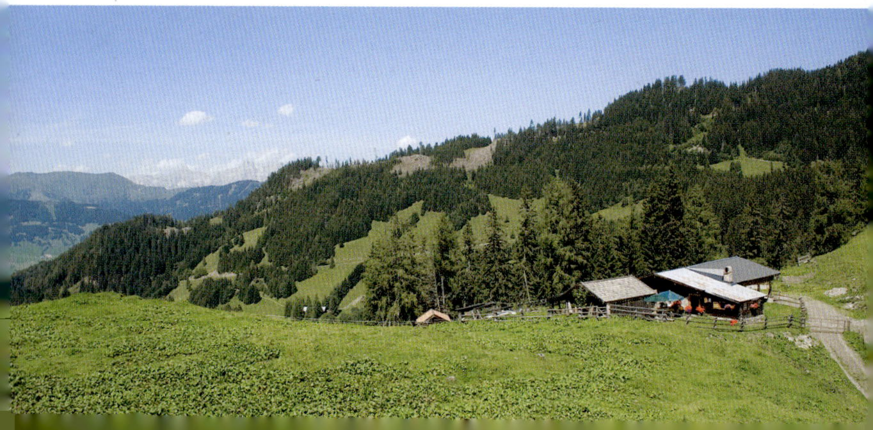

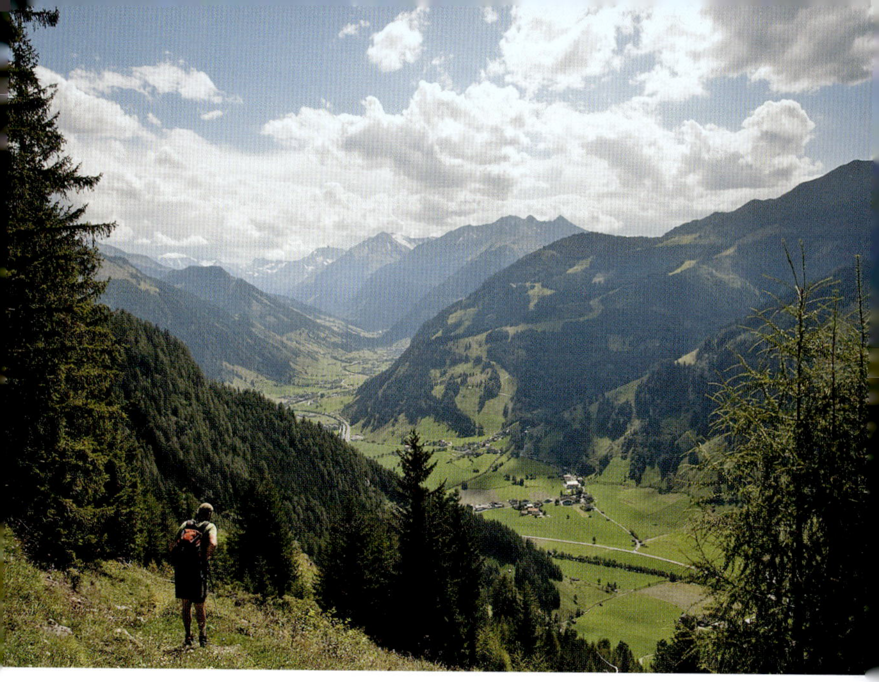

Im Abstieg von der Wastlalm.

KURZINFO

Talort: Rauris, 949 m; Anreise über Lofer (B 311) oder St. Johann im Pongau (B 311) bis Taxenbach, dort nach Süden ins Raurisertal; Tourismusverband Rauris, Tel. +43/(0)6544/20022, www.rauriser-tal.at.

Ausgangspunkt: Pension und Gasthof Bruderhof, Rauriserstraße 50. Begrenzte Parkmöglichkeit auf Pensionsparkplatz gegen kleine Parkgebühr, die bei Konsumation verrechnet wird.

Gehzeit: 5.30 Std.

Höhenunterschied: 750 m mit Gegenanstieg.

Anforderungen: Einfache Wanderung ohne nennenswerte Probleme auf Steigen, Wanderwegen und Almstraßen.

Kinder: Kleiner Kinderspielplatz und Teich auf der Kapelleralm.

Kinderwagen: Geeignet für geländegängige Kinderwagen über den Anstiegsweg auf Almstraße zur Wastlalm (Almstraße, 8,8 km; 980 Hm im Anstieg, ca. 3.30 Std., Abstieg wie Anstieg in ca. 2.30 Std.).

Gipfelmöglichkeit: Anthaupten, 1924 m (1.45 Std. im Anstieg, blau).

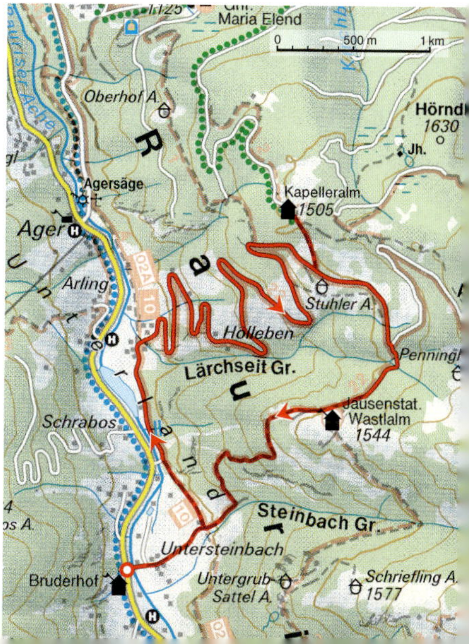

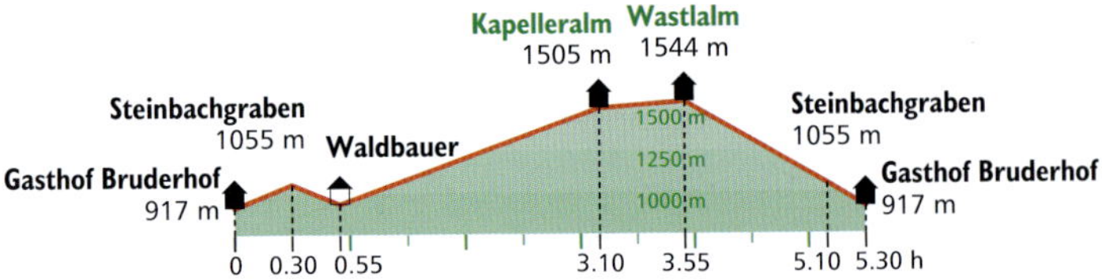

Man überquert die Straße vor dem **Gasthof Bruderhof**, 917 m, gleich darauf die Brücke über die Rauriser Ache, und wandert leicht bergauf nordwestlich durch ein paar Bauernhöfe von Untersteinbach über einen Fahrweg zum Auslauf des **Steinbachgrabens**, 1055 m. Bei einem Hochstand folgt man vorerst dem Steig Nr. 110 wieder bergab nach Norden Richtung Kitzlochklamm, trifft nach 10 Min. auf einen Güterweg, der hinüber zum **Waldbauer** führt, 938 m. Nun folgt eine aussichtsreiche, aber lange Strecke auf der Almstraße (Nr. 22) über viele Serpentinen bergauf nach Osten, vorbei an alten Heustadeln, einer dem Verfall preisgegebenen Almhütte mit einem Brunnentrog und der unbewirtschafteten Stuhleralm. Schlussendlich trifft man auf einen Wegweiser mit dem Hinweis zur Kapelleralm (Weg Nr. 1). Man folgt immer noch der Almstraße ostwärts, bis ein zweiter Wegweiser etwas später nach links, Richtung Nordwesten, auf einen schmalen Steig weist. Auf diesem erreicht man in 20 Min. die **Kapelleralm**, 1505 m. Über den Anstiegsweg geht es dann wieder zurück zur Almstraße (Nr. 22), der man links weiter bergan, dann mit einer weiten Drehung eben werdend nach Süden folgt, wo man bei einer Abzweigung links bergauf nach einem kurzen Anstieg die **Wastlalm** erreicht, 1544 m. Lohnenswert ist auf jeden Fall der Abstecher (2 Min.) auf den kleinen Gipfel neben der Alm der einen Rundumblick in die Hohen Tauern im Süden und die Pinzgauer Grasberge im Norden gewährt.

Von der Alm zurück zur Abzweigung. Dort wendet man sich nach links, überquert bald darauf einen Weidezaun und folgt der rot-weiß-roten Markierung auf einem schmalen Steig, teilweise durch lichten Bergwald, stetig steil bergab bis zum Auslauf des **Steinbachgraben**, 1055 m, beim Hochstand. Über die Bauernhöfe von Untersteinbach und die Rauriser Ache erreicht man nach 20 Min. wieder den **Gasthof Bruderhof**, 917 m.

EINKEHR

Gasthof Pension Bruderhof, 917 m: Ganzjährig geöffnet. Kleine Jausen und Getränke. Übernachtung möglich. Tel. +43/(0)6544/6374, www.bruderhof.net.

Kapelleralm, 1505 m: Geöffnet von Mitte Juni bis Ende September/Anfang Oktober, Montag Ruhetag. Hausgemachte Produkte und warme Speisen. Keine Übernachtung. Tel. +43/(0)6544/6287, +43/(0)664/7802728, www.kapelleralm.at.

Wastlalm, 1544 m: Früher auch Kehrfeldalm; geöffnet von Ende Juni bis Ende September. 400 Jahre alte Almhütte in schöner Lage oberhalb von Rauris. Hausgemachte Produkte. Keine Übernachtung.

Teich mit Aussicht zum Hundstein auf der Kapelleralm.

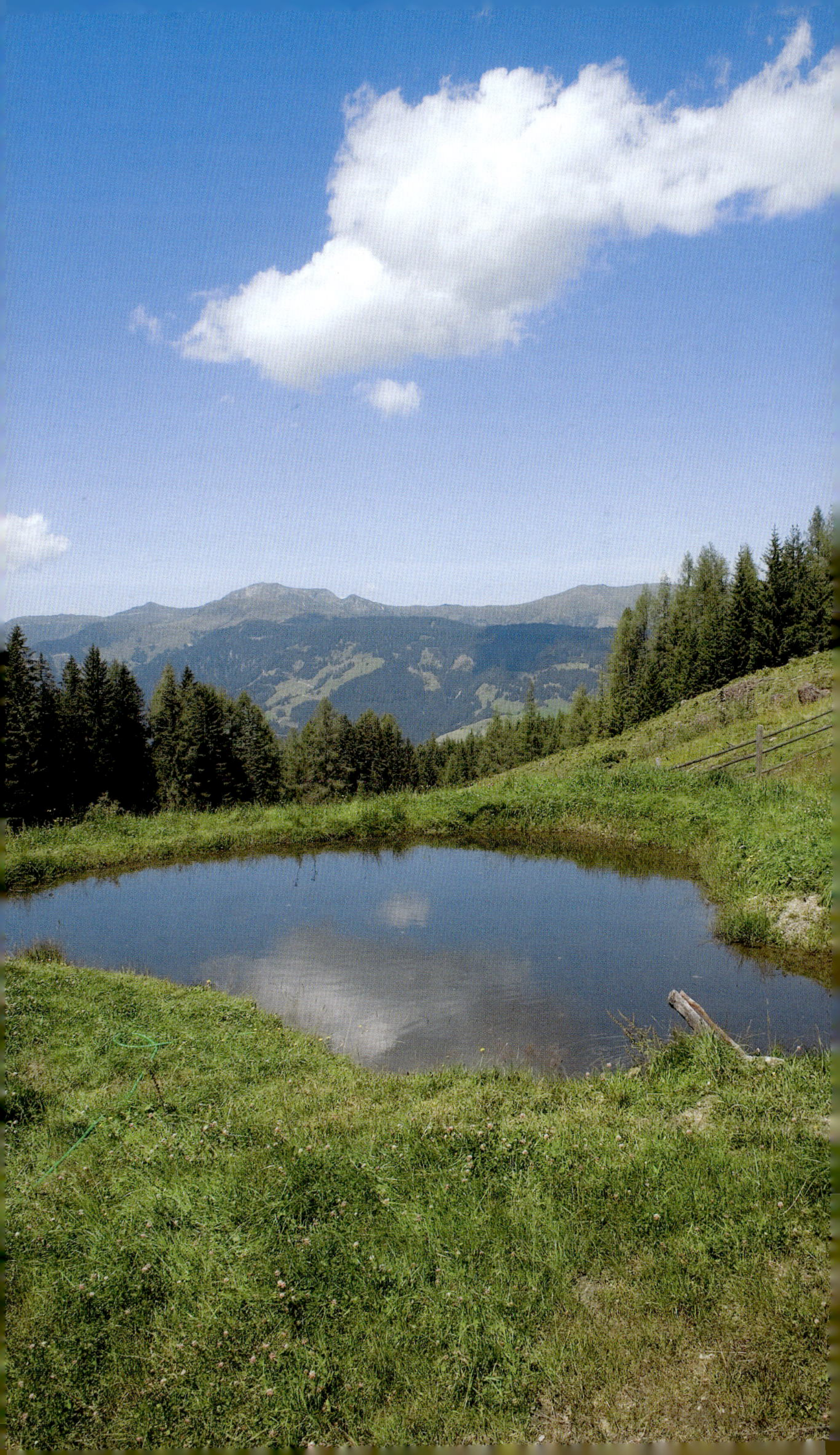

24 Kögerlalm, 1370 m

Aufs aussichtsreiche Rauchkögerl ★★

Die drei Waller in Gastein

Die Drei-Waller-Kapelle steht auf einem Sattel, 1425 m, über den ursprünglich das Tal von Norden her erreicht wurde. Der Weg über die Drei-Waller-Höhe war ganz früher, bevor eine Straße durch die Klamm führte, der eigentliche Zugang ins Hochtal und daher ein viel begangener Weg, wo man der drei Waller (Wallfahrer) gedachte, die um das Jahr 680 den Bewohnern des umliegenden Pongaus den Pflug, den Schlägel und die Bibel gebracht haben sollen. Es wird erzählt, dass drei Männer aus Gastein ins heilige Land pilgerten. Sie genossen die Seligkeit der Nähe der heiligen Stätten, aber Heimweh ließ sie umkehren. Verbrannt von der Wüstensonne, fast verdurstet, schöpften sie Kraft im Gedanken an die geliebte Heimat und schlugen sich durch die Wüste. Endlich auf hoher See, wütete ein furchtbarer Sturm, doch schien Gott sich ihrer zu erbarmen, ließ sie landen und die Alpen erreichen. Da zeigten die Schrecken des Gebirges ihr furchtbares Gesicht. Eine Lawine stürzte donnernd zu Tal und hüllte sie in Schneewolken ein; noch einmal kamen sie mit dem Leben davon, damit sich ihr Herzenswunsch erfüllen konnte. Zu Tode erschöpft, erreichten sie jenen Ort, der nach ihnen benannt wurde. Überglücklich blickten sie hinein ins geliebte Tal, auf das Silberband der Ache und lauschten dem Rauschen der Wasserfälle. Aber beim Anblick der kleinen Kirche inmitten der friedlichen Häuser ihrer Heimat, hinter der die Gletscher zum Himmel ragten, fielen sie einander in die Arme und sanken mit dankbarem Blick, dass sie wenigstens den Anblick der Heimat erleben durften, tot zu Boden. Ihrem Andenken ist der Platz seitdem geweiht. Erzbischof Wolf Dietrich ließ 1592 an dieser alten Kultur- und Wallfahrtsstätte eine Kapelle erbauen.

Der Bernkogel ist der markante Blickfang dieser Tour.

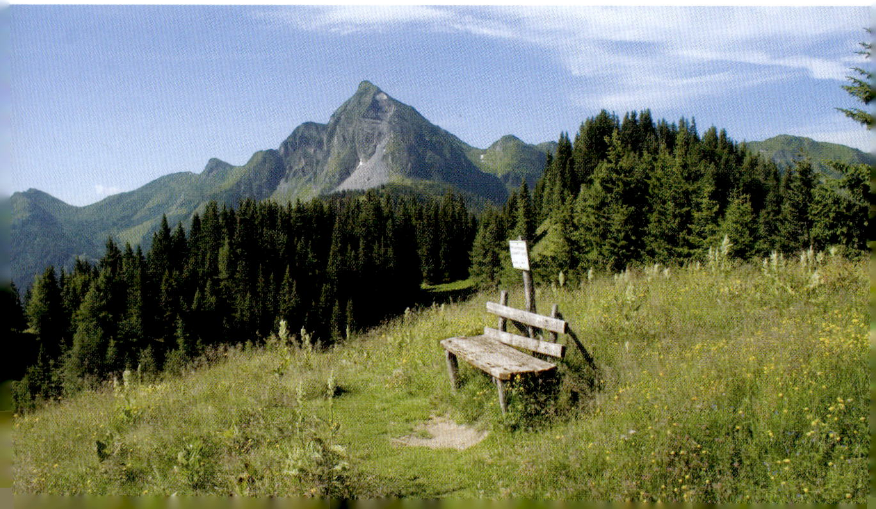

EINKEHR

Kögerlalm, 1370 m: Geöffnet von Ende Mai bis Ende Oktober. Almjause und Hausmannskost mit Bio-Produkten aus der eigenen Landwirtschaft. Übernachtung möglich. Tel. +43/(0)6462/2243, +43/(0)664/4540143, www.saller.co.at.

Tischleralm, 1361 m: Bis auf Weiteres geschlossen; liegt im Teufenbachtal mit vielen Glockenblumen, Petersbart und Kugelblumen sowie Enzian und Almrausch.

Maschl-Niederalm, 1380 m: Abstecher ca. 15 Min. von der Tischleralm taleinwärts in Richtung Südwesten; geöffnet von Mitte Mai bis Ende Oktober. Blumenalm mit einem kleinen Blumengarten und einer Kneippanlage; Almjause mit Milchprodukten, Speck, Wurst, Bauernbrot und Bauernkrapfen. Keine Übernachtung. Tel. +43/(0)664/4853761.

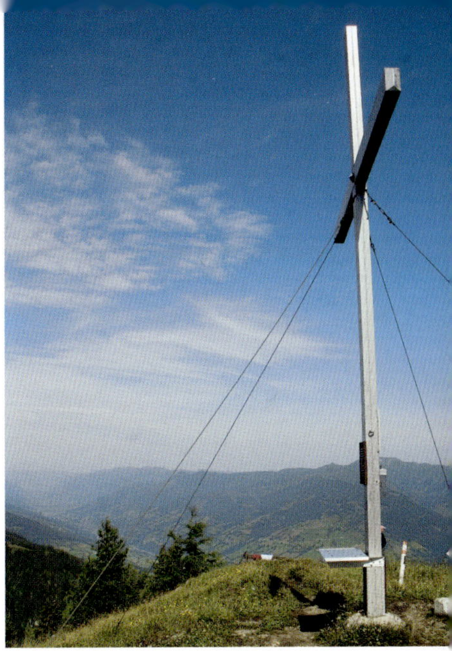

Am Rauchkögerl.

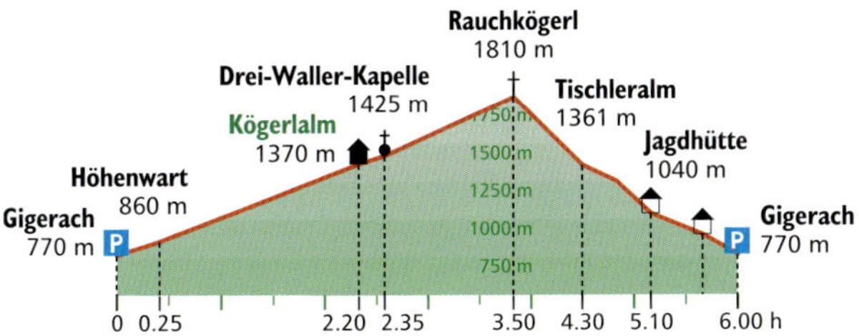

KURZINFO

Talort: Lend, 663 m; Anreise über Zell am See (B 311) oder St. Johann im Pongau (B 311); Tourismusverband Embach-Lend, Tel. +43/(0)6543/7215, www.embach.at.

Ausgangspunkt: Parkplatz an der Talstation des Gigerach-Skilifts, 770 m.

Gehzeit: 6.00 Std.

Höhenunterschied: 1040 m.

Anforderungen: Einfache Wanderung ohne Probleme auf Steigen, Wanderwegen und Almstraßen.

Kinder: Rund um die Kögerlalm weiden Kühe, Jungvieh und Pferde.

Kinderwagen: Mit Kraft, Kondition und Geschicklichkeit bis zur Kögerlalm (3,5 km) bzw. Drei-Waller-Kapelle möglich (4 km und 700 Hm im Anstieg, ca. 3 Std.).

Mountainbike: Vom Ortszentrum von Dorfgastein über die Fahrstraße in den Ortsteil Unterberg und von dort weiter auf der Forststraße in Richtung Huberalm, vorbei an der Drei-Waller-Kapelle zur Kögerlalm. Weitere Routen findet man im Internet unter www.gastein.com.

Gipfelmöglichkeit: Bernkogel, 2325 m (im oberen Bereich versichert, ca. 3.30 Std. vom Rauchkögerl hin und retour über den Kamm, schwarz).

Tipp: Vom Ortsteil Unterberg über die Huberalm zur Kögerlalm. Rückweg über Lehen-, Stoff- und Amoseralm.

Vom Parkplatz **Gigerach** gleich an der Straße ostwärts den Fahrweg (Weg Nr. 117; auch Salzburger Almenweg) hinauf. Nach einer lang gezogenen Kurve geht man durch das Gehöft **Höhenwart** und zweigt gleich links steil hinauf ab auf einen Feldweg (Nr. 117-3). Der rot-weiß-roten Markierung folgend gelangt man am Waldrand entlang zur Bergstation des Gigerach Skiliftes. Die ganze Zeit über genießt man den Blick auf die Dientner Grasberge, allen voran den Hundstein; auch der Hochkönig gibt mehr und mehr von sich preis. Nun tritt man in den kühlen Wald und folgt dem Weg weiter, vorbei am Loitfellner Gedenkkreuz, bis zu einer Forststraße. Auf dieser nach ca. 25 m links, dann rechts ab und weiter hinauf der Markierung und dem Weg Nr. 117-3 folgen. Nach kurzer Zeit trifft man im Wald auf eine Kreuzung, an der drei Wege zusammentreffen. Man nimmt den Weg Nr. 3 schräg links (südöstlich) hinauf Richtung Rauchkögerl, tritt bald aus dem Wald heraus und gelangt an eine Forststraße. Diese überqueren wir und folgen weiter steil der rot-weiß-roten Markierung. Die Steilheit nimmt bald merklich ab und der Weg wendet sich gen Osten und wird mehrmals von Quellen gekreuzt. Bereits nach wenigen Minuten taucht nach einer Kurve die **Kögerlalm**, 1370 m, auf, frei auf einer großen Wiese liegend, das Rauchkögerl dahinter aufragend.

An den beiden Gebäuden vorbei, den Fahrweg entlang bis zu einem Wegkreuz, hier rechts durch eine Viehsperre und die Wiese schräg links am Waldrand hinauf bis zu einem Fahrweg. Diesen überqueren und in einer leichten Rechtskurve zur **Drei-Waller-Kapelle** hinauf, 1425 m. Rechts über einen kleinen Buckel zu einem Fahrweg, an dem ein Holzwegweiser wieder rechts hinauf zeigt. Auf diesem Steig geht es eine halbe Stunde stetig bergan, begleitet von rot-weißen Markierungen mit der Aufschrift D5. Bei der einzigen Kreuzung hält man sich links und gelangt nach weiteren

Die Kögerlalm, dahinter der Hochkönig.

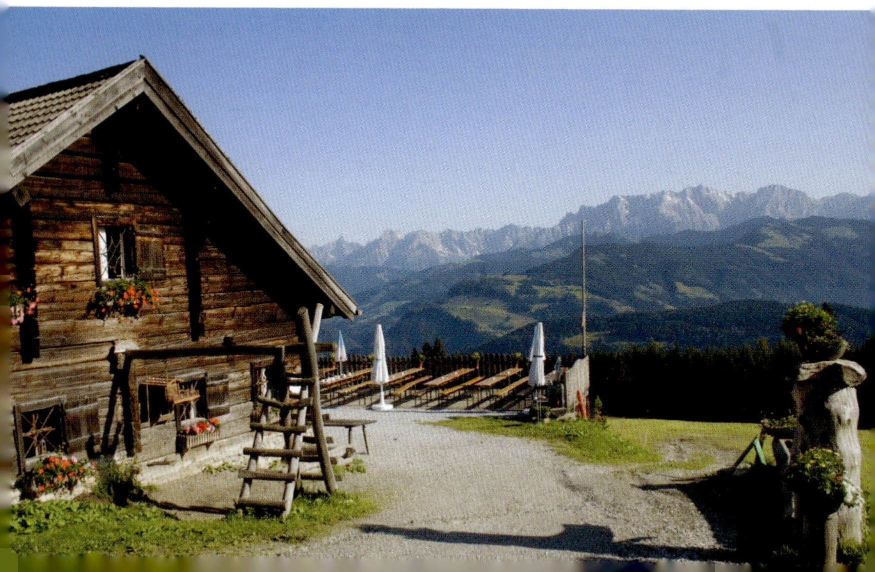

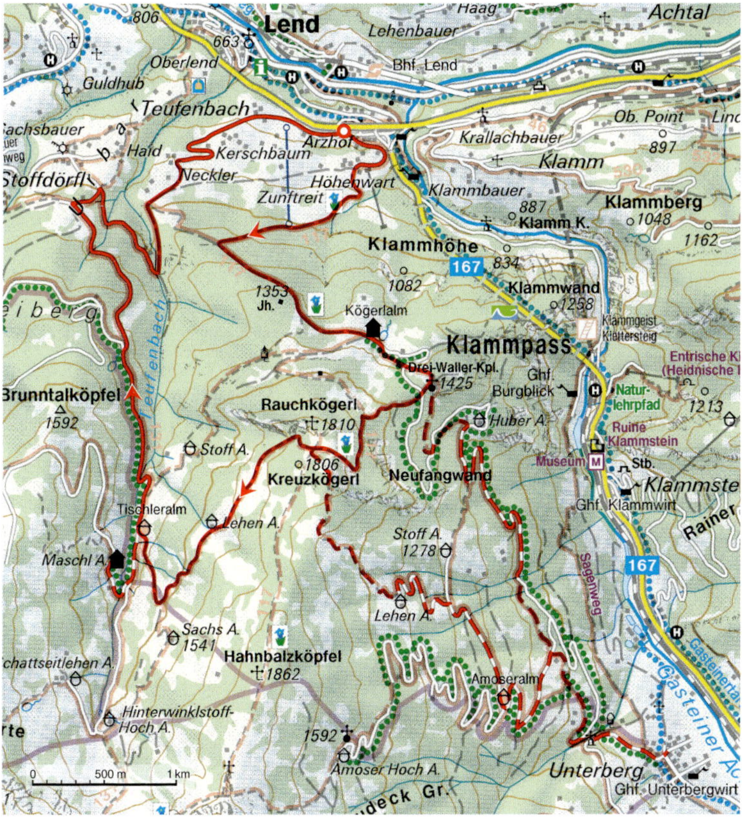

30 Min. zu einem Hochmoor, an dessen rechtem Rand der Weg weiterführt. Am Nordrand des Moores rechts hinauf und in 15 Min. zum Gipfelkreuz des **Rauchkögerl**, 1810 m. Zurück zur Abzweigung und nun rechts hinunter Richtung Embach. Hier weisen wieder rot-weiß-rote Markierungen den Weg südwestlich über die Almwiesen mit Blick auf den Bernkogel hinunter zu einer Jagdhütte und dann weiter nach Norden zur seit 2020 nicht mehr bewirtschafteten **Tischleralm**, 1361 m, mit Blick auf den Hochkönigstock.

Weiter bergab überquert man den Teufenbach und folgt dem gleichnamigen Graben am Fahrweg talauswärts. Bei Punkt 1255 m steht ein Wegweiser; man folgt dem Weg Nr. 2 Richtung Lend. Über Wiesen und durch Wald gelangt man zu einer Wiese, wo der Weg gegenüber einer **Jagdhütte** in einen Fahrweg mündet. Rechts den Fahrweg hinunter nach **Urbar**, in der Kurve rechts und knapp einen Kilometer wieder taleinwärts bis zum Teufenbach. Diesen überqueren und gleich links den Forstweg hinunter durch den Wald. Am Waldrand sieht man links unten bereits das **Gehöft Nöckler**, zu dem man nun absteigt. Abschließend noch den Güterweg vom Gehöft zum Ausgangspunkt am Parkplatz **Gigerach** hinunter.

25 Statzerhaus, 2117 m

Almenreich auf einen der höchsten Grasberge ★★★

Wo d´ Ranggler dahoam sand (Wo die Ringer zu Hause sind)

Die Salzburger Schieferalpen, auch Salzburger Grasberge genannt, sind eine Gebirgsgruppe im Bundesland Salzburg mit einem kleinen Teil im Westen des Bundeslandes Steiermark. Die bis oben mit Gras bedeckten Berge geben einen wunderschönen Kontrast ab zu den wuchtig steil aufragenden Felsszenerien der Hohen Tauern, des Hochkönigstocks, des Steinernen Meeres oder des Dachsteinmassivs. Sage und schreibe 756 abwechslungsreiche Wanderungen führen auf oder über die Grasberge und geben, weil meist baumfrei, eine Fernsicht frei, die unvergleichlich ist. Und weil sie so frei liegen werden diese Berge nicht nur almwirtschaftlich genutzt, sondern auch sportlich. Dort wo keine Schipisten sind, kann man noch einsam seine Spuren bei einer Schi- oder Schneeschuhtour ziehen, im Sommer können wegen der Weitläufgkeit Wanderer, Mountainbiker und Gleitschirmflieger ihrem Sport nachgehen.

Exotisch anmuten mag, dass auch die Ringer hier in den Grasbergen ihre Heimat haben, nämlich am Hundstein. Nach streng überlieferten Regeln wird am Sonntag um Jakobi (25. Juli) neben dem Statzerhaus am Großen Hundstein (mundartlich »Hundstoa«), einem der markantesten Gipfel unter den Pinzgauer Grasbergen, Salzburgs größte Brauchtumssportveranstaltung, das »Hundstoa-Ranggeln«, abgehalten. Bekannt ist dieser Brauch seit dem 16. Jahrhundert. Kurz nach Sonnenaufgang begeben sich Zuschauer und Ranggler auf den mehrstündigen Marsch zu der Naturarena auf 2117 m Höhe. Nach der Messe wird mit den Kämpfen begonnen. Geranggelt wird nach dem KO-System in insgesamt neun Klassen. Der Gesamtsieger, der »Hogmoar« erhält eine Siegesfahne und eine Medaille. Früher wurden mit dem Ranggeln auch Grenzstreitigkeiten bereinigt, wenn um den »Hog«, die Weidegrenze, gerangelt wurde. In der langen Geschichte des Hundstein-Ranggelns konnte sich auch schon ein Pfarrer, der zuvor die Messe gelesen hatte, in die Siegerliste eintragen. Für die Spitzenranggler, die allesamt auch im Judosport höchst erfolgreich sind, zählt der »Hogmoar«-Titel mehr als ein Staatsmeisterschaftssieg.

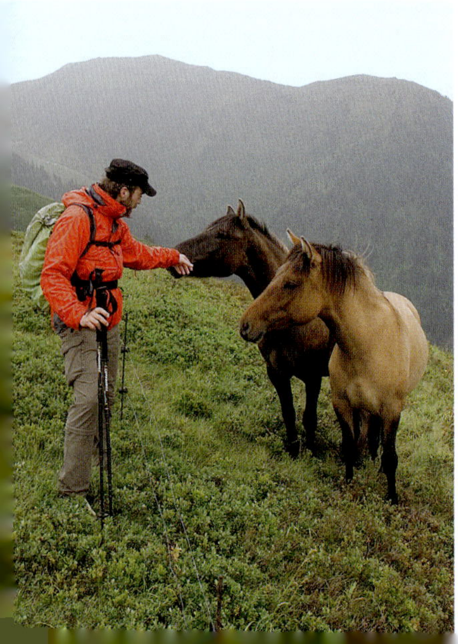

Auf den weiten Weideflächen der Pinzgauer Grasberge verbringen auch viele Pferde den Almsommer.

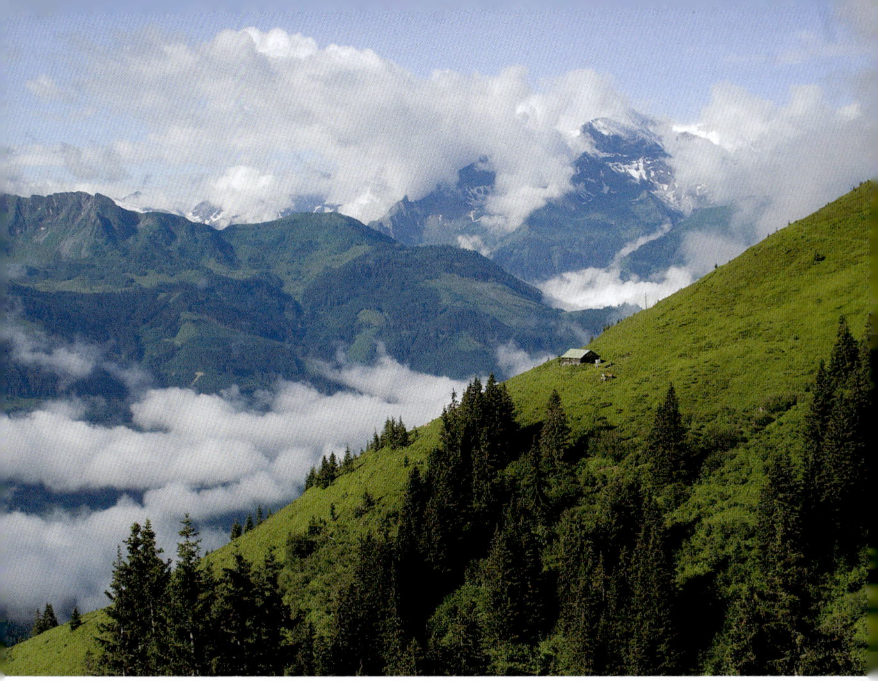

Panoramablick kurz vor der Tödlingalm.

KURZINFO

Talort: Gries im Pinzgau, 746 m; Anreise über Zell am See (B 311) oder St. Johann im Pongau (B 311); Tourist Information Großglockner-Zellersee, Tel. +43/(0)6545/7295, www.grossglockner-zellersee.info.
Ausgangspunkt: Wanderparkplatz im Ortsteil Brandenau, 1057 m.
Gehzeit: 6.30 Std.
Höhenunterschied: 1360 m mit Gegenanstiegen.
Anforderungen: Einfache Wanderung ohne Probleme auf Steigen, Wanderwegen und Almstraßen. Trittsicherheit beim Abstieg vom Statzerhaus auf dem Steig zur Abzweigung Richtung Schwalbenwand-Thumersbach.
Kinder: Rund um die Tödlinghochalm und Pülzlhochalm weiden Kühe, Jungvieh und Pferde. Einige Bäche und Quellen am Weg. Der Hundsteinsee mit seinen Uferzonen (allerdings nicht zum Baden geeignet).
Kinderwagen: Geeignet für geländegängige Kinderwagen bis zur Tödlinghochalm; wegen kurzer steiler Passagen 3.30 Std. im Anstieg einplanen; Abstieg über Anstiegsweg.
Mountainbike: Um den Hundstein gibt es ausgewiesene Mountainbikestrecken. Infos bei den Tourismusverbänden Zell am See, Bruck an der Glocknerstraße und Maria Alm. Die beschriebene Wanderroute ist für Mountainbiker gesperrt!
Varianten: Es gibt mehrere Zustiege zum Statzerhaus: Von Taxenbach 4.30 Std., von Bruck-Fusch und von Maishofen je 5 Std., von Alm-Unterberg und Alm-Hintermoos jeweils 4.30 Std., von Dienten 5.30 Std., von Christernreith 2.30 Std., vom Gasthaus Waldheim 3 Std., von der Bergstation Aberg 2.30 Std., von der Bergstation des Ronachkopfsesselliftes 3.30 Std.
Tipp: Überschreitung vom Hundstein zur Schützingalm über Schönwieskopf und Schwalbenwand, 2011 m (7,5 km, gut 3 Std. vom Statzerhaus, rot); Abstieg nach Thumersbach möglich.

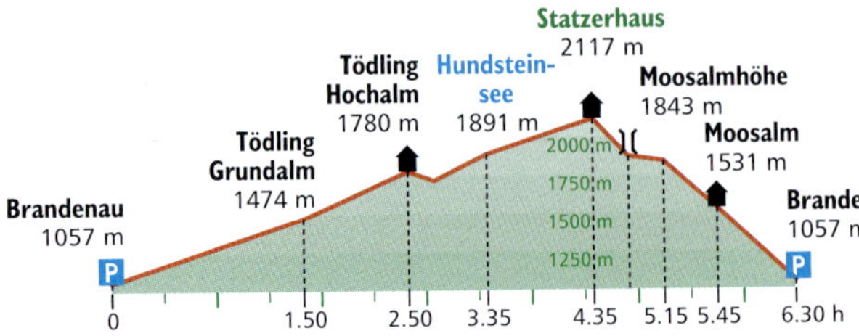

Diese Route ist die am wenigsten bekannte und begangene, landschaftlich aber sehr reizvoll.

Vom Wanderparkplatz in **Brandenau**, 1057 m, zu einem Wehr, hier links dem breiten Almweg Nr. 14, 443 in den Brandenauer Graben folgen (Wegweiser), mehrere Bäche querend mit gelegentlichen, kurzen steileren Steigungen hinauf zur **Tödling Grundalm**, 1474 m. Neben der Alm wählen wir den linken Weg

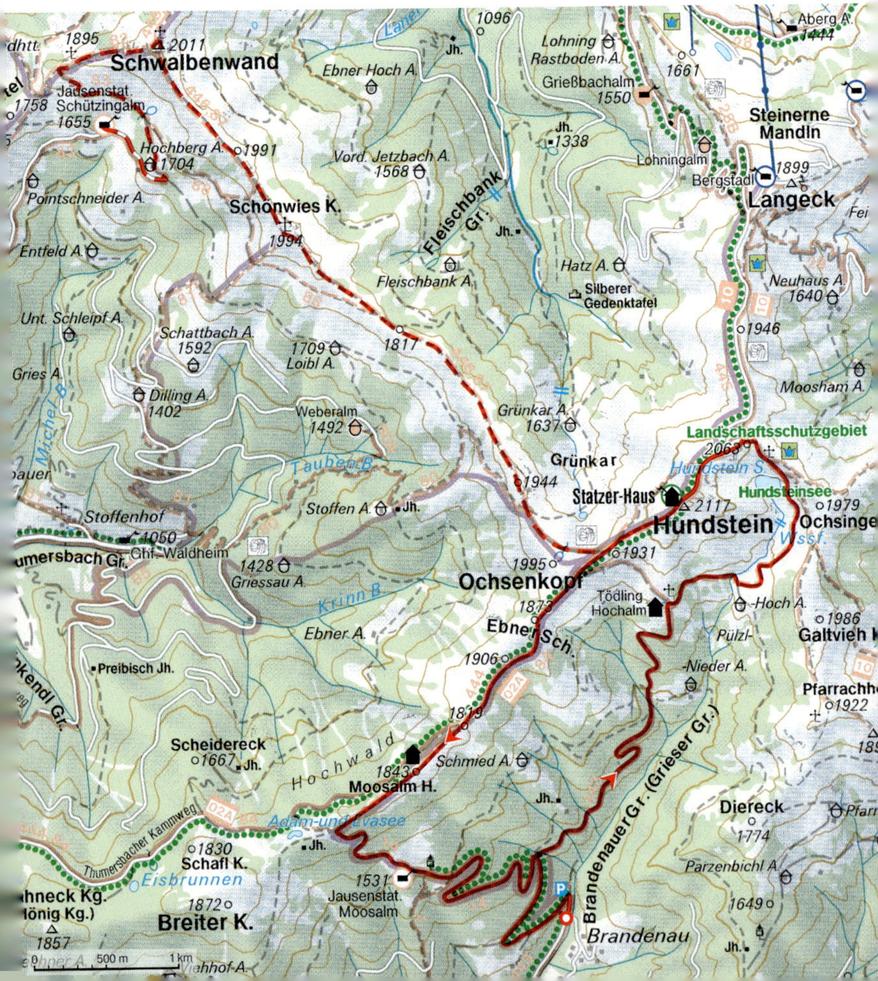

EINKEHR

Tödling Hochalm, 1780 m: Früher auch unter dem Namen Caritasalm bekannt. Geöffnet von Juni bis September. Almkäserei und Almwirtschaft mit Pinzgauer Hausmannskost (fünf Käsesorten, einige prämiert; hervorzuheben sind der zwölf Monate alte Bergkäse und der Pinzgauer Käse mit Ziegenmilch) und Produkten aus der eigenen Landwirtschaft. Keine Übernachtung.

Statzerhaus, 2117 m: ÖTK-Hütte; geöffnet von Pfingsten bis 26. Oktober. Benannt ist die Hütte nach dem praktischen Arzt und Regierungsrat Moriz Edler von Statzer, der von 1904 bis 1906 Präsident des Österreichischen Touristenklubs war. Statzer war ein ausgezeichneter Alpinist, der eine Reihe von touristischen Erstbesteigungen unternommen hat. Von der Hütte aus guter Rundumblick, auch auf Hochkönig, Wilden Kaiser und Dachstein. Warme und kalte Speisen auf der kleinen Speisekarte. Übernachtung möglich. Tel. +43/(0)6542/74438 oder +43/(0)664/6571699.

Moosalm, 1531 m: Geöffnet von Mitte Mai bis Ende Oktober. Hütte mit Panoramablick, unter anderem auf die 3 Brüder, das Wiesbachhorn und das Kitzsteinhorn. Bodenständige Hausmannskost. Tel. +43/(0)664/4001887, https://moosalm-adamhuette.com/.

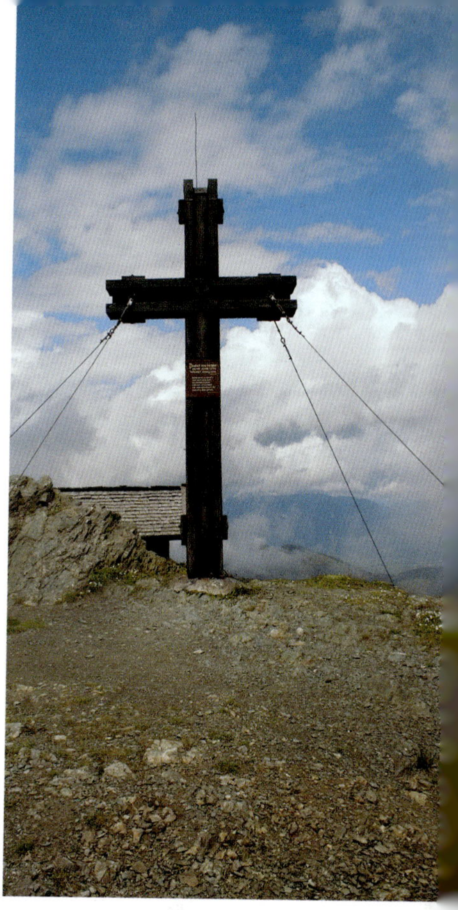

Das Gipfelkreuz neben dem Statzerhaus.

weiter hinauf zur Tödling Hochalm (früher Caritasalm), 1780 m. Kurz hinter der Alm kommt ein Wegkreuz an einer Kreuzung mit Blick in den Talschluss. Hier geht man links kurz hinunter Richtung **Pülzl Hochalm**, 1720 m, folgt dort dem linkem Weg und wandert in großem Linksbogen leicht bergauf zum **Hundsteinsee**, 1891 m. Von dort hinauf zur Scharte auf einem Steig, über einen Zaun neben einem Wegkreuz und links bergauf zur Almstraße, die uns bis zum **Statzerhaus** führt, 2117 m. Dort folgt man dem Wegweiser Richtung Rupertihaus, teilweise etwas steiler hinunter zur Abzweigung Richtung Schwalbenwand-Thumersbach, hält sich links geradeaus, vorerst noch auf einem Steig, dann auf einer Almstraße zur **Ebnerscharte**, 1873 m. Dieser folgt man zu einer Viehsperre; hier links abzweigen auf einen Steig und aussichtsreich über die **Moosalmhöhe**, 1843 m, auf dem Weg Nr. 14 zur **Moosalm**, 1531 m. Von hier der Almstraße hinunter zum Wanderparkplatz in **Brandenau**, 1057 m, folgen.

26 Schützingalm, 1655 m

Aussichtsreich zu einer urigen Alm ★★★

Blick in ein Wasserreservoir der Zukunft

Diese Tour ist eine der schönsten dieses Wanderbuchs. Ohne viel Probleme mit unendlich viel Aussicht oberhalb der Schützingalm auf der Schwalbenwand hat man ein Panorama, das seinesgleichen sucht. Hier befindet man sich mitten in den Pinzgauer Grasbergen, sanfte und saftige Bergweiden mit Rindern, Pferden, Schafen und Ziegen. Sie sind für die Augen ein angenehmer Kontrast zu den scharfkantigen, bleichen, abweisenden Kalkbergen. Hier fehlt es nie an Wasser. Überall sprudeln kleine Quellen aus dem Erdinneren hervor, manchmal wachsen sie zu Wildbächen heran und rauschen mit Getöse zu Tal. Der Krafttrunk der Natur. Hier, am Rande des Nationalparks Hohe Tauern und seiner Gletscherwelt, ist man sich der Wertigkeit des Wassers voll bewusst. Eine eigene »Wasserschule« im Nationalparkzentrum Mittersill bringt den Touristen und Einheimischen die Bedeutung des Wassers jetzt und in der Zukunft nahe. 342 Gletscher bedecken (noch) im Nationalpark Hohe Tauern eine Fläche von 130 km², 279 Bäche aus dem Nationalpark speisen diverse Flüsse (57 dieser Bäche sind Gletscherbäche), 26 bedeutende und bekannte Wasserfälle beeindrucken Millionen BesucherInnen und 551 Bergseen zwischen 35 m² und 270.000 m² bilden das oberirdische Wasserreservoir. Aber durch die Klimaerwärmung drohen diese Wasserreservoire zu verschwinden. Der Nationalpark Hohe Tauern ist nicht nur das größte Schutzgebiet der Alpen und eine der großartigsten Gebirgslandschaften der Erde, er ist das Wasserschloss Österreichs und Behüter des »blauen Goldes«.

Auf der Schwalbenwand.

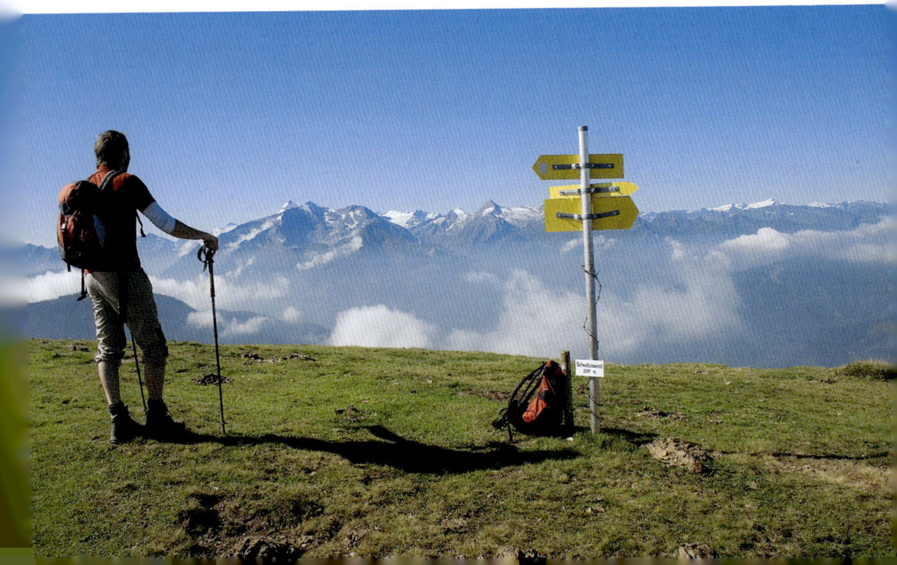

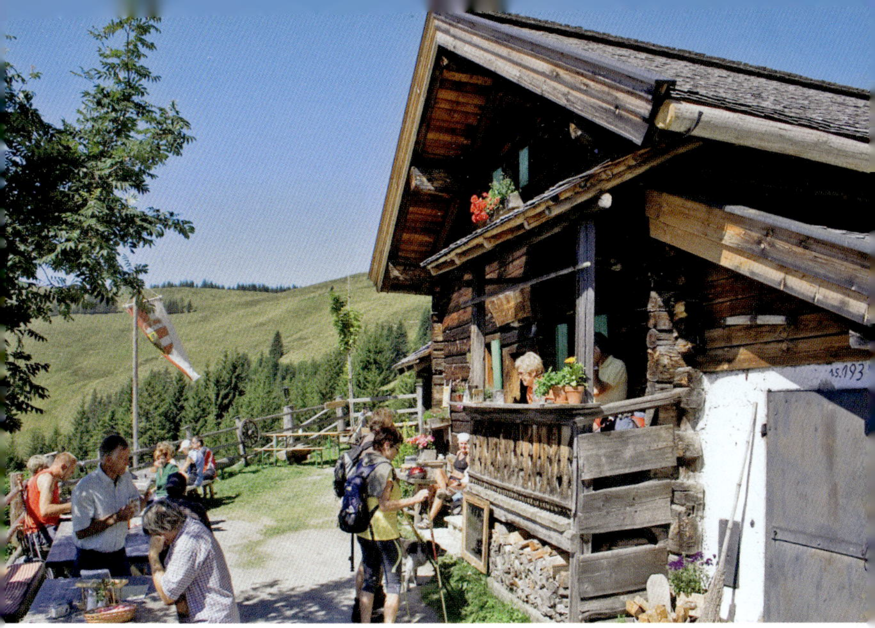

Einkehr auf der Schützingalm.

KURZINFO

Talort: Zell am See, 757 m; Bezirkshauptstadt des Pinzgaus; Anreise über Lofer (B 311), St. Johann im Pongau (B 311) oder Kitzbühel (B 161) bzw. Mittersill (B 168); Tourist Information Großglockner-Zellersee, Tel. +43/(0)6545/7295, www.grossglockner-zellersee.info.
Ausgangspunkt: Gebührenpflichtiger Wanderparkplatz beim Berggasthof Mitterberghof, 1200 m.
Gehzeit: 5.00 Std.
Höhenunterschied: 810 m.
Anforderungen: Einfache Wanderung ohne Probleme auf Steigen, Wanderwegen und Almstraßen.
Kinder: Rund um die Alm weiden Kühe, Jungvieh und Pferde. Vereinzelt kleine Tümpel mit Reptilien und Fröschen. Kleiner Kinderspielplatz am Mitterberghof.
Kinderwagen: Geeignet für geländegängige Kinderwagen über den Abstiegsweg (Almstraße, 4 km; 500 Hm, ca. 1.15 Std im Anstieg).
Mountainbike: Von Thumersbach über den Mitterberghof zur Schützingalm.
Gipfelmöglichkeiten: Unterwegs Schwalbenwand, 2011 m (rot); Schönwieskopf, 1994 m (ca. 1.30 Std. von der Schützingalm aus oder über Schwalbenwand 45 Min. zusätzlich, rot).
Tipp: Überschreitung von der Schützingalm über Schwalbenwand und Schönwieskopf zum Hundstein und Statzerhaus, 2117 m (7,5 km, 930 Hm im Anstieg, 490 Hm im Abstieg, gut 3 Std., rot), Übernachtung am Statzerhaus möglich.

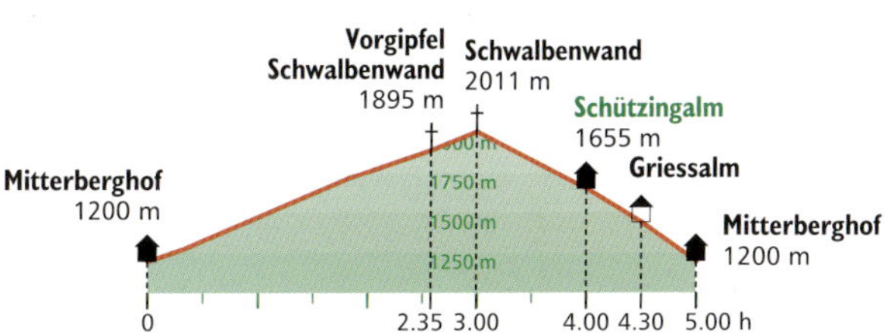

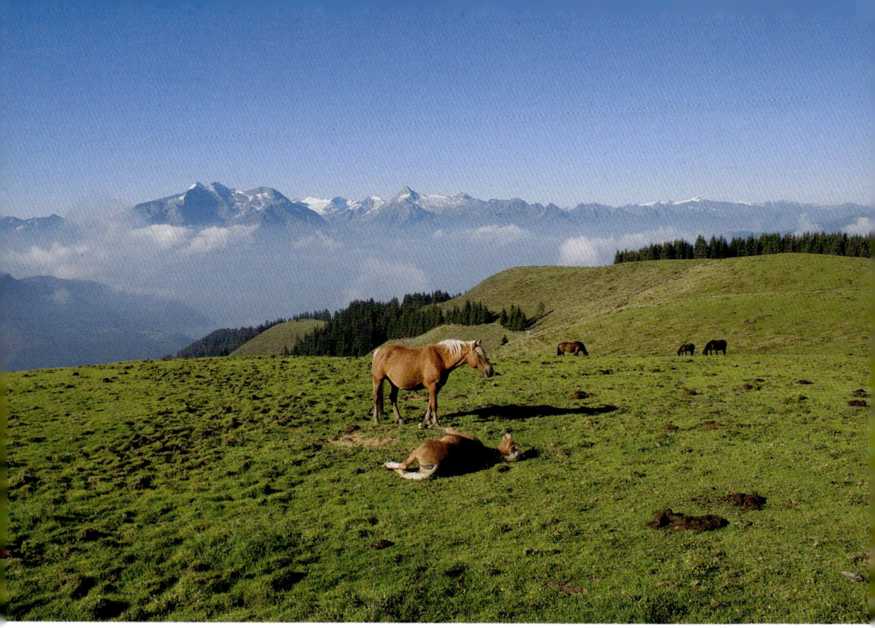

Weite Almflächen unter der Schwalbenwand mit Tauernblick.

Vom Wanderparkplatz beim **Mitterberghof**, 1200 m, wandern wir Richtung Nordosten leicht ansteigend auf einer Forststraße (Weg Nr. 82, 83) bis zu einer Wegkreuzung mit Wegweiser auf 1283 m. Hier trennen sich die Wege Nr. 82 und 83. Wer nur eine kurze Tour zur Alm machen möchte oder mit dem Kinderwagen unterwegs ist, folgt der Forststraße Nr. 83 rechts hinauf zur Schützingalm (Abstiegsweg). Der Rest zweigt hier zunächst links, 50 m später rechts auf Weg Nr. 82 ab, folgt nun steiler auf der Westseite des Berghanges einem Waldsteig mit weiß-rot-weißer Markierung und quert dabei drei Forststraßen. Nach einiger Zeit lichtet sich der Wald und gibt erste Blicke gegen Westen auf die Schmittenhöhe frei. Kurz darauf kommt man auf eine Lichtung, die herrliche Blicke auf die Schwalbenwand, die Hohen Tauern und die Pinzgauer Grasberge frei gibt. Nach ca. 100 m durch ein weiteres Waldstück befindet man sich über der Baumgrenze und kann ununterbrochen die Aussicht genießen. Dem Weg weiter folgend und dabei auf die Ostseite des Bergrückens wechselnd, kommt man zu dem Wegweiser »Abzweigung Schützingalm«.

Wer jetzt schon müde ist, biegt rechts ab und gelangt in 10 Min. zur Schützingalm. Schöner ist jedoch der Weg geradeaus hinauf über ein kleines Plateau (Wegweiser) zum gut sichtbaren Kreuz am **Vorgipfel der Schwalbenwand**, 1895 m, und weiter hinauf gen Osten zum eigentlichen Gipfel der **Schwalbenwand**, 2011 m, ca. 25 Min.). Lohnender Aussichtspunkt kurz unterhalb des Gipfels bei einem Kreuz mit Blick auf das Kaisergebirge, die Leoganger Steinberge, das Steinerne Meer, das Hochkönigmassiv und die Dientener Berge. Am Gipfel selber kom-

EINKEHR

Mitterberghof, 1200 m: Ganzjährig geöffnet, im Sommer Montag Ruhetag. Gasthof mit Pinzgauer Hausmannskost und Produkten aus eigener Landwirtschaft. Übernachtung möglich. Tel. +43/(0)6542/72493, www.gasthof-zellamsee.at.
Schützingalm, 1655 m: Nicht immer geöffnet. Urige, alte Almhütte mit schöner Lage oberhalb von Thumersbach. Hausgemachte Produkte und warme Speisen. Keine Übernachtungsmöglichkeit.

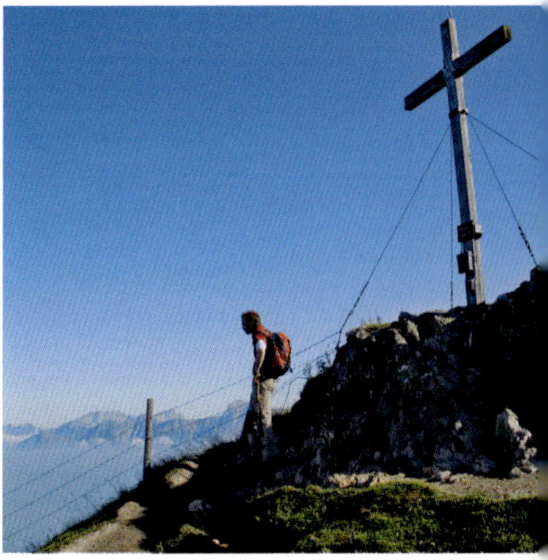

Gedenkkreuz am Vorgipfel und Steinernes Meer.

men noch die Hohen Tauern dazu, sogar der Gipfel des Großglockners ist gut sichtbar.
Der Wegweiser zeigt für den Abstieg den Steig Nr. 87 Richtung Schönwieskopf und Hundstein. Ihm folgt man über einen Höhenrücken in einen Sattel hinab, wo rechts ein Steig unmarkiert, vorbei an einer kleinen Suhle, hinunter zu einem gut sichtbaren Almweg führt. Dort rechts bis zu einer Kreuzung mit Quelle, schräg links abbiegen und dem Wegverlauf folgend über die nicht bewirtschaftete Hochbergalm zur **Schützingalm**, 1655 m.
Von hier geht es über den Almweg Nr. 83 unschwierig über die **Griessalm**, 1442 m, zunächst zum Aufstiegsweg und auf ihm zum Wanderparkplatz beim **Mitterberghof**, 1200 m, zurück.

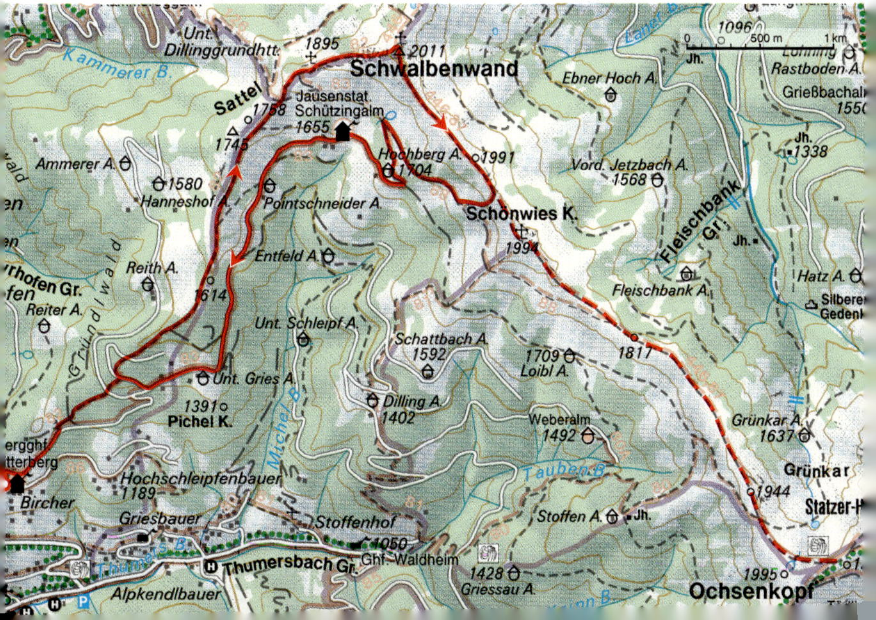

27 Lettenalm, 1524 m, Reicheralm, 1574 m

Über die Marbachhöhe ★★★

Maria Almer Almentour

Diese beschauliche Almwanderung führt in die Grasberge des Pinzgaus. Sie kann sowohl von Westen, von Maria Alm am Steinernen Meer, als auch von Osten, von Dienten am Hochkönig aus in Angriff genommen werden. Man erreicht unterwegs sowohl die Lettenalm als auch die Reicheralm. Es ist eine beschauliche Tour, die großteils auf breiten Almwegen, im Anstieg teilweise schattig, durch die Salzburger Almenwelt verläuft. Sie führt zu wunderbaren Aussichtspunkten mit Blicken bis weit in die Tiroler und südbayerischen Berge auf der einen und in die Hohen und Niederen Tauern auf der anderen Seite. Man ist versucht, überall länger zu verweilen und die Seele baumeln zu lassen. Dadurch kann sich die Gehzeit drastisch verlängern. Was aber egal ist, dann geht man halt bei Sonnenaufgang weg und kommt bei Sonnenuntergang wieder nach Hause. Dafür kann man alle Eindrücke intensiv in sich aufnehmen und lange davon zehren.

Ausblick von der Mühllehenalm.

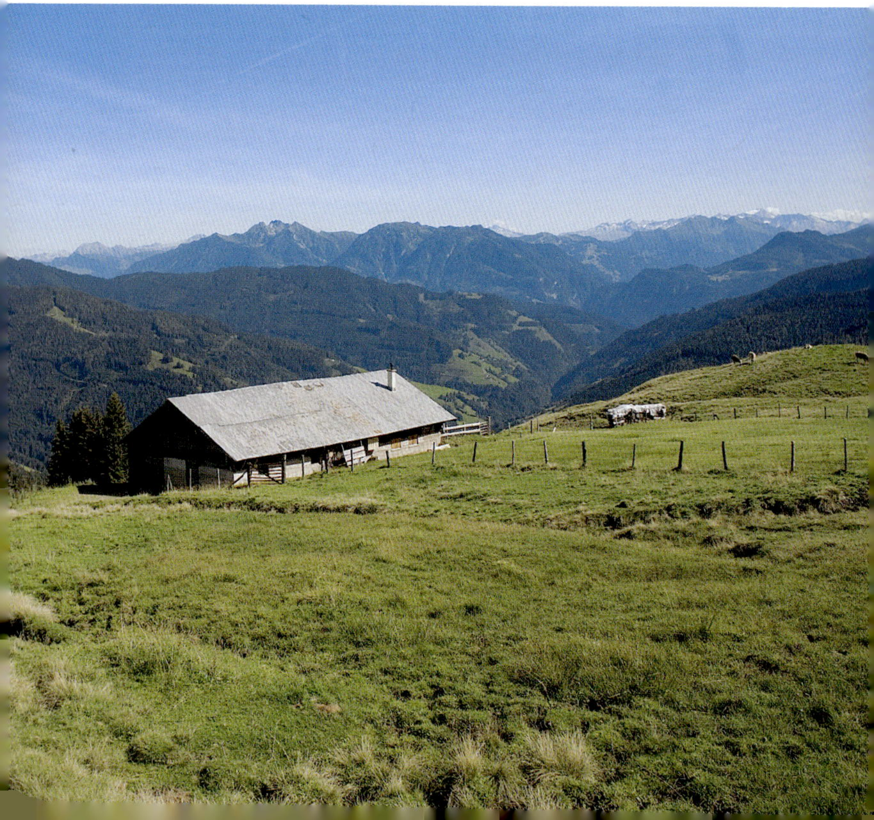

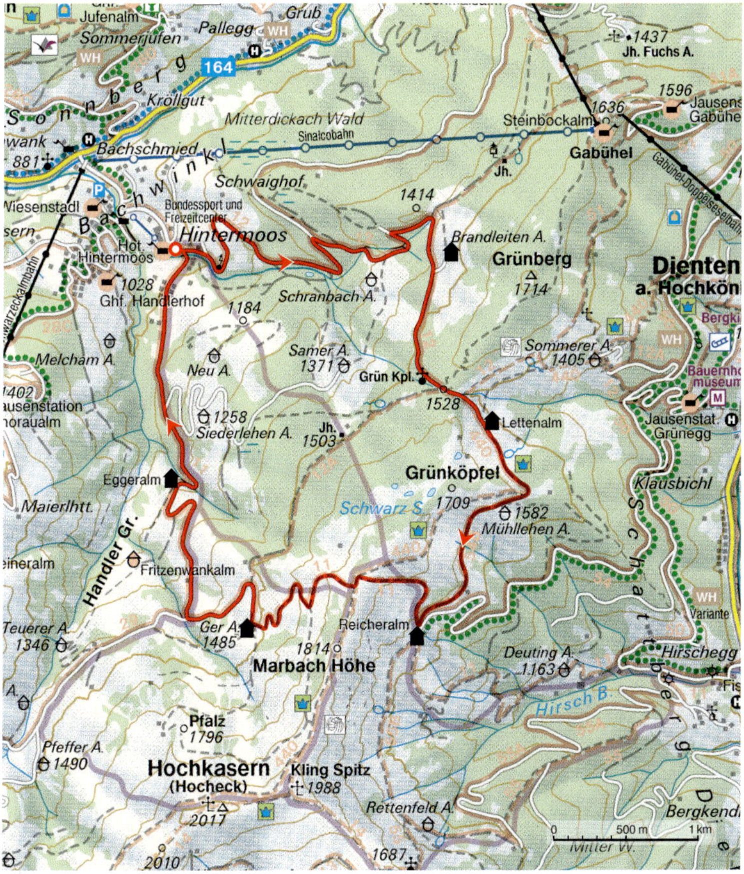

KURZINFO

Talort: Maria Alm am Steinernen Meer, 802 m; Anreise über Saalfelden (B 164) oder Bischofshofen (B 164); Tourismusverband Maria Alm, Tel. +43/(0)6584/20388, www.hochkoenig.at.
Ausgangspunkt: Wanderparkplatz bei der Brücke nach der Bundessportschule im Bereich Hintermoos, 979 m.
Gehzeit: 5.00 Std.
Höhenunterschied: 810 m.
Anforderungen: Einfache Wanderung ohne Probleme auf Steigen, Wanderwegen, Forst- und Almstraßen.
Kinder: Ziegen im Gatter auf der Lettenalm.
Kinderwagen: Geeignet für geländegängige Kinderwagen bis zur Lettenalm und Reicheralm.
Mountainbike: Von Maria Alm an Hinterthal vorbei zum Filzensattel, rechts ab zur Hochmaisalm, immer weiter auf einem Waldweg südwestlich, Wegweisern »Lettenalm, Dienten« folgend zur Krinnkapelle. Kurzer Abstecher zur Lettenalm, zurück bis oberhalb der Kapelle, dort links und über schönen Singletrail zu den Geralmhütten. Abfahrt nach Hintermoos über Eggeralm, an der Straße zurück nach Maria Alm (35 km, 800 Hm, 3 Std., anspruchsvoll).
Gipfelmöglichkeit: Klingspitz, 1988 m (ca. 1 Std. von der Marbachhöhe, rot).

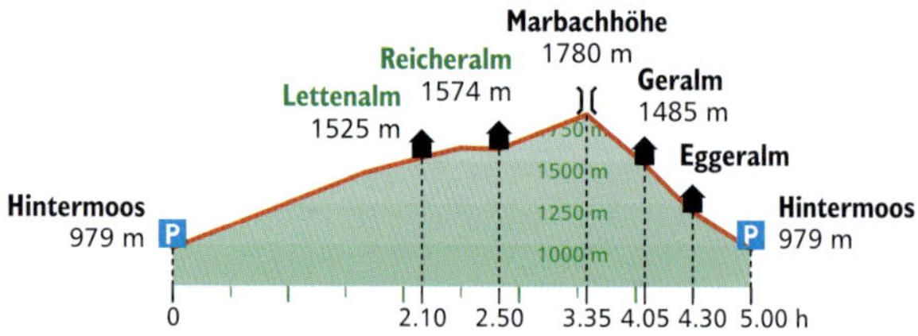

Vom Wanderparkplatz **Hintermoos**, 979 m, über die Brücke des Reiterbaches und rechts hinauf dem Güterweg (Nr. 12) am Bach entlang folgen. In einer Linkskurve verlässt man den Reiterbach und wandert auf einem Fahrweg bis zur nächsten Kehre. Links vorbei an einem Haus mit Blechdach, betritt man kurz darauf Bergwald. Auf der Forststraße bis zur nächsten Kreuzung, dort rechts Richtung Lettenalm (Wegweiser). Man verlässt wieder den Wald, überquert einen Bach und wandert in mehreren Kurven weiter, bis man die Kreuzung zur unbewirtschafte-

Blick von der Marbachhöhe zum Wilden Kaiser, den Leoganger Steinbergen und auf das Steinerne Meer.

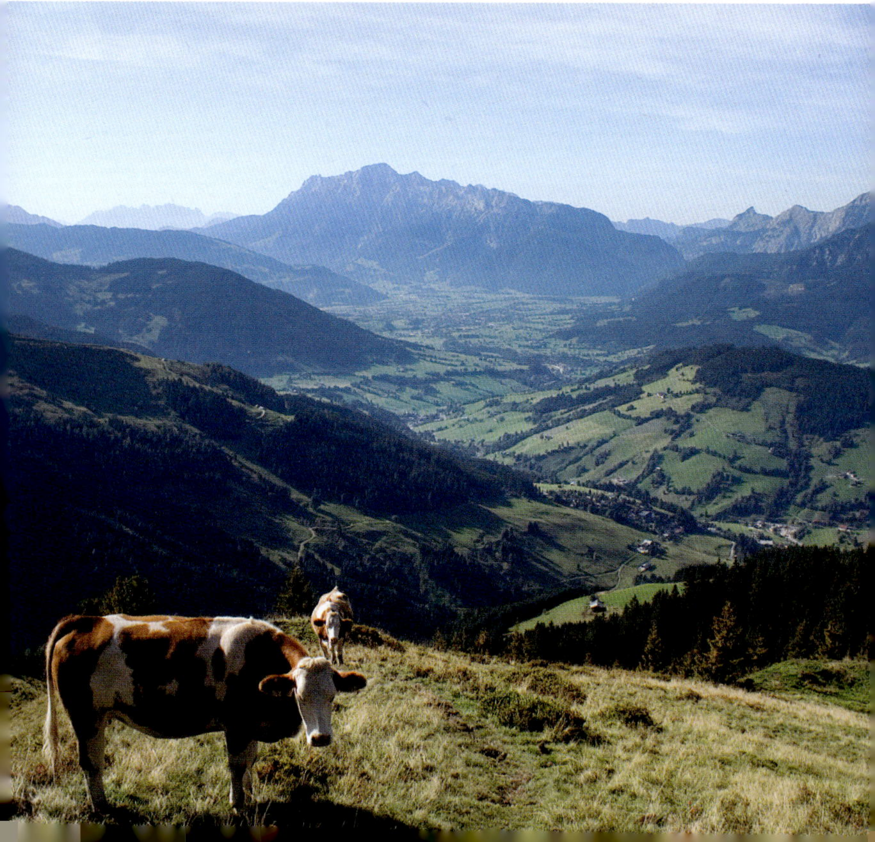

EINKEHR

Lettenalm, 1525 m: Täglich geöffnet von Anfang Juni bis Ende September. Alm mit Pinzgauer Hausmannskost. Keine Übernachtung. Tel. +43/(0)6584/7506 oder +43/(0)650/9004806, www.lettenhof.at/lettenalm.

Reicheralm, 1574 m: Geöffnet von Mitte Juni bis Ende September; Montag und Mittwoch Ruhetag. Hausgemachte Produkte, besondere Spezialität sind Pofesen (eine Süßspeise aus alten Weißbrotscheiben). Keine Übernachtung. Tel. +43/(0)6416/7506.

Jagglhütte, 1485 m: Genossenschaftsalm auf der Geralm mit ca. 200 Kühen, Ziegen und ein paar Mufflons. Hohe Pflanzenvielfalt mit Almrosen, Schusternagel, Enzian, Arnika und Bärlauch. Wöchentliche Alm-Bruschetta und original Pinzgauer Bladl, Radler-Trio, Brot aus dem Holzbackofen, Veganes, Vegetarisches und klassische Brettljause. Tel. +43/(0)681/84475001.

Eggeralm, 1199 m: Geöffnet von Ende Mai bis Ende September. 270 Jahre alte Almhütte. Hausgemachte Produkte und Speisen. Keine Übernachtung. Tel. +43/(0)6584/8247 oder +43/(0)664/2229087, www.eggerhof.info.

Brandleitenalm, 1435 m: 300 m abseits der Hauptroute. Im Sommer bewirtschaftet.

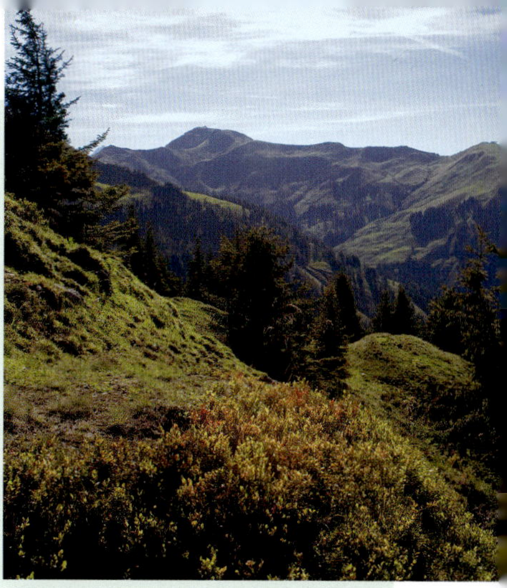

Hundstein und Langegg von der Marbachhöhe aus gesehen.

ten Schranbachalm erreicht. Dort folgt man geradeaus weiter der Forststraße, überquert wieder einen Bach und kommt zu einer Rechtskurve mit Wegweiser, in deren Scheitelpunkt ein Fahrweg mündet. Hier rechts halten und in wenigen Minuten zum **Abzweig Richtung Brandleitenalm**, 1435 m. (Die Alm ist in 5 Min. erreichbar.) Weiter bergauf auf breitem Almweg zur Krinnkapelle und zur **Lettenalm**, 1525 m. Mit Blick auf den Hochkönigstock und Dienten geht es leicht bergauf um das Grünköpfl, 1709 m, herum. Eben wandert man auf einem Wiesenweg mit Blick in die Hohen Tauern, vom Raurisertal bis zum Gasteinertal, oberhalb der **Mühllehenalm**, 1582 m, und einer Halterhütte vorbei, und kommt parallel zur Almstraße in Kürze zur **Reicheralm**, 1574 m. Von der Reicheralm kurz auf dem Anstiegsweg zurück und links bergauf Steigspuren über die Almwiese, später dem gut sichtbaren Steig hinauf zur Marbachhöhe folgen. Am Sattel der **Marbachhöhe** steht ein Wegweiser, 1814 m, hier rechts hinunter auf Weg Nr. 1 zu den Geralmen. Dabei sieht man den Hundstein, den Wilden Kaiser, die Leoganger Steinberge und das Steinerne Meer. Vorerst über einen Steig etwas steiler bergab, mündet dieser später in einen breiten Almweg, der direkt zur **Geralm**, 1485 m, mit der **Jagglhütte** führt. Folgt man der Almstraße und den Wegweisern bergab, kommt man noch bei der **Eggeralm**, 1199 m, vorbei, bevor man wieder beim Ausgangspunkt, dem Parkplatz **Hintermoos**, 979 m, ankommt.

28 Peter Wiechenthaler Hütte, 1707 m

Über den Kienberg auf den Kienalkopf ★★★

Auf den Spuren eines Maurermeisters

Das Schutzhaus auf dem Kienalkopf wurde von der Sektion Saalfelden des seinerzeitigen Deutschen und Österreichischen Alpenvereins erbaut. Im Oktober 1924 fand die Grundsteinlegung statt, zwei Jahre später erfolgten Einweihung und Inbetriebnahme. Die Hütte wurde auf Betreiben des 1859 in Saalfelden geborenen Maurermeisters Peter Wiechenthaler erbaut. Von 1890 bis 1918 hatte er ein Baugeschäft, in dieser Zeit errichtete er mehrere Schutzhütten. Im Ruhestand widmete sich Wiechenthaler fast ganz dem Bergsteigen. Nach seinem Wunsch sollte die Hütte eigentlich Kienalkopfhütte heißen. Die Sektion Saalfelden beschloss aufgrund seines großen persönlichen Einsatzes schon im Verlauf der Planung und des Baus, das Schutzhaus »Peter Wiechenthaler Hütte« zu taufen. Zu seiner Überraschung stand dann bei der Enthüllung auf der Tafel sein Name, worüber er sich sehr freute. Am 1. August 1927 verunglückte er in den Hohen Tauern nahe der Gleiwitzer Hütte tödlich.

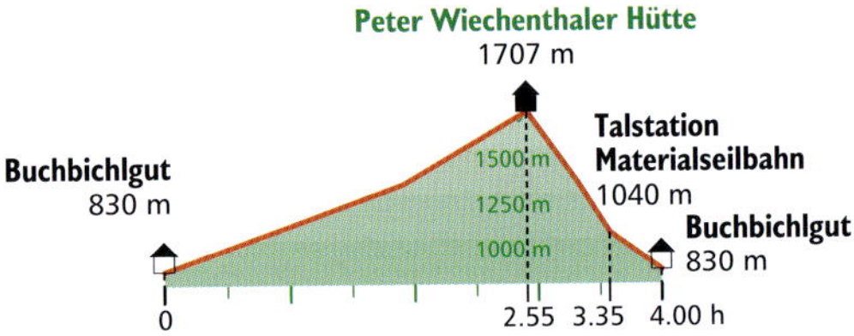

KURZINFO

Talort: Saalfelden, 748 m; Anreise über Lofer oder Zell am See (B 311); Tourismusbüro Saalfelden, Tel. +43/(0)6582/70660, www.saalfelden-leogang.com.
Ausgangspunkt: Ortsteil Pabing, Wanderparkplatz Bachwinkel.
Gehzeit: 4.00 Std.
Höhenunterschied: 880 m.
Anforderungen: Einfache Wanderung auf Steigen und Forststraßen.
Kinder: Kletterwand auf der Hütte, Bach beim Parkplatz.
Gipfelmöglichkeiten: Persailhorn, 2347 m (zwei sehr gut abgesicherte Klettersteige jeweils B–C, spärlich versichert ist der Saalfeldener Höhenweg); Schindelkopf, 2357 m (kleiner Hausberg des Ingolstädter Hauses, kann auf dem Weg dorthin »mitgenommen« werden, von Norden her markierter Weg, schwarz mit Kletterstellen I).
Varianten: a) Rundtour über die Steinalm mit ausgesetzter Stelle über eine Leiter und Querung von Gräben mit lockerem Gestein (gesamt 4.40 Std., rot). Abstieg auch über den Jagasteig möglich (ca. 15 Min. länger, rot).
b) Über die Weißbachscharte zum Riemannhaus (ca. 4 Std.), Kärlingerhaus (ca. 4.30 Std.) oder Ingolstädter Haus (ca. 4 Std.).

EINKEHR

Peter Wiechenthaler Hütte, 1707 m: Alpenvereinshütte; geöffnet von Ende April bis Anfang/Mitte Oktober; im April und Mai nur an den Wochenenden bei gutem Wetter. Übernachtung möglich. Tel. +43/(0)6582/73489 oder +43/(0)664/9544822, www.wiechenthaler-huette.at.

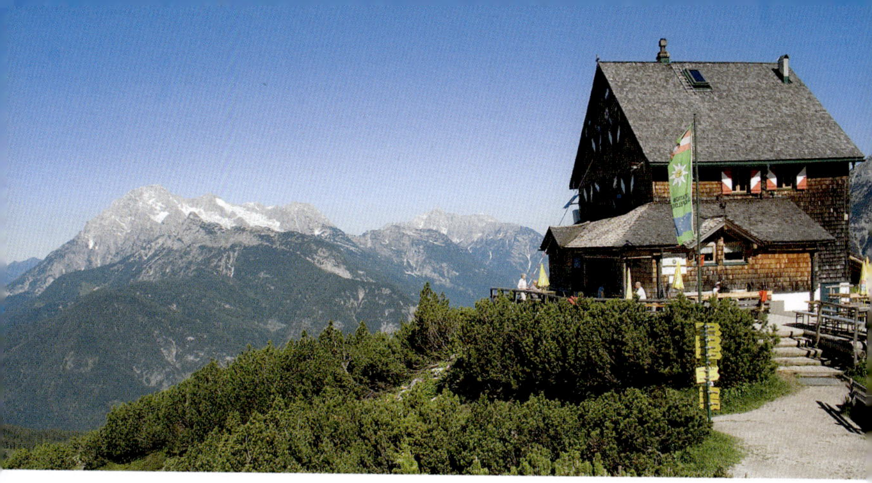

Die Peter Wiechenthaler Hütte, links Brandlhorn und Birnhorn.

Vom Wanderparkplatz beim **Buchbichlgut** kurz bergwärts und links über eine kleine Brücke oder 100 m oberhalb über eine Furt auf den Weg Nr. 412, der bis zum Ziel führt. Vorbei an zwei Bildbäumen zieht der Steig in Schleifen, vorerst im Wald mit herrlichen Aussichtsfenstern zu Kitzsteinhorn, Imbachhorn, Wiesbachhorn und Hohem Tenn, ohne Schwierigkeiten zu einer Kreuzung mit einem Wegkreuz, 1310 m. Hier geradeaus weiter und bald über der Baumgrenze mit großartigem Panorama in Serpentinen hinauf zur **Peter Wiechenthaler Hütte**, 1707 m.

Im Abstieg folgt man dem Anstiegsweg bis zum Wegkreuz, 1310 m. Dort biegt man links ab und folgt einem Steig durch schönen Mischwald hinunter zum Öfenbach und dann weiter zur Talstation der Materialseilbahn der Peter Wiechenthaler Hütte. Von dort gelangt man zum Wanderparkplatz beim **Buchbichlgut** über eine Forststraße in knapp 45 Min.

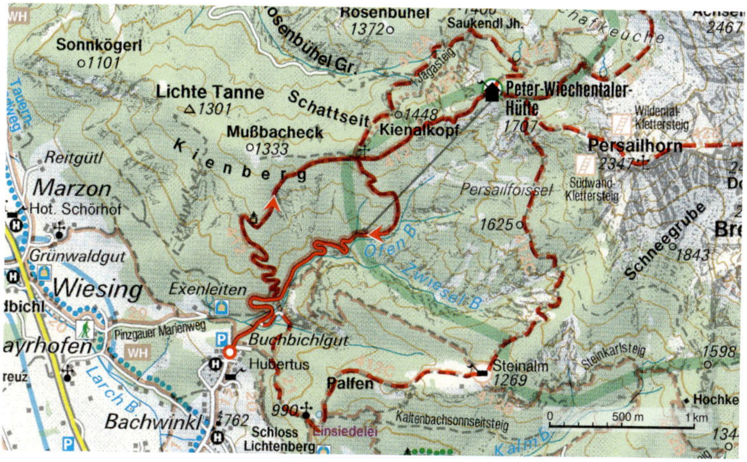

29 Ostpreußenhütte, 1630 m

Steil hinauf zum Ostfuß des Hochkönig ★★

Leicht und doch schwer

Was hier unlogisch klingen mag, hat doch seine Richtigkeit. Der Weg ist immer ausreichend breit und stellt keine nennenswerten Ansprüche an den Bergwanderer. Zeitweise ist etwas Trittsicherheit von Vorteil. Aber die immer wiederkehrenden, manchmal längeren, dann wieder kürzeren steilen Anstiege fordern ihren Tribut. Es kostet einiges an Kraft, besonders wenn es ein wenig feucht ist am Weg, aber auch an heißen Tagen. Aber wenn man einmal über den Schwarzkogel hinaus ist, dann begleitet einen ein beeindruckendes Panorama. Die fast senkrechten Wände des Hochkönigstocks auf der einen, das Hagengebirge auf der anderen Seite. Hinter sich hat man den großen Felsklotz des Tennengebirges. Und mitten drin ein kleiner Mensch. Hier fühlt man sich wirklich klein. 1925 empfand es der Eishöhlenführer Eduard Justus wohl ebenso. Er machte die Sektion Königsberg des DAV darauf aufmerksam, dass dem 10-Stunden-Marsch zum Matrashaus ein zwischengelagerter Stützpunkt fehle. Prinz Friedrich Leopold von Preußen, ein Hohenzollern, stiftete 2000 m² Grund und nach nur einjähriger Bauzeit wurde die Hütte am 25. Juli 1928 eröffnet im Gedenken an jene 20.000 Salzburger, die 1732 auf Grund ihrer protestantischen Glaubenszugehörigkeit durch Dekret des Fürstbischofs des Landes verwiesen worden waren und durch Friedrich Wilhelm I., König in Preußen, in Ostpreußen eine neue Heimat fanden.

Abstieg über die Wegalm.

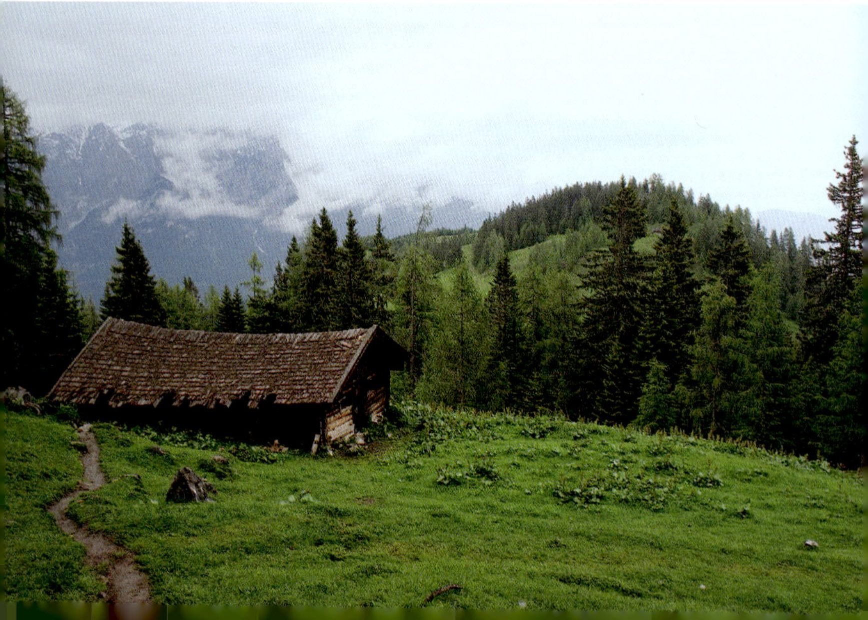

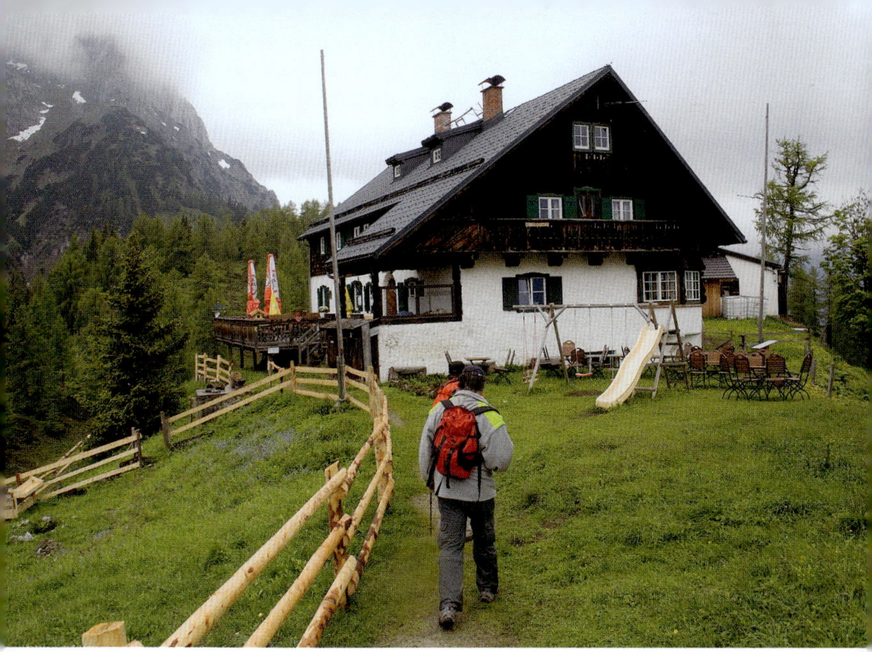

Die Ostpreußenhütte ist einer der Ausgangspunkte zur Besteigung des Hochkönig.

KURZINFO

Talort: Werfen, 548 m; von Salzburg über die Tauernautobahn A10 bis Abfahrt Werfen. Von Westen über Zell am See und St. Johann im Pongau auf der Bundesstraße B 311 nach Werfen; Tourismusverband Werfen, Tel. +43/(0)6468/5388, www.werfen.at.
Ausgangspunkt: Dielalm, 1016 m; die 4 km lange Auffahrt erfolgt vis-à-vis vom Burgparkplatz und ist sehr gut markiert. Kleiner Wanderparkplatz.
Gehzeit: 4.10 Std.
Höhenunterschied: 610 m.
Anforderungen: Stellenweise sehr steil und etwas Trittsicherheit erforderlich. Sonst ohne nennenswerte Probleme.
Kinder: Für Kinder ab 8 Jahren geeignet. Umwelttechnik auf der Hütte, Spielplatz und Streicheltiere.
Mountainbike: Befahren der Wanderwege zur Ostpreußenhütte mit dem Mountainbike nicht gestattet.
Gipfelmöglichkeiten: Gamskarkogel, 2013 m (1 Std., rot); Hochkönig, 2941 m (5 Std., schwarz).
Variante: Besonders motivierte Wanderer können ihre Wanderung bereits in der Ortsmitte von Werfen beginnen und folgen dem Weg Nr. 401 zur Dielalm (ca. 1.30 Std. im Anstieg und 40 Min. im Abstieg).

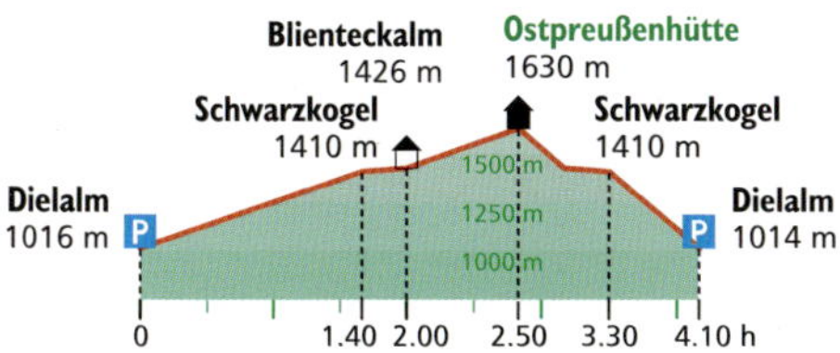

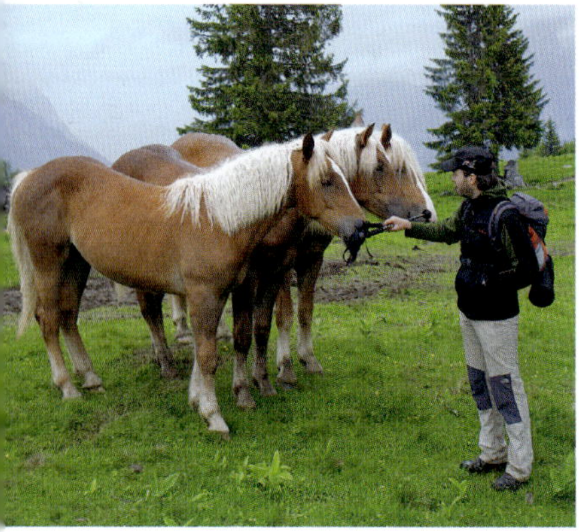

Pferdedressur auf der Blienteckalm.

EINKEHR

Ostpreußenhütte, 1630 m: Alpenvereinshütte; geöffnet von Mitte Mai bis Ende Oktober, im Winter je nach Wetterlage 26. Dezember bis Anfang März, ab Anfang September ist Montag Ruhetag, außer an österreichweiten Feiertagen, dann ist der darauffolgende Dienstag Ruhetag. Schöne, aussichtsreiche Lage, Blick auf den Hochkönig und das Hagengebirge. Ständig wechselnde Tagesangebote der regionalen Küche wie Wild, Rauchfleisch, Pilze, Bergkäse, Fisch u. a., die stets frisch zubereitet werden. Im Sommer bei Schönwetter Grillen auf der Terrasse. Übernachtung möglich. Tel. +43/(0)6468/39926, ostpreussenhuette.weebly.com.

Dielalm, 1630 m: Seit 2020 bis auf Weiteres geschlossen.

Vom Wanderparkplatz bei der **Dielalm**, 1016 m, links über einen Karrenweg, der nach ca. 150 m wieder rechts steil über eine Wiese zu einer Forststraße führt. Diese überqueren und weiter dem breiten Steig mit den gelegentlichen rot-weißen Markierungen folgen, da und dort sieht man auch die Wegnummer 401. Immer wieder steil bergan geht es den Haidbergriedl bis zum **Schwarzkogel**, 1410 m, hinauf.
Hier kreuzt der Weg Nr. 60 von der Sonneckhütte herauf. Am Wegweiser vorbei geht man geradeaus weiter nur mehr leicht bergauf bis zu einem Biotop. Von dort geht es kurz bergab bis zur **Blienteckalm**, 1426 m. Hinter der Alm führt der Weg weiter, nun wieder etwas steiler, vorbei an einem verfallenen Almstall, bis zu einem links des Weges liegenden Buckel mit einem Bankerl darauf, von dem man eine herrliche Aussicht auf den Hochkönigstock, das Salzachtal und das Tennengebirge hat. Ab hier sieht man bereits die **Ostpreußenhütte**, 1630 m, die man, fast eben, in wenigen Minuten erreicht.
Abstieg über den Anstiegsweg.

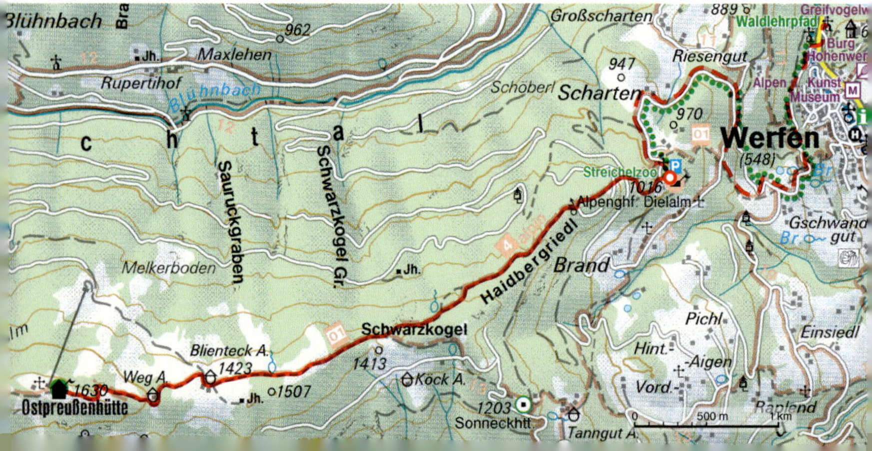

Matrashaus, 2941 m

Zwei Tage am Hochkönig

★★★

Die übergossene Alm

Der Hochkönig ist der südlichste und höchste Gebirgsstock der Berchtesgadener Alpen. Die Hochfläche ist auch im Sommer schneebedeckt und bildet bis auf etwa 2700 Meter herab die »Übergossene Alm«, den spaltenlosen Plateaugletscher am Nordabhang des Hochkönigs, der einzige Gletscher der Salzburger Kalkalpen. Dieser Gletscher bedeckte 1888 noch eine Fläche von 5,5 km², heute ist er nicht einmal mehr ein Fünftel so groß. Allein die Abnahme der Eismächtigkeit des Ostgletschers seit 1872 beträgt ganze 63 m, die momentane, durchschnittliche Eisdicke nur mehr circa 20 m. Angesichts der rasch fortschreitenden Klimaerwärmung geben Gletscherforscher der Übergossenen Alm keine Chance, sie soll in einigen Jahren verschwunden sein. Der Name des Gletschers geht auf eine Sage zurück. In früheren Zeiten waren anstelle des Gletschers fette Wiesen und Matten mit hohem Gras, auf denen Rinderherden grasten. Der Ertrag an Käse, Butter und Milch war so reichlich, dass man gar nicht mehr alles ins Tal bringen konnte. Die Sennerinnen wurden reich und hatten viel Geld in den Taschen, was sie bald übermütig werden ließ. Die Glocken am Hals ihrer Kühe mussten von reinem Silber sein, die Stiere erhielten Goldglocken, statt klaren Bergwassers wurde bester Wein fässerweise auf die Alm gebracht und ausgelassene Feste wurden gefeiert, dafür keine Sonntagsmessen mehr. Die Sennerinnen badeten in Milch und schütteten sie nachher schaffweise fort. Die Wege pflasterten sie aus reinem Übermut mit runden Käselaiben und füllten die Fugen dazwischen mit frischer Butter aus. Als aber einmal ein müder Wanderer auf die Alm kam und um etwas zu essen und Obdach bat, da jagten sie ihn mit harten Worten davon: »Der Teufel soll dir Obdach geben, wir brauchen keinen ungebetenen Gast.« Als der Wanderer nicht imstande war, rasch genug weiterzuziehen, gerieten sie in Zorn und drohten ihm mit Schlägen. Das Maß ihrer Übeltaten war nun voll. Kaum hatte sich der Wanderer entfernt, da wälzte Gott ein furchtbares Unwetter heran. Ein grässlicher Sturm erhob sich und schleuderte aus tiefschwarzen Wolken eine wirbelnde Flut von Eis und Schnee auf die zu Tode erschrockenen Frevlerinnen herab. Sie versuchten zu flüchten, aber vergebens. Über der Alm ergoss sich eine mächtige Flut und erstarrte sogleich zu Eis. Der Schneesturm begrub sie mit Hütten und Viehherden, und über den grünenden Almen lag nunmehr ewiges Eis, die »Übergossene Alm«.

Hoch oben am Hochkönig thront das Matrashaus wie ein Adlerhorst.

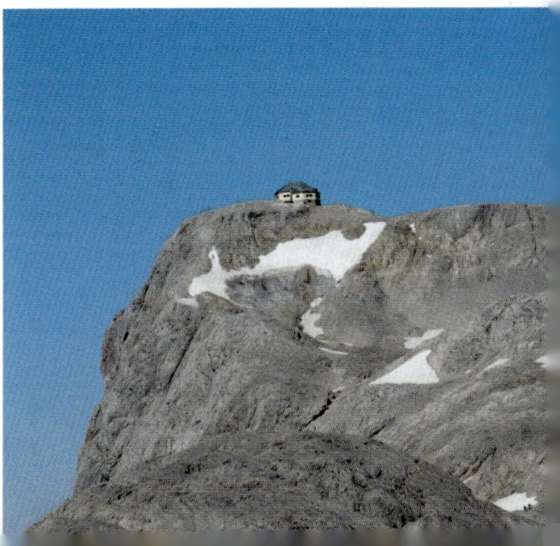

KURZINFO

Talort: Mühlbach am Hochkönig, 860 m; Anreise über Maria Alm oder Bischofshofen (B 164); Tourismusverband Mühlbach, Tel. +43/(0)/6584/20388, www.hochkoenig.at.
Ausgangspunkt: Gebührenpflichtiger Wanderparkplatz beim Arthurhaus, 1502 m.
Gehzeit: 8.30 Std. (5 Std. im Aufstieg, 3.30 Std. im Abstieg).
Höhenunterschied: 1440 m.
Anforderungen: Sehr langer Anstieg durch felsiges und schottriges Gelände, im oberen Teil auch über Schnee und Eisfelder. Nur für konditionsstarke und trittsichere Bergsteiger mit Orientierungssinn. Nicht bei Nebel und schlechtem Wetter! Ratsam als Zweitagestour mit Übernachtung auf dem Matrashaus. Ab Mitterfeldalm unterwegs keine Einkehrmöglichkeit, kein Trinkwasser. Daher ausreichend zu trinken mitnehmen. Vorsicht bei Stürzen, die Steine sind durch Auswaschung extrem scharfkantig.
Kinder: Nur für konditionsstarke und bergerfahrene Jugendliche ab 14 Jahren.
Kinderwagen: Geeignet für geländegängige Kinderwagen auf Fahrweg bis zur Mitterfeldalm (45 Min. im Anstieg). Ein 150 m langes Wegstück aber sehr steil.
Gipfelmöglichkeiten: Für Kletterer zum Beispiel die Torsäule (Stellen I bis II, 5 Std. im An- und Abstieg).
Variante: Zwei- bis dreitägige Rundtour bei Aufstieg von der Erichhütte bzw. vom Birgkarhaus zum Matrashaus (schwarz), Abstieg über Mitterfeldalm zum Arthurhaus (rot/schwarz) und Wanderung am Salzburger Almenweg (Nr. 436) zurück zur Erichhütte oder dem Birgkarhaus (rot).

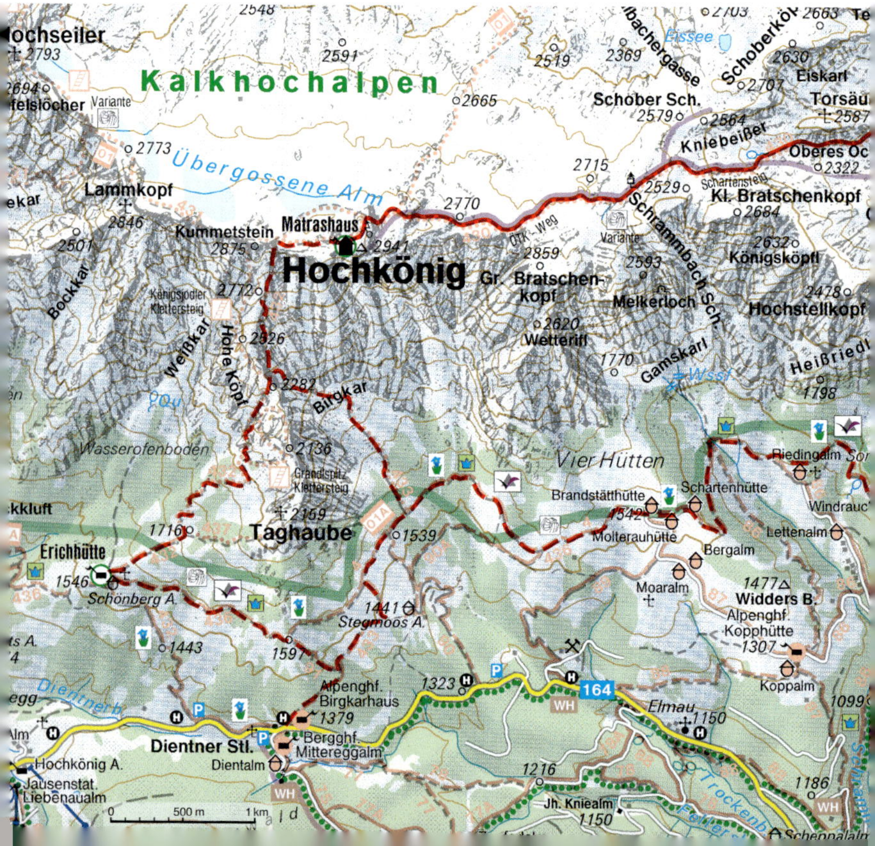

EINKEHR

Berghotel Arthurhaus, 1502 m: Geöffnet im Sommer von Anfang Mai bis Ende Oktober, im Winter von Mitte Dezember bis Ostern. Gasthof mit Pongauer Hausmannskost und Produkten aus regionaler Landwirtschaft. Übernachtung möglich. Hinter dem Hotel befindet sich die zum Arthurhaus gehörige Schweizerhütte mit Schaukäserei (geöffnet immer Mittwoch bis Sonntag, im Winter jeden Donnerstag). Tel. +43/(0)6467/7202, www.arthurhaus.at.

Mitterfeldalm, 1669 m: Geöffnet vom Anfang/Mitte Mai bis Ende Oktober. Schöne Lage, hausgemachte Produkte und Speisen aus eigener Landwirtschaft. Übernachtung möglich. Tel. +43/(0)664/6438077, www.mitterfeldalm.at.

Matrashaus, 2941 m: Geöffnet von Juni bis Oktober; am Anfang und Ende der Saison sicherheitshalber auf der Hütte, die eigentlich – nach dem Retter des Hauses – Franz-Eduard-Matras-Haus heißt, anrufen. Winterraum außerhalb der Bewirtschaftungszeit immer offen. Essen von der Karte. Übernachtung möglich. Wichtiger Hinweis: Das Matrashaus steht direkt auf dem Gipfel des Hochkönig. Das Wasser am Matrashaus ist Regen- oder Gletscherwasser, die Wassergewinnung ist dementsprechend schwierig. Es gibt keine Duschen, sondern nur einen Waschraum mit kaltem Wasser. Für das Wasser ist eine Waschmünze nötig, die in der Hütte erhältlich ist. Bei Wasserknappheit muss der Waschraum geschlossen werden. Trinkwasser zum Mitnehmen wurde bisher kostenlos abgegeben. Laut Europäischer Trinkwasserverordnung darf das Regen- bzw. Gletscherwasser nicht als Trinkwasser bezeichnet oder abgeben werden, auch nicht kostenlos. Es werden nun 1,5-Liter-PET-Flaschen auf das Matrashaus geflogen, die zum Mitnehmen verkauft werden. Tel. +43/(0)6467/7566, www.matrashaus.at.

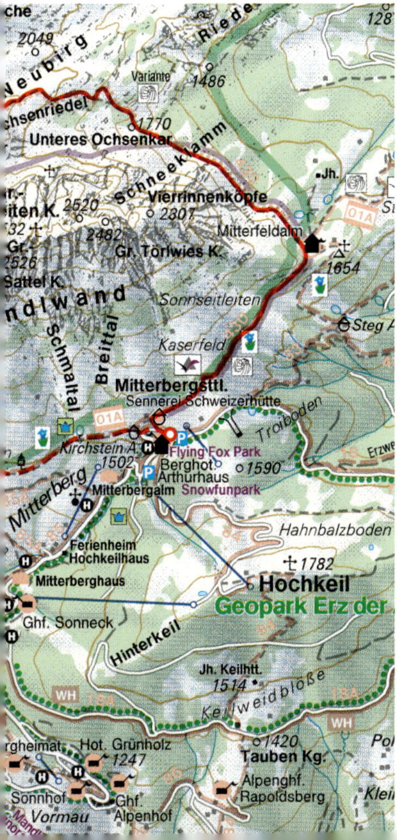

Ausblick vom Schartensteig.

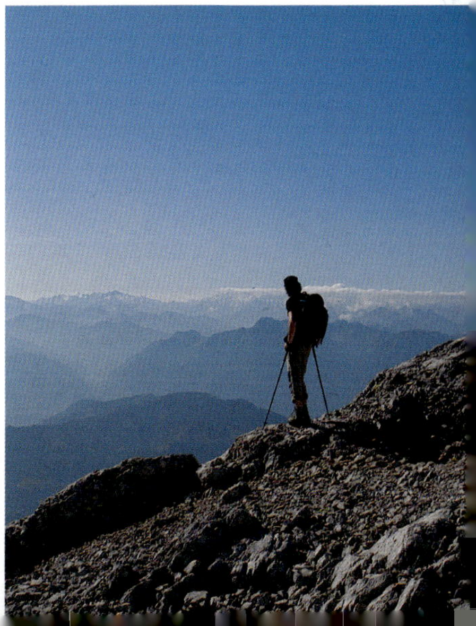

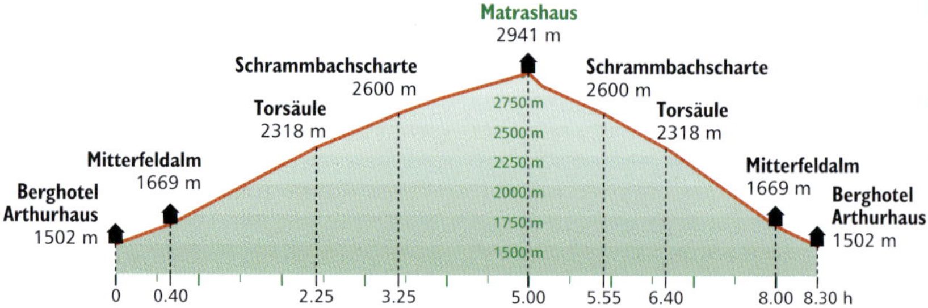

Vom Parkplatz beim **Berghotel Arthurhaus**, 1502 m, kurz nordwestwärts zu den beiden Almhütten, hier an der Kreuzung den Fahrweg rechts nehmen und zuerst leicht ansteigend in mehreren Kurven, dann ca. 150 m steil aufwärts und schließlich kurz eben zur **Mitterfeldalm**, 1669 m. Links an der Alm vorbei, wandert man durch ein Weidetor vorerst eben Richtung Nordwesten, dann leicht bergab am Fuß der Vierrinnenköpfe dahin; hier hat man den ersten Blick auf die markante Torsäule. Von nun an geht es stetig, aber nicht zu steil bergauf, der Steig dreht langsam gegen Westen mit herrlichem Blick in das Ochsenkar und auf die **Torsäule**. Merklich geht die Vegetation zurück, der Kalkfels dominiert. Vor der Torsäule wird es kurz etwas flacher und mit etwas auf und ab geht es bis zum Anstieg zur Schrammbachscharte am Beginn des Westgrates der Torsäule. Hier hat man etwa die Hälfte des

Sonnenaufgang auf der Mitterfeldalm.

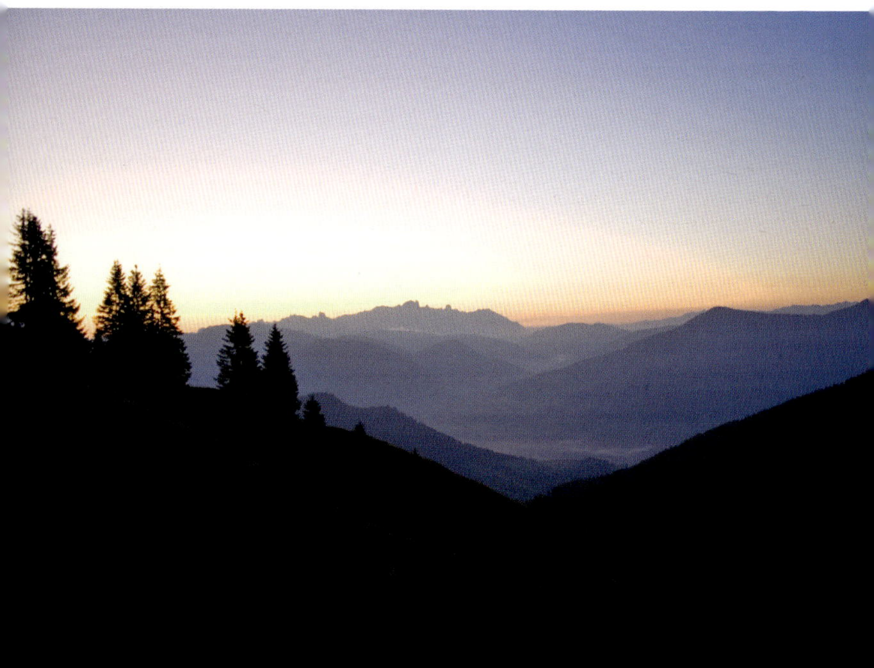

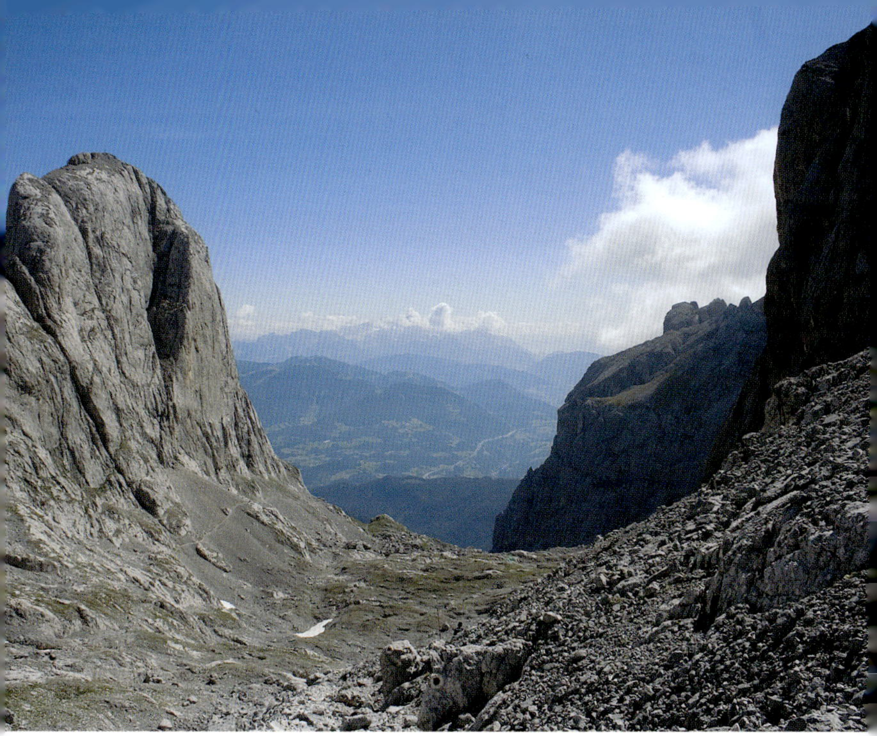

Wenn man die Torsäule passiert hat, dann hat man die Hälfte des Weges hinter sich, rauf wie runter.

Aufstieges geschafft. Der sogenannte Schartensteig zur Schrammbachscharte geht durch ein Schotterfeld auf der Nordflanke des Kleinen Bratschenkopf, 2684 m, und mündet nach der Scharte in ein kleines Schneefeld, welches überquert wird. Stangen mit Markierungen und rote Punkte am Fels dienen trotz gut sichtbarem Weg als Orientierungshilfen bei eventuell aufkommendem Nebel. Über eine versicherte Steilstufe und ein paar Schneefelder geht es weiter Richtung Gipfel. Letztlich kommt man zu einer beschilderten Kreuzung; beide Wege führen zum Ziel. Ob man links über den Felsenweg oder rechts über die Übergossene Alm geht, ist Geschmackssache. Letzterer wird aufgrund der Änderungen des Eisfeldes jährlich neu angelegt und ausreichend markiert. Man kann auch kombinieren und den einen Weg für den Anstieg und den anderen für den Abstieg nutzen. Bei beiden geht es mit erstem Blick auf das Matrashaus kurz bergab und dann wieder leicht bergauf. Dort wo die beiden Wege wieder zusammentreffen, geht es nun etwas steiler weiter. Über das durch Felskuppen gegliederte Plateau erreicht man den Gipfelstock des Hochkönigs durch das Klamml, welches man gut gesichert mittels Steiganlage aus Eisenbügeln, Holzleiter und einer Eisenkette überwindet. In wenigen Minuten ist man am **Matrashaus** auf dem Gipfel des Hochkönig, 2941 m.

Abstieg über den Anstiegsweg.

31 Almen um den Ahornstein, 1848 m

Königsbergalm, Huberalm, Moaralm, Moosalm ★★

Die Fahrt von Lend Richtung Dienten zur Ferolisäge, wo es bei der Brücke rechts ins Schwarzenbachtal zum Ottino geht, hat etwas sagenhaft Abenteuerliches. Steile Hänge auf einer schmalen, kurvenreichen Straße, dunkel und schattig. Eine wilde Schlucht zieht gegen Norden, Hochwässer, Muren und Lawinenstürze bedrohen häufig das schmale Bergsträßlein. Etliche Kilometer taleinwärts weitet sich die Klamm dann allmählich; ernste, dunkle Wälder steigen zu fernen Almböden, und darüber hebt sich mit Türmen, Graten und himmelhohen Wänden die »Übergossene Alm«, der Hochkönig. Man kann sich hier sehr gut vorstellen, dass in der vorindustriellen Zeit Geschichten von diversen Vorfällen bei den Reisenden ein mulmiges Gefühl hinterlassen haben. So auch die Sage vom Fuchs-Christa und seinen Raubgesellen. Diebstahl, Kletterei und Wilderei war ihr Lebenssinn. Obwohl auf die Ergreifung des Fuchs-Christa eine hohe Belohnung ausgesetzt war, wagte es niemand den Preis zu verdienen. So trieb es die Bande viele Jahre, bis sie schließlich ein grausiges Geschick ereilte. An einem trüben Spätherbst waren die zwölf Gesellen ohne ihren Hauptmann nach Blühnbach unterwegs, um dort Gämsen zu wildern. Bei einem Lawinenabgang kamen alle zwölf ums Leben. So war der Räuberhauptmann Christa um seine Gesellen gekommen. Er gab nun sein Räuberhandwerk auf und zog zum Hirscheggbauer als »Einleger« (jemand, der für Essen, Wäsche und Unterkunft arbeitet). Er besuchte fast alle Tage den Gottesdienst, obwohl er früher jahrzehntelang keine Kirche betreten hatte. Sein Haupt sei schneeweiß geworden und im Alter von 70 Jahren soll der Christa im Hirscheggut in der Tennkammer einsam und verlassen gestorben sein.

Die Moosalm.

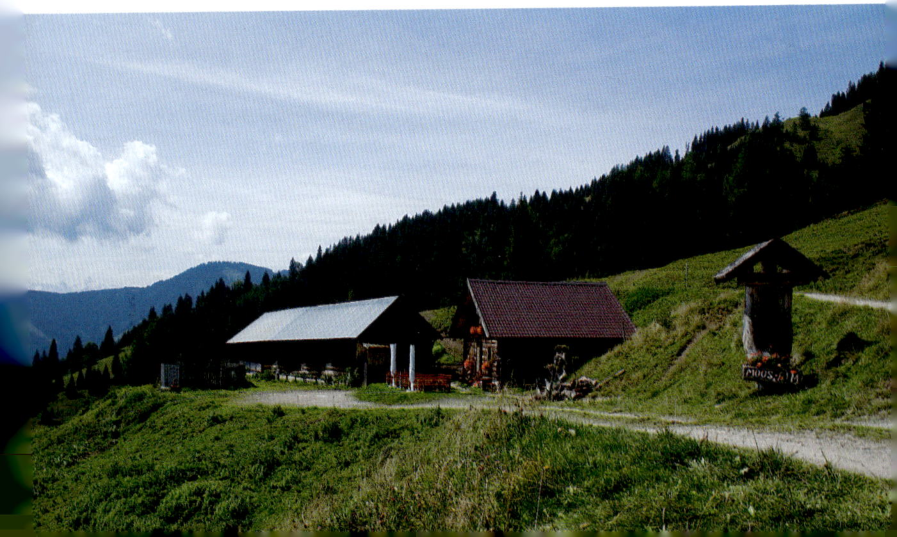

EINKEHR

Königsbergalm, 1325 m: Geöffnet von Anfang Juli bis Ende September. Bei der alten Almhütte kann man gemütlich im Liegestuhl mit dem Himmel flirten oder eine Natur-Kneipp-Anlage benützen. Auf den Tisch kommen hausgemachte und hofeigene Spezialitäten. Die schöne Aussicht auf Bernkogel, Sonnblick und Hocharn umrahmt diesen »Almerer«. Keine Übernachtung. Tel. +43/(0)664/9271743, www.koenigsbergalm.at.

Huberalm, 1422 m: Geöffnet von Anfang Juni bis September, im September Dienstag Ruhetag. Die Huberalm ist eine der urigsten und ältesten Hütten im Dientnertal mit wunderschöner Lage oberhalb vom Dientner Sonnberg. Kindernaturspielplatz. Käse, Butter und Brot hausgemacht. Keine Übernachtung. Tel. +43/(0)664/73556681.

Moosalm, 1386 m: Geöffnet von Anfang Juni bis Anfang September. Hausgemachte Produkte aus eigener Landwirtschaft. Keine Übernachtung. Tel. +43/(0)664/75016921.

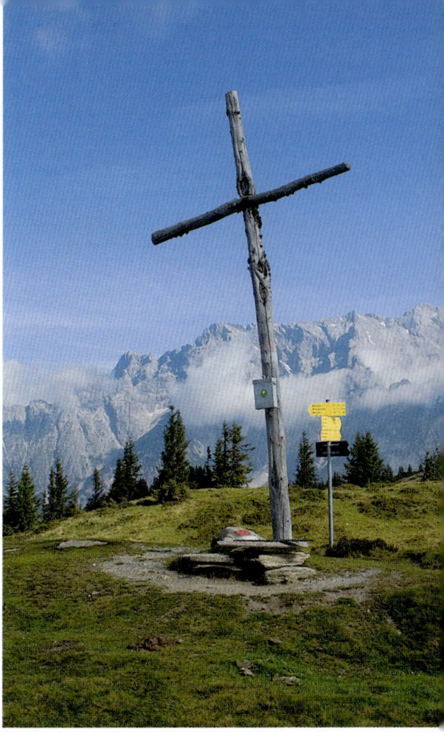

Am Ahornstein, dahinter der Hochkönig.

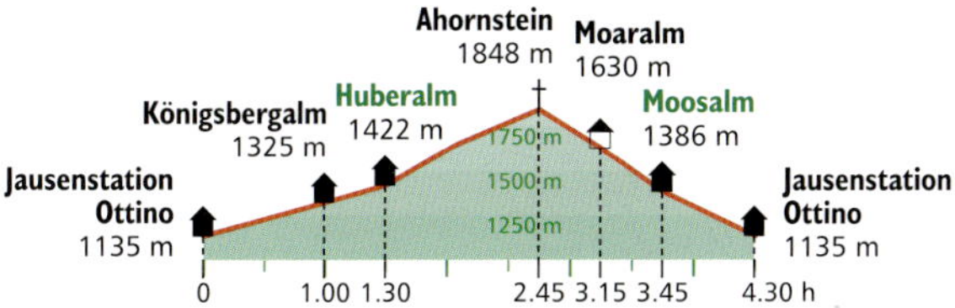

KURZINFO

Talort: Dienten am Hochkönig, 1128 m; von Zell am See oder St. Johann im Pongau über die B 311 nach Lend oder über Lofer und Maria Alm; Tourismusverband Dienten, Tel. +43/(0)/6584/20388-30 und -32, www.hochkoenig.at.

Ausgangspunkt: Parkplatz bei der Jausenstation Ottino, 1135 m. Dorthin von Lend bis kurz vor Ferolisäge, dort geht es dann rechts in das Schwarzenbachtal.

Gehzeit: 4.30 Std.

Höhenunterschied: 720 m.

Anforderungen: Einfache Wanderung ohne nennenswerte Probleme, Steige, Wanderwege, Alm- und Forststraßen.

Kinder: Rund um die Almen weiden Kühe und Jungvieh, Pferde und Schafe. Kindernaturspielplatz auf der Huberalm.

Mountainbike: Route über Jausenstation Ottino und Königsbergalm, jedoch nicht über den Ahornstein. Mountainbikekarte beim Tourismusbüro Dienten erhältlich.

Gipfelmöglichkeit: Unterwegs Ahornstein, 1848 m.

Variante: Rundtour Ahornstein, 1848 m, Schneebergkreuz, 1939 m, Hochegg, 1817 m, Gamskögel, 1747 m (ca. 3.30 Std. länger).

Vom Parkplatz in der Kurve vor der **Jausenstation Ottino**, 1135 m, folgt man dem Straßenverlauf bergwärts, zwischen zwei Gebäuden hindurch, vorbei an einem Wegweiser, auf dem Weg Nr. 56, 56b zu einer großen Linkskurve und leicht ansteigend westwärts bis zur nächsten Kreuzung. Weiter geradeaus auf dem Weg Nr. 56b Richtung Königsbergalm; man quert einen Bach und achtet danach auf einen Stein am Boden, wo ein roter Pfeil rechts den Hang hinaufweist. Man folgt den rot-weißen Erdpflöcken hangaufwärts über eine Wiese nach Norden bis zu einem Weg. Hier links ab und westwärts hinüber zur **Königsbergalm**, 1325 m.

Hinter der Alm steht wieder ein Wegweiser. Der Weg Nr. 59c, 60 führt problemlos zuerst leicht bergauf, dann eben in 30 Minuten hinüber zur **Huberalm**, 1422 m, die links unter dem Weg auf einem kleinen Plateau liegt.

Diesen Weg gehen wir zurück, bis wir wieder auf den Anstiegsweg unserer Tour einmünden. Kurz danach zweigt ein Weg rechts ab (kein Wegweiser). Diesem folgen wir vorerst steiler bergauf nordwärts. Es tau-

Hochkönig in Wolken.

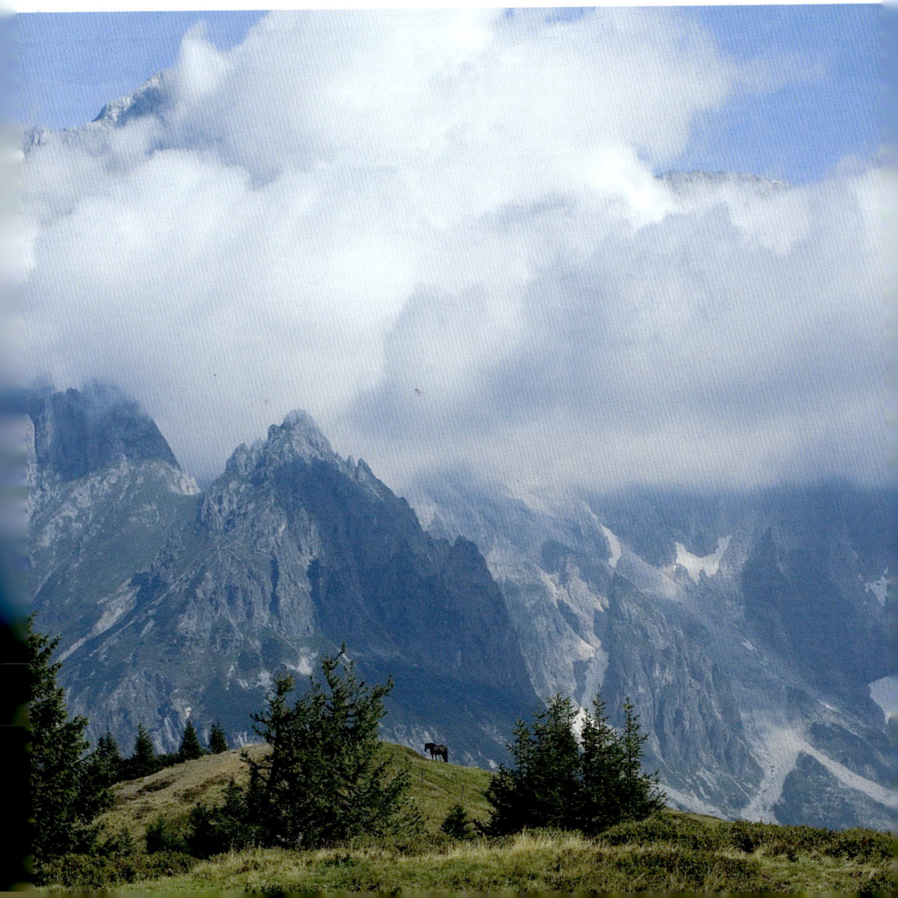

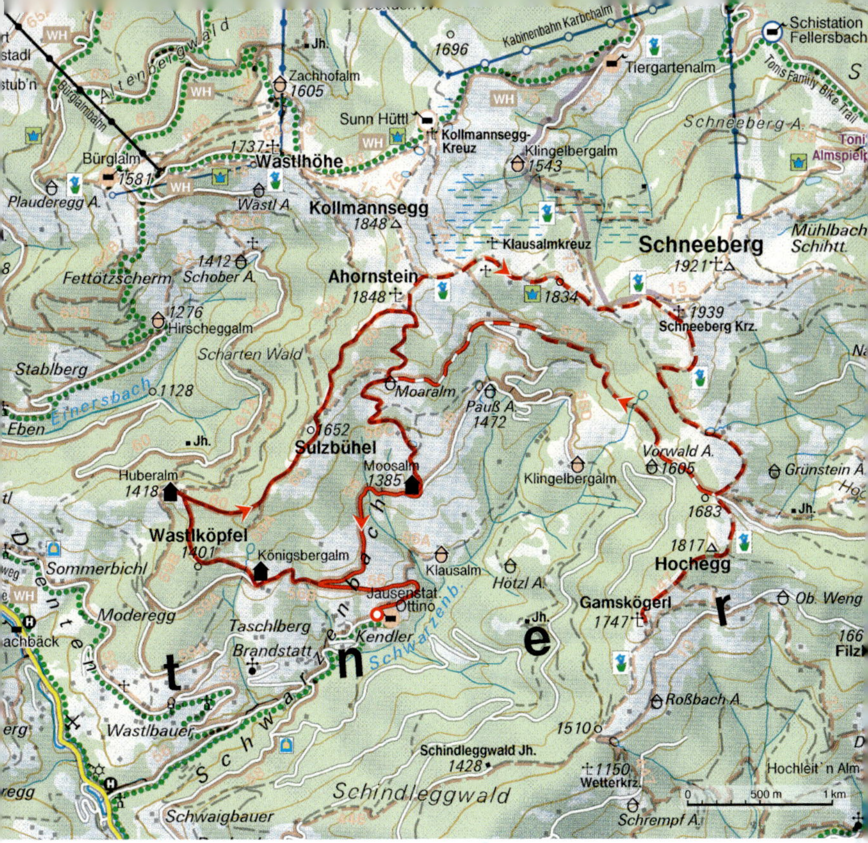

chen bald wieder Wegweiser auf, die uns auf Weg Nr. 60 über **Sulzbühel**, 1652 m, zu einer Jagdhütte führen. Links an der Hütte vorbei weiter hinauf, hat man nun während des Anstieges auf den Ahornstein einen herrlichen Blick auf den Hochkönigstock und die östlichen Ausläufer des Steinernen Meeres. Am Gipfel des **Ahornstein**, 1848 m, tut sich ein Panorama mit Kaisergebirge, Leoganger Steinbergen, Steinernes Meer, Hochkönig, Tennengebirge, Gosaukamm, Dachstein, Niedere und Hohe Tauern und Kitzbüheler Alpen auf.

Ein Wegweiser am Gipfel weist den richtigen Weg (Erdpflöcke, Stein- und Baummarkierungen) hinunter Richtung Moaralm und Moosalm. Man folgt der rot-weißen Markierung über eine steilere Almwiese und vorbei an Baumgruppen südwärts hinunter zur unbewirtschafteten **Moaralm**, 1630 m.

Vom Parkplatz der Alm führt rechts ein Weg Richtung Westen, nach der ersten Kurve hauptsächlich Richtung Süden; schon von hier sieht man die Moosalm. Durch ein Weidetor hindurch weiter bis zu einer Jagdhütte rechts am Weg; ca. 50 m weiter ist linker Hand ein Fischteich, an dem es sich auf den Bankerln am Ufer wunderbar aushalten lässt. Weiter auf dem Almweg problemlos hinunter zur **Moosalm**, 1386 m. Von hier auf einer Almstraße einfach den Wegweisern mit Weg Nr. 56 folgen zum Ausgangspunkt zurück.

32 Steiner Hochalm, 1550 m

Eine Tour für Abenteuerlustige ★★

Almen, ein Gipfelkreuz und ein See

Diese Tour ist etwas für Bergwanderer, die eine lange Tour mit etwas Herausforderung, einem Gipfel zwischendurch, einem Bergsee und reichlich Aussicht suchen. All das wird hier geboten. Damit man sich nicht schon im voraus aller Kräfte beraubt, ist es besser die Kabinenbahn auf das Fulseck zu benutzen. Ab hier hat man fast die komplette Tour vor Augen, nur eben noch ein paar Kilometer entfernt. Besonders der Schuhflicker, 2214 m, auch Arlspitze genannt, ragt als Felsklotz mit grasigen Stoppeln inmitten der Almwiesen steil und wuchtig auf, zwei bizarre Felstürme, die ohne Ansatz fast senkrecht aus den steilen Gebirgsmähdern in den Himmel ragen wie zwei zum Schwure erhobene Finger. Stellt sich die berechtigte Frage, wie ein Berg zu dem Namen Schuhflicker kommt, ein Name, bei dem man an Schuhe reparieren denkt. Seit alters her heißen die beiden Felstürme im Volksmund schon »Schuhflicker«. Eine alte Sage erzählt, dass einst in Großarl, im Nachbartal, zwei Schustergesellen lebten, die ein recht ausschweifendes und lasterhaftes Leben führten, auch sonntags viel Alkohol tranken, Streit und Raufhandel suchten, Wegkreuze zerstörten und Friedhöfe schändeten. Schlussendlich wurden sie von Gott bestraft. Plötzlich fuhr ein gewaltiger Donner durch das schmale Gebirgstal. Blitze zuckten hell leuchtend über das Firmament, der Himmel verfinsterte sich mit einer dunklen Wolke, die beiden Frevler wurden zur höchsten Stelle des Berges geschleudert und erstarrten dort zu Stein. Ihre Geister sind nun dazu verdammt, für alle Zeiten den armen Sündern auf ihrem Weg zur Ewigkeit die höllisch brennenden Schuhe zu nageln und zu flicken.

Vom Schuhflicker durch den Südhang des Hochegg führt der Steig zum Urkübl.

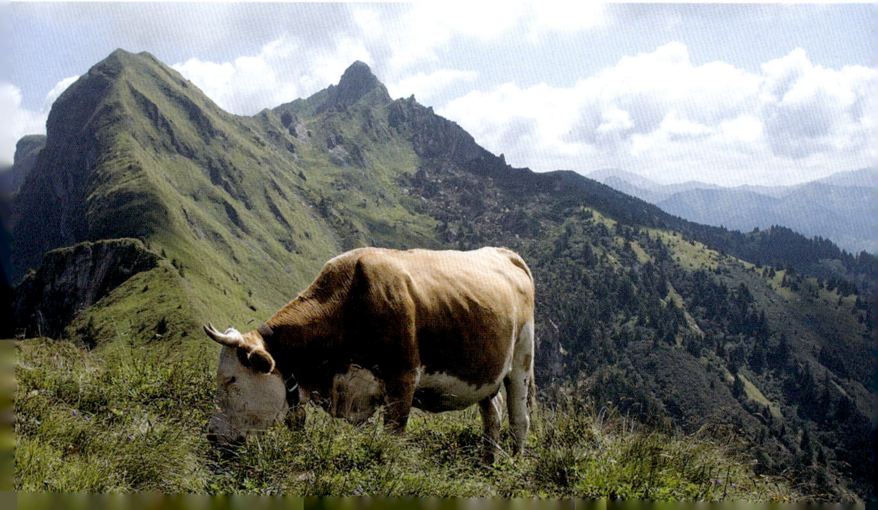

EINKEHR

Hauserbauers Gipflstadl, 2033 m: Geöffnet in der Hauptsaison während der Betriebszeiten der Gipfelbahn. Berggasthof mit ausgezeichneter Küche und schönem Panoramablick. Keine Übernachtung. Tel. +43/(0)6433/7339, www.hauserbauer.com/gipflstadl.

Steiner Hochalm, 1550 m: Geöffnet von Mitte Mai bis Mitte Oktober. Eine alte Almhütte mit schöner Lage oberhalb von Dorfgastein. Hausgemachte Produkte wie Lammwürstel, Apfelsaft und frische Bauernkrapfen vom eigenen Betrieb laden zur Vesper ein. Keine Übernachtung. Tel. +43/(0)664/4840883.

Alpengasthof Hauserbauer, 1079 m: Uriger Alpengasthof mit gemütlichen Stuben und einer Sonnenterrasse mit Blick übers Gasteinertal. Hausgemachte Produkte und gute internationale Küche. Übernachtung möglich. Tel. +43/(0)6433/7339, www.hauserbauer.com.

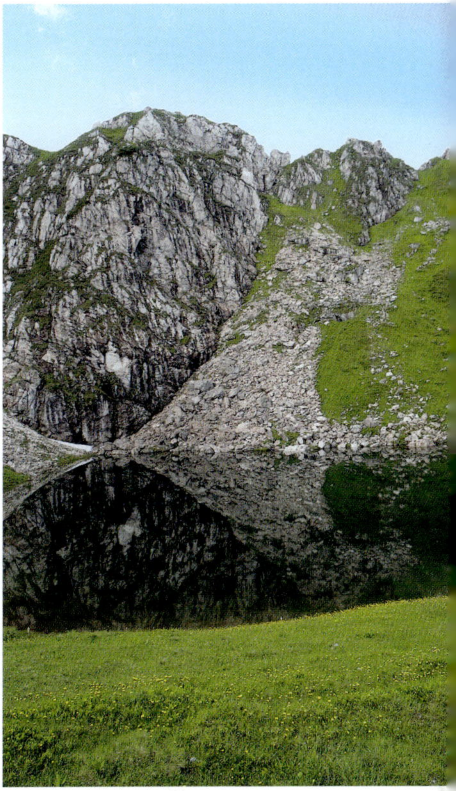

Mystischer Schuhflickersee – wie der Eingang zur Unterwelt mutet das Spiegelbild dieses kleinen Sees an.

KURZINFO

Talort: Dorfgastein, 830 m; Anreise über Zell am See oder St. Johann im Pongau (B 311), bei Lend nach Süden auf der B 167 ins Gasteiner Tal; Tourismusverband Gastein, Tel. +43/(0)6432/3393-0, www.gastein.com.

Ausgangspunkt: Parkplatz bei der Fulseckbahn im Tal, 1205 m, bzw. Gipfelstation derselben, 2033 m.

Seilbahn: Von Ende Mai bis Ende Oktober in Betrieb, in Vor- und Nachsaison am Dienstag und am Wochenende, in der Hauptsaison täglich außer Montag. Fahrzeiten unter www.gastein.com/service/bergbahn-info/sommer/preise-und-oeffnungszeiten.

Gehzeit: 6.30 Std.

Höhenunterschied: 420 m im An- und 1595 im Abstieg.

Anforderung: Wanderung auf teils feuchten Steigen in Steilhängen, auf Wander- und Güterwegen. Kondition, Orientierungsvermögen, Schwindelfreiheit und Trittsicherheit unbedingt notwendig.

Kinder: Ab frühestens 12 Jahren mit ausreichend Bergerfahrung, Kraft und Kondition.

Mountainbike: Vom Liftparkplatz der Fulseckbahn zum Alpengasthof Hauserbauer. Weiter über den Gruberwaldweg Richtung Mittelstation, über den Kristallweg zur Scharte und bis zum Fulseckgipfel (22 km, 1170 Hm, schwarz).

Gipfelmöglichkeiten: Schuhflicker, 2214 m (10 Min., schwarz); Haßeck, 2119 m (ca. 45 Min., rot).

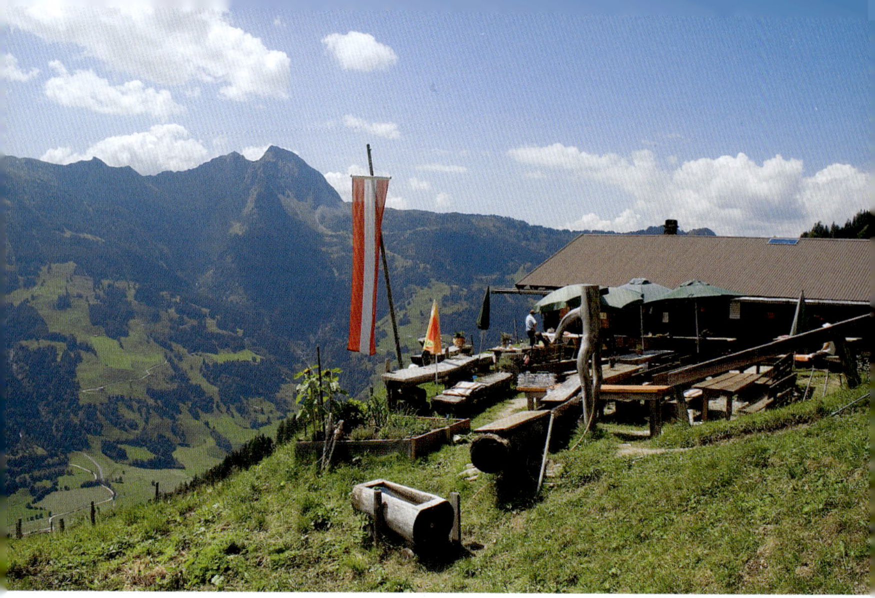

Sladinkopf und Bernkogel mit Steiner Hochalm.

Von der **Talstation der Fulseckbahn** in Dorfgastein fährt man hinauf zur **Bergstation**, 2033 m. Dort wendet man sich nordwärts und geht zu den »Kraftplätzen der Natur« mit verschiedenen Stationen. Nach der letzten Station geht es leicht bergab auf Steig Nr. 36 zum **Arltörl**, 1797 m, mit einer kleinen Kapelle und einer Wegkreuzung, an der fünf Wege zusammentreffen. Man geht hier geradeaus weiter nordwärts auf dem aussichtsreichen Steig mit der Nr. 36, nun aber bergwärts, zum Wetterkreuz, 2080 m. Hier den linken Steig nehmen und darauf steil hinauf zu einer Scharte, 2195 m, unter dem **Schuhflicker**, 2214 m. Der Gipfel ist bergerfahrenen Personen vorbehalten, der Steig ist steil und versichert. Von der Scharte auf Steig Nr. 37 in 20 Min. hinunter zum Schuhflickersee. Dort dreht der Weg in Richtung Westen. Vom romantischen See wieder bergauf zu einer Scharte und in den steilen, versicherten Grashang des **Hochegg**, 2180 m. Jetzt beginnt das eigentliche Abenteuer, man muss über ein schmales Steiglein am Westgrat des Hochegg absteigen (Seilsicherungen) auf den Grat hinüber zum benachbarten **Urkübl**, 2010 m. Ein mehr als grandioses Panorama, steile Grasflanken

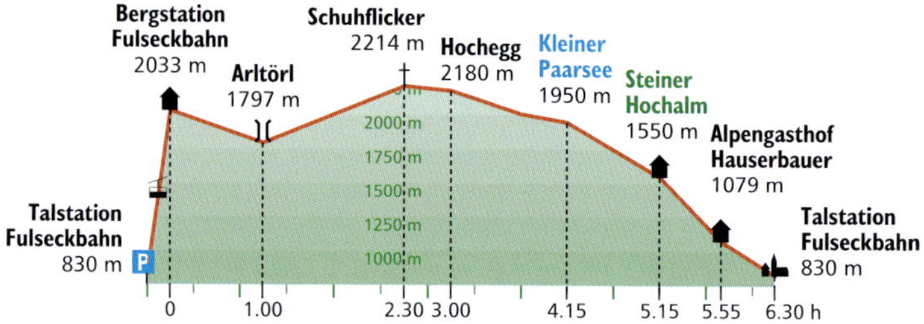

links und rechts sowie ein ordentlicher Schuss Adrenalin begleiten den Bergwanderer dabei. Am Urkübl angelangt steigt man über einen Weidezaun, danach durchquert man ein Latschenfeld, an dessen Ende man auf einen Wegweiser trifft. Hier links abbiegen und in 30 Min. zum bereits sichtbaren **Kleinen Paarsee**, 1950 m. Den See umrunden und links unter der Gasteiner Höhe, 1994 m, zu der man in 10 Min. aufsteigen kann, Richtung Süden einem Steig zu einer Hütte mit einem Wirtschaftsgebäude an einer Almstraße folgen. Dieser ca. 130 m nach rechts folgen und dann links wenige Meter hinunter, einen Wiesenweg überquerend, zur **Steiner Hochalm**, 1550 m.

Von der Hütte zurück zum Wiesenweg, dort rechts der weiß-roten Markierung in einen kleinen Bergwald folgen. An einer Kreuzung mit Wegweiser (zwei Schilder) halb rechts denjenigen Weg nehmen, in den kein (!) Schild weist. Aus dem Wald hinaus und über eine Wiese hinunter zu zwei Hütten an einem Fahrweg, auf diesem links bergab, durch ein Gehöft auf einen Güterweg. Diesem zum **Alpengasthof Hauserbauer** folgen. Auf der Zufahrtsstraße wandert man vorbei am Freibad hinunter nach **Dorfgastein** zum Ausgangspunkt, 830 m.

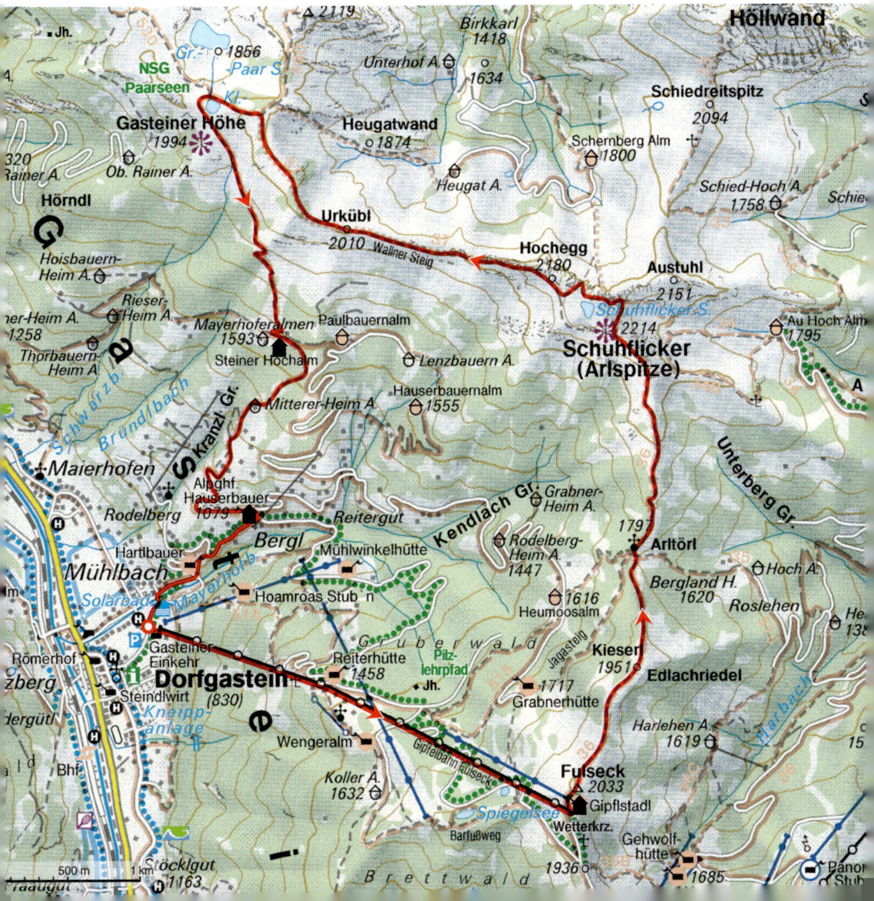

33 Igltalalm, 1502 m

Drei-Almen-Runde im Großarltal mit herrlichen Blicken ★★

Ein Almental mit Geschichte

Die Ankogelgruppe ist eine Berggruppe der Hohen Tauern, die zu den Bundesländern Salzburg (Pongau) und Kärnten gehört. Sie liegt zwischen dem Gasteinertal und Mölltal im Westen und dem Großarltal und Liesertal im Osten. Im Norden begrenzt die Salzach diese Gruppe, im Süden die Drau. Der höchste Gipfel ist die Hochalmspitze, 3360 m. Dieser Gebirgszug bildet den östlichsten Teil der Hohen Tauern, daneben beginnen bereits die Niederen Tauern. Der Ankogel wurde als einer der ersten Dreitausender bereits 1762 vom Anlauftal aus erstbestiegen. Er war der erste Gipfel der Alpen, der über einen Gletscher bestiegen wurde. Die touristische Erstbesteigung gelang 1822, wiederholt von Erzherzog Johann, Baron Herberts und mehreren Führern am 4. August 1826 über den heutigen Normalweg. Das Großarltal ist sehr bekannt für seine Vielzahl an bewirtschafteten Almhütten. Immer schon hatte die Almwirtschaft in diesem heute in erster Linie vom Tourismus und von der Landwirtschaft lebenden Tal Tradition und einen enorm hohen Stellenwert. Früher waren die Hochalmen fast ausschließlich »Sommerquartier« für die Tiere, um auf den Feldern im Tal Vorräte für die langen und meist harten Winter zu sammeln. Heute kommt den Almbauern in ihrer Funktion als Landschaftspfleger immer mehr Bedeutung zu. Außerdem sind die Almen für die Landwirte eine hervorragende Möglichkeit der Direktvermarktung der hofeigenen Produkte und für die Wanderer auf ihren Wegen durch die Bergwelt des Großarltales wichtige und notwendige Rastpunkte.

Versteckt hinter Bäumen liegt die Igltalalm.

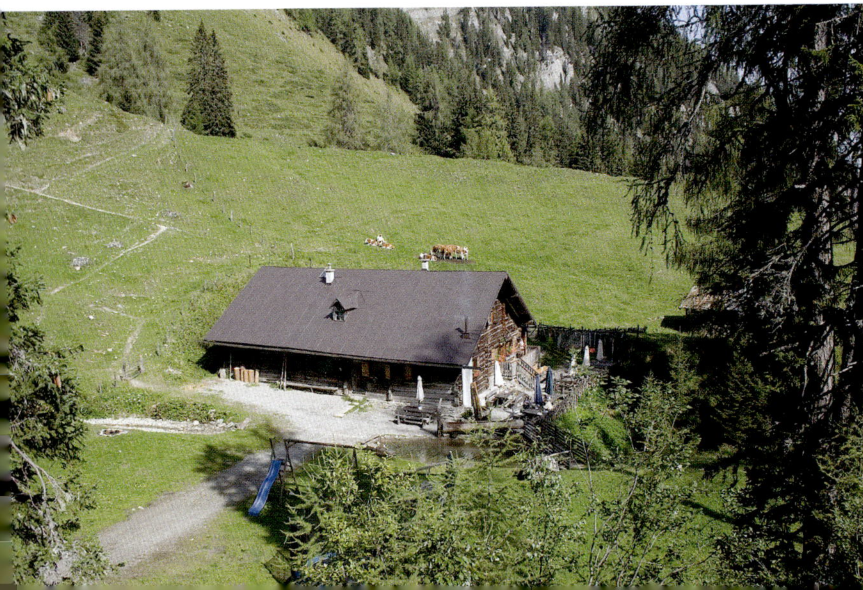

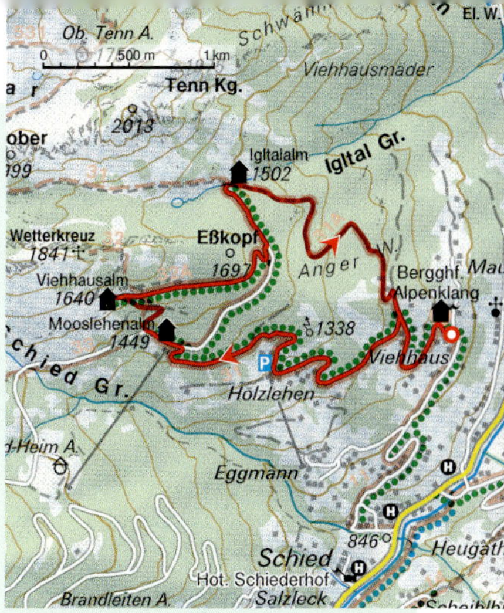

EINKEHR

Mooslehenalm, 1449 m: Geöffnet von Ende Mai/Anfang Juni bis September/Oktober. Die Mooslehenalm wurde 1952 erbaut und bietet einen herrlichen Blick auf den Ort Großarl. Bei gemütlichen Wanderern ist der etwas längere »Spazierweg« zur Alm als Ausflug sehr beliebt. Keine Übernachtung. Tel. +43/(0)6414/8384 oder +43/(0)664/88614304, www.grossarlerhof.at.

Viehhausalm, 1615 m: Geöffnet von Pfingsten bis September. Die Viehhausalm ist einer der schönsten Aussichtspunkte mit Blick auf den Ort Großarl und die schneebedeckten Gipfel der Hohen Tauern. Treffpunkt für Musikanten aus dem Tal. Erlebnisspielplatz. Übernachtung für max. 10 Personen auf Anfrage. Tel. +43/(0)6414/8788, +43/(0)680/5530889, www.bauernhof-grossarl.at.

Igltalalm, 1502 m: Auch als Niggeltalalm bekannt; geöffnet von Ende Mai/Anfang Juni bis September. Herrliche Lage in einem wildreichen Seitental. Für Kinder Teich, Mühlrad und Enten. Keine Übernachtung. Tel. +43/(0)664/1255724, www.grossarltal.info/de/almen/niggeltalalm.

Alpengasthof Unterviehhaus, 1070 m: Auch als Berghotel Alpenklang bekannt. Speisen aus der heimischen und internationalen Küche. Spezialitäten sind Großarler Fleischkrapfen, Bauernbratl und frische Bauernkrapfen. Übernachtung möglich. Tel. +43/(0)6414/5750, www.alpenklang.info.

KURZINFO

Talort: Großarl, 924 m; von Salzburg über die Tauernautobahn A 10 bis Abfahrt Bischofshofen, weiter nach St. Johann im Pongau. Von Westen über Zell am See nach St. Johann im Pongau. Von dort 15 km ins Großarltal; Tourismusverband Großarl, Tel. +43/(0)6414/281, www.grossarltal.info.

Ausgangspunkt: Alpengasthof Unterviehhaus, Auffahrt mit dem Pkw über den Güterweg Schied im Ortsteil Schied; am Gasthof Parkmöglichkeit für die Rundtour. Oder zum Holzlehenbauer und weiter zum Parkplatz bei der ORF-Sendeanlage (Parkmöglichkeit für die Wanderung hin und retour).

Gehzeit: 3.30 Std.

Höhenunterschied: 580 m.

Anforderungen: Wenig Orientierungssinn nötig, man muss nur den gelben Wanderwegweisern über Güterwege, Alm- und Forststraßen sowie Steige zu den Almen folgen. Auf dem Steig zwischen Mooslehen- und Viehhausalm und im Abstieg von der Igltalalm ist etwas Trittsicherheit notwendig (Vorsicht bei Nässe!).

Kinder: Spielplatz auf der Viehhausalm; Teich, Mühlrad, Enten auf der Igltalalm.

Kinderwagen: Geeignet für geländegängige Kinderwagen zur Mooslehenalm und von dort direkt zur Igltalalm (ca. 4 Std. hin und retour).

Mountainbike: Verschiedene beschilderte Routen (ca. 120 km) zu den Almen. Mountainbikekarte beim Tourismusverband erhältlich.

Gipfelmöglichkeiten: Wetterkreuzsattel, 1800 m (1 Std. im An- und Abstieg von der Viehhausalm, blau); Heukareck, 2100 m (2 Std. im Anstieg von der Igltalalm, rot); Höllwand, 2287 m (3.30 Std. von der Mooslehenalm, schwarz).

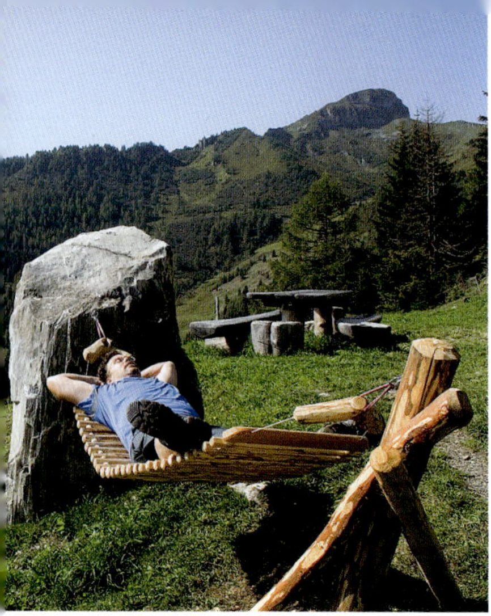

Rastplätze wie hier auf der Viehhausalm sollte es mehr geben.

Vom Parkplatz des **Alpengasthofs Unterviehhaus**, 1070 m, folgt man der Straße bergwärts bis zu einer Kreuzung. Hier hält man sich links und folgt dem Güterweg Nr. 32 durch das Gehöft Holzlehen mit Blick zu Schuhflicker, Schiedreitspitz und Höllwand bis zum Parkplatz am **Sender Holzlehen**. Hier steht eine große Übersichts- und Informationstafel über das nordwestliche Großarltal, seine Gipfel und Wanderwege. Man folgt nun der Forststraße Richtung Westen seicht bergan und erreicht nach ca. 15 Min. die **Mooslehenalm**, 1449 m. Von ihren Bänken möchte man gar nicht mehr aufstehen, so beeindruckend ist der Blick auf Großarl, hinein ins Tal und auf die Hohen Tauern. Besonders der Gamskarkogel, 2467 m, mit der Badgasteiner Hütte im Vordergrund und der Ankogel, 3252 m, im Hintergrund stechen markant hervor. Man folgt dem Anstiegsweg ein kurzes Stück weiter und biegt gleich hinter der Alm rechts auf einen Steig ab. Diesem rot-weiß-rot markierten Steig folgt man und erreicht nach mäßig steilem Aufstieg eine Almstraße (Weg Nr. 32). Hier links ab kommt man nach ca. 30 Min. zur **Viehhausalm**, 1615 m.

Nach einer Rast in der Holzhängematte neben der Alm am Panoramaerlebnisspielplatz geht es bis dorthin zurück, wo der Steig von der Mooslehenalm auf die Almstraße trifft. Nun folgt man der Almstraße mit der Nr. 32 zuerst geradeaus gegen Osten, bei einer Wegkreuzung links nach Norden abbiegend ohne nennenswerte Probleme zur **Igltalalm**, 1502 m. Kurz bevor man auf die Alm trifft, hat man bereits einen romantischen Blick von oben auf die Alm und die Wiesen, die um die Gebäude liegen. Ein Mühlrad im Bach und ein Steg über den anliegenden Teich gleich neben der Hütte laden den Erwachsenen zu einem längeren Aufenthalt und Kinder sofort zum Spielen ein.

Nach verdienter Rast geht es über den Teich zurück und gleich links einen kleinen Hügel hinauf zu einem Wegweiser. Hier erreicht man über den Steig 31a einen asphaltierten Güterweg. Nach links wandernd gelangt man 10 Min. später zum Parkplatz des **Alpengasthofs Unterviehhaus**, 1070 m.

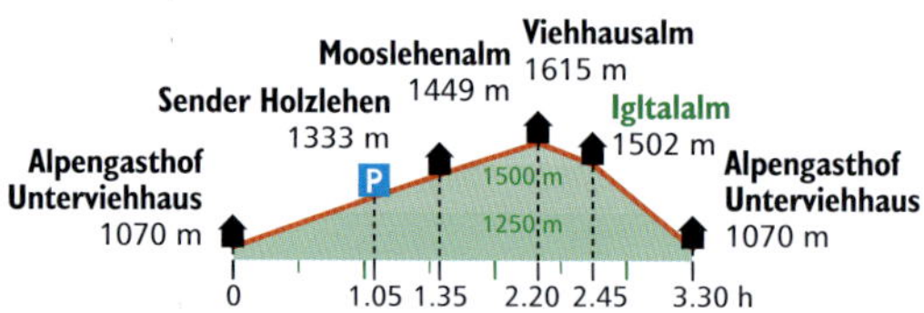

Bichlalm, 1731 m

Über die Himmelsleiter

★★

Steiler Anstieg mit flachem Ende in einem bewachten Tal

In Großarl ist alles mehr oder weniger eng und steil. Gerade das macht den Reiz dieses wunderschönen Tales aus. Das dürften sich die ersten Siedler ca. 930 nach Christus nicht gerade gedacht haben, aber da über die Arlscharte eine der wichtigsten Nord-Süd-Routen durch die Hohen Tauern führte, bildete sich frühzeitig eine Infrastruktur, die zum Teil bis heute zu sehen ist. Die Maut- und Talsperre »Alte Wacht« liegt am Eingang des Großarltals und ist ein Relikt aus dieser Zeit. Die Wacht wurde als Maut- und Kontrollstation durch den von Erzbischof Johann Jakob Khuen von Belasi angeordneten Bau einer schmalen Straße ins Großarltal im Jahr 1566 errichtet, um die Versorgung der Bergleute und die Ausfuhr der Abbauprodukte sicherzustellen. Zuvor war das abgelegene Tal nur über einfache Saum- und Gehwege erreichbar. 1655 wurden der Wacht Soldaten zugeteilt, um die Ausbreitung der Pest zu verhindern. Im 19. Jahrhundert fungierte die unweit der Gemeindegrenze zwischen Großarl und St. Johann gelegene Alte Wacht als Gaststätte für die zwischen den beiden Orten verkehrenden Pferdefuhrwerke. Später diente das Gebäude als Dienstwohnung für den Wegmacher der Großarler Straße, ab 1946 stand es viele Jahre leer. Seit 2001 findet es als Dependance des Hüttschlager Talmuseums Verwendung. Dargestellt wird in der Alten Wacht die Geschichte des Gebäudes, der Großarler Landesstraße und die umfangreiche Sagenwelt des Großarltales.

Nach der »Himmelsleiter« erwartet den Wanderer dieses beeindruckende Bild der Bichlalm.

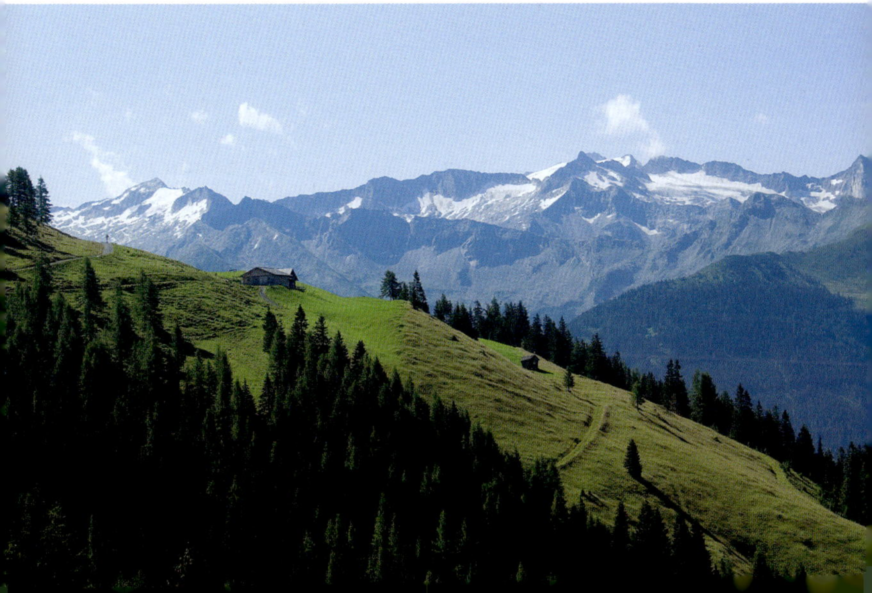

KURZINFO

Talort: Großarl, 924 m; von Salzburg über die Tauernautobahn A 10 bis Abfahrt Bischofshofen, weiter nach St. Johann im Pongau. Von Westen über Zell am See nach St. Johann im Pongau. Von dort 15 km ins Großarltal; Tourismusverband Großarl, Tel. +43/(0)6414/281, www.grossarltal.info.
Ausgangspunkt: Kleiner Parkplatz beim Finsterwaldbauer. Von Zentrum Großarl knapp 900 m ins Ellmautal, dann rechts abbiegen und in Serpentinen der Straße bis zum letzten Gehöft folgen.
Gehzeit: 4.30 Std.
Höhenunterschied: 645 m.
Anforderungen: Steil die Himmelsleiter hinauf, bei Nässe stellenweise etwas Trittsicherheit erforderlich. Die letzten Meter im Auf- und Abstieg auf den Remsteinkogel erfordern Trittsicherheit, nicht bei Nässe oder Schnee begehen.
Kinder: Spielplatz auf der Alm.
Kinderwagen: Geeignet für geländegängige Kinderwagen, aber nur am Abstiegsweg bis zur Alm (ca. 2.30 Std.).
Mountainbike: Mehrere Routen im Tal. Auf die Bichlalm technisch leichte, aber konditionell anstrengende Tour über Jaitlehen zur Alm. Mountainbikekarte beim Tourismusverband erhältlich.
Gipfelmöglichkeiten: Remsteinkogel, 1946 m (1 Std. im An- und Abstieg von der Bichlalm, am Gipfelaufbau rot); Filzmooshörndl, 2189 m (ca. 3 Std. hin und zurück von der Bichlalm, rot); Hundeck, 2079 m (3.30 Std., rot).
Tipp: Vom Ende des Ellmautales (Parkplatz Grund) über die Filzmoosalm, Filzmooshörndl, Remsteinkogel und Bichlalm als Streckenwanderung nach Großarl (6 Std., rot).

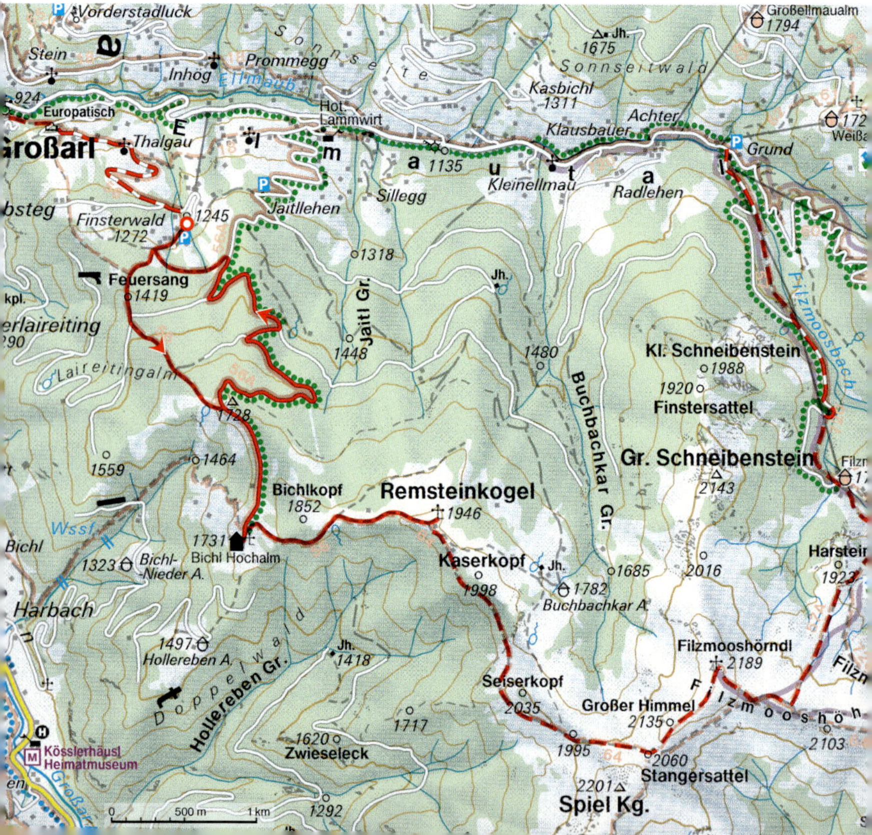

Gleich oberhalb des kleinen Parkplatzes (Wegweiser) beim **Finsterwaldbauer** zweigt ein Fahrweg links ab und führt leicht steil bergauf in Kürze zu einer kleinen Aussichtsloge mit einem Bankerl mit Blick auf Schuhflicker, 2214 m, Höllwand, 2287 m, und Schober, 1997 m. Daneben stehen drei Wegweiser. Man folgt jenem zur Bichlalm über Himmelsleiter mit der Wegnummer 56, zuerst am Waldrand entlang, kurze Zeit später auf einem schmalen Steig südöstlich durch angenehm kühlen Bergwald steil bergauf. Rotweiß-rote Markierungen lotsen den Wanderer durch den Wald. Zwei Mal kreuzt man eine Forststraße, einige kleine Lichtungen mit Blick auf die Großarler Bergwelt laden zu einer Rast ein. Diese tut gut, denn der Name Himmelsleiter kommt nicht von irgendwoher. Wenn man weiter oben nach Überquerung der zweiten Forststraße auf ein Bankerl am Waldrand trifft, hat man das Ärgste hinter sich, tritt kurz darauf aus dem Bergwald heraus und wandert leicht ansteigend links über Almmatten zur Straße zur Bichlalm, 1720 m, hinauf. Schon vom Waldrand aus erblickt man die Bichlalm mit den (noch) eisbedeckten Gipfeln der Hohen Tauern im Hintergrund. An der Forststraße (Wegweiser) rechts und mit einem 180-Grad-Blick auf die Bergwelt über Hüttschlag in 15 Min. zur **Bichlalm**, 1731 m. Von der Alm gehen wir ca. 150 m zurück und biegen an der Kreuzung rechts ab

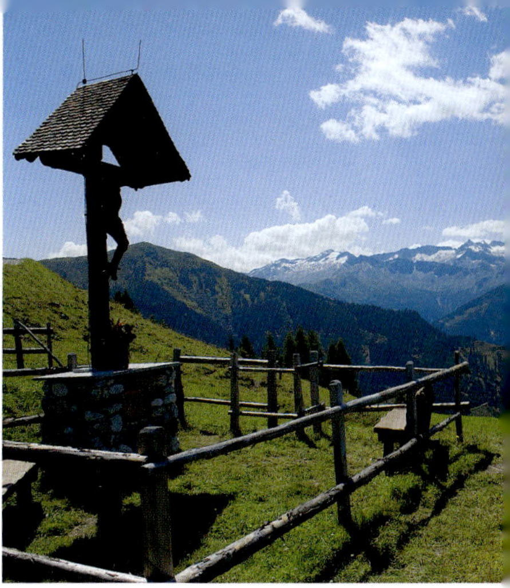

Tauernpanorama bei der Bichlalm.

und wandern über den **Remsteinsteig** oder die Forststraße auf ein kleines Plateau und von dort hinauf über einen Steig auf den **Remsteinkogel**, 1946 m.

Beim Abstieg folgen wir der Almstraße an der **Bichlalm** vorbei zurück bis zur Kreuzung mit dem Steig »Himmelsleiter«. Hier geradeaus den Wegweisern »Bauernhof Finsterwald« entlang der Forststraße und schließlich einem Karrenweg links folgen und zurück zum Ausgangspunkt **Finsterwaldbauer**.

EINKEHR

Bichlalm, 1731 m: Geöffnet von Mitte Juni bis Mitte Oktober. Schöne aussichtsreiche Lage. Brot, Speck und Käse aus hofeigener Produktion. Keine Übernachtung. Tel. +43/(0)650/4103915 oder +43/(0)664/1521940.

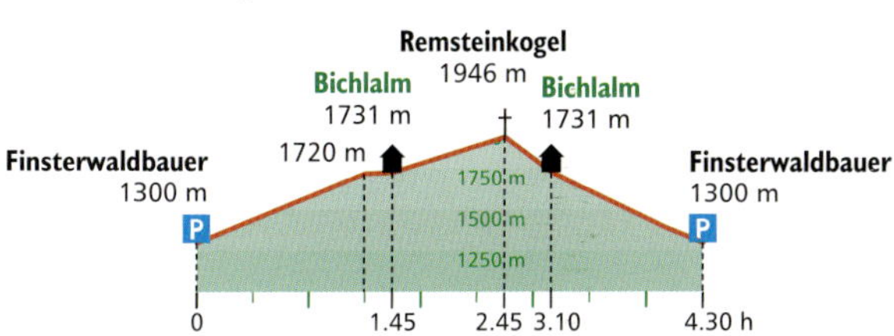

35 Gamskarkogelhütte, 2467 m

Durch das Tofernbachtal ★★★

Eine Hütte am Grasberg der Superlative

Er ist der höchste Grasberg Europas, der Gamskarkogel. Und die gleichnamige Hütte ist eine der ältesten, rein für bergsteigerische Zwecke bereits 1828 erbaute Schutzhütte in den Ostalpen. Diese Hütte liegt im Gemeindegebiet von Bad Hofgastein, ist aber auch aus dem Großarltal gut zu erreichen – was sie wieder interessant macht für einen mehrfachen Besuch. Denn egal von welcher Seite man hinaufsteigt, die Aussicht ist grandios. Grandios kann man auch ihre Errichtung 1828 bezeichnen: Die Hütte wurde bei der auf 1740 m Meter gelegenen Rastötzenalm zusammengebaut, dann wieder in ihre Einzelteile zerlegt, mit Hilfe von Pferden auf den Gipfel gebracht und dort schließlich wieder zusammengesetzt. Erbauen ließ die Hütte übrigens Erzherzog Johann, der ein Jahr nach der Hüttenerrichtung auch von Gastein aus einen Fußweg anlegen ließ, vorwiegend aber die jagdliche Nutzung durch die feinere Gesellschaft im Sinn hatte. Heute bietet die Hütte einen traumhaften Ausblick in die Bergwelt von Salzburg, Tirol, der Steiermark und nach Bayern. Und traumhafte Sonnenauf- und Sonnenuntergänge!

Die Gamskarkogelhütte am gleichnamigen Kogel.

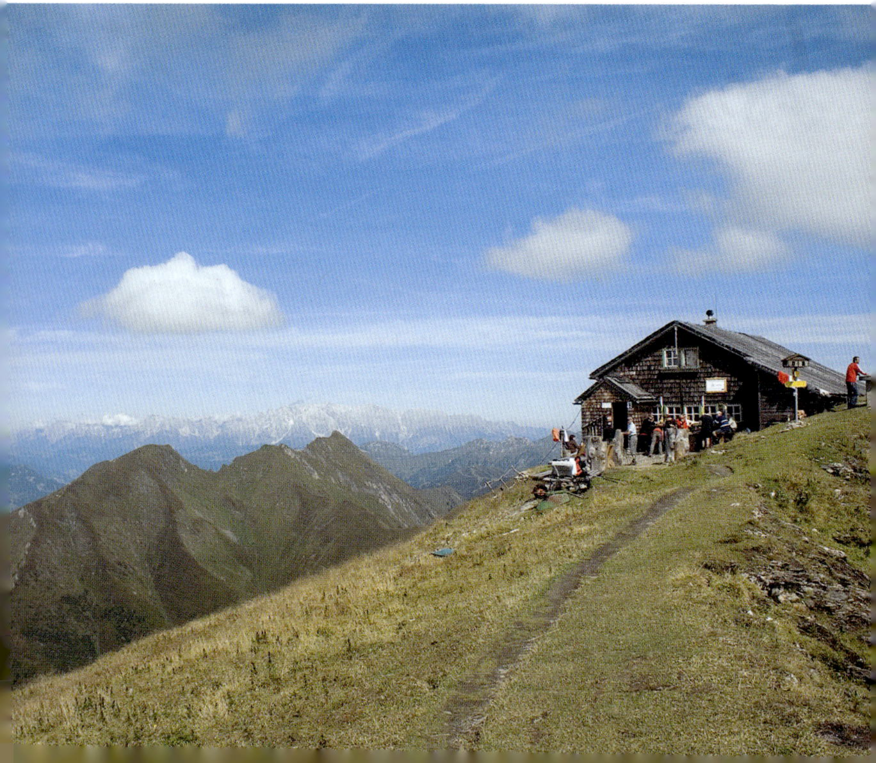

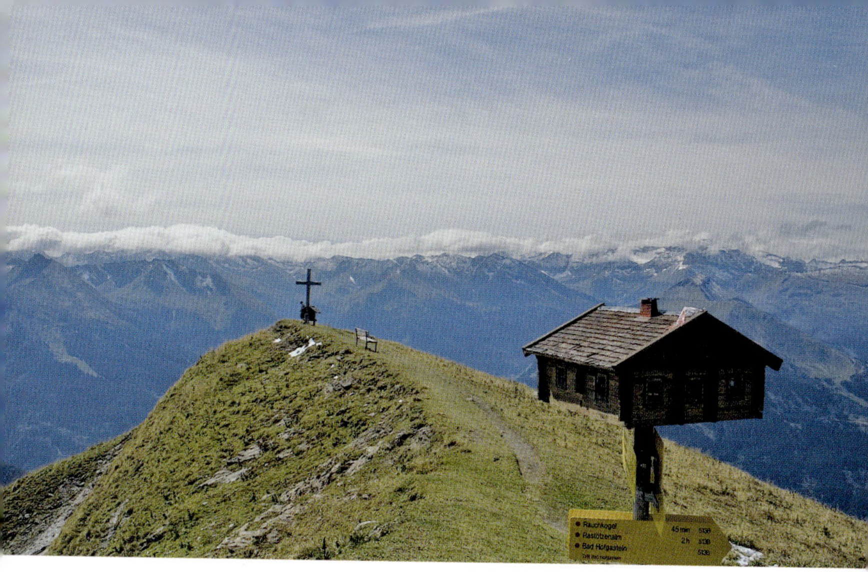

Eine Schlechtwetterfront staut sich im Süden der Tauern.

KURZINFO

Talort: Großarl, 924 m; von Salzburg über die Tauernautobahn A 10 bis Abfahrt Bischofshofen, weiter nach St. Johann im Pongau. Von Westen über Zell am See nach St. Johann im Pongau. Von dort 15 km ins Großarltal nach Hüttschlag; Tourismusverband Großarl, Tel. +43/(0)6414/281, www.grossarltal.info.
Ausgangspunkt: Ausgeschilderter Parkplatz am Ende des Güterwegs Hinterfeld (2,7 km vom Tal, ca.1240 m).
Gehzeit: 6.10 Std.
Höhenunterschied: 1230 m.
Anforderungen: Wanderung auf Steigen, Wanderwegen und Almstraßen. Ab der Tofernscharte schmaler Steig in sehr steilen Grashängen. Trittsicherheit notwendig. Vorsicht bei Nässe.
Kinder: Ab 8 Jahren bei trittsicheren, bergerfahrenen Kindern.
Kinderwagen: Für geländegängige Kinderwagen zur Harbachalm (Almstraße, 3,5 km, ca. 1.15 Std. im Anstieg).
Mountainbike: Entweder aus dem Tal vor dem Tunnel auf Güterweg Hinterfeld (12,5 km, mittel) oder vom Bauernhof Hinterfeld auf mäßig ansteigendem Almweg (Weg Nr. 43-502a) zur Harbachalm (ca. 7 km).
Tipps: Überschreitung nach Bad Hofgastein über Rastötzenalm oder nach Bad Gastein über den Alpengasthof Poserhöhe (jeweils 3 Std. im Abstieg). Es ist ratsam, vorher ein Auto in der jeweiligen Ortschaft zu parken, da die Rückreise nach Großarl mit öffentlichen Verkehrsmitteln umständlich ist.

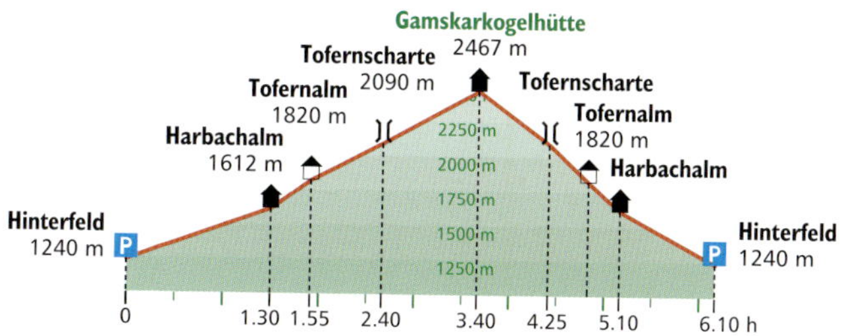

Vom Parkplatz **Hinterfeld**, 1240 m, auf einer Forststraße (Weg Nr. 43-502a) gemütlich bergauf, anfangs noch mit Blick ins Großarltal, dann durch Wald. An den Kreuzungen mit anderen Forststraßen hält man sich immer geradeaus und gelangt zu einem Bildbaum, daneben eine kleine Holzkapelle und eine Rastbank. Kurz dahinter durch ein Weidetor, der Wald wird lichter und Almwiesen treten hervor. Vorbei an einem kleinen Speichersee, weiter geradeaus bis zur ersten Linkskurve, in deren Scheitelpunkt man auf einen Steig überwechselt. Gleich darauf nach rechts mit Hilfe eines Stegs über den Tofernbach. Nach ca. 450 Metern trifft man vor einer privaten Almhütte wieder auf die Forststraße; dieser rechts folgen. Kurz nach einer scharfen Linkskurve erreicht man die **Harbachalm**, 1612 m.

Rechts der Almhütte auf einen Fahrweg, der steiler wird und in mehreren Kurven auf die Almmatten der unbewirtschafteten **Tofernalm**,

EINKEHR

Harbachalm, 1612 m: Geöffnet von Ende Mai bis Ende September. Das Gebiet der Tofern- und Reitalm war ein ehemaliges Kupferbergbaurevier im Großarltal. Die Harbachalm ist die einzige noch bewirtschaftete Bergknappenhütte aus dem 17. Jh. Sehr bekannt ist das Gebiet um die Harbach- und Tofernalm für ein reiches Vorkommen des Gelben und Punktierten Enzian (im Volksmund »Enzianwurz« genannt), dessen Wurzeln eine besondere Heilwirkung für Magen- und Darmerkrankungen haben und streng unter Naturschutz stehen. Übernachtung möglich. Tel. +43/(0)676/7576351, www.grossarltal.info/de/almen/harbachalm.html.

Gamskarkogelhütte, 2467 m: Alpenvereinshütte, auch als Badgasteiner Hütte bekannt; geöffnet von Anfang Juli bis Ende September (witterungsabhängig). Die Küche auf der Hütte bietet Speisen von der österreichischen Hausmannskost bis zu typischen Hüttenschmankerln. Zusätzlich gibt es Tagesangebote, welche abhängig von den Vorräten sind. Übernachtung möglich. Winterraum ohne Heizmöglichkeit. Tel. +43/(0)664/2028507, www.gamskarkogelhuette.at.

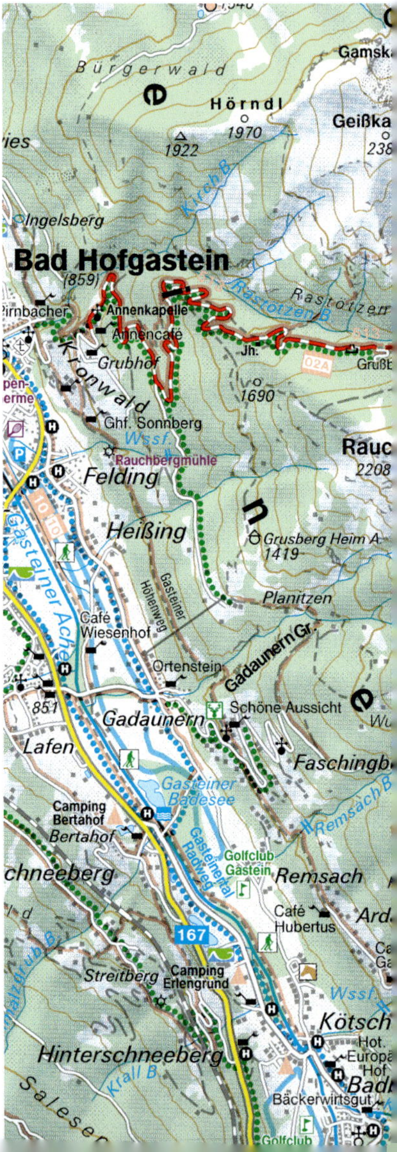

1820 m, führt. An einer Gedenktafel vorbei und einen Bach überquerend geht es nun auf einem Steig aufwärts (rot-weiß-rote Markierung). Nach einer Querung der Almwiesen wird die **Tofernscharte** erreicht, 2090 m. Hier rechts (Weg Nr. 43, 513) Richtung Nordwesten steil hinauf in die Grashänge des Gamskarkogels, später wird der Steig durch Serpentinen flacher. Nach Erreichen eines kleinen Fahnenmastes gelangt man rechts auf eine Grasschulter und in wenigen Minuten zur bereits sichtbaren **Gamskarkogelhütte**, 2467 m, die auch Bad Gasteiner Hütte genannt wird.
Abstieg wie Anstieg.

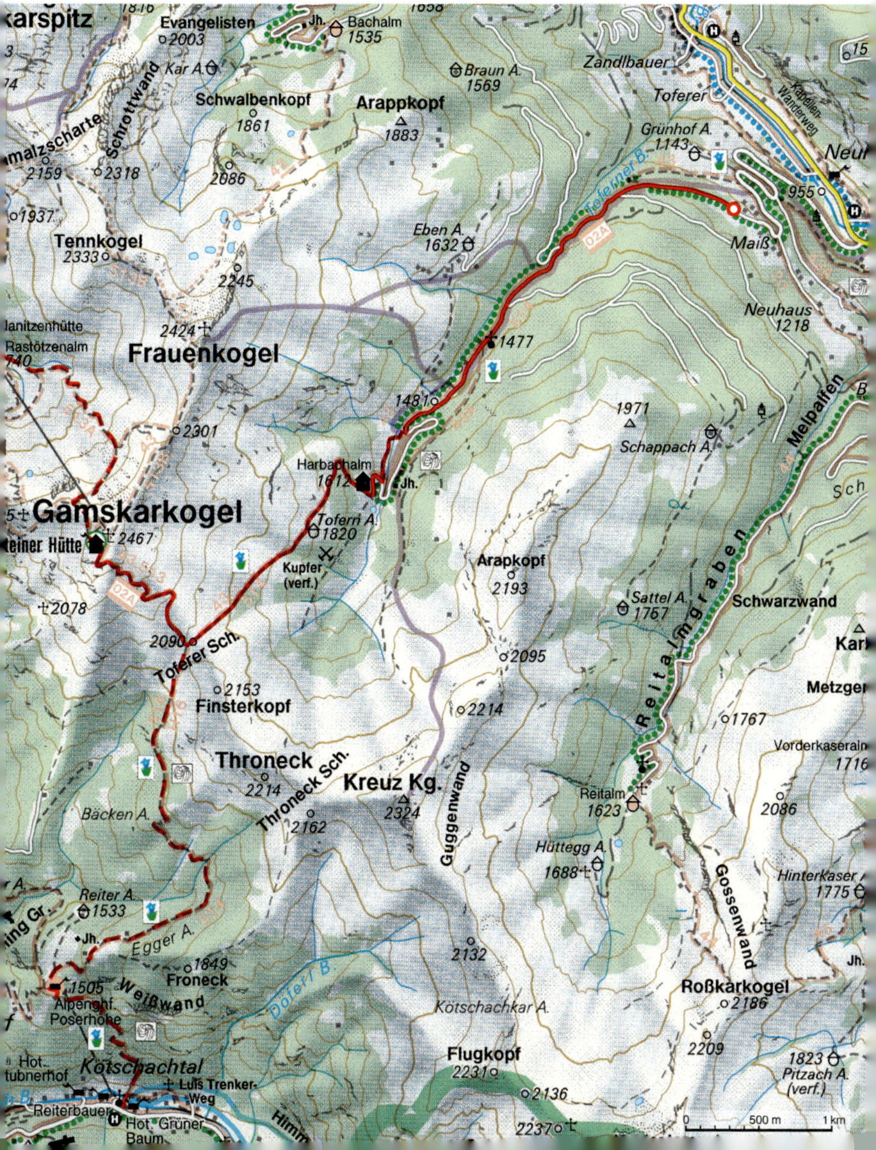

36 Modereggalm, 1720 m

Im Talschluss von Hüttschlag ★★

Tal der Almen

Das Großarltal ist als das Tal der Almen bekannt. Mit finanzieller Hilfe des Landes Salzburg, der Republik Österreich und der Europäischen Union wurden 40 Almen der Nationalparkgemeinde revitalisiert oder renoviert. Wie in den alten Heimatfilmen wurde die romantische Ausstrahlung der Almen in ihrem oft mehrere hundert Jahre alten Aussehen belassen, nur die Materialien wurden teilweise ausgewechselt. Sogar die Lärchenschindeleindeckung am Dach wurde, obwohl sehr kostspielig, wieder durchgeführt. 220 Kilometer Almwanderwege wurden hergerichtet oder neu erschlossen und teilweise mit Themen versehen. Almerer zu sein war und ist auch heute nur etwas für Idealisten und traditionell verankerte Menschen. Die Arbeit ist hart, der Lohn ist karg.

Ende September ist es auf der Modereggalm sehr interessant. Da röhrt es aus dem Schödertal ununterbrochen herauf, wenn die Hirschbrunft eingesetzt hat. Interessant ist das Schödertal auch aus einem anderen Grund. Es hat einen periodischen See, den Schödersee, der sich nur während der Schneeschmelze und nach besonders starken Regengüssen füllt und in dem sich die umliegenden Gipfel der Hohen Tauern spiegeln. Während der Schönwetterperioden im Sommer trocknet er aufgrund seines unterirdischen Ablaufes oft zur Gänze aus. Zurück bleiben nur einige kleine, schmale Bächlein, die schließlich zwischen den Steinen im Boden verschwinden.

Von der Jagdhütte mit Blick auf die Klingspitze ist es nicht mehr weit zur Modereggalm.

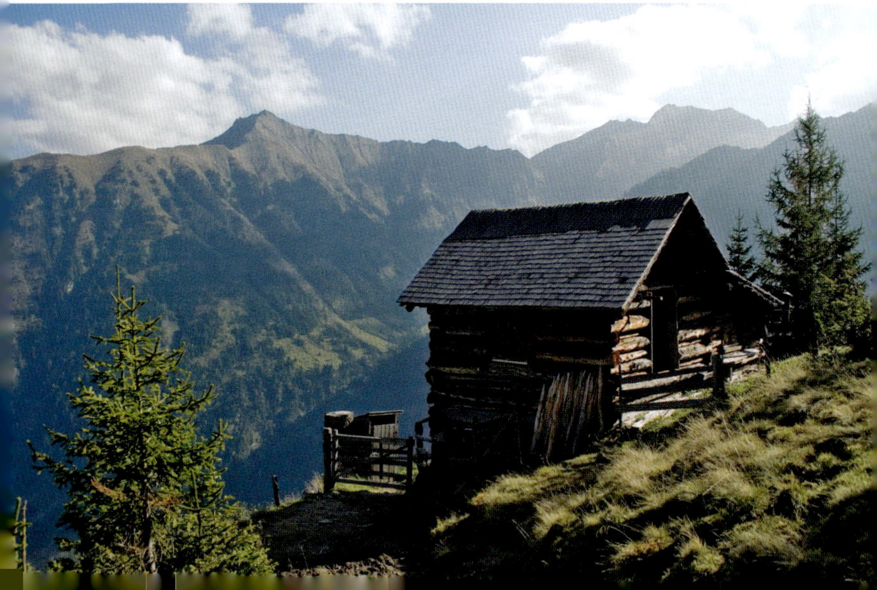

EINKEHR

Talwirt, 1050 m: Öffnungszeiten auf der Website oder über den Tourismusverband Großarl. Spezialitäten sind die bodenständige Küche und die eigene Speckproduktion. Keine Übernachtung. Tel. +43/(0)6417/444, www.talwirt.com. Nebenan das Talmuseum Hüttschlag mit Nationalpark-Infozentrum (www.talmuseum.at).

Modereggalm, 1720 m: Geöffnet von Ende Mai bis Ende September. »Alm des Jahres 2009«; Spezialitäten sind die Mehlspeisen der Sennerin. Übernachtung möglich. Tel. +43/(0)664/3524174.

Aschlreitalm, 1785 m: Geöffnet von Juni bis September. Spezialitäten aus der eigenen Landwirtschaft. Übernachtung möglich. Tel. +43/(0)664/4509071 oder +43/(0)664/4378018.

Hirschgrubenalm, 1564 m: Geöffnet von Ende Mai bis Ende September. Übernachtung möglich. Tel. +43/(0)6417/246 oder +43/(0)664/5324058, www.bauernhofoberneureit.at.

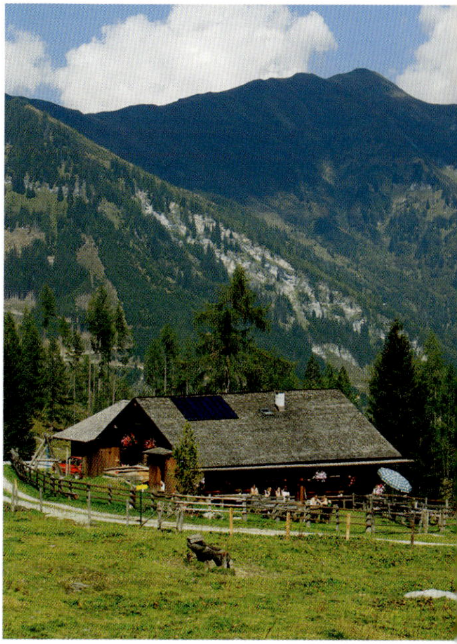

Die Hirschgrubenalm.

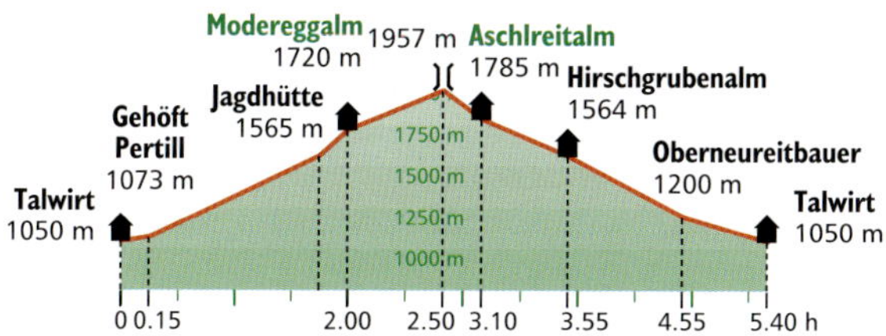

KURZINFO

Talort: Hüttschlag, 757 m; von Salzburg über die Tauernautobahn A 10 bis Abfahrt Bischofshofen, weiter nach St. Johann im Pongau; von Westen über Zell am See nach St. Johann im Pongau, von dort ins hinterste Großarltal; Tourismusverband Großarl, Tel. +43/(0)6414/281, www.grossarltal.info.

Ausgangspunkt: Großer Parkplatz beim Talwirt, 1050 m.

Gehzeit: 5.40 Std.

Höhenunterschied: 920 m.

Anforderungen: Einfache Wanderung ohne Probleme auf Steigen und Wanderwegen. Nur der Übergang durch die Scharte zwischen Modereggalm und Aschlreitalm führt kurz durch einen versicherten Grassteilhang.

Kinder: Rund um die Almen gibt es Kühe, Jungvieh und Pferde. Kinderspielplatz auf der Aschlreitalm. Reptilien und Frösche am Biotoplehrpfad. Großes Rotwildgehege beim Talwirt zum Durchwandern. Metzgermaskenmuseum beim Talwirt (Perchtenmasken der Extraklasse) – allerdings nicht für Kinder geeignet, die noch an den Krampus glauben!

Gipfelmöglichkeit: Spielkogel, 2143 m (ca. 25 Min. im Anstieg von der Scharte zwischen Moderegggeralm und Aschlreitalm aus, schwarz).

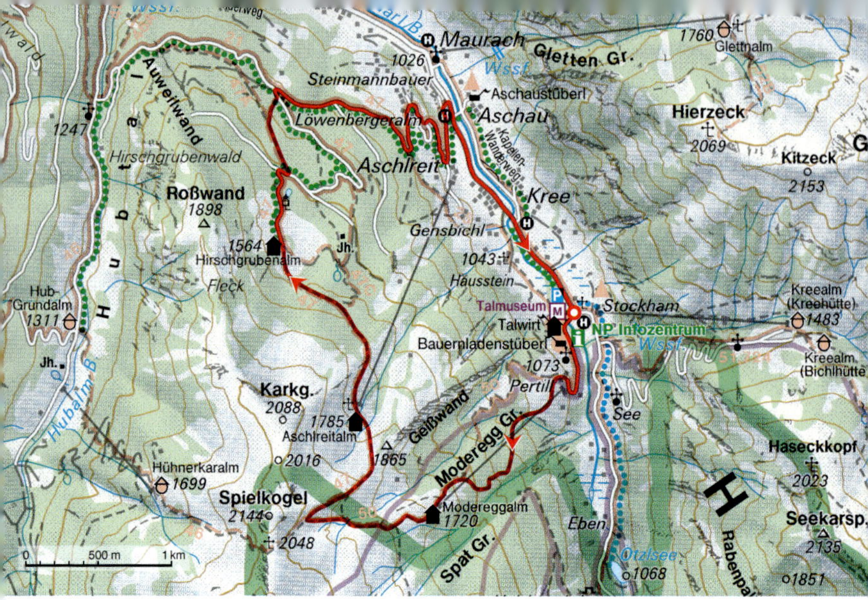

Beim **Talwirt**, 1050 m, über die Brücke des Großarlbaches, dann links den Güterweg hinauf zum **Gehöft Pertill**. Im Hof rechts am Wegweiser vorbei durch ein Weidetor, dann links den Fahrweg Nr. 50 hinauf und ein Stück weiter oben durch eine breite Furt den Bach queren. Ab hier geht es in den Wald hinein und steil bergauf. Der Weg geht bald über in einen gemütlichen Pfad, der durch Bergwald und über Lichtungen in der Hauptrichtung der Materialseilbahn zur Alm führt. Wenn man die kleine Jagdhütte mit dem Weidetor erreicht hat, tritt man auf Almmatten hinaus und erreicht in Kürze die **Modereggalm**, 1720 m. Ab hier führt ein Steig (Nr. 47) mit rot-weiß-roter Markierung, vorbei an der alten verfallenen Modereggalm, zu einer Kreuzung am Osthang des Spielkogels, an der man sich rechts hält. Hoch über der Modereggalm steigt man nun einen sehr steilen Grashang hinauf (Seilsicherung) und erreicht eine Scharte, 1957 m, mit Blick ins Schödertal und die umliegende Bergwelt. Zur bereits sichtbaren und nicht weit entfernten **Aschlreitalm**, 1785 m, geht es zuerst ein Stück am Grat entlang und dann links abwärts den Pfad hinunter.

Von der Aschlreitalm geht es einfach weiter am Pfad Nr. 47 hinüber zur **Hirschgrubenalm**, 1564 m. Rechts an der Almhütte vorbei geht auf der Almstraße am westlichen Rand des großen Wiesenplateaus zur Kohlmaislacke mit fünf Informationssteinen. Weiter zu einer Forststraßenkreuzung, diese überqueren und auf einem Steig (Holztafel »Abkürzung Hüttschlag Weg Nr. 3«) zum **Oberneureitbauer**, 1200 m. Auf der Zufahrtsstraße in mehreren Kurven nach Aschau, dort rechts auf die Landesstraße einbiegen. Dieser bis vor die Brücke über den Großarlbach folgen. Dort rechts auf den feuchten Biotoplehrpfad abbiegen und entlang dem Großarlbach zurück zum **Talwirt**, 1050 m.

Abstieg zur Aschlreitalm.

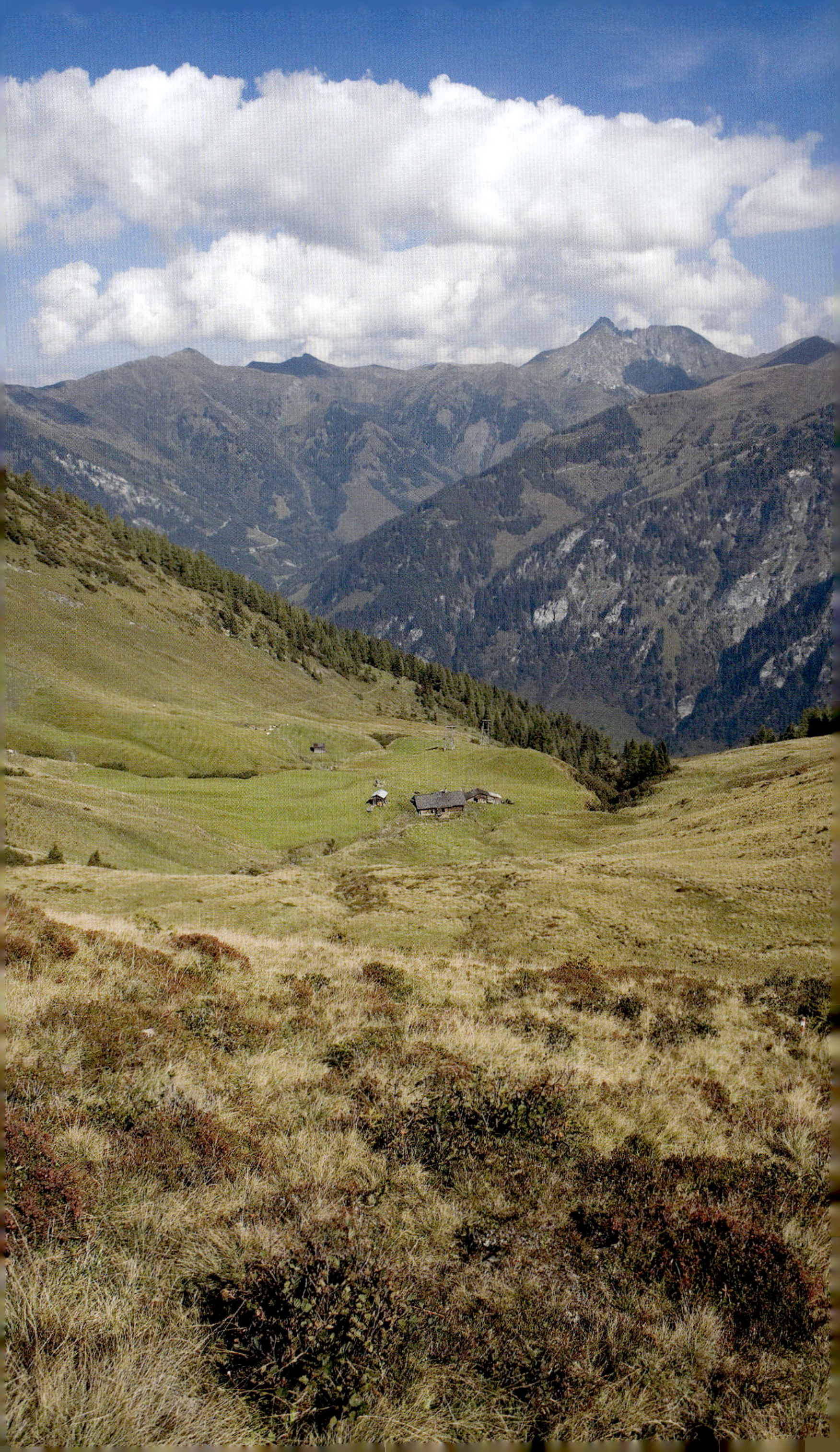

37 Draugsteinalmen und Tappenkarseehütte

Große Runde zwischen Draugstein und Kreuzeck ★★★

Fische im Tappenkarsee

In den Bergen kann man nicht nur wandern, klettern, Rad fahren, man kann auch in den höheren Gebirgsseen fischen. Ein besonderes Erlebnis ist die Saiblingspirsch im Tappenkarsee, dem größten Gebirgssee der Ostalpen, 1765 m, mit 3 km Länge und 100 m Tiefe. Dort findet man den Schwarzreuther, eine seltene Saiblingsart (eine Kümmerform des Normalsaiblings), die nur in Hochgebirgsseen über der Baumgrenze vorkommt. Er laicht von Oktober bis Jänner auf kiesigem Grund im See, bevorzugt im Bereich unterseeischer Quellen und Wasseraustrittstellen (z. B. Mündungskegel von Fließgewässern). Mit der Wiederansiedelung der »Urforelle« in den Bächen des Nationalparks Hohe Tauern soll auch die Bachforelle wieder ihren angestammten Lebensraum zurück erhalten. Die Bachforelle ist standorttreu, bevorzugt auch im Sommer kühle, sauerstoffreiche, reich strukturierte Bäche mit vielen Unterstands- und Versteckmöglichkeiten. Aber noch ein anderes Tier soll im Tappenkarsee leben; der Sage nach gibt dort auch noch den Tatzelwurm. Der Tatzelwurm ist ein kleinerer Verwandter von Drache und Lindwurm. Der Name setzt sich zusammen aus Tatze für die großen Vorderpfoten und Wurm, woraus man schließt, dass es sich um einen »Halbdrachen« mit einem schlangenartigen Unterleib und zwei prankenbesetzten Vorderbeinen handelt. Ein Tatzelwurm entsteht laut Sage dadurch, dass ein Hahn ein schwarzes Ei in einen Bergsee legt, wo es von der Sonnenwärme ausgebrütet wird. Es schlüpft ein Tatzelwurm, der Menschen und Tiere jagt.

Auf der Tappenkarseealm ist immer viel los, weil sie über den Jägersee aus Kleinarl leicht zu erreichen ist.

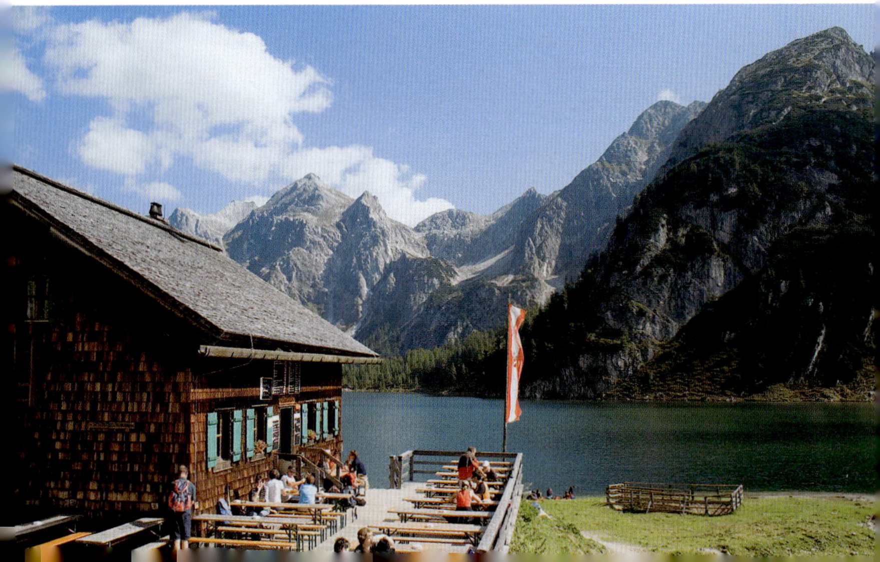

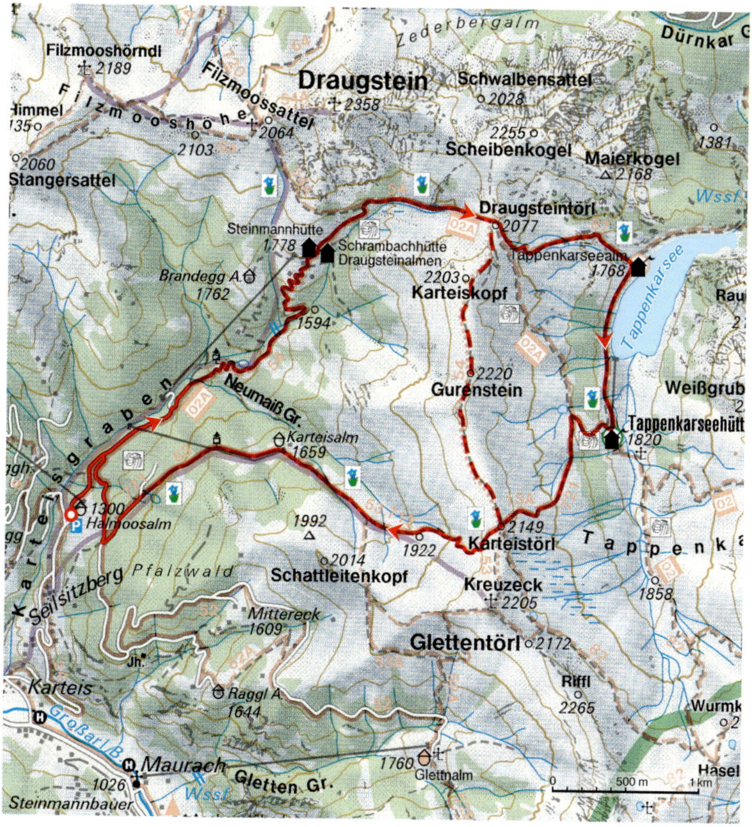

KURZINFO

Talort: Großarl, 924 m; von Salzburg über die Tauernautobahn A 10 bis Abfahrt Bischofshofen, weiter nach St. Johann im Pongau; von Westen über Zell am See nach St. Johann im Pongau, von dort 15 km ins Großarltal; Tourismusverband Großarl, Tel. +43/(0)6414/281, www.grossarltal.info.

Ausgangspunkt: Wanderparkplatz auf der Halmoosalm, 1300 m.

Gehzeit: 7.10 Std.

Höhenunterschied: 1160 m mit Gegenanstiegen.

Anforderungen: Anspruchsvolle Wanderung über zwei Scharten auf Steigen, Wanderwegen und Forststraßen. Gute Kondition Grundvoraussetzung. Vorsicht in dem kurzen Steilstück unter dem Maierkogel vor der Tappenkarseealm, Rutschgefahr durch schotterigen Untergrund.

Kinder: Vom Ausgangspunkt zu den Draugsteinalmen (1.30 Std.) oder vom Jägersee (Kleinarltal) zur Tappenkarseealm (1.45 Std.) ab 8 Jahren.

Gipfelmöglichkeiten: Draugstein, 2356 m (nur für Geübte, 2 Std. im Anstieg von den Draugsteinalmen, schwarz); Scheibenkogel, 2255 m (aussichtsreich, ca. 30 Min. im Anstieg vom Draugsteintörl, rot); Gurenstein, 2220 m (1.30 Std. im Anstieg von den Draugsteinalmen, siehe auch Variante, rot); Kreuzeck, 2205 m (ca. 15 Min. vom Karteistörl im Anstieg, rot).

Variante: Überschreitung Draugsteintörl–Gurenstein–Karteistörl statt Abstieg zum Tappenkarsee (2.10 Std. kürzer, rot).

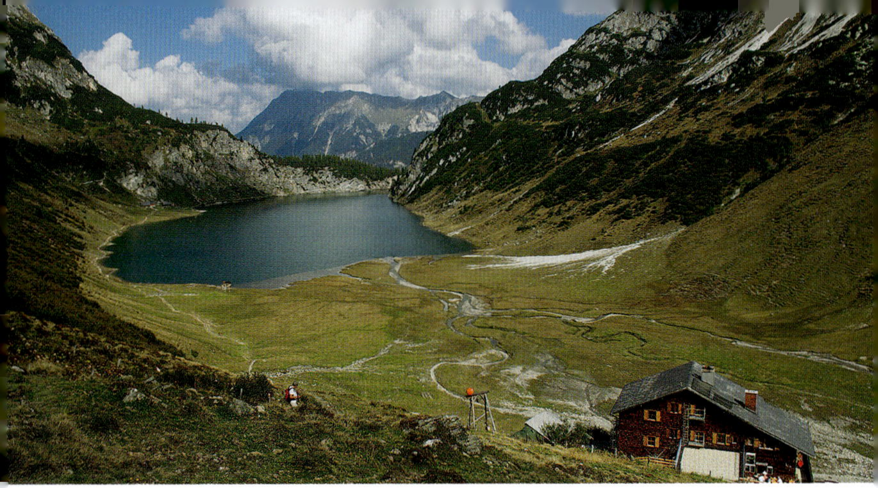

Tappenkarseehütte vorne und Tappenkarseealm hinten am gleichnamigen See.

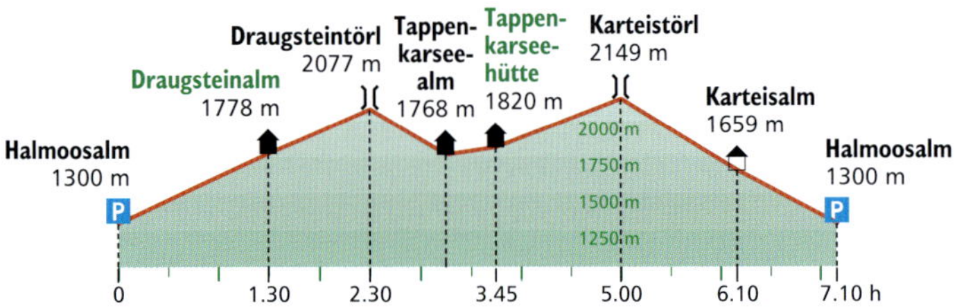

EINKEHR

Halmoosalm und Karteisalm werden nur noch zeitweise bewirtschaftet, sie können geschlossen sein.

Draugsteinalm Steinmannhütte, 1778 m: Geöffnet von Anfang Juni bis Ende September. Von unten gesehen links liegend. Hier wird die gesamte Milch zu Butter und Sauerkäse im kupfernen Kessel verarbeitet. Käsespezialitäten, Topfenaufstriche und Fruchtjoghurt sowie Speck, Würste und Brot werden auf dem Bauernhof erzeugt. Übernachtung möglich. Tel. +43/(0)664/7670652, www.steinmannbauer.at.

Draugsteinalm Schrammbachhütte, 1778 m: Geöffnet von Mitte Juni bis Ende September. Die Schrammbachhütte ist die rechte, von unten gesehen. Die Wirtsleute erzählen von heilsamen Gebirgskräutern und Wurzeln und oft verarzten sie gleich das eine oder andere kleine Leiden. Die Brettljause besteht aus Schinken, Wurst und verschiedenen Käsesorten, die auf der Alm erzeugt werden. Übernachtung möglich. Tel. +43/(0)6417/274.

Tappenkarseealm, 1768 m: Geöffnet von Juni bis Anfang Oktober. Zählt aufgrund ihrer einmaligen Lage am Tappenkarsee sicherlich zu den landschaftlich schönsten Wanderzielen. Kräftige Jausen mit Produkten aus eigener Produktion und Kaiserschmarren oder Heidelbeerschmarren sind empfehlenswerte Spezialitäten. Keine Übernachtung. Tel. +43/(0)676/3409923.

Tappenkarseehütte, 1820 m: Alpenvereinshütte; geöffnet von Mitte Juni bis Ende September. Sonnige Holzterrasse; gute Hausmannskost und Schmarrenvariationen. Übernachtung möglich. Tel. +43/(0)664/5793178 oder +43/(0)6418/20113, www.tappenkarseehuette.at.

Von der **Halmoosalm**, 1300 m, auf dem Fahrweg Nr. 54 hinein ins Tal, vorbei an der Schranke der Bundesforste und der Talstation der Materialseilbahn der Draugsteinalmen, bis zu einem Bildbaum. Hier wird der Fahrweg zu einem Wanderweg und zieht gemütlich bergauf mit regelmäßigen rot-weiß-roten Markierungen. Der Weg wird zu einem Steig und führt in einen Bergwald, an das rechte Ufer eines Baches, dem man kurz folgt und den man anschließend auf einer Brücke aus zwei Baumstämmen überquert. Jetzt folgt man dem Bach kurze Zeit auf der linken Seite, bis der Steig eine 180-Grad-Kurve macht und in Serpentinen über einen steilen Grashang bis zu den beiden Hütten der **Draugsteinalm** zieht, 1778 m.

Zwischen den beiden Hütten hindurch und rechts hinter der Schrammbachhütte weiter auf breitem Weg (Nr. 54) zu einer Kreuzung (Wegweiser) am Fuß des Draugstein, 2356 m. Dort halten wir uns rechts und wandern, nun wieder auf schmalem Steig, mäßig steil hinauf zum gut sichtbaren **Draugsteintörl** samt Kreuz, 2077 m. Mit einem ersten Blick auf den Tappenkarsee, darüber Raucheck, 2136 m, und Weißgrubenkopf, 2369 m, geht es über die Scharte auf dem linken Steig (Nr. 87) vorerst unschwer hinunter nach Osten. Später kommt man in das schottrige Steilgelände des Maierkogels, zu dessen Füßen die **Tappenkarseealm** liegt, 1768 m. Bei der Hütte dreht der Weg Nr. 722 nach Süden und führt über Steinplatten am rechten Ufer des Tappenkarsees entlang, mit Blick auf die Klingspitze im Talschluss. Am Seeende führt der Weg schräg rechts leicht bergauf zur **Tappenkarseehütte**, 1820 m.

Rechts an der Hütte vorbei über weite Almmatten gelangt man etwas steiler zu einer Kreuzung; dort links auf Weg Nr. 721 zum Karteistörl abbiegen. Ausreichend rot-weiß-rote Markierungen führen durch stufenförmiges Gelände über Almwiesen bis zum **Karteistörl**, 2149 m. Durch das Drehkreuz hindurch geht es nun unschwer auf Weg Nr. 53 über weitläufige Almweideflächen zur unbewirtschafteten **Karteisalm**, 1659 m, hinunter und zurück zur **Halmoosalm**, 1300 m.

Alpschwein vor der Schrambachhütte auf der Draugsteinalm.

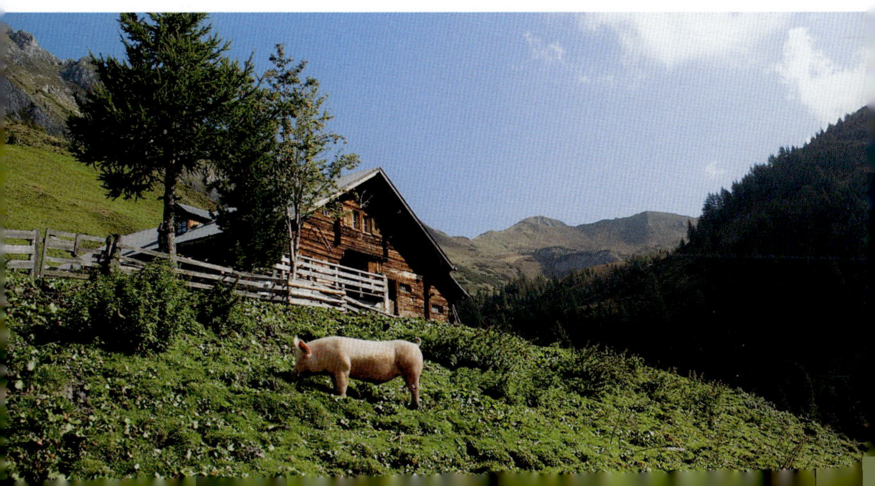

38 Karseggalm und Unterwandalm, 1600 m

Drei-Almen-Wanderung über sagenhaftes Gelände ★★

Von bösen und guten Sennern

Im Großarltal wurde bis ins 19. Jahrhundert vom Erzbistum Salzburg Kupfer abgebaut. Im klimatisch rauen Montanrevier waren damals mehrere hundert Menschen beschäftigt, die das Schmelzwerk, die Erzhütten und Köhlereien betrieben und als Knappen und Beamte in ihren Wohnhäusern ein hartes Dasein fristeten. Aber auch mit Viehzucht baute sich Großarl einen beträchtlichen Wohlstand auf. Auf herrlichen Almböden finden auch heute noch Almochsen, Pferde, Kühe, Kälber und Schafe kräuterreiches Grünfutter. Eine Sage erzählt von einem Senner auf der Karseggalm, der unter einer Felskuppel, genannt Gabel, lebte. Er war davon besessen anderen Schaden und Leid zuzufügen. Die Liste seiner Schandtaten war lang, seine schlimmste Tat war aber das Zerstören und Verstreuen der mühsam aufgeschichteten Steinhaufen in den Almwiesen. Der Senner verwendete dafür eine eiserne dreizackige Gabel, mit der er nachts die Steine über die Alm verteilte. Aber in einer Vollmondnacht, in der er seiner Bosheit wieder einmal freien Lauf gelassen hat, bestrafte Gott diesen Frevel. Der Herr über Welt, Zeit und Leben stieg herab und der Senner sank tot zu Boden. Am nächsten Tag fand eine Sennerin den Toten inmitten schwarzer Steine, die Angst noch im gebrochenen Blick. In der rechten Hand hielt er noch die Gabel, die Finger der linken Hand waren zum Kreuzzeichen erhoben. Seit damals ist bei Vollmond auf der Alm ein Stöhnen und Aufeinanderschlagen von Steinen zu hören, denn der Senner ist bis in alle Ewigkeit dazu verurteilt, die vom Kamm der Gabel herunterrollenden Steine wieder hinauf zu tragen.

Schlechtwettereinbruch kurz vor der Unterwandalm.

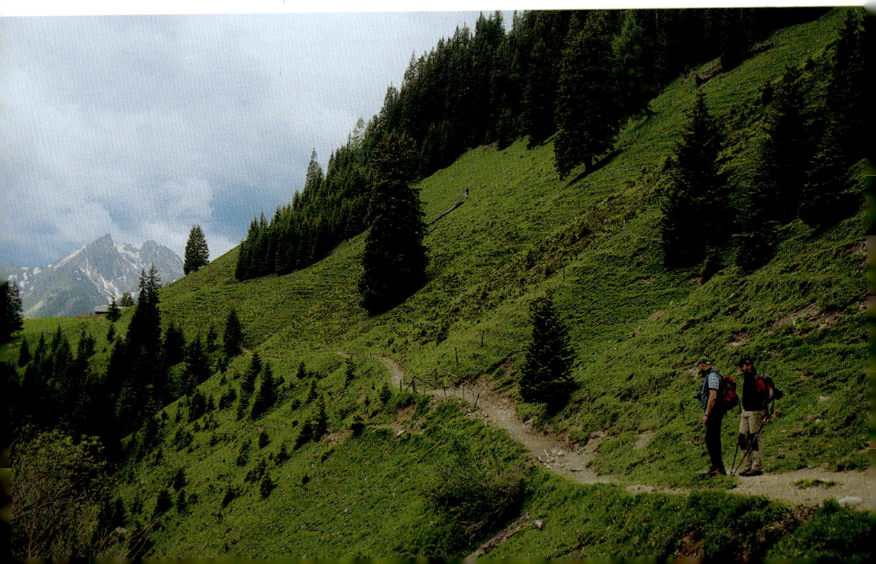

KURZINFO

Talort: Au bei Großarl, 855 m; von Wien bzw. München bis Salzburg, auf der Tauernautobahn A 10 ca. 50 km Richtung Villach, Ausfahrt Bischofshofen, weiter nach St. Johann im Pongau. Von dort über die Landesstraße 109 Richtung Großarl (16 km) nach Au (9 km); Tourismusverband Großarl, Tel. +43/(0)6414/281, www.grossarltal.info.
Ausgangspunkt: Parkplatz Sonneckbrücke; von der Landesstraße in Au Richtung Breitenebenalm abbiegen.
Gehzeit: 4.00 Std.
Höhenunterschied: 450 m.
Anforderungen: Einfache Wanderung ohne Probleme auf Almstraßen, Wanderwegen und Steigen.
Kinder: Rund um die Almen Weidetiere. Ein Wildgehege und ein Forellenteich auf der Breitenebenalm. Kleiner Kinderspielplatz auf der Unterwandalm.
Kinderwagen: Geeignet für geländegängige Kinderwagen. Zwischen Breiteneben- und Unterwandalm stellenweise Ausdauer, Kraft und Geschicklichkeit notwendig. Zwischen Karsegg- und Unterwandalm Bachüberquerung und ca. 400 m schmaler Steig.
Mountainbike: Alle Touren unter www.grossarltal.at/sommer/rad-mountainbike.
Gipfelmöglichkeiten: Von der Karseggalm auf die Gabel, 2037 m (3.30 Std., rot) oder auf den Penkkopf, 2011 m (2.15 Std., rot).
Variante: Einstieg in die Etappe 17 bei der Breitenebenalm und die gesamte Etappe 18 über den Kitzstein nach Kleinarl am Salzburger Almenweg in zwei Tagen (www.salzburger-almenweg.at, mit GPS-Daten).

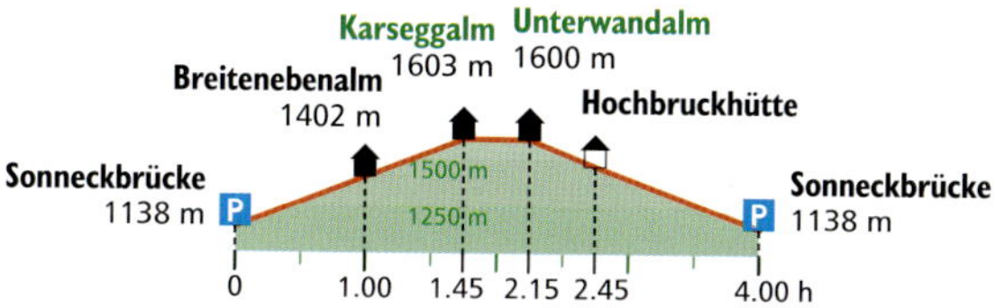

Von der **Sonneckbrücke** (Parkplatz) auf einem Güterweg bis zum »Parkplatz Breitenebenalm« (20 Min.). Bis hierher gelangt man auch mit dem PKW oder Wandertaxi. Ab hier beginnt der Aufstieg auf der geschotterten Almstraße (Weg Nr. 70) zum Gasthof **Breitenebenalm** auf 1402 m. Weiter geht der Anstieg gemütlich auf dem Almweg Nr. 70 durch mit Fichten und Ahorn bewachsene Bergwiesen, vorbei an einem Fischteich bis zu der Weggabelung »Karseggalm – Großwildalm«; hier folgt man dem Weg nach links und gelangt über einen schönen Steig hinauf auf einen Forstweg. Dort wieder links durch den Fichtenhochwald bis zum Almtor. Hier endet der Wald und gibt eine herrliche

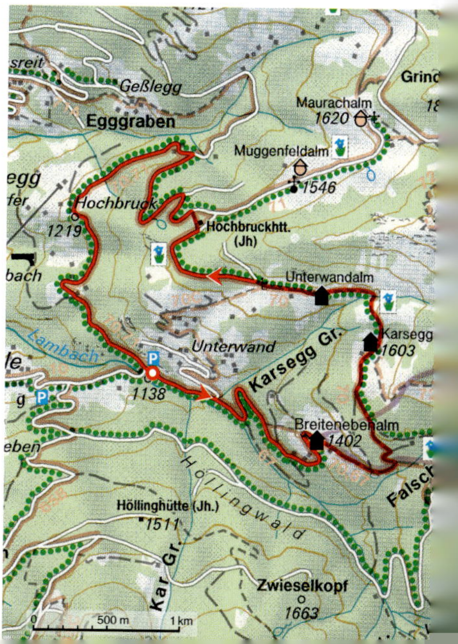

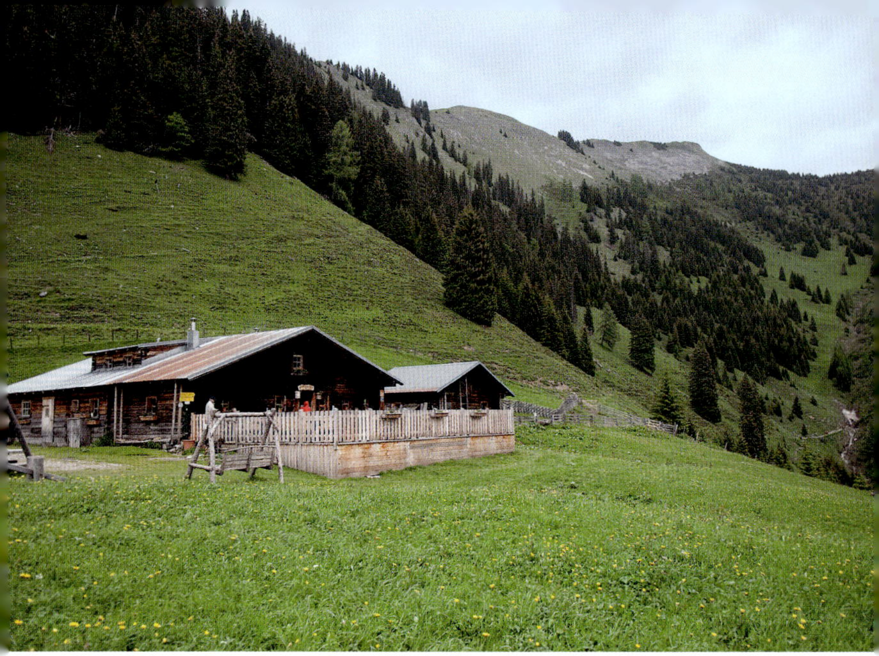

Die Unterwandalm, darüber der Kitzstein.

Almlandschaft frei, die den Wanderer auf gleicher Höhe entlang des Almweges bis zur **Karseggalm** auf 1603 m begleitet. Nun wandert man über den Steig 70 zur nahe gelegenen **Unterwandalm**, 1600 m. Über die **Hochbruckhütte** (nicht bewirtschaftet) geht es auf der Almstraße 70 schlussendlich in 1.15 Std. zur **Sonneckbrücke** zurück.

EINKEHR

Breitenebenalm, 1402 m: Gastbetrieb von Mai bis Oktober. Die Alm ist ein beliebtes Wanderziel für jede Witterung. Bekannt ist die Breitenebenalm für ihre bodenständige Küche und die guten Mehlspeisen. So ist es nicht verwunderlich, dass dort auch zum Nachmittagskaffee gerne hingewandert wird. Übernachtung in drei Appartements mit 18 Betten als Selbstversorger. Tel. +43/(0)6414/81445 oder +43/(0)676/4116787, www.breitenebenalm.at.

Karseggalm, 1603 m: Bewirtschaftet von Mai/Juni bis September/Oktober. Die Alm ist mit 350 bis 400 Jahren eine der ältesten Hütten im Tal. Besonders eindrucksvoll ist die offene Feuerstelle, die noch täglich in Betrieb ist. Hier wird unter anderem der sogenannte »Knetkäse«, eine Großarler Spezialität, geräuchert. Zudem kann man jede Woche einmal bei der Käseherstellung zusehen. Auf der Karseggalm fühlt man sich beim Betrachten des offenen Feuers und beim Erleben der mühsamen Bewirtschaftung von Hand zeitlich um Jahrzehnte zurückversetzt. Keine Übernachtung. Tel. +43/(0)664/9150717 oder +43/(0)664/9962188.

Unterwandalm, 1600 m: Geöffnet von Juni bis Oktober. Erbaut 1710 ist die Alm speziell bei den Freunden der Volksmusik ein begehrtes Ausflugsziel für jedes Wetter. Die Hüttenwirte sorgen nicht nur für das leibliche Wohl, sondern auch für musikalische Unterhaltung. Keine Übernachtung. Tel. +43/(0)664/2412908 oder +43/(0)664/4536438.

Vier-Almen-Runde im Ellmautal

Am Ellmautal-Almsteig

★★

Der Bauernherbst und das Erntedankfest

Der Bauernherbst ist die Zeit von Anfang September bis Ende Oktober, jene Zeit, in der Almabtriebe und Bergmessen, Heimatabende und Erntedankfeste den Ablauf des alpinen Geschehens prägen. Es ist auch die Zeit der kühleren, aber dafür klareren Luft und der weiten Fernsicht auf den Bergen. Gerade im Großarltal mit 40 bewirtschafteten Almen bietet sich die Zeit des Spätsommers und Frühherbstes geradezu an, um den einen oder anderen Almabtrieb mitzumachen. In 60 Orten im Land Salzburg finden dazu Veranstaltungen statt, wobei jeder Ort einen eigenen Schwerpunkt hat. Auch die traditionelle Kulinarik gehört dazu. Einfaches, aber schmackhaftes und kalorienreiches Essen wird serviert, Betriebe mit Ab-Hof-Verkauf haben einen Tag der offenen Tür, um sich und ihre Arbeit zu präsentieren. Und natürlich darf man die Heimatmuseen nicht vergessen, die in diesen Tagen kostenlos zeigen, wie es früher einmal war. Die Höhepunkte aber sind die Erntedankfeste. Das Erntedankfest ist eine jedes Jahr stattfindende Feier nach der Ernte im Herbst, bei dem Gott für die Gaben der Ernte gedankt wird. Feldfrüchte, Obst und Getreide werden meist in der Kirche oder bei einer Feld- oder auch Bergmesse gesegnet. Eine aus Getreide oder Weinreben geflochtene »Erntekrone« wird oft in einer Prozession durch den Ort getragen. Mit dem Erntedankfest soll an die Arbeit in Land- und Forstwirtschaft erinnert werden, aber auch daran, dass es nicht allein in der Hand des Menschen liegt, über ausreichend Nahrung zu verfügen.

Ein »Steinadler« im wahrsten Sinne des Wortes bewacht die Loosbühelalm.

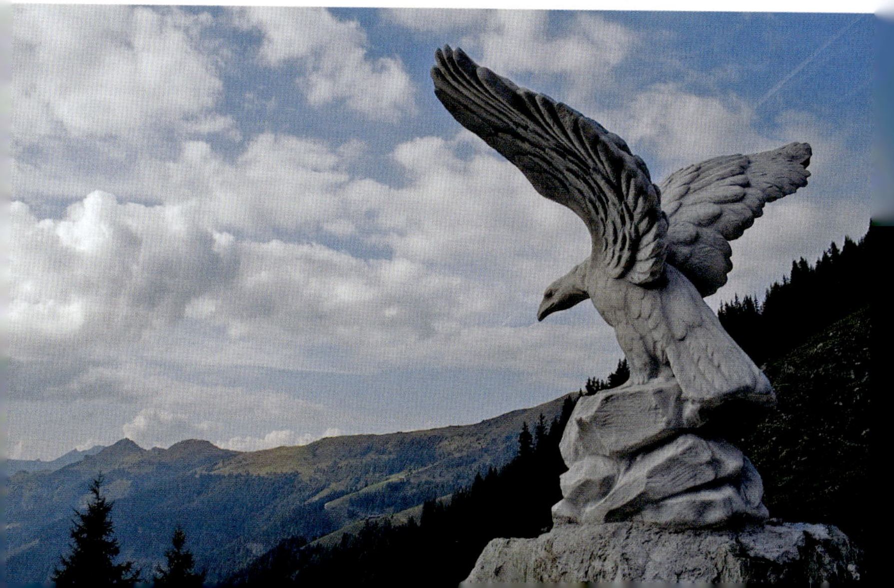

KURZINFO

Talort: Großarl, 924 m; von Salzburg über die Tauernautobahn A 10 bis Abfahrt Bischofshofen, weiter nach St. Johann im Pongau; von Westen über Zell am See nach St. Johann im Pongau, von dort 15 km ins Großarltal; Tourismusverband Großarl, Tel. +43/(0)6414/281, www.grossarltal.info.

Ausgangspunkt: Wanderparkplatz in Grund im Ellmautal, 1340 m.

Gehzeit: 4.20 Std.

Höhenunterschied: 500 m mit Gegenanstiegen.

Anforderungen: Einfache Wanderung ohne Probleme auf Steigen, Wanderwegen und Almstraßen.

Kinder: Rund um die Almen weiden Kühe, Jungvieh und Ziegen. Kinderspielplatz auf der Loosbühelalm.

Mountainbike: Tour zur Loosbühelalm unter www.bergfex.at/sommer/salzburg/touren/mountainbike/9848,grossarl-loosbuehelalm/ (insgesamt 18,6 km; 875 Hm; rot).

Gipfelmöglichkeiten: Gründegg, 2168 m (1.30 Std. im Anstieg von der Ellmaualm, blau); Filzmooshörndl, 2189 m (1.45 Std. im Anstieg von der Filzmoosalm, blau); Draugstein, 2358 m (nur für Geübte, ca. 2 Std. im Anstieg von der Filzmoosalm, schwarz).

Variante: Von der Ellmaualm auf Weg Nr. 62 über Wiesen auf den Bergkamm und dort rechts ostwärts entlang zum Gründegg (ca. 1.30 Std.), danach als Kammwanderung auf dem Ellmautal-Höhenweg (Weg Nr. 64) in ca. 1 Std. Richtung Filmoossattel, dann in 30 Min. vom Bergkamm hinab zur Loosbühelalm.

Tipp: Familientrekking Alpenfloh maxi, eine sehr schöne 3-Tages-Tour, die besonders gut für Kinder ab 6 Jahren geeignet ist. Vom Ausgangspunkt über die Filzmoosalm, die Draugsteinalmen (Übernachtung), das Gründeck, die Ellmaualm (Übernachtung; alternativ kann man auch auf der Loosbühel- oder der Weißalm übernachten und das Gründegg auslassen) sowie die Saukaralm und Gerstreitalm nach Großarl (Gehzeit ca. 16 Std., 25,9 km, https://touren.grossarltal.info/de/tour/mehrtagestour/grossarltal-familientrekking-alpenfloh-maxi/4312454/). Die Route ist als Bonus bei den GPS-Dateien dabei. Die Übernachtungen können über den Tourismusverband Großarl gebucht werden.

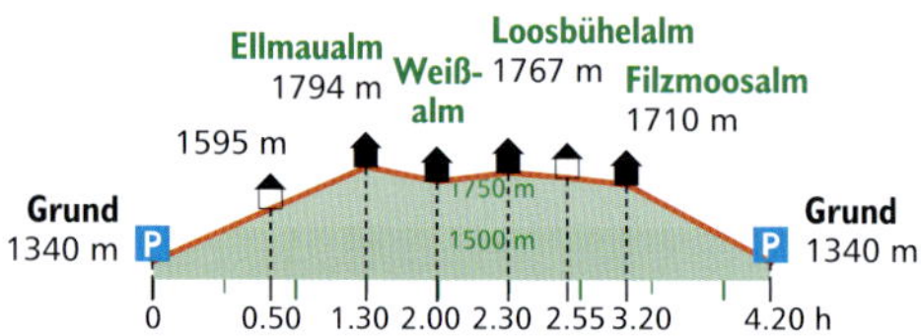

Gamsköpfl und Draugstein sind die bestimmenden Gipfel der Filzmoosalm.

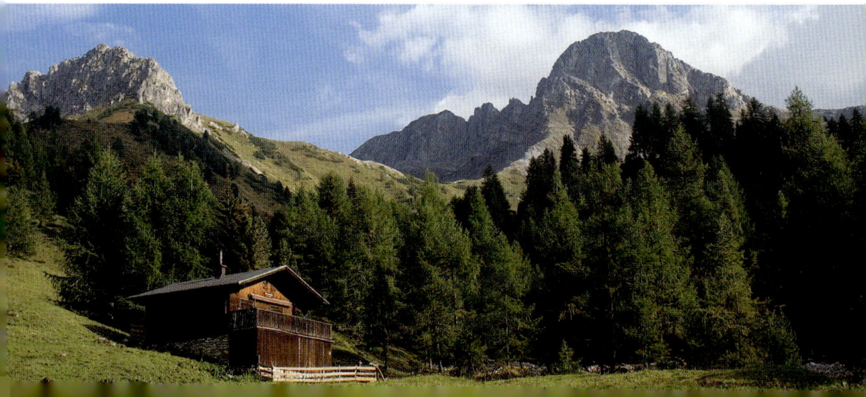

EINKEHR

Ellmaualm, 1794 m: Geöffnet von Juni bis September. Selbst gemachte Almprodukte, u. a. verschiedene Käsesorten. Übernachtung möglich. Tel. +43/(0)664/4550411, ellmaualm-grossarl.at.
Weißalm, 1724 m: Geöffnet von Mitte Juni bis Mitte Oktober. Almhütte mit offener Feuerstelle. Hausgemachte Produkte auf der Karte. Übernachtung möglich. Tel. +43/(0)6414/411 oder +43/(0)664/3435286, www.weissalm.at.
Loosbühelalm, 1767 m: Geöffnet von Mitte Mai bis Ende Oktober. Besondere Spezialitäten sind der Ziegenkäse eingelegt in Öl, Brettljausen, Käsebrot, Wurstbrot, Speckbrot, heiße Krainer und Mehlspeisen. Erlebnis-Spielplatz. Übernachtung möglich. Tel. +43/(0)6414/408, www.loosbuehelalm.at.
Filzmoosalm, 1710 m: Geöffnet von Ende Mai bis Ende Oktober. Übernachtung möglich. Im Winter beliebter Startpunkt für Skitouren, obwohl die Hütte dann geschlossen ist. Tel. +43/(0)664/3906640, www.filzmoosalm.at.

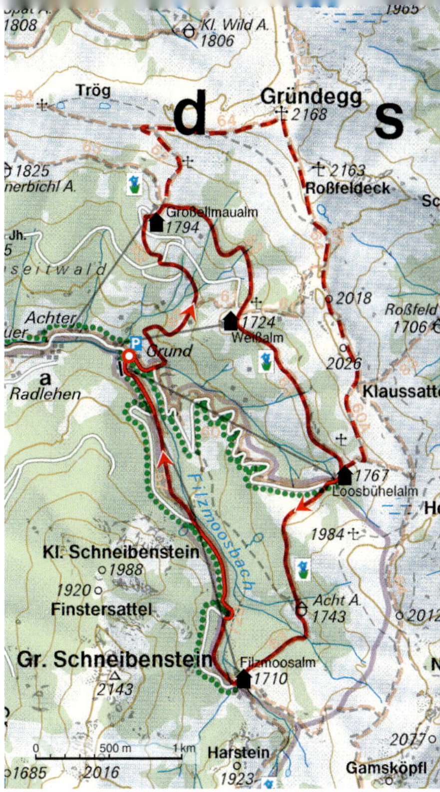

Von **Grund**, 1340 m, auf gutem Fahrweg (Nr. 62) am linken Ufer des Filzmoosbaches entlang hinauf zu einem Holztor des Salzburger Almenweges. Durch das Tor und auf dem Wanderweg kurz etwas steiler durch Wald, der sich bald lichtet, aufwärts. Bei einer Kreuzung auf 1580 m folgt man dem linken Weg, überquert einen Bach und kommt zu einer alten Almhütte, 1595 m. An dieser rechts vorbei, hinauf zu einer Forststraße und dieser nach links folgen. Kurz darauf rechts auf einen schmalen Steig abbiegen, durch ein kleines Weidetor hindurch (Rastbankerl mit Blick zur Weißalm) und weiter bergan durch Wald und über eine Lichtung zur Almstraße der Ellmaualm. Die Straße überqueren und auf der Wiese empor zur **Ellmaualm**, 1794 m. Hier wechselt man auf den Almsteig (Weg Nr. 63), der gegen Südosten zuerst zur **Weißalm**, 1724 m, und dann in gleicher Richtung weiter in leichtem auf und ab zur **Loosbühelalm**, 1767 m, führt, deren steinerne Adlerstatue mit den geöffneten Schwingen bereits beim ersten Anblick gut erkennbar ist. Kurz die Almstraße entlang, beim Wegweiser aber sofort links auf eine Almwiese, von der man gut hinüber zur Ellmaualm und zur Weißalm sieht. Man bleibt weiter auf dem Steig Nr. 63, folgt einer rot-weißen Markierung durch ein kleines Weidetor im Wald bis zur unbewirtschafteten, aber romantisch liegenden **Achtalm**, 1743 m. Auf geradem Weg hinunter nach Südwesten zur **Filzmoosalm** mit dem kleinen Almdorf, 1710 m, wo sich der Weg Richtung Nordwesten wendet und wieder nach **Grund** hinunterführt.

40 Steinkaralm, 1700 m, Weißenhofalm, 1785 m

Unter der Ennskraxen ★

Kleinarl und die Entstehung der Bergseen

Kleinarl ist ein kleiner Ort mit gerade einmal 800 Einwohnern. Neben der erfolgreichsten Skirennfahrerin der Geschichte, Annemarie Moser-Pröll mit sechs Weltcupgesamtsiegen, vier Weltmeistertiteln, einem Olympiasieg und 62 Einzelsiegen ist Kleinarl besonders stolz auf seine perfekte Idylle mit den Bergseen oberhalb der Ortschaft. Jägersee, Tappenkarsee und der Blaue See unter der Ennskraxen, 2410 m, oder der See neben der Steinkaralm sind wesentlicher Bestandteil dieser Idylle. Sie sind aus Gletschern entstanden und im Durchschnitt zehn bis fünfzehn Meter tief. Ihre Färbung ist sehr unterschiedlich, von blau über grün bis zu braun und schwarz. Sonnenstand, Tiefe, Untergrund und Lichteinfall bestimmen die Farbe. Feine, im Wasser schwebende Teilchen reflektieren Teile des Lichtes, andere aber schlucken sie. In den Bergseen herrschen extreme Bedingungen. Von Mitte Oktober bis Ende Juni sind die höher gelegenen Seen von Eis bedeckt. Auch im Sommer erreichen diese Gewässer keine Badetemperatur, sie steigt nur selten über zwölf Grad. Fische waren in den meisten Hochgebirgsseen früher nicht vorhanden, erst der Mensch hat sie ab dem Mittelalter in die nicht allzu hoch liegenden Seen eingesetzt. Heute sind Saiblinge und Forellen ein nicht mehr wegzudenkender Bestandteil der Fauna mancher Bergseen. Viele nach der letzten Eiszeit entstandene Hochgebirgsseen gibt es mittlerweile nicht mehr, durch ständige Einschwemmung von Sedimenten und durch organische Produktion bildeten sich aus ihnen Moore.

Auf der Hochfläche der Steinkaralm.

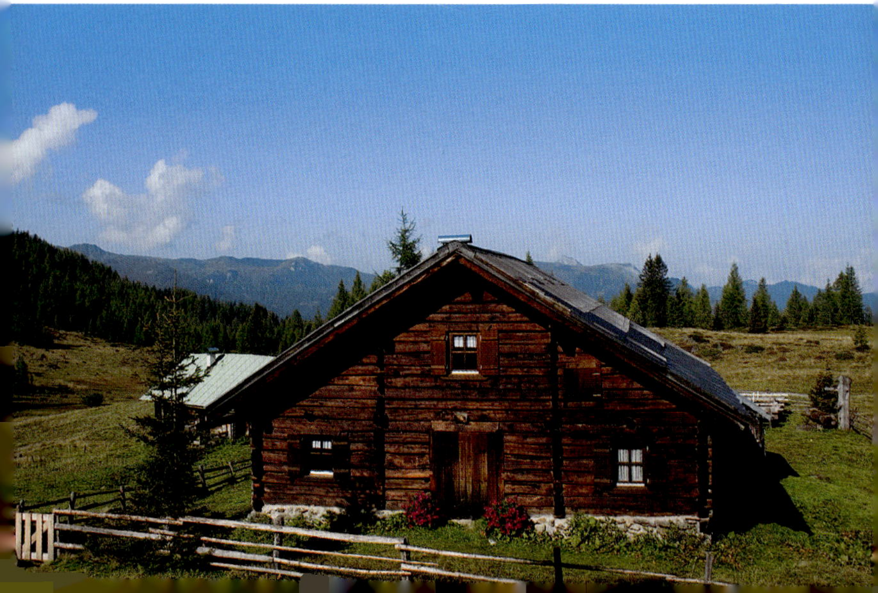

EINKEHR

Steinkaralm, 1700 m: Geöffnet von Mitte Juni bis Ende September. Almjause. Keine Übernachtung. Tel. +43/(0)664/1321634, www.kreuzsalhof.kleinarl.biz.

Weißenhofalm, 1785 m: Geöffnet von Mitte Juni bis Mitte Oktober. Warme und kalte regionale Spezialitäten wie »Muas«, Krapfen, Strudel. Übernachtung möglich. Tel. +43/(0)6418/229 oder +43/(0)664/5504925, www.peilsteingut.at.

Liftgasthaus Galler, 1400 m: Ganzjährig geöffnet. Bodenständige Hausmannskost und hausgemachte Mehlspeisen. Tel. +43/(0)6418/407, www.einkehrschwung.at.

Berggasthof Pröll, 1230 m: Heimathaus der ehemaligen Skirennläuferin Annemarie Moser-Pröll; ganzjährig geöffnet. Verschiedene Suppen und Schnitzelvariationen stehen auf der Speisekarte, außerdem Brettljausen. Ripperl und Schweinshaxe auf Vorbestellung erhältlich. Appartements. Tel. +43/(0)6418/333.

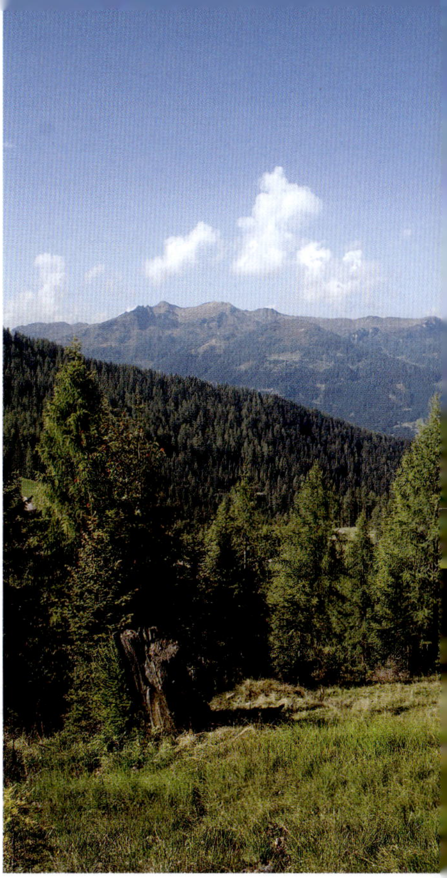

Blick nach Westen zum Gründegg, dahinter liegt das Großarltal.

KURZINFO

Talort: Kleinarl, 1007 m; Anreise über St. Johann im Pongau (B 311) oder Flachau (Tauernautobahn A 10) nach Wagrain (B 163) und weiter Richtung Süden in das Kleinarler Tal; Tourismusverband Kleinarl, Tel. +43/(0)6413/8448, www.wagrain-kleinarl.at.

Ausgangspunkt: Parkplatz neben dem Café-Restaurant Olympia-Stadl am Berghausweg in Kleinarl, 1007 m.

Gehzeit: 4.45 Std.

Höhenunterschied: 780 m.

Anforderungen: Wanderung auf Steigen, Wanderwegen, Güterwegen und Almstraßen. Im Abstieg von der Moosalm stellenweise Trittsicherheit notwendig.

Kinder: Kleiner See auf der Steinkaralm. Kälber, Kühe, Fohlen, Pferde, Schaukel, Sandkasten, Rutsche auf der Weißenhofalm.

Kinderwagen: Geeignet für geländegängige Kinderwagen bis zur Steinkaralm (Almstraße, 5,5 km, 720 Hm im Anstieg, ca. 2.45 Std.).

Mountainbike: Mountainbikestrecken unter www.wagrain-kleinarl.at/de/aktivitaeten/mountainbiken-e-bike.

Gipfelmöglichkeiten: Ennskraxen, 2410 m (3.45 Std. hin und zurück ab Steinkaralm, schwarz); bis zum vorgelagerten Blauen See ca. 45 Min. im Anstieg.

Variante: Von der Weißenhofalm über Wildbühel, 1916 m, Mooskopf, 1961 m, und Schüttalm, 1725 m, ins Tal (1 Std. länger, rot).

Winter: Naturrodelbahn von der Jausenstation Ennskraxen.

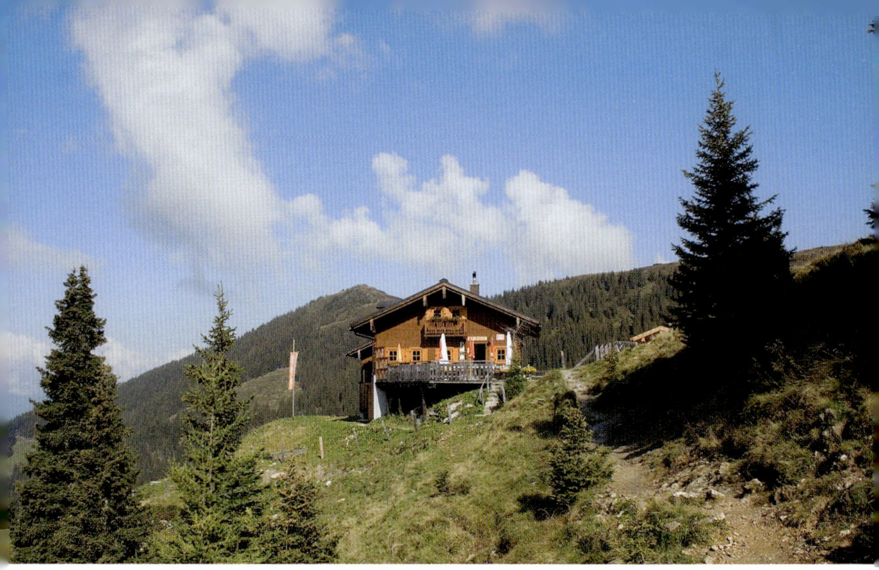

Auf der Weißenhofalm.

In **Kleinarl**, 1007 m, vom Ausgangspunkt die Kleinarler Straße kurz nach Süden, bei der Kirche links in die Kreuzsalgasse abbiegen. Dieser und einem Wegweiser Richtung Jausenstation Ennskraxen (Weg Nr. 714) folgen bis zum Stieneggweg, hier rechts hinauf zur **Jausenstation Ennskraxen**, 1175 m. Dort folgt man links einem Steig bis zu Weg Nr. 714, der in den Wald und zur Almstraße Nr. 78 hinaufführt.
Alternativ biegt man 160 m vor der Jausenstation Ennskraxen rechts in den Wald ab und folgt der Forststraße (Nr. 714) über mehrere Serpentinen bis zu einer Kreuzung. Dort wendet man sich nach links auf die Almstraße Nr. 78. Die rot-weiß-rote Markierung leitet Richtung Steinkaralm weiter, bis von links der Steig mit der Hauptroute heraufführt.
Nach einiger Zeit auf der Almstraße zweigt rechts ein Pfad ab, der bergauf über weit auseinander liegende Stufen leitet (Wegweiser Nr. 714). Am Senninbründl vorbei kommt man aus dem Wald und zu einem Hochmoor, überquert danach einen Bach und trifft kurz vor der Steinkaralm wieder auf die Almstraße. Dort rechts halten und in wenigen Minuten zur **Steinkaralm**, 1700 m.
Nun zwischen Alm und See weiter auf Weg Nr. 714 leicht bergauf zu einer Anhöhe zwischen Wetterkreuzkogel, 1811 m, und Moseregg, 1960 m. Hier sieht man schon zur Weißenhofalm hinüber, die südlich unterhalb des Wildbühels liegt. Zuerst wandert man leicht bergab, dann wieder leicht bergauf bis zur **Weißenhofalm**, 1785 m.
Dann geht es aussichtsreich auf Almstraße Nr. 85 unterhalb vom Windbühel leicht bergab hinüber zur unbewirtschafteten **Moosalm**, 1672 m, links ab über eine Geländekante auf einem Fahrweg durch einen Baumbestand zu einer weiteren Geländekante. Nun links steil über einen Pfad gerade über die Wiese unter dem Sessellift oder kurvig am Waldrand entlang auf Weg Nr. 85 hinunter zum Fahrweg bei der Mittelstation des Sesselliftes mit dem

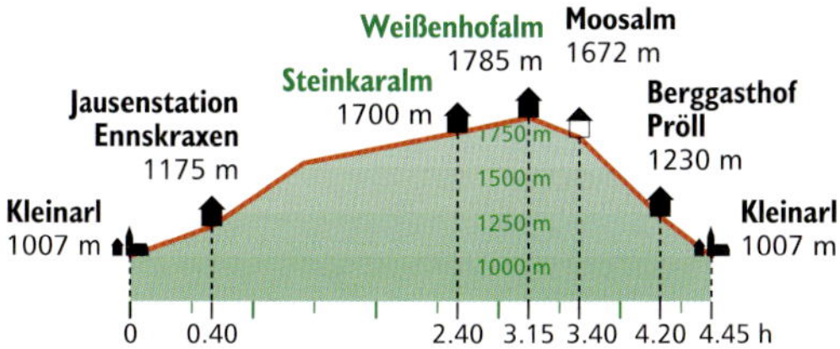

daneben liegenden **Liftgasthaus Galler**. Einen Fahrweg überquerend wandert man weiter auf Weg Nr. 85 abwärts bis zum **Berggasthof Pröll**, 1230 m.

Hier folgt man entweder dem Güterweg rechts hinunter über mehrere Kurven in die Kreuzsalgasse oder geht – kürzer – beim Parkplatz vom Berggasthof Pröll links über einen Überstieg über die Wiese, vorbei an einem Heustadel, hinunter zu einem lang gestreckten Gebäude, an dessen linker Hauskante vor einem Holzzaun zwei rot-weiß-rot markierte Pflöcke stehen. Diese anvisieren, dann links durch ein kleines Holztor in einem Zaun hinunter zu einer Straße. Diese überqueren und auf einem Steig abwärts zu einem Bach, über den links eine Holzbrücke führt. Über diese und rechts über die Kreuzsalgasse nach **Kleinarl**, 1007 m, zurück.

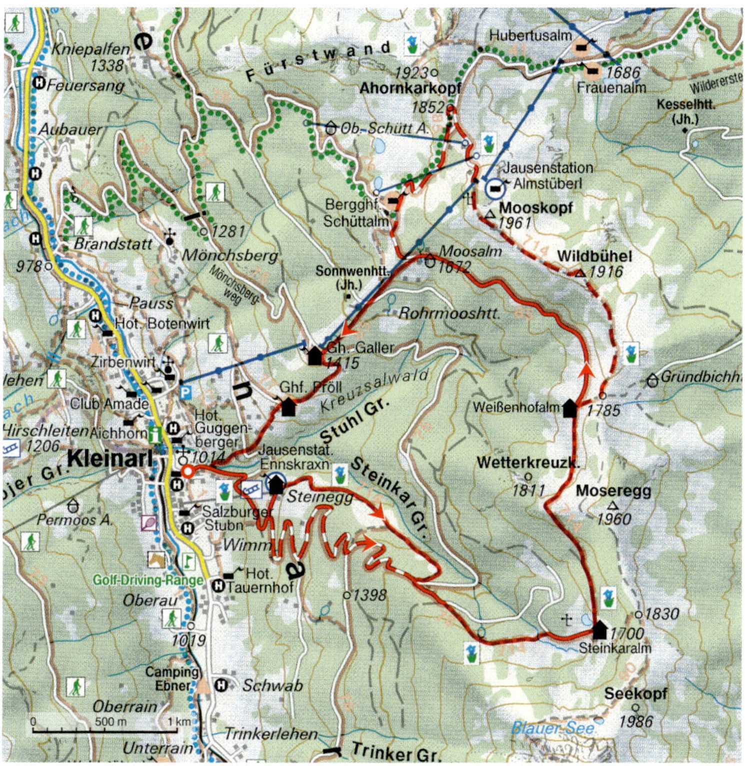

41 Südwiener Hütte, 1802 m

Am Hirschwandsteig ★★★

Der weiße Hirsch und die Radstädter Tauern

Die Radstädter Tauern sind die westlichste Gruppe der Niederen Tauern, befinden sich auf Salzburger Boden und besitzen einen komplizierten geologischen Aufbau aus kristallinen Schiefern und Kalken. Sie trennen den Pongau vom Lungau und haben als höchste Gipfel das Weißeck, 2711 m, den Hochfeind, 2687 m, und das Mosermandl, 2680 m. Die Gipfel sind unvergletschert; aus eiszeitlicher Vergletscherung entstanden viele Kare mit unzähligen Karseen. Rund um die Steige der Radstädter Tauern ranken sich einige vergessene Sagen, wie die vom weißen Hirsch. Einst lebte in Untertauern ein Holzarbeiter, weit und breit bekannt als gefürchteter Wilderer. Der Wildschütz stieg eines Tages über die Bodenalm zur Hirschwand hinauf und wählte hoch oben über den Wänden seinen Stand auf Gämsen. Auf einmal knisterte und raschelte es im Laub, blitzschnell fuhr der Wilderer mit dem Stutzen an die Wange, ließ ihn aber erschreckt sofort wieder sinken. Ein paar Schritte vor ihm stand ein blendend weißer Hirsch, die feurigen Augen minutenlang auf ihn gerichtet. Endlich machte das unheimliche Tier kehrt und verschwand ebenso rasch, wie es erschienen war. Voller Angst und tief in Gedanken versunken kehrte der Wildschütz heim und gelobte, nie mehr auf die Jagd zu gehen, denn wem ein weißer Hirsch begegnet war, der musste um sein Leben fürchten, wenn er das Gelübde brach. Nach und nach vergaß er sein Versprechen, die alte Leidenschaft erwachte aufs Neue und er ging auf die Jagd. Tagelang war er vermisst. Erst zwei Wochen später fand man seinen Körper zerschellt unter den Wänden der Hirschwand.

Die Südwiener Hütte.

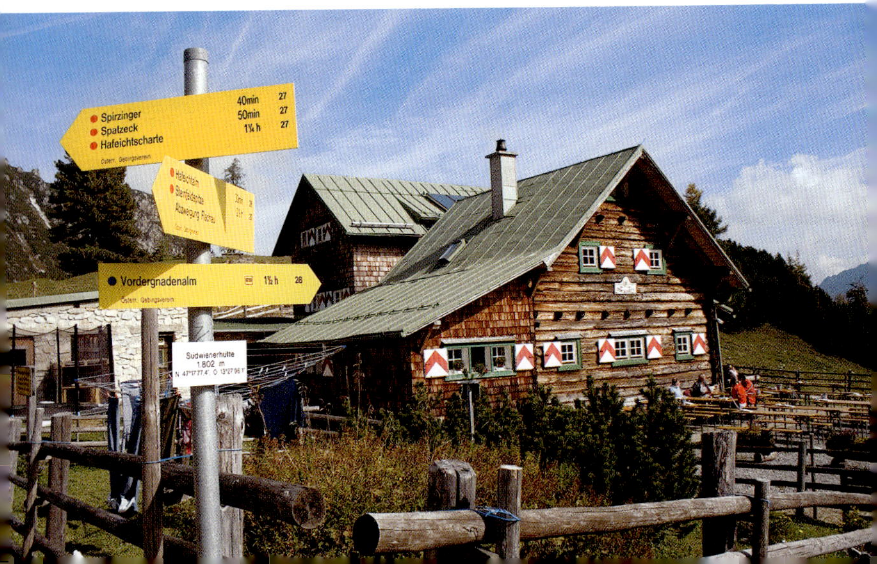

EINKEHR

Hintergnadenalm, 1336 m: Geöffnet von Juni bis September. Keine Übernachtung. Tel. +43/(0)664/3003223.

Felseralm, 1660 m: Jugendhotel, fast ganzjährig geöffnet. Übernachtung auf Anfrage. Tel. +43/(0)6456/7203, www.felseralm.at.

Südwiener Hütte, 1802 m: Alpenvereinshütte; geöffnet von Ende Mai/Anfang Juni bis September/Ende Oktober je nach Witterung, von Anfang Dezember bis Mitte April meist durchgehend geöffnet, Winteröffnungszeiten abhängig von der Schneelage, Dienstag Ruhetag. Übernachtung möglich. Tel. +43/(0)664/3436342, www.alpenverein.at/suedwienerhuette oder www.gnadenalm.com/obertauern/suedwienerhuette.

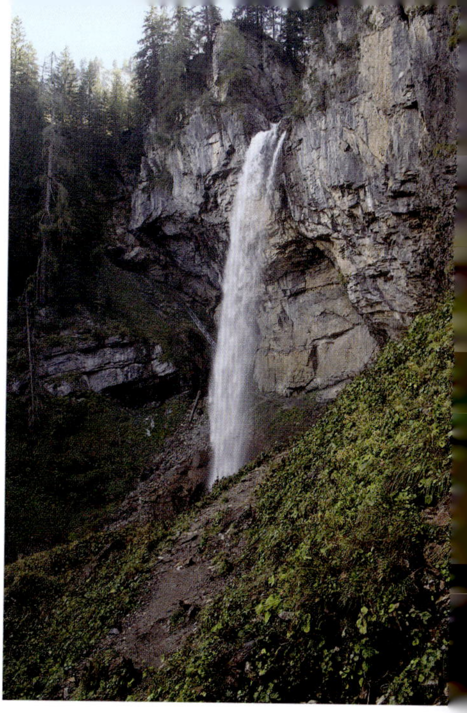

Der Johannesfall stürzt mehr als 60 m in die Tiefe.

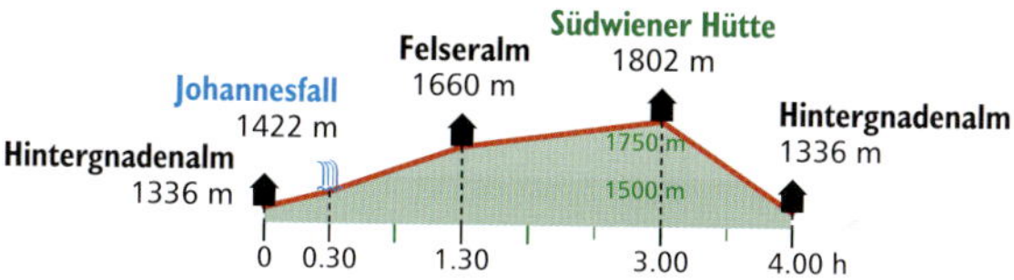

KURZINFO

Talort: Untertauern, 1010 m, und Obertauern, 1738 m; Anreise über A 10 Tauernautobahn nach Radstadt, weiter Richtung Radstädter Tauern (B 99), bei der Gnadenbrücke rechts abzweigen zur Hintergnadenalm; Tourismusverband Untertauern, Tel. +43/(0)6456/7252, www.obertauern.com/region-salzburg/untertauern.html.

Ausgangspunkt: Parkplatz direkt bei der Hintergnadenalm, 1336 m.

Gehzeit: 4.00 Std.

Höhenunterschied: 465 m.

Anforderungen: Einfache Tour auf guten Steigen, Wegen und Almstraßen.

Kinder: Kleiner Kinderspielplatz und Hasen auf der Südwiener Hütte.

Kinderwagen: Geeignet für geländegängige Kinderwagen über die Hüttenzufahrtsstraße von der Hintergnadenalm (knapp 3 km; 470 Hm, ca. 1.30 Std.).

Mountainbike: Von der Vordergnadenalm zur Südwiener Hütte (10,5 km hin und retour; 550 Hm).

Gipfelmöglichkeiten: Von der Südwiener Hütte aus Spazeck, 2065 m (ca. 1.15 Std., blau) über Spirtzinger, 2066 m (ca. 1 Std., blau), Hengst, 2074 m (1 Std., rot), Steinfeldspitze, 2344 m (2 Std., schwarz), Kleiner Pleißlingkeil, 2418 m (2.15 Std., rot) und Großer Pleißlingkeil, 2501 m (3.15 Std., rot).

Variante: 450 m nach der Felseralm, an der Kreuzung zum rechts abzweigenden Hirschwandsteig, geradeaus weiter und über den Wildseesteig und den Hengst zur Südwiener Hütte (2 Std. länger, rot).

Von der **Hintergnadenalm**, 1336 m, zurück auf dem Anfahrtsweg bis zur ersten Linkskurve, hier rechts abzweigen auf Weg Nr. 24, der vorbei an alten Ahornbäumen über Wiesen mit kurzen Anstiegen in lichten Wald führt. Der Weg wird zum Steig, bei der nächsten Abzweigung gehen wir geradeaus und gelangen zum **Johannesfall**, 1422 m. Zurück zur Abzweigung, dort links steil hinauf, dann in einen Hohlweg, der in einem Linksbogen zu einer Wiese und einer Straße führt. Dieser folgt man rechts hinauf bis zur **Felseralm**, 1660 m. Hinter der Felseralm kann man einen kleinen Abstecher zum See machen und dann weiter nach rechts auf dem Fahrweg (Nr. 23) in eine kleine Senke und sofort wieder steil bergauf zu einer Kuppe. Dort links hinauf den Steigspuren folgen (schlechte Markierung) bis zu einem Wegweiser. An diesem nach rechts auf den Hirschwandsteig wechseln (Nr. 25), zuerst kurz bergauf, dann in stetem Auf und Ab, kurz einmal versichert aber sonst problemlos, bis zur **Südwiener Hütte**, 1802 m. Wer nicht auf der breiten Zufahrtsstraße absteigen will, der geht bis zur ersten Kurve und zweigt dort auf den alten Zustiegsweg zur Hütte ab. Rot-weiß-rote Markierungen führen den Wanderer, mehrmals die Zufahrtstraße kreuzend, problemlos hinunter zur **Hintergnadenalm**, 1336 m.

Am frühen Morgen am Bergsee bei der Felseralm (rechts).

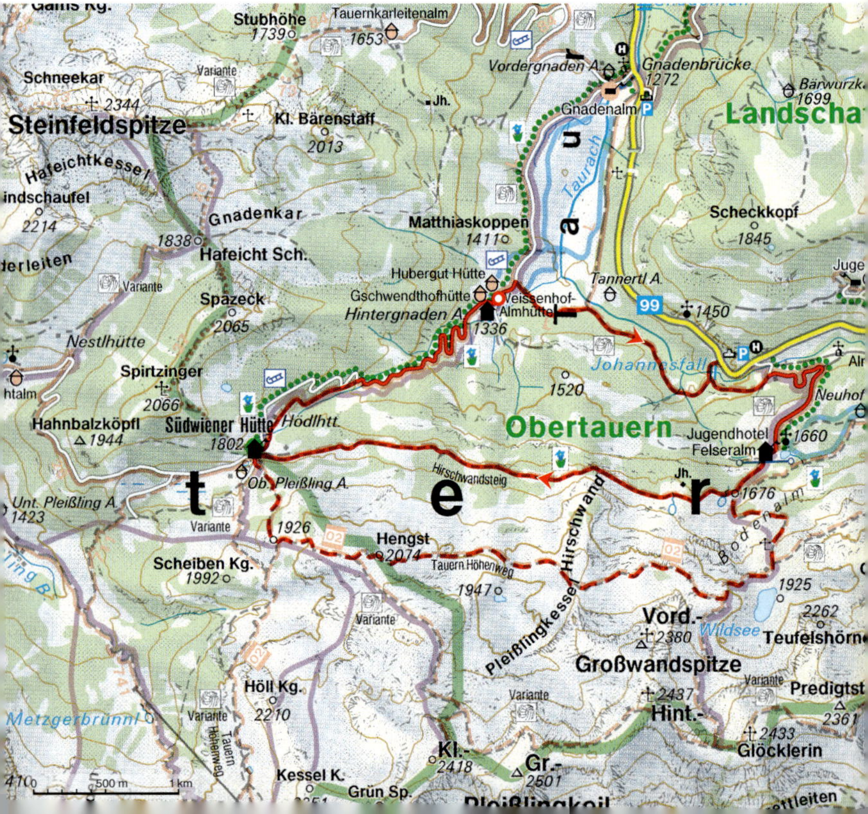

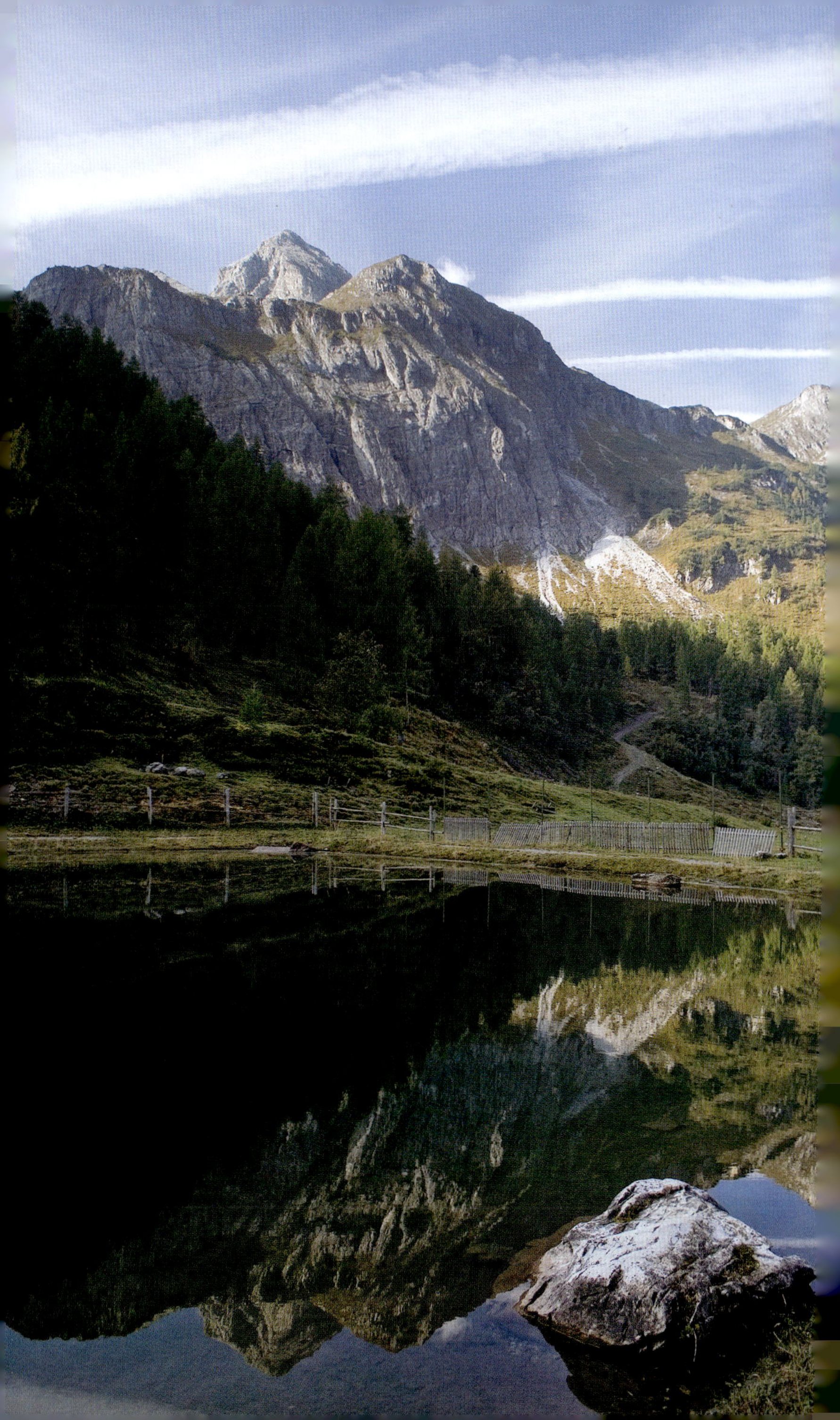

42 Heinrich-Kiener-Haus, 1792 m

Über den Sportweg zum Hochgründeck ★★

Steiler Anstieg mit Aussicht

Zum Heinrich-Kiener-Haus führen verschiedene mehr oder weniger schwierige Wege. Sechs davon sind Themenwege, angelegt von Hermann Hinterhölzl, dem ehemaligen, langjährigen Hüttenwirt vom Matrashaus am Hochkönig, dem heutigen Chef vom Heinrich-Kiener-Haus. Da gibt es den Musikantenweg von Ginau hinauf, den Geschichte-, Geologie- und Naturlehrweg über mehr als sechs Kilometer von der Hahnbaumalm herüber. Der Sportweg sowie der Friedensweg (im Andenken an die Philosophin, Theologin und katholische Nonne Edith Stein, welche am 9. August 1942 im Konzentrationslager Auschwitz ermordet und am 11. Oktober 1998 heilig gesprochen wurde) führen vom Ronachgut am Buchberg bei Bischofshofen hinauf zum Stützpunkt und sind Anstiegs- und Abstiegsweg dieser Tour. Es ist auch Hermann Hinterhölzl gewesen, der wider alle Schwierigkeiten die wunderschöne St.-Vinzenz-Friedenskirche am Hochgründeck errichtet hat. Sie wurde am 5. September 2004 eingeweiht und steht auf einem geomantischen Kraftort, an dem hohe Energie ausgestrahlt wird. In die Architektur hat der Erbauer viele Elemente und Zahlen aus dem Alten und Neuen Testament einfließen lassen. Das Heinrich-Kiener-Haus selbst ist die erste geprüfte Bioschutzhütte des Alpenraumes und mehrfach ausgezeichnet worden. Vater des Konzeptes war wieder einmal Hermann Hinterhölzl, der Strom mit Solaranlagen, Fotovoltaikanlagen und einem Windkraftwerk erzeugt. Die Frischluftversorgung in der Hütte erfolgt mittels Solarluftkollektoren, ein 500-Liter-Hygienepuffer sorgt für Heißwasser, die Komposttoilette und eine Grauwasseranlage zur Abwasserreinigung sowie ein Solarofen als Heizung tun das Ihrige für den Klimaschutz.

Kreuz am Hochgründeck.

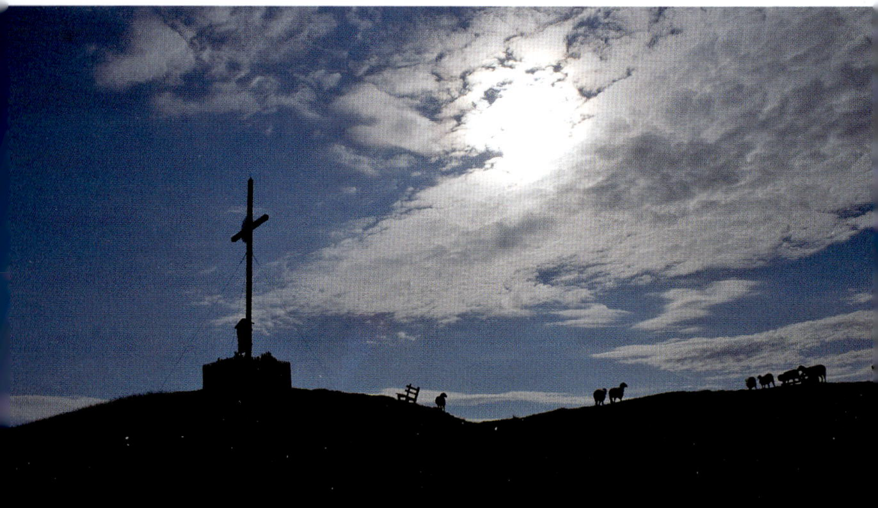

EINKEHR

Heinrich-Kiener-Haus, 1792 m: Geöffnet von Mitte Mai bis Anfang November. Schöne aussichtsreiche Lage; Blick vom Hochgründeck auf mehr als 300 Ostalpengipfel (Hohe und Niedere Tauern, Hochkönigstock, Salzburger Schieferberge, Tennengebirge, Hagengebirge, Dachstein und Kitzbüheler Alpen). Ausgezeichnete regionale Küche mit Speisen, die immer frisch zubereitet werden. Die Zutaten, vor allem das Fleisch, das Brot und diverse Milchprodukte, werden von den örtlichen Biobauern bezogen. Übernachtung möglich. Tel. +43/(0)664/2774558, www.hochgruendeck.at.

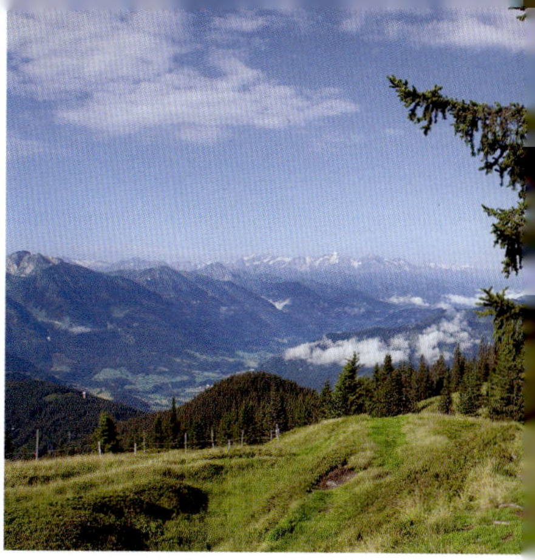

Vom Hochgründeck überblickt man das Salzachtal weit bis zu den Eisspitzen der Hohen Tauern.

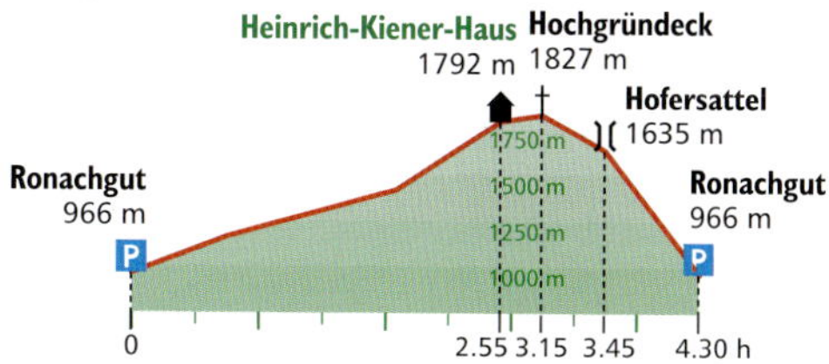

KURZINFO

Talort: Bischofshofen, 549 m; von Salzburg über die Tauernautobahn A 10 bis Abfahrt Bischofshofen. Von Westen über Zell am See und St. Johann im Pongau auf der Bundesstraße B 311 nach Bischofshofen; Tourismusverband Bischofshofen, Tel. +43/(0)6462/2471, www.bischofshofen.com.
Ausgangspunkt: Kleiner Parkplatz unterhalb des Ronachguts. Von Bischofshofen (Rathaus) auf der Dr.-A.-Heinrich-Straße über die Salzachbrücke, hinauf Richtung Buchberg dem Wegweiser »Hochgründeck« folgen bis zum Ronachgut.
Gehzeit: 4.30 Std.
Höhenunterschied: 860 m.
Anforderungen: Steil am Sportweg hinauf, stellenweise etwas Trittsicherheit erforderlich. Abstieg über Friedensweg erfordert Trittsicherheit, nicht bei Nässe oder Schnee.
Kinder: Für Kinder ab 8 Jahren geeignet. Umwelttechnik auf der Hütte, die Kirche und Geschichten aus der Gegend, spannend erzählt vom Hüttenwirt.
Mountainbike: Von der Salzachbrücke auf dem Tauernradweg fährt man Richtung St. Johann bis Lange Brücke; alte Bundesstraße über Urreiting auf Asphaltstraße zum Güterweg Pilzeck und anschließend auf Forststraße zum Hochgründeck; Abfahrt über Alpfahrt nach Pöham und auf der Bundesstraße nach Bischofshofen (45 km, 1400 Hm, anspruchsvoll).
Gipfelmöglichkeit: Hochgründeck, 1827 m (30 Min. hin und retour, blau).
Tipps: Musikantenweg von Ginau (Talort Wagrain, 838 Hm; ca. 3.30 Std als Rundtour über den Ginausattel, blau); Geschichte-, Geologie- und Naturlehrweg von der Hahnbaumalm (Talort St. Johann im Pongau, 616 Hm; 5 Std. hin und retour, blau).

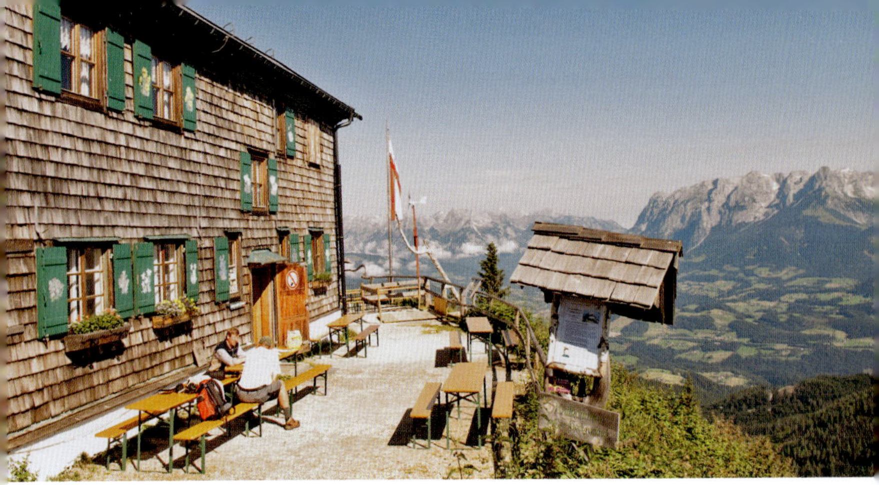

Das Heinrich-Kiener-Haus.

Vom kleinen Parkplatz , 966 m, unterhalb des Bergbauernhofs **Ronachgut** folgt man der Straße nach Süden, rechts am Gehöft vorbei, bis zu einem Weidetor. Nach diesem geht es auf einem Schotterweg über zwei Kurven in den Wald bis zu einer Kreuzung. Hier zeigt uns der erste Wegweiser den steilen Weg in einem spitzen Winkel nach links. Rotweiße Markierungen, gelbe und rote Rückstrahler an den Bäumen und die Wegnummer 450 begleiten den Wanderer hinauf zu einer Forststraße. Dort rechts, nach etwa 100 m gelangt man zu einer Kreuzung mit einem Wegweiser »Hochgründeck, steil, 1 Std«, darunter »HP Laireiter-Steig«. Man folgt nicht mehr einer der beiden Forststraßen, sondern dem Fußweg sehr steil bergauf. Nach wenigen Minuten lichtet sich rechter Hand der Wald und gibt für kurze Zeit den Blick auf Heukareck, 2100 m, Haßeck, 2115 m, Sladinkopf, 2305 m, und Bernkogel, 2325 m, frei. 10 Min. später erreicht man eine Lichtung, wo man zusätzlich auf Hagen- und Tennengebirge mit dem dazwischen liegenden Pass Lueg im Norden blicken kann. Weiter steil bergauf, immer wieder auf rot-weiße Markierungen, gelbe und rote Rückstrahler an den Bäumen und die Wegnummer 450 treffend, kreuzt man zwei Forststraßen, bevor der Steig erst in Serpentinen und zum Schluss über einen kurzen Grat zum **Heinrich-Kiener-Haus** führt.

Neben dem Haus zweigt ostwärts der Weg in leichtem Bogen zur 5 Min. entfernten St. Vinzenz Friedenskirche ab. Von der Kirche zieht sich der Weg auf einen kleinen Sattel mit urigem Wegweiser aus alten Holztafeln. Ihm folgt man dem Steig hinauf zum »Hochgrindegg«. Vom Gipfel des **Hochgründeck** hat man einen großartigen Panoramablick mit Hochkönig, 2941 m, Dachstein, 2995 m, Traunstein, 1691 m, Großem Wiesbachhorn, 3564 m, und Großglockner, 3798 m.

Zurück in den Sattel zum bereits bekannten Wegweiser, an dem man Richtung Bischofshofen geht und dann dem Weg Nr. 452 mit weiß-rot-weißer Markierung folgt. Hier gilt besondere Vorsicht, der Steig ist sehr schmal und die Grashänge sehr steil. Der Weg führt bald in Bergwald hinein, hier erreicht man die ersten Informationsstationen des Friedensweges, den wir bergab gehen. Man kommt in den bewaldeten **Hofersattel**, 1635 m, wo vier Wege aufeinandertreffen. Man nimmt den linken nordwestwärts (Wegweiser nach Bischofshofen) und quert nunmehr drei Forststraßen, dazwischen die kleine **»Stoa-Bert-Brücke«** und ein paar Friedensstationen. Bei der dritten Forststraße hält man sich rechts und folgt der Straße ca. 50 m zur nächsten Kurve. Hier steht wieder ein Wegweiser, der links über den Steig (rot-weiße Markierung) nach Bischofshofen weist (Friedensstation). Am Ende des steht rechts eine Wildfütterung, wo eine Forststraße quert. Hier links ab, bei der Verzweigung die rechte Forststraße nehmen und vorbei am Hubert-Zangerl-Kreuz zur nächsten Kreuzung. Hier dem Wegweiser Ronach über einen Wiesenweg folgen bis zu einem Überstieg, weiter am Weg, über einen zweiten Überstieg bis zu einem Fahrweg. Dort rechts zum **Ronachgut**.

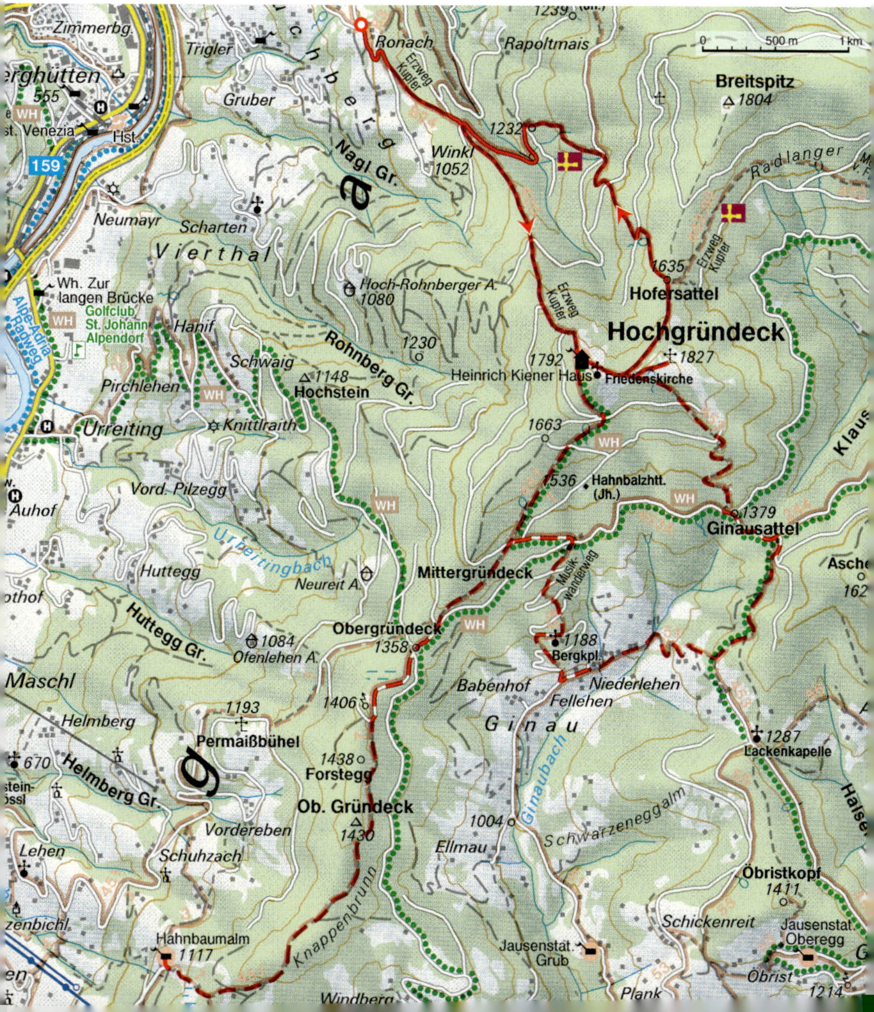

43 Werfener Hütte, 1969 m

Zum Refugium unter dem Hochthron ★★★

Der Name spricht Bände – die Hütte unter dem Thron

Das Tennengebirge, ein monumentaler Felsklotz südlich der Festungsstadt Salzburg, ist ein stark verkarstetes und höhlenreiches Plateaugebirge, das seit 1982 unter Naturschutz steht. Bedingt durch den Karst gibt es kaum Wasser und bei Nebel und Wetterstürzen ist die Orientierung äußerst schwierig. Froh kann sein, wer dann ein GPS-Gerät hat. Trotz seiner Wildheit und Gefahren ist es ein reizvolles Wander- und Klettergebiet. Besonders die Südseite bietet schöne Touren, bei denen allerdings ein frühzeitiger Start ratsam ist aufgrund der intensiven Sonneneinstrahlung. Das Highlight im Tennengebirge ist eine Plateauüberschreitung, die aber alpine Erfahrung und gute Kondition voraussetzt. Drei Weitwanderwege kreuzen das Tennengebirge, der Violette Weg der Via Alpina, der Salzburger Arnoweg und der Salzburger Almenweg führen zum oder quer durch das Tennengebirge. Den wenigen Hütten und Notunterkünften kommt daher in diesem Gebirge mehr Bedeutung zu als anderswo. Eine davon ist die Werfener Hütte, Aussichtskanzel ersten Ranges mit Blick auf Salzachtal, Hagengebirge, Watzmann, Hoher Göll, Hochkönig, Dachstein und Hohe Tauern. Sie thront direkt unter dem Hochthron und kein Platz könnte besser sein.

Informationaustausch auf altem Bergahorn.

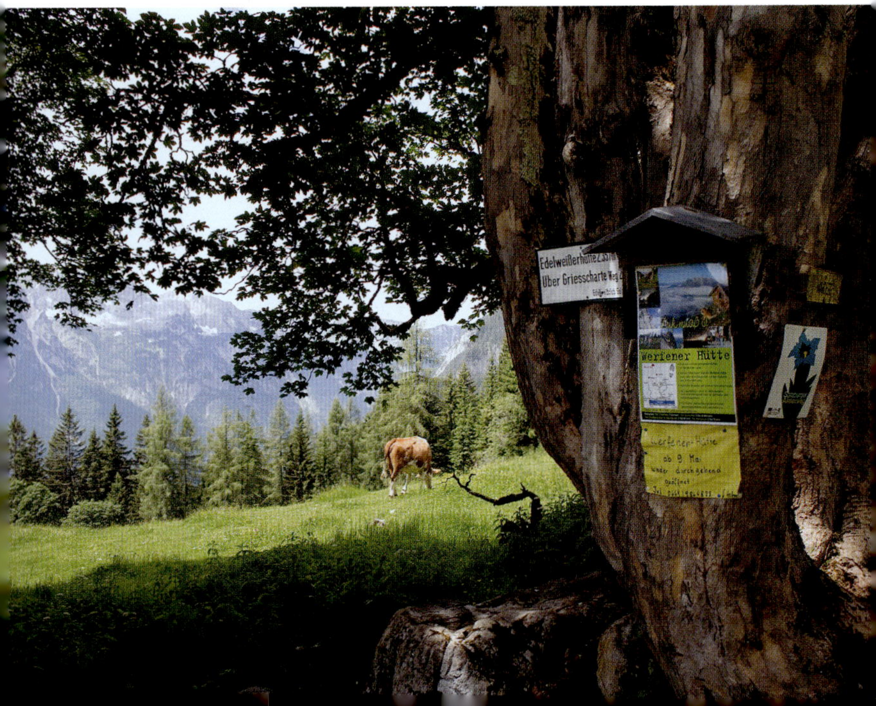

EINKEHR

Mahdeggalm, 1202 m: Geöffnet von Ostern bis Anfang November Nur zu Fuß in ca. 20 Min. vom Waldparkplatz erreichbar. Gasthof mit Pongauer Hausmannskost. Für Kinder Spielplatz, Lagerfeuerstelle und Streicheltiere. Übernachtung möglich. Tel. +43/(0)6468/7110, www.werfenweng.eu/Ausflug/56-Mahdegg-Alm.html.

Werfener Hütte, 1969 m: Geöffnet von Anfang Mai bis Ende Oktober von Donnerstag bis Sonntag nur bei schönem Wetter. Klettergarten hinter der Hütte. Hausgemachte Produkte, warme Speisen. Für Kinder wöchentliches Lamatrekking von der Elmaualm zur Hütte. Übernachtung möglich. Tel. +43/(0)664/9864828, www.werfener-huette.com.

Elmaualm, 1513 m: Geöffnet von Ende Mai bis Ende Oktober. Alte Almhütte mit schöner Lage und Almkost. Übernachtung möglich. Die Alm wird bewirtschaftet vom Salzburger Bergsportclub. Tel. Salzburger Bergsportclub: +43/(0)650/6438537, www.elmaualm-werfenweng.at.

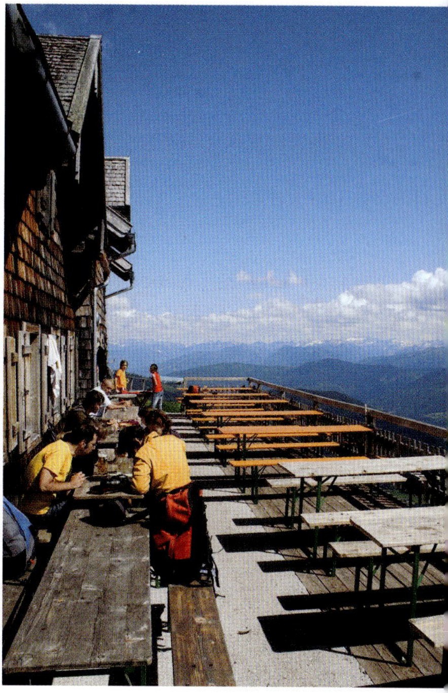

Auf der Werfener Hütte.

KURZINFO

Talorte: Werfen, 548 m, und Werfenweng, 902 m; Tourismusverband Werfen Tel. +43/(0)6468/5388; Tourismusverband Werfenweng, Tel. +43/(0)6466/4200, www.werfenweng.eu.

Ausgangspunkt: Wanderparkplatz westlich des Gehöfts Unterholz, 1060 m. Nicht beim Hof parken.

Gehzeit: 4.45 Std.

Höhenunterschied: 970 m mit Gegenanstiegen.

Anforderungen: Südseitige, alpine Wanderung, teilweise auf Steigen im Schottergelände. Alpine Erfahrung, Trittsicherheit, Schwindelfreiheit, Kondition und etwas Orientierungsvermögen Voraussetzung. Kurz vor der Hütte zwei Altschneefelder von Lawinen im Steilhang bis Ende Juni möglich. Trittsicherheit beim Abstieg durch den Bachfeldgraben (nicht bei Nässe!).

Kinder: Für Kinder ohne ausreichende Bergerfahrung unter 12 Jahren nicht geeignet. Alternative für Kinder wäre der Aufstieg über Tanzboden (ca. 5 Std.; rot, siehe Variante).

Gipfelmöglichkeiten: Großes und Kleines Fieberhorn, 2278 m und 2157 m, Raucheck, 2431 m, und Werfener Hochthron, 2362 m, sind vorwiegend nur für Kletterer bestimmt, schon der Zustieg über die 60-stufige Eisenleiter in die Grieskarscharte entspricht einem Klettersteig B.

Variante: Wem die Tour zu anspruchsvoll erscheint, dem bietet sich eine gute Alternative: Bei der Abzweigung mit dem Wegweiser »Werfener Hütte über Tanzboden« (nach der Mahdeggalm) biegt man einfach rechts ab und steigt später über den beschriebenen Abstiegsweg links auf und wieder ab (ca. 30 Min. kürzer, rot).

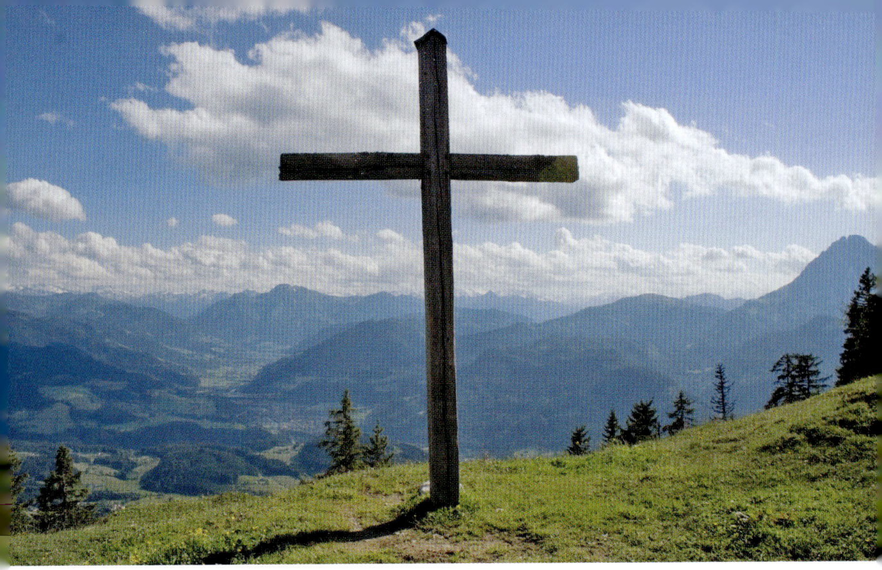

Am Tanzboden, kurz vor der Elmaualm, steht dieses Kreuz auf aussichtsreichem Platz.

Vom Waldparkplatz, 1060 m, gleich beim Wegweiser in den Wald und mäßig steil am Waldrand bergauf, bereits mit schönem Ausblick hinunter auf das Gehöft Unterholz und ins Salzachtal. Nach kurzer Zeit tritt man aus dem Wald heraus und folgt einer kleinen Baumzeile, links vorbei an einem Wirtschaftsgebäude, zu einem Weidegatter. Von hier vorbei an einigen Wegweisern zum Weg hinauf Richtung Holzkreuz und zur **Mahdeggalm**, 1202 m.

Wir nehmen den Weg Nr. 32b-227 links, gehen kurz eben dahin zu einem alten Bergahorn und weiter auf einem Forstweg, der bald steil bergauf führt und danach auf eine Forststraße trifft. Hier sieht man ein Stück oberhalb des Straßenverlaufes einen gelben Wegweiser stehen, auf den man zuhält. Dort links ab zur Werfener Hütte über die Griesscharte (32b-227). Der Steig wird felsiger und Trittsicherheit ist gefragt. Lichtungen geben den Blick rechts hinauf zu den Fieberhörnern und zum Hochthron frei, auf den Höchkönig und die Hohen Tauern. Ein roter Punkt in weißem Kreis ist die begleitende Markierung. Man erreicht das Ende einer Forststraße, wo sich der Steig teilt. Man quert auf dem rechten Pfad den Hang, bis man auf eine neue Forststraße trifft. Diese wenigen Meter hinauf und links auf Steigspuren achten, denen man folgt. Man trifft wieder auf den

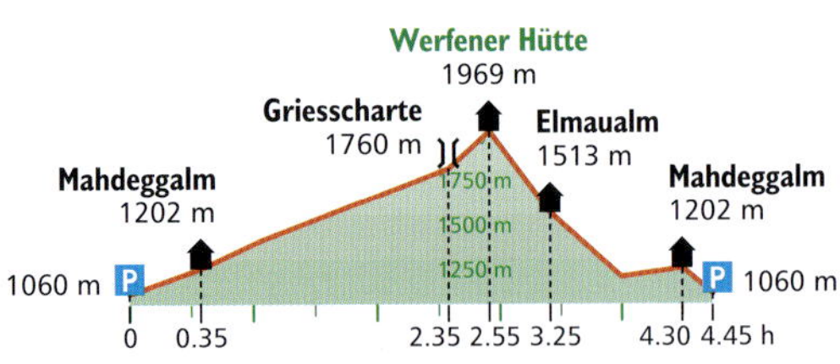

Steig mit der Markierung roter Punkt in weißem Kreis. Nun überschreitet man die Baumgrenze, das Gelände wird felsiger. Man quert ein Schotterfeld, an dessen Ende eine Tafel und ein Wegweiser rechts hinauf auf Weg Nr. 32b-230 auf der linken Seite des Schotterfeldes zeigen. Nach kurzer Zeit quert der Steig das Schotterfeld (auf Steinschlag achten) und geht ab da auf der rechten Seite in kurzen Serpentinen hinauf zur **Griesscharte**. Dort rechts und auf Panoramasteig in ca. 20 Min. zur **Werfener Hütte**, 1969 m.

Der Abstieg erfolgt über den Steig vor der Hütte, der in Serpentinen hinunter bis zum Tanzboden und dort bei der ersten Abzweigung links über einen Steig oder ein Stück unterhalb ebenfalls links über eine Almstraße zur **Elmaualm**, 1513 m, führt. Von der Alm führt ein Steig mit Markierungspflöcken hinunter zu einem Wegweiser an einer Almstraße. Hier folgt man dem Wiesensteig 32c hinunter Richtung Samerhof über Almerleiten, bei der nächsten Abzweigung mit Holzschildern rechts ab und rechts an einer einsamen Almhütte vorbei. Durch eine Viehsperre und über einen kleinen Bach. Durch den wildromantischen Bachfeldgraben mit seinen Steilhängen dem Steig folgen, bei der einzigen Abzweigung im Wald rechts weiter. Der Steig geht in einen Forstweg über und gibt nach Süden Blicke in das Salzachtal und die Hohen Tauern und nach Westen auf den Hochkönigstock frei. Der Forstweg mündet beim Wegweiser **Nagelleiten** in eine Almstraße, der man rechts bergauf folgt. Auf bald wieder ebenem Weg geht es zur **Mahdeggalm**, 1202 m. Hier links über den Anstiegsweg in einer Viertelstunde hinunter zum Waldparkplatz.

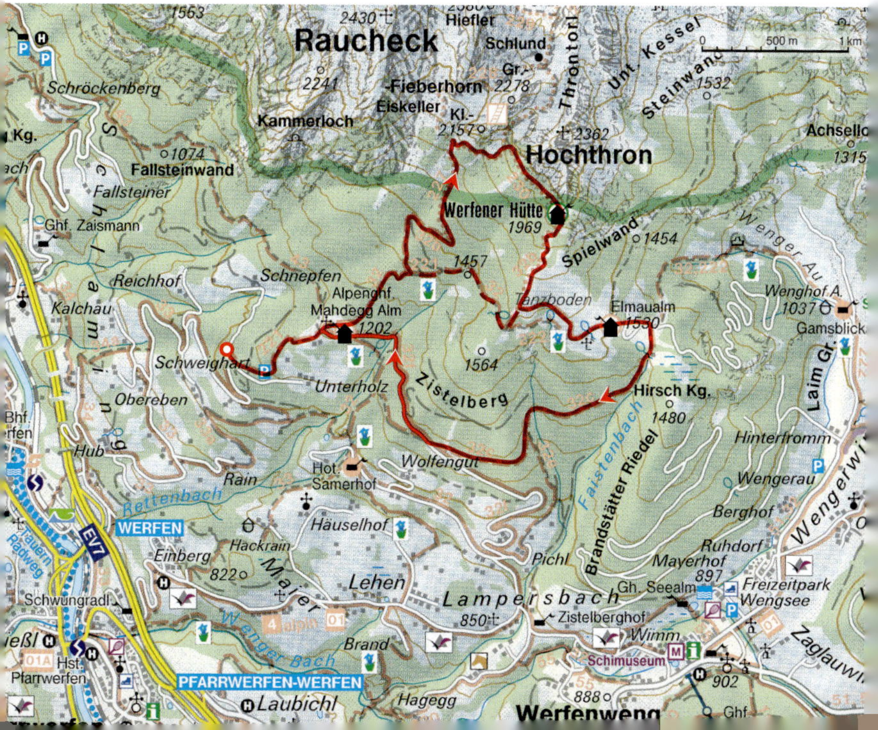

44 Radstädter Hütte, 1770 m

Über den UNICEF-Herzerlweg auf den Roßbrand ★

Filzmoos, das »sagenhafte« Dorf

Der Name des Bergdorfs Filzmoos entstand, als dort noch ein Almgebiet war und nur Hirten das einsame, moosige Tal bevölkerten. Das Wappen von Filzmoos besteht aus drei Mooskolben auf nassem Grund und einem Glöcklein und stellt symbolisch den nassen Boden in Filzmoos und die Legende vom Filzmooser Kindl dar. Überreste der Filzmooser Moorlandschaft wie die »Filzwiese« und die »Schwarze Lacke« (beides Moorgebiete) zeugen noch davon. Filzmoos ist auch ein Wallfahrtsort. Alte Überlieferungen berichten von zwei Hirten, die ein Glöcklein läuten hörten und dort, wo heute die 1820 erbaute Ursprungskapelle steht, ein geschnitztes Jesuskind gefunden haben. Das Jesuskind wurde von den Hirten nach Altenmarkt gebracht, jedoch war es über Nacht von selbst wieder zu seinem Standplatz in Filzmoos zurückgekehrt. Nach Errichtung der Ursprungskapelle wurde das Gnadenbild in der Kirche aufgestellt. Ihm werden Krankenheilungen und Errettung aus Nöten zugeschrieben. Auch heute noch pilgern zahlreiche Menschen der Umgebung immer wieder zum »Filzmooser Kindl«.

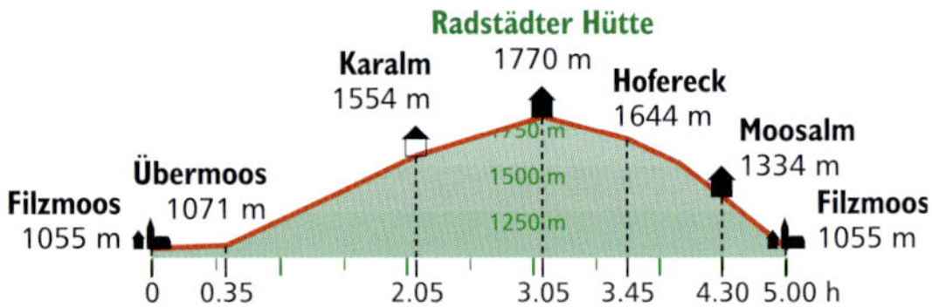

Beim Abstieg kommt man bei der Moosalm vorbei, dahinter das Dachsteinmassiv.

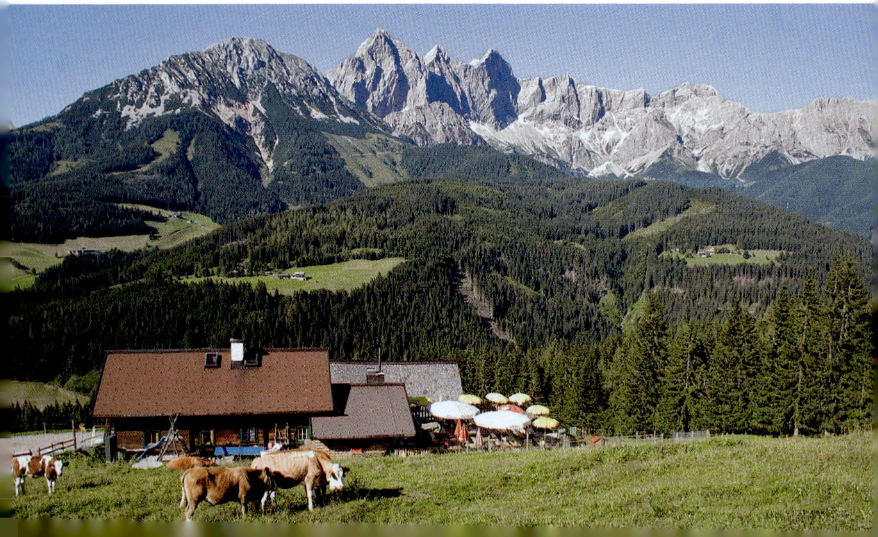

EINKEHR

Radstädter Hütte, 1770 m: Geöffnet von Mai bis Oktober. Komplett neu renovierte Hütte mit regionaler und gutbürgerlicher Küche sowie hausgemachten Mehlspeisen. Übernachtung möglich. Tel. +43/(0)6452/ 6474, www.radstaedterhuette.at.
Moosalm, 1334 m: Geöffnet von Mitte Mai bis Mitte Oktober, Mittwoch Ruhetag. Almhütte in schöner Lage oberhalb von Filzmoos. Spezialitäten aus hauseigener Erzeugung: Speck, Pilzgerichte, Strudel, Kuchen, Kaiserschmarrn, Zirbenschnaps, Holler- und Schwarzbeersaft. Keine Übernachtung. Tel. +43/(0)6543/8484 oder +43/ (0)664/5328002.

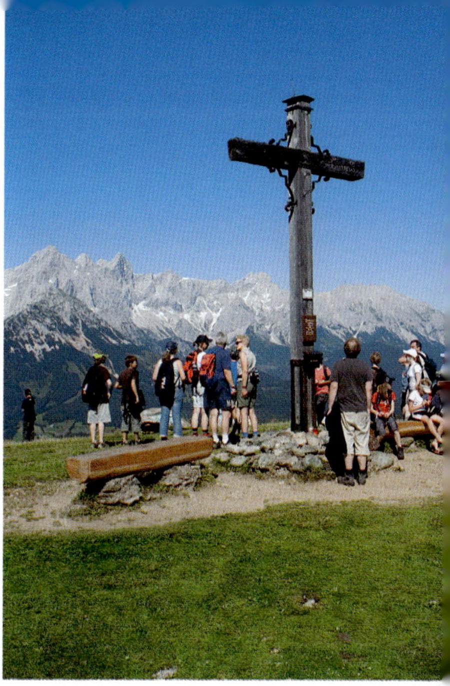

Vom Gipfelkreuz des Roßbrand überblickt man das gesamte Dachsteinmassiv.

KURZINFO

Talort: Filzmoos, 1055 m; Anreise aus Salzburg über Eben im Pongau (A 10 Tauernautobahn) oder über Ramsau am Dachstein in der Steiermark; Tourismusverband Filzmoos, Tel. +43/(0)6453/ 8235, www.filzmoos.at.
Ausgangspunkt: Filzmoos, 1055 m.
Gehzeit: 5.00 Std.
Höhenunterschied: 715 m.
Anforderungen: Einfache Wanderung ohne Probleme auf Steigen, Wanderwegen und Almstraßen.
Kinder: Rund um die Hütte weiden Kühe, Jungvieh und Pferde. Kleiner Kinderspielplatz bei der Hütte. Hütte speziell für Kinder (z. B. Spielgeräte aus Holz, Streichelzoo, Themen- oder Erlebniswanderwege). Die Hütte ist gut mit dem Kinderwagen (über die Forststraße von Hachau) erreichbar.
Mountainbike: Start in Radstadt bei der Kirche. Über die Bundesstraße zum Sportzentrum und rechts weiter zur Abzweigung der Roßbrandstraße. Permanente Steigung auf Asphalt. Dem Straßenverlauf folgend bis zum Parkplatz auf 1720 m. Vorbei an einer Schranke und auf Schotterweg bis zum Radstädter Haus am Roßbrand.
Gipfelmöglichkeiten: Unterwegs keine. Der Roßbrand befindet sich nördlich von Radstadt und südlich von Filzmoos und zählt nicht zu Unrecht zu den schönsten Aussichtsbergen in den Ostalpen. Vom Gipfel bietet sich ein eindrucksvolles 360°-Panorama auf nahezu 150 markante Alpengipfel: vom Dachstein im Norden über Tennen- und Hagengebirge und Großglockner bis hin zu den Radstädter- und Schladminger Tauern. Über die Entstehung der Naturlandschaft und weitere interessante Themen erzählen acht, in mächtigen Blöcken versenkte, Panoramatafeln rund um das Gipfelkreuz.
Variante: Tour über den Dr.-März-Weg im An- oder Abstieg nicht wesentlich kürzer, aber weniger steil. Außer durch Wanderwege ist der Roßbrand auch über eine mautfreie Straße, die Roßbrandstraße, die bis unweit des Gipfels führt, erreichbar. Ab dort auch mit Kinderwagen.

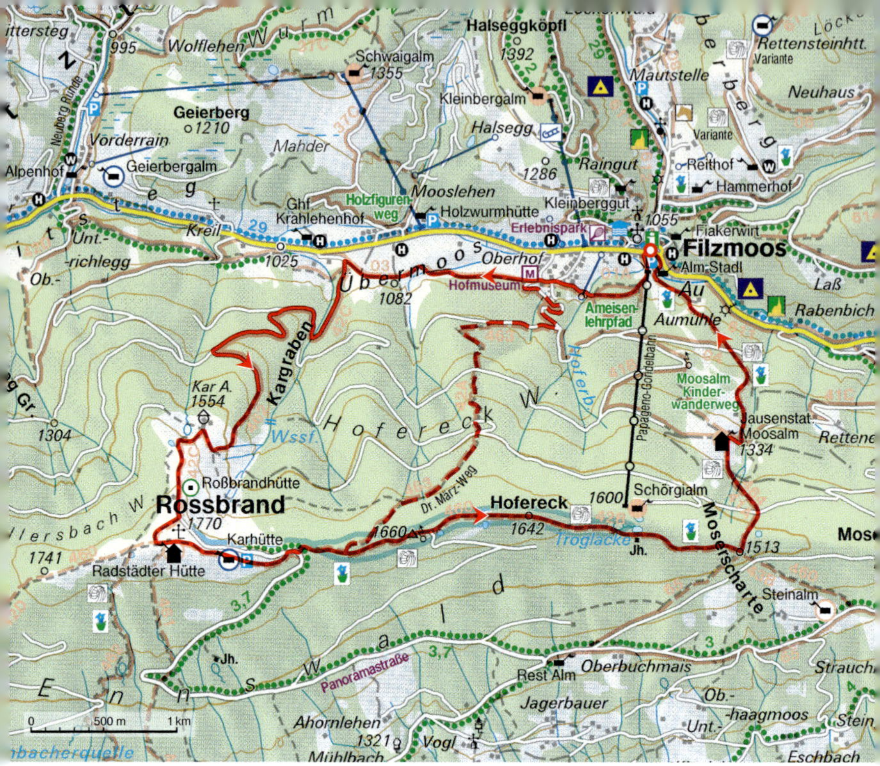

Vom Ortszentrum in **Filzmoos** geht man auf der Straße Richtung Eben im Pongau (Westen) und biegt zwischen der Pension Gertraud und dem Gästehaus Anneliese links ab zum »UNICEF Herzerlweg« (die Kinder der Volksschule Filzmoos haben zu Gunsten von UNICEF Holzherzen bemalt und entlang des Weges aufgestellt). Rechts vorbei an der Talstation der Papageno-Kabinenbahn (daneben ein Abenteuerspielplatz) geht es eben eine gute halbe Stunde durch das **Übermoos**. An der Abzweigung Dr.-März-Weg (Variante) geht man vorbei und rechts eben weiter bis zu einem Weidetor; rechts unten sieht man den Krahlehenhof und einen Transformator. Hier dem Wegweiser nach links auf Weg Nr. 420 folgen und zuerst über eine Forststraße, dann über einen sehr steilen Karrenweg der rot-weiß-roten Markierung bis zur unbewirtschafteten **Karalm**, 1554 m, folgen. Hinter den Hütten dem Karrenweg folgen, vorbei an der Roßbrandhütte bis hinauf zur **Radstädter Hütte**, 1770 m; den Blick auf die Bischofsmütze und ins Dachsteinmassiv permanent vor Augen.

Beim Abstieg geht man zum Gipfelkreuz hinter der Hütte und folgt dem Steig Nr. 42b hinunter zum Busparkplatz, geht ein Stück auf der Straße bis zum Scheitelpunkt der Kurve und wandert weiter auf einem Steig, rechts vorbei an der Abzweigung des Dr.-März-Weges, zur Sendeanlage und über das Feuchtgebiet am **Hofereck**, 1644 m, zur **Moserscharte**, 1513 m. Dort links abzweigen. In 20 Min. hinunter zur **Moosalm**, 1334 m, und in einer weiteren halben Stunde in das Ortszentrum von **Filzmoos**.

Wallehenhütte und Krahlehenhütte

Über das Rinderfeld

★★

Barbara Passrugger – Bergbäuerin, Bergsteigerin, Schriftstellerin

Eine der beeindruckendsten Frauen des 20. Jahrhunderts in Österreich ist die Filzmooserin Barbara Passrugger. Erst im Alter von 79 Jahren, als sie ihr erstes Bestsellerbuch veröffentlicht, wird sie im deutschsprachigen Raum bekannt. Ihre Geschichte ist die Geschichte einer Frau, die ihren von schlimmen Schicksalsschlägen geprägten Weg unbeirrbar gegangen ist und erst im Alter erfahren durfte, was Freude am Leben ist. Geboren wurde sie am 2. Mai 1910 auf einem Gut in Filzmoos als achtes Kind von Johann und Anna Hofer. Kurz nach der Geburt, am 11. Mai, stirbt ihre Mutter. Barbara wird von der verwitweten Großbäuerin Maria Salchegger als Ziehtochter angenommen. Tiefe Religiosität, althergebrachte Traditionen, harte Arbeit, schwere Schicksalsschläge und ständige Sorgen bestimmten ihr weiteres Leben. »Ihre« Berge gaben ihr die Kraft zum Leben. Im Jahr 1931 gelang ihr am 31. August gemeinsam mit ihrem Bruder Franz Hofer als erste Frau in Männerkleidung und bei Dunkelheit die heimliche Durchsteigung der schwierigsten Route der Dachstein-Südwand, der »Steiner Route«. Heimlich deswegen, weil damals den Frauen das Bergsteigen verboten war und der Berg dadurch »entheiligt« worden wäre. Barbara Passrugger schrieb von 1989 bis 1998 drei autobiografische Bücher, 1994 erschien ein Bildband über sie mit dem Titel »Die Berge, meine Lebenswelt«. Barbara Passrugger starb am 8. August 2001 im Alter von 91 Jahren in ihrer Heimatgemeinde Filzmoos. »Ich will nichts hören von der guten alten Zeit. Der einzige Ort, wo ich wirklich frei war, waren die Berge.« (Zitat Barbara Passrugger)

Bischofsmütze hinter der Löckenwaldalm.

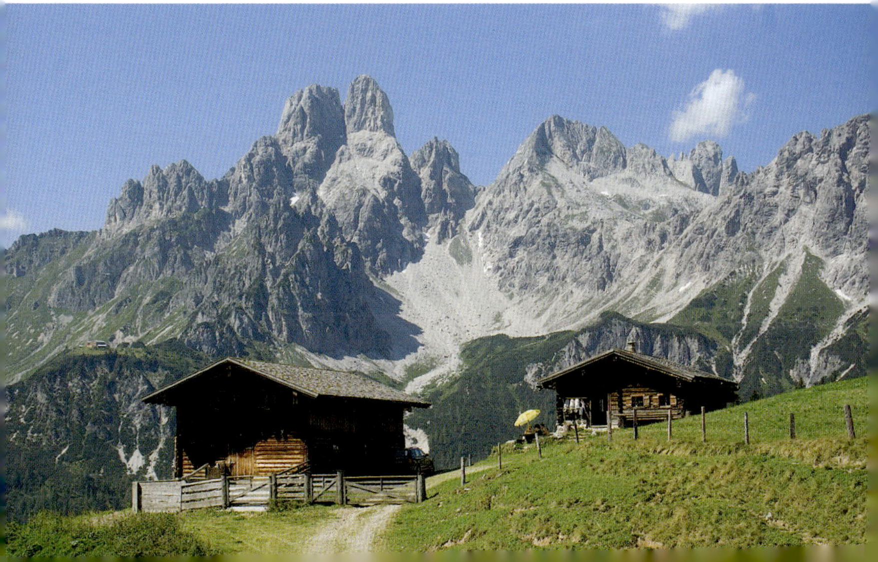

KURZINFO

Talort: Filzmoos, 1057 m; Anreise aus Salzburg über Eben im Pongau (A 10 Tauernautobahn) oder über Ramsau am Dachstein in der Steiermark; Tourismusverband Filzmoos, Tel. +43/(0)6453/8235, www.filzmoos.at.
Ausgangspunkt: Parkplatz bei der Oberhofalm, 1270 m.
Gehzeit: 4.30 Std.
Höhenunterschied: 680 m.
Anforderungen: Wanderung auf Steigen, Wanderwegen und Almstraßen. Steiler Aufstieg über Sulzenschneid, steiler Abstieg zwischen Löckenwaldalm und Oberhofalm. Trittsicherheit nötig.
Kinder: Almsee nahe der Oberhofalm. Rund um die Wallehen- und Krahlehenhütte weiden Kühe.
Mountainbike: Von Filzmoos entlang der Mautstraße bis zu den Hofalmen (ca. 6 km, 240 Hm, 45 Min.). Aufbauend darauf kann über den Marcheggsattel durch den Wurmeggwald Richtung Langegg nach Neuberg und über Reitsteg und Übermoos zurück nach Filzmoos gefahren werden (20,5 km, ca. 700 Hm, ca. 3.30 Std.).
Gipfelmöglichkeit: Unterwegs Rötelstein, 2247 m (ca. 420 Hm, knapp 2 Std. hin und retour, schwarz).
Variante: Zusätzliche Schleife von der Oberhofalm aus über die Hofpürglhütte (430 Hm mehr, 2.30 Std. länger).

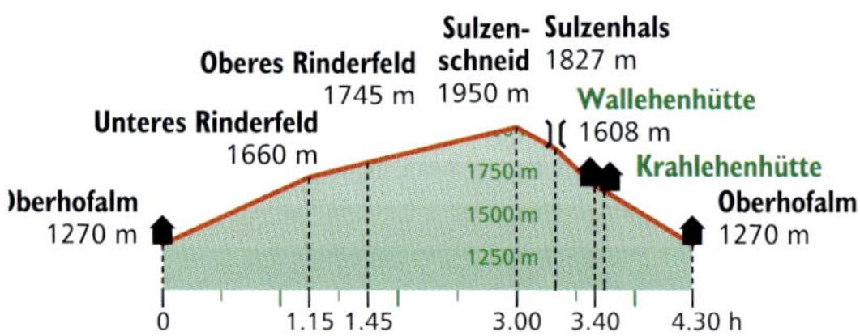

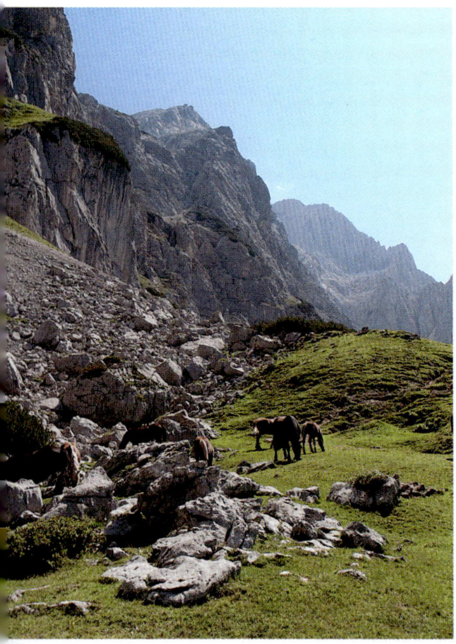

EINKEHR

Oberhofalm, 1270 m: Ganzjährig geöffnet, Dienstag Ruhetag. Hütte aus dem Jahr 1665 mit regionalen und saisonalen Gerichten. Keine Übernachtung. Tel. +43/(0)6453/8594 oder +43/(0)664/4457781, www.oberhofalm.at.
Sulzenalm Wallehenhütte, 1608 m: Geöffnet von Anfang Juni bis Mitte Oktober. Hütte mit regionaler und traditioneller Hausmannskost. Keine Übernachtung. Tel. +43/(0)6453/8289 oder +43/(0)664/9105392.
Sulzenalm Krahlehenhütte, 1580 m: Geöffnet von Mai bis Mitte Oktober. Serviert wird regionale und traditionelle Hausmannskost. Keine Übernachtung. Tel. +43/(0)664/5332146, www.bauernhof-krahlehen.at/krahlehenhuette.

Am Rinderfeld gibt es auch Pferde.

Von der **Oberhofalm**, 1270 m, rechts auf geschotterten Fahrweg Nr. 617, bei der nächsten Kreuzung links abbiegen auf Weg Nr. 617A zum Almsee. An dessen Ostende steht ein Wegweiser; man folgt weiter Steig 617A, zuerst über eine kleine Wiese, dann eben durch einen Wald über Blockwerk bis zu dem geschotterten Fahrweg Nr. 617 (Wegweiser), auf den man hier wieder trifft. Diesem rot-weiß-rot markierten Weg bergauf ca. 120 m folgen, bis links ein Steig (Wegweiser) etwas steiler über eine Bergwiese und weiter durch Bergwald auf ein kleines Plateau führt, über das die Warme Mandling, hier noch als Bächlein, mäandriert. Weiter durch lichten Lärchenbestand auf leicht felsdurchsetzten Almweiden entlang der Warmen Mandling erreicht man bald das **Untere Rinderfeld**, 1660 m (Wegweiser). Rechts weiter leicht bergauf auf einem Teil des Linzer Weges, vorbei am Quellgebiet der Warmen Mandling zum **Oberen Rinderfeld**, 1745 m (Wegweiser), unter den Felsabstürzen von Hochkesselkopf und Eiskarlspitz.

Rechts auf dem Weg Nr. 617 über Almmatten hinein in ein Latschenfeld. In stetigem Auf und Ab mit Blick auf die rechts hinten frei liegende Bischofsmütze wandert man am sogenannten Bibelsteig vom Latschenfeld in einen lichten Bergwald, an dessen Ende eine kleine freie Fläche wartet. Der Steig lässt für wenige Meter noch ein Verschnaufen zu, bevor er den Grassteilhang mit vielen Serpentinen hinaufführt. Auf dem Grat wendet sich der Steig leicht links hinauf zur **Sulzenschneid**, 1950 m. Das Kreuz liegt etwas abseits des Weges ca. 5 Min. entfernt auf 1990 m (Steigspuren). Nun geht es den einzigen Weg bergab, hinunter zu einer Wegkreuzung, die links hinüber in die Steiermark zur Dachsteinsüdwandhütte führt, während diese Tour weiter auf Weg Nr. 638 hinunter zum **Sulzenhals**, 1827 m, führt. Hier wieder rechts bergab halten und durch lichten Wald zur **Wallehenhütte**, 1608 m, und der nur wenig darunter liegenden **Krahlehenhütte**, 1580 m, beide auf der Sulzenalm gelegen.

Von hier auf einer Almstraße talwärts bis zur nächsten Alm. Unterhalb dieser zweigt ein Steig (Wegweiser Nr. 639) rechts ab und führt in 45 Min. zur **Oberhofalm** zurück.

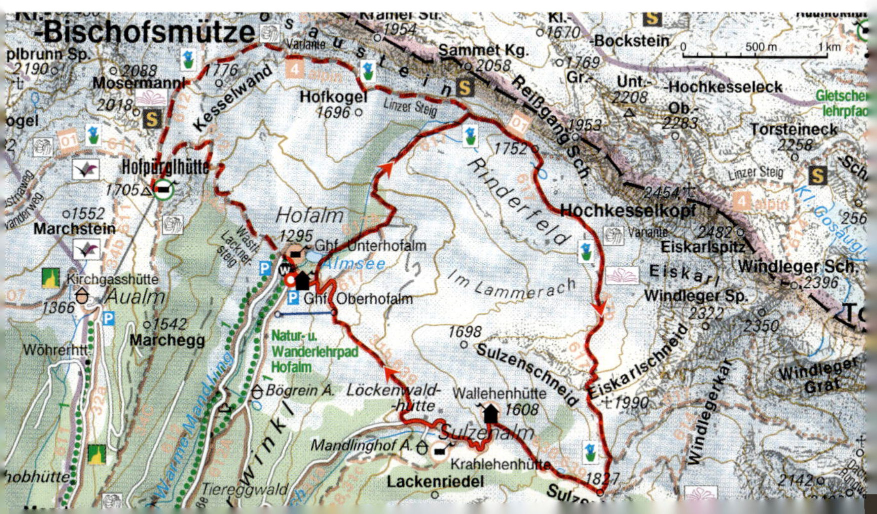

46 Austriahütte, 1638 m

Almentour unter der Dachsteinsüdwand ★

Almwirtschaft, Salz, Kunst, Volksgut und Welterbe
Das Dachsteingebirge mit dem eigentlichen Dachsteinmassiv und dem Hohen Dachstein, 2995 m, als Hauptgipfel war schon vor 2500 Jahren von großer Bedeutung. Klare Seen und fruchtbarer Boden auf den Almen boten beste Voraussetzungen für eine Besiedelung. Der Salzabbau brachte in Folge wirtschaftlichen Aufschwung und Wohlstand, der Hallstatt und die Region um den Dachstein mit verschiedenen Kulturen in Berührung brachte. Durch den technischen Fortschritt beim Salztransport und die Eisenbahn wurde auch der erste Tourismus in die Region gebracht. Künstler und Naturforscher wie Adalbert Stifter oder Alexander von Humboldt fanden hier ihre Muse und ein weites Betätigungsfeld. Der Gletscherforscher Friedrich Simony begann 1840 mit den ersten wissenschaftlichen Aufzeichnungen über den Dachsteingletscher. 1997 wurde die historische Kulturlandschaft Hallstatt-Dachstein-Salzkammergut zum UNESCO-Weltkulturerbe erklärt. Das Alpinmuseum in der Austriahütte bringt dies alles kompakt und leicht verständlich dem Wanderer ohne Umwege näher.

Die Austriahütte beherbergt auch ein Museum über die Geschichte des Dachsteins.

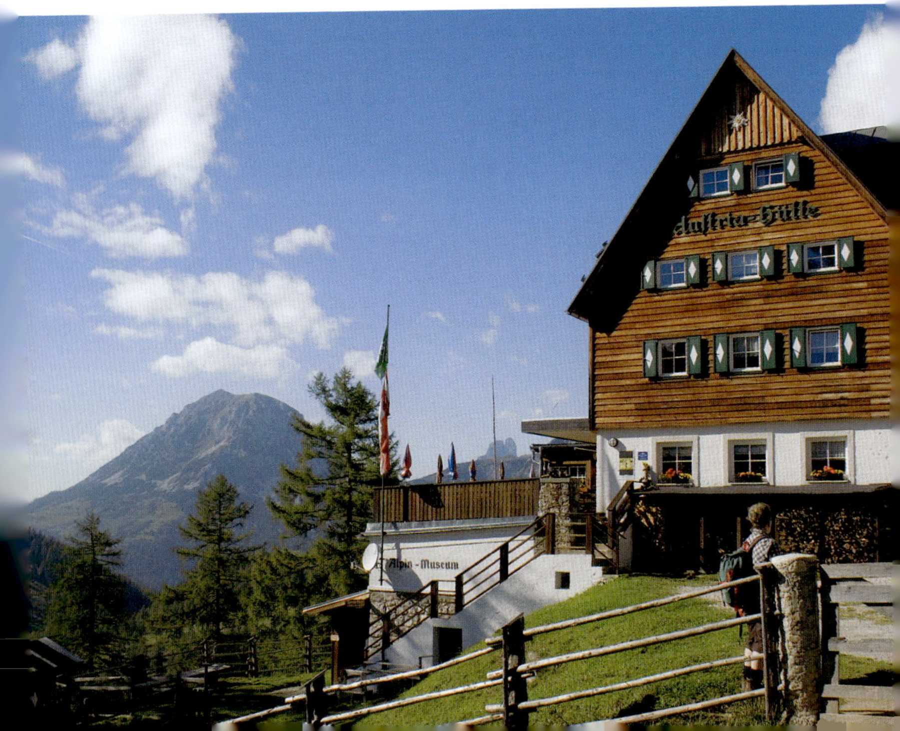

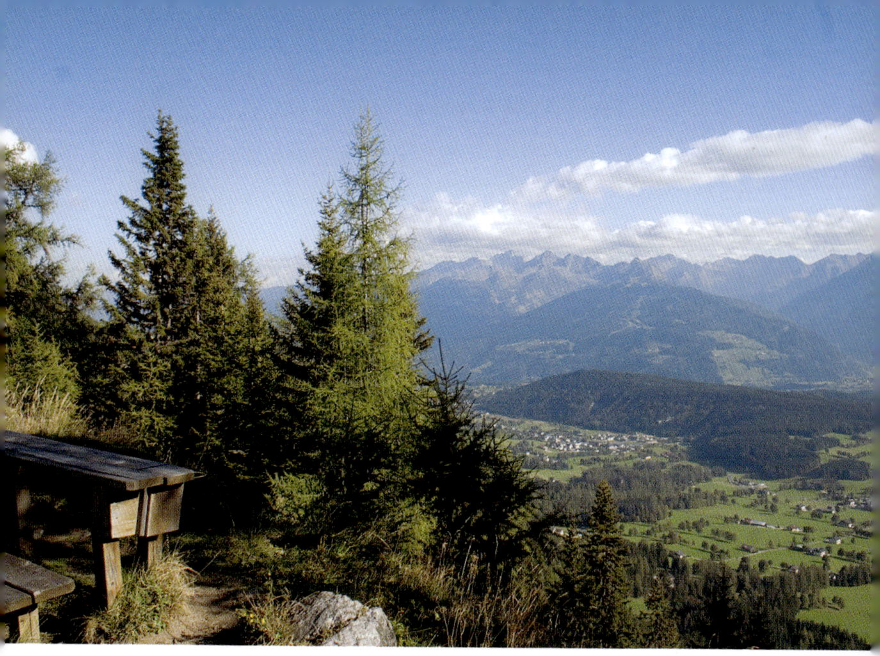

Aussicht vom Panoramabankerl Brandriedel.

KURZINFO

Talort: Ramsau am Dachstein, 1135 m; von Osten über Haus im Ennstal oder von Westen über die Tauernautobahn (A 10) und Radstadt auf der B 320 nach Schladming, von dort nach Ramsau; Tourismusverband Ramsau am Dachstein, Tel. +43/(0)3687/23310, www.schladming-dachstein.at/de/Ramsau-am-Dachstein oder www.derdachstein.at.

Ausgangspunkt: Parkplätze unterhalb vom Gasthof Edelbrunn, 1333 m.

Gehzeit: 3.30 Std.

Höhenunterschied: 400 m.

Anforderungen: Einfache Wanderung ohne nennenswerte Probleme auf Wanderwegen und Steigen.

Kinder: Großzügiger Naturkinderspielplatz mit Teich und Streichelzoo (Ponys, Hasen, Kälbern, Ziegen) auf der Brandalm. Alpinmuseum in der Austriahütte.

Kinderwagen: Geeignet für geländegängige Kinderwagen ohne Brandriedel. Abstieg von der Brandalm über Dachsteinhaus zum Gasthof Edelbrunn.

Mountainbike: Viele Touren im Gebiet, wie zum Beispiel die Ramsautour (ca. 39 km; 1198 Hm, Anstieg zur Türlwand anspruchsvoll) oder die Panoramatour (56,6 km; 1311 Hm). Karten, Führer und Informationen beim Tourismusverband Ramsau am Dachstein.

Gipfelmöglichkeiten: Hoher Dachstein, 2995 m (Klettersteig, nur mit ausreichender alpiner Erfahrung oder Bergführer, ca. 4 Std. mit Seilbahnbenützung); Brandriedel, 1725 m (gut 30 Min., rot).

Winter: Die Tour ist auch im Winter zu erwandern, jedoch leicht abgeändert (5-Hütten-Winterwanderung; Informationen beim Tourismusverband Ramsau am Dachstein).

Variante: Man kann die Tour auch ausdehnen, der traditionsreiche 5-Hütten-Weg zählt zu den Klassikern in der Dachsteinregion und führt von Ramsau zu den Almen am Fuße des Dachsteins (5 Std. als Rundtour; Steig Nr. 6 zur Dachstein-Südwandhütte). Details unter www.schladming-dachstein.at (Sommer, Wander- und Bergsport).

EINKEHR

Alpengasthaus Edelbrunn, 1333 m: Geöffnet von Mitte Mai bis Anfang November und von Anfang Dezember bis Ende April. Im Sommer Mittwoch Ruhetag. Spezialitäten sind steirisches Backhendl, Schweinelendchen in Kürbiskernkruste und Kaiserschmarren. Liegt direkt am 5-Hütten-Weg. Übernachtung möglich. Tel. +43/(0)3687/81279, www.edelbrunn.at.

Dachsteinhaus, 1381 m: Ganzjährig geöffnet. Bodenständige Kost (Steirische Ripperl), Kinderspielplatz. Jeden dritten Sonntag im Monat findet am Nachmittag ein Musikantentreffen statt. Keine Übernachtung. Tel. +43/(0)3687/81277 oder +43/(0)650/8127700.

Walcheralm, 1575 m: Sommer und Winter (Winterrodelbahn) bewirtschaftet. Urige Sennhütte am Dachstein mit Hüttenabend, eigener Käserei, Hausmannskost, großer Sonnenterrasse. Almspezialitäten wie Butter, Milch, Buttermilch, Käse, Speck und Mehlspeisen, aber auch Nockerlsuppe, Erdäpfelnudeln oder Bratwurst mit Sauerkraut werden angeboten. Keine Übernachtung. Tel. +43/(0)3687/82422 oder +43/(0)3687/81243, www.walcherhof.at.

Brandalm, 1566 m: Von Mitte Mai bis Anfang November und von Mitte Dezember bis Ostern täglich geöffnet. Bodenständige Hausmannskost. Keine Übernachtung. Tel. +43/(0)664/1806460 oder +43/(0)3687/81224, www.brandhof.com.

Austriahütte, 1638 m: Hütte des ÖAV. Geöffnet von Ende Mai bis Ende Oktober/Mitte November sowie von Weihnachten bis Ostern. Übernachtung möglich. Tel. +43/(0)676/7063836, www.austriahuette.at. Alpinmuseum mit Sonderausstellung auf der Hütte. Die Schwerpunkte des Museums liegen in der Geschichte der Hütte selbst, vor allem aber in der Erschließungsgeschichte des Dachsteins, den Geschichten rund um die Südwandkletterer, der Bergrettung, aber auch in der Darstellung der Fauna und Flora dieser Region.

Am Steig zur Austriahütte überblickt man die Hütten auf der Brandalm.

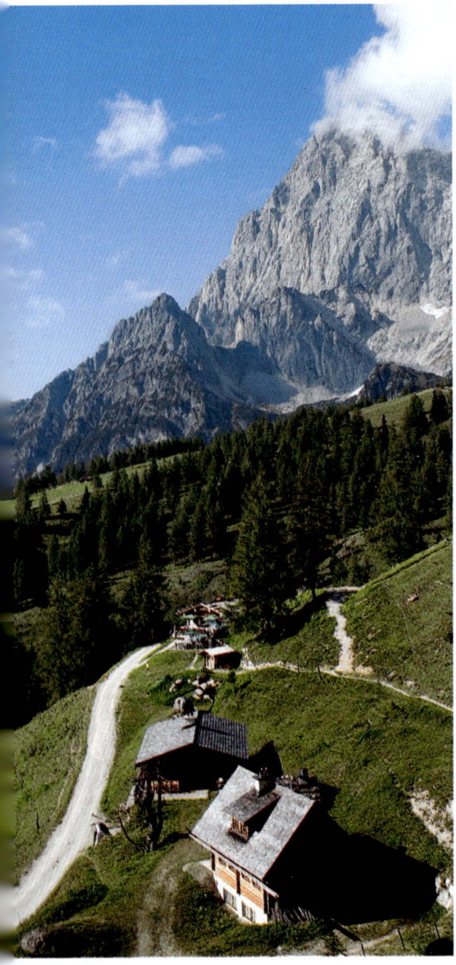

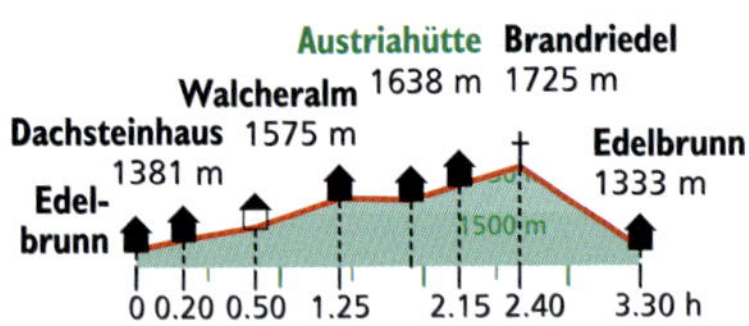

Vom **Alpengasthaus Edelbrunn**, 1333 m, auf einer Straße (Nr. 6) westwärts durch Wald zum **Dachsteinhaus**, 1381 m. Geradeaus weiter auf einer Schotterstraße bis zu einer Abzweigung. Hier nimmt man den linken, ebenen Fahrweg Richtung Walcheralm. Gemütlich geht es mit einigen Kurven in einem Bogen Richtung Norden. Man erreicht einen Bach in einer scharfen Linkskurve, den man überquert. Von nun an geht es bergauf. An der Kreuzung bei der **Schlitzenalm**, 1440 m, biegen wir rechts ab, gehen direkt an der Schlitzenalm vorbei, benutzen dann einen kurzen, links abgehenden Steig und biegen oben am Fahrweg links ab. Nach 250 m ist die **Walcheralm**, 1575 m, erreicht. Von dort geht man zuerst zurück und folgt dem Fahrweg Nr. 6-671 nach Osten und in großem Bogen Richtung Süden zur **Brandalm**, 1566 m, mit ihren drei Hütten. Gleich hinter der Haupthütte zweigt links ein Steig ab, der über mehrere Kurven hinauf zur **Austriahütte**, 1638 m, führt.

Von ihr führt in 20 Min. ein Steig (Kinderwanderweg mit Kali dem Ramsaurier) zu einem Sattel hinauf (herrlicher Panoramablick über das Ramsauer Plateau). Von diesem rechts weiter in 5 Min. zum **Brandriedel**, 1725 m. Zurück zum Sattel geht es abenteuerlich über eine steile Metalltreppe mit Handlauf am Rosseggersteig, der ein wenig Trittsicherheit verlangt, aber trotzdem problemlos mit einigen Rastplätzen versehen wieder zum **Alpengasthaus Edelbrunn** zurückführt, 1333 m.

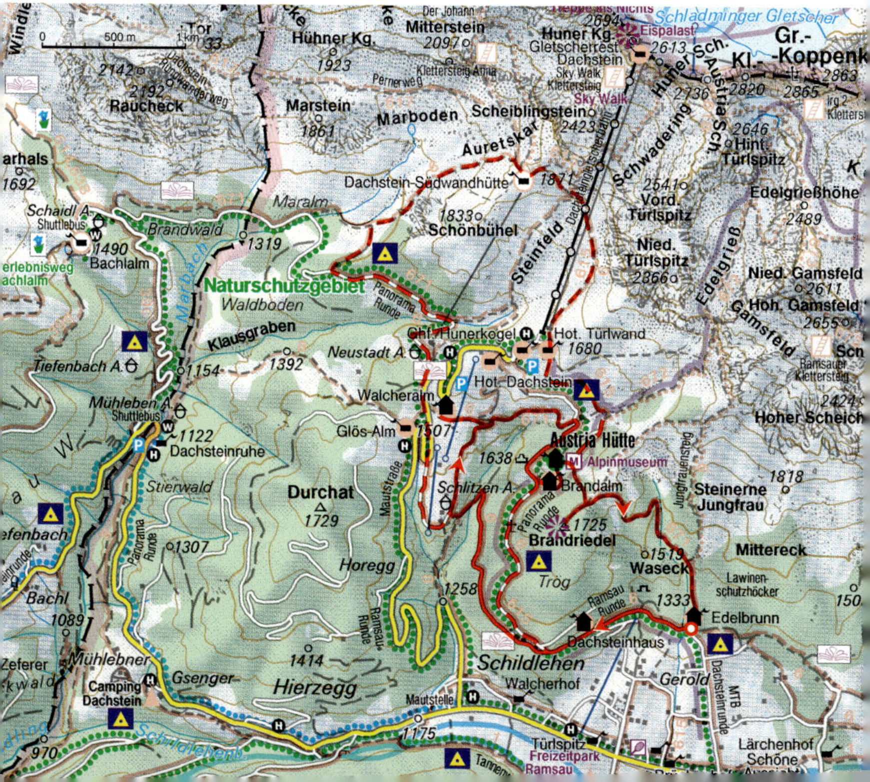

47 Guttenberghaus, 2146 m

Zur höchstgelegenen Hütte der Steiermark ★★

Wer war Hofrat Dr. Adolf Ritter von Guttenberg?

Gleich vorweg – die Benennung des Guttenberghauses hat nichts mit dem Erfinder des Buchdruckes um 1450, Johannes Gensfleisch, genannt Gutenberg, zu tun. Vielmehr handelt es sich beim Namensgeber um einen verdienten Mann zur Zeit der österreichischen Monarchie. Adolf Ritter von Guttenberg entstammt einem deutschen Adelsgeschlecht aus Württemberg. Er wurde am 18. Oktober 1839 in Tamsweg im Salzburger Lungau geboren. Sein Vater Anton Johann Ritter von Guttenberg leitete dort das Forstamt. Adolf studierte auf der Forstakademie in Schemnitz in der heutigen Slowakei. Nach einigen Arbeitsstellen auf Beamtenebene bewarb sich Guttenberg 1877 an der Universität für Bodenkultur in Wien, kurz BOKU, und wurde noch im selben Jahr zum Professor ernannt. Guttenberg unterrichtete in allen Bereichen der Forstwirtschaft, war bei den Studenten sehr beliebt und wurde drei Mal zum Rektor der BOKU gewählt. Im Alter von 72 Jahren ließ Guttenberg sich altersbedingt von den Universitätsgeschäften freistellen. Ab diesem Zeitpunkt engagierte er sich verstärkt in verschiedenen Vereinen und widmete sich vermehrt der Schriftstellerei. Neben seiner Arbeit war Guttenberg großer Kämpfer für die Erhaltung der Natur. Guttenberg kann als Begründer des Naturschutzes in Österreich bezeichnet werden. Er gründete 1912 den »Österreichischen Verein Naturschutzpark«. Dieser Verein kaufte knapp vor dem ersten Weltkrieg Grund im Stubachtal, welcher den Grundstein für den heutigen Nationalpark Hohe Tauern darstellt. Kaiser Franz Joseph würdigte seine Verdienste durch die Verleihung zahlreicher Orden und des Titels eines Hofrates. Adolf Ritter von Guttenberg starb am 23. März 1917.

Die Lärchbodenhütte ist immer gut besucht.

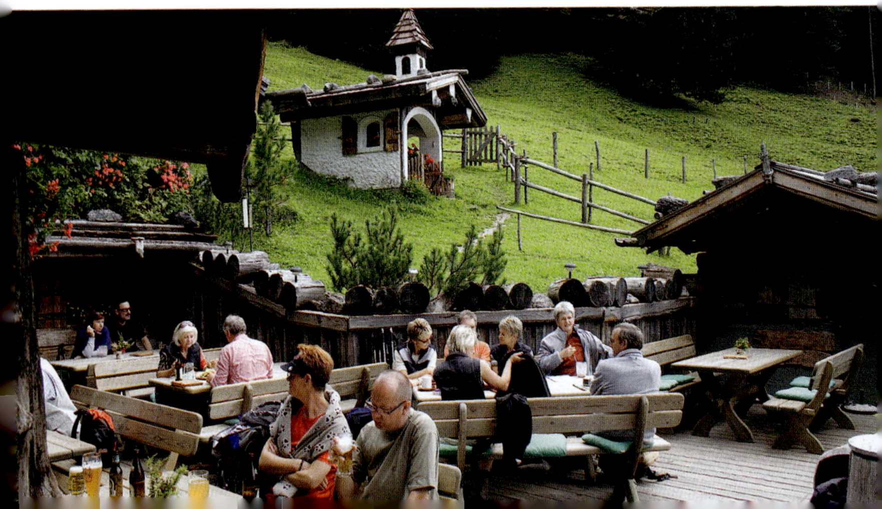

EINKEHR

Lärchbodenhütte, 1406 m: Geöffnet von Juni bis Oktober. Die Küche auf der Hütte bietet »gschmackige Jaus'n« mit Bio-Produkten aus eigener Landwirtschaft, live Ziehharmonikamusik vom Hüttenwirt. Kinderspielplatz, Streichelzoo. Schöne Almkapelle. Keine Übernachtung. Tel. +43/(0)3687/81743, +43/(0)664/1604090, www.simonbauer.at.

Guttenberghaus, 2146 m: Alpenvereinshütte; geöffnet von Ende Mai bis Mitte Oktober, bis Ende Oktober an den Wochenenden bei guten Wetterverhältnissen. Übernachtung möglich. Tel. +43/(0)664/3022956, www.alpenverein.at/guttenberghaus.

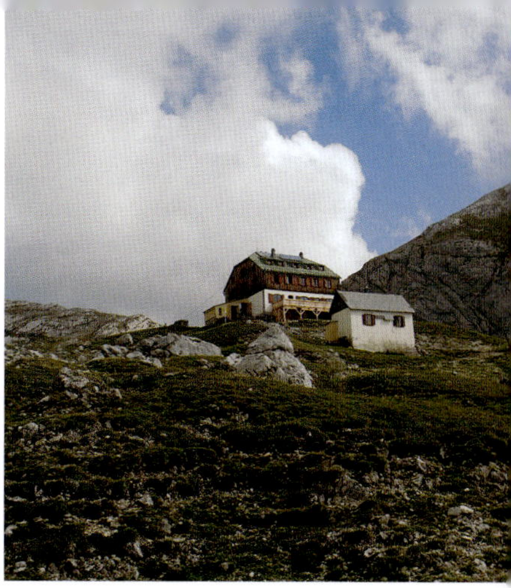

Das Guttenberghaus liegt auf dem Sattel zwischen Eselstein und Sinabell.

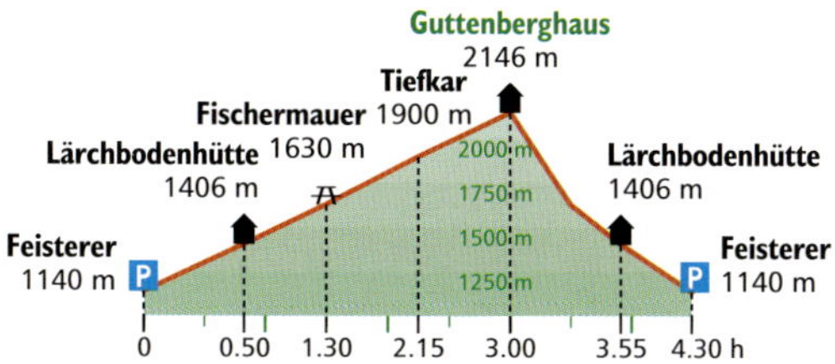

KURZINFO

Talort: Ramsau am Dachstein, 1195 m; Anreise von Filzmoos oder Radstadt über Schladming von Westen bzw. von Liezen von Osten oder Bad Aussee aus dem Norden über Schladming; Tourismusverband Ramsau am Dachstein, Tel. +43/(0)3687/23310, www.schladming-dachstein.at/de/Ramsau-am-Dachstein.

Ausgangspunkt: Wanderparkplatz Guttenberghaus/Lärchbodenalm »Wanderausgangspunkt Feisterer«, freiwillige Parkgebühr, 1140 m.

Gehzeit: 4.30 Std.

Höhenunterschied: 1010 m.

Anforderungen: Wanderung auf Forstwegen und Steigen. Vorsicht bei Nässe. Da der Aufstieg südseitig ist, sollte man auf jeden Fall zeitig aufbrechen, reichlich zu trinken mitnehmen und viel rasten.

Kinder: Kletterfelsen beim Guttenberghaus, leichter Übungsklettersteig (Zustieg 5 Min.), Kinder- und Jugendbibliothek, die »Guttenberghaus-Olympiade» (Disziplinen wie Steinmänner bauen, Zielschießen mit Steinen, Naturmemory u. a.) mit Urkunden und dem höchstgelegenen Dachsteinbergsee (Hölltal- oder Seetalsee).

Kinderwagen: Für geländegängige Kinderwagen bis zur Lärchbodenalm mit Kraft und Kondition (etwas steiler Forstweg, 1,8 km, aber 300 Hm; ca. 1.15 Std.).

Gipfelmöglichkeiten: Sinabell, 2349 m (1.20 Std. im An- und Abstieg, rot); Eselstein, 2556 m (3 Std. über den Jubiläumsklettersteig, Schwierigkeit D; Abstieg über Ostflanke in ca. 45 Min., Steinmänner); Scheichenspitze, 2667 m (4 Std. im An- und Abstieg, rot). Zeiten vom Guttenberghaus aus.

Variante: Rundtour ab Guttenberghaus über den Silberkarsee, Abstieg über die Silberkarklamm (insgesamt 8 Std., rot). Trittsicherheit und gutes Wetter nötig.

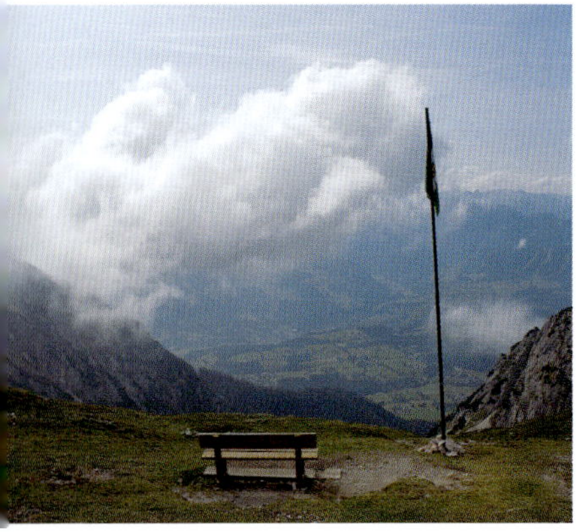

Im Tal liegt das Ramsauer Plateau.

Vom **Wanderausgangspunkt Feisterer**, 1140 m, die Straße nordwärts, am Gasthof Feisterer vorbei, auf einer Forststraße (Weg Nr. 616) am Westufer eines Baches im Wald bergauf. Den Bach überqueren und in dem sich lichtenden Wald weiter hinauf bis zu einer Abzweigung, die wenige Meter rechts zur **Lärchbodenhütte**, 1406 m, führt.

Über einen Schotterweg weiter bergauf in ein Latschenfeld bis zum Materialaufzug des Guttenberghauses. An der »Fischermauer«, 1630 m, mit schönem Rastplatz vorbei, eine Felsstufe mit Seilsicherung überwindend, bis zu einem Graben. Weiter in Serpentinen über eine Geländekante auf den Boden des Tiefkares (Rastbank). Rechts leicht ansteigend bergwärts, dann in Serpentinen, dabei zweimal die Materialseilbahn querend, zum **Guttenberghaus**, 2146 m.

Abstieg über Anstiegsweg.

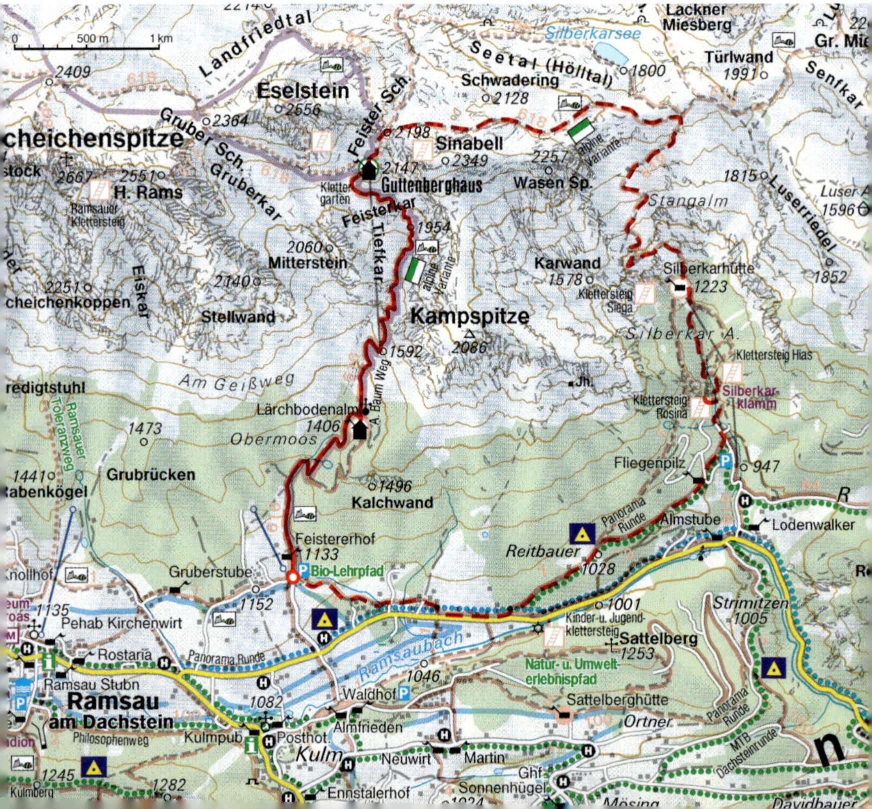

Ritzingerhütte auf der Viehbergalm, 1445 m

Zwei Hütten im lauschigen Forst ★

Anfänge der Almwirtschaft am Dachstein

3600 Jahre alte Hüttenfundamente zeigen die Anfänge der Weidewirtschaft auf dem Dachstein. Eine dauerhafte Besiedelung war aber wegen der wechselnden Klimabedingungen damals nicht möglich. Erst zwischen 500 und 600 nach Christus erfolgten die ersten Dauerbesiedelungen, wodurch sich auch die Weidewirtschaft hin zur Almwirtschaft entwickelte. Diese heute bekannte Form der Almwirtschaft entstand im 12. und 13. Jahrhundert. Die Almwirtschaft am Dachstein ging seit 1950 stark zurück und erfährt bis heute einen tiefen Einbruch. Almwirtschaft mit Milchproduktion und -verarbeitung gibt es heute nur mehr vereinzelt. Für den Tourismus werden noch Milchprodukte erzeugt, ansonsten wird nur noch Galtvieh aufgetrieben. Dies lässt sich auf Wassermangel, veränderte Arbeitsmethoden und dem damit verbundenen Personalmangel zurückführen. Aber nicht nur harte Realität gibt es auf den Dachsteinalmen, auch Mystisches wurde überliefert. So fühlten sich laut Sage die Wild- oder Bergfrauen dort förmlich heimisch. Sie waren ganz grau und hatten unter dem Arm eine kleine Pfanne. Man ließ für sie auf dem Acker Ähren zurück, die sie dann einsammelten. Eines Tages hetzte ein böser Mann die Hunde auf diese freundlichen Wesen und seitdem sind sie für immer verschwunden. Auf dem Wege zur Neuberger Alpe im Kammergebirge sieht man noch auf einer Felswand ihre Fußspuren in Form kleiner Hufeisen eingedrückt.

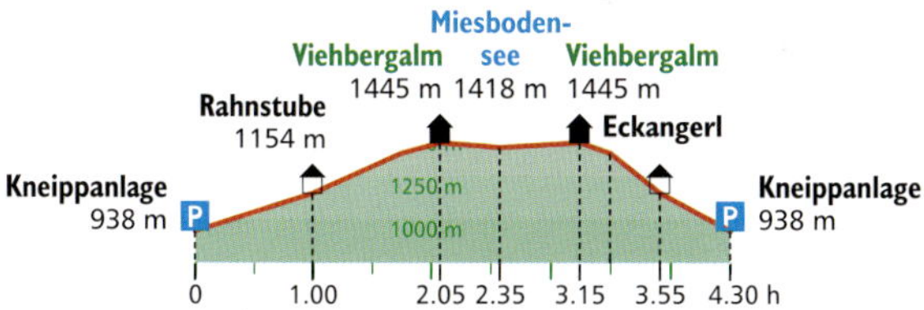

Die Hütten der Viehbergalm.

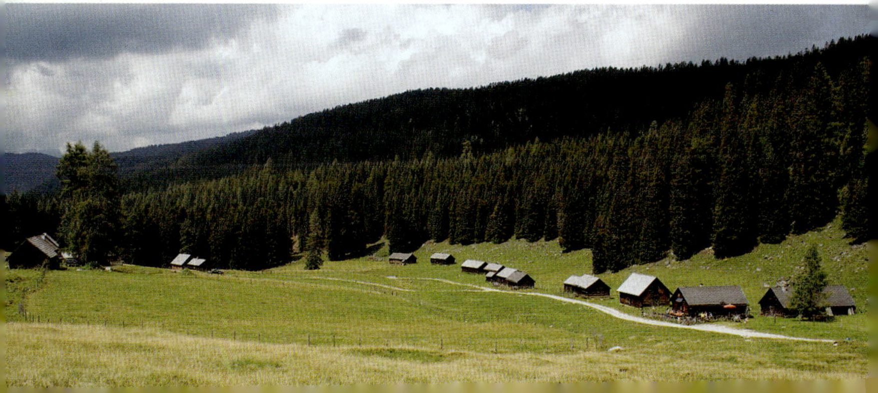

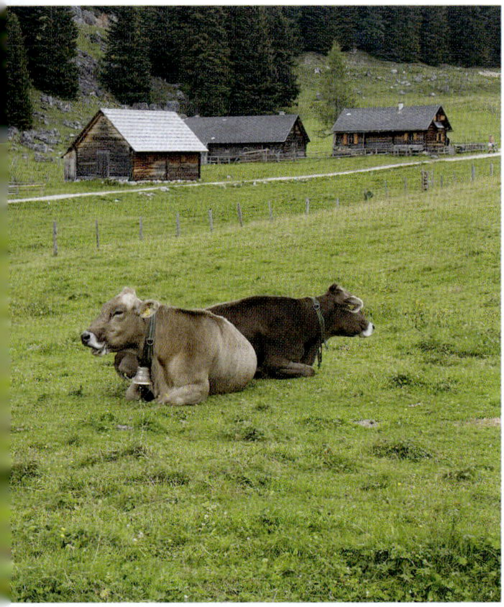

Neben der Ritzingerhütte auf der Viehbergalm.

EINKEHR

Ritzingerhütte, 1445 m: Geöffnet von Juni bis Ende September. Besondere Spezialitäten sind der Steirerkas, die Steirerkrapfen, Kasnocken, Kaiserschmarrn, Stoderkrapfen und Raungerl. Unter den Getränken besonders hervorzuheben sind der Zirbenschnaps und ein geheimnisvoller Almkaffee. Viele Veranstaltungen während der Almsaison: Volksmusik, Almfest mit Almmesse, Wellnesswochenenden, Schottenrühren (aus der letzten Milch, aus der kein Käse mehr gemacht wird, wird eine Süßspeise, der Schotten, aus Milch, Zimt, Rosinen und Zucker zum Ende der Almsaison hergestellt). Übernachtung möglich. Tel. +43/(0)3685/22474 oder +43/(0)676/9459817, www.ritzinger-huette.at.

Simeterhütte, 1445 m: Ca. 250 m von der Ritzingerhütte entfernt; kleine Jausen und Getränke. Keine Übernachtung. Tel. +43/(0)650/2337171.

KURZINFO

Talort: Gröbming, 770 m; von Schladming oder Liezen auf der B 320; Tourismusverband Gröbminger Land, Tel. +43/(0)3687/23310, www.schladming-dachstein.at/de/groebminger-land oder www.groebming.at.

Ausgangspunkt: Großer Parkplatz bei Naturkneippanlage und Hochseilgarten im Ortsteil Weyern.

Gehzeit: 4.30 Std.

Höhenunterschied: 540 m.

Anforderungen: Einfache Wanderung ohne nennenswerte Probleme auf Wanderwegen, Alm- und Forststraßen.

Kinder: Rund um die Alm weiden Kühe und Jungvieh. Die alte Almhütte zeigt anschaulich das Almleben. Bademöglichkeit am Steg des Miesbodensee.

Kinderwagen: Geeignet für geländegängige Kinderwagen über eine Forststraße (Mountainbikestrecke Nr. 12) ab Rahnstube bis zur Viehbergalm (Gesamtgehzeit vom Parkplatz zur Alm ca. 3.30 Std.).

Mountainbike: Ein wahrer Klassiker ist die Viehberg-Runde von Bad Mitterndorf. Schöne Auffahrt zur Viehbergalm in einer idyllischen Landschaft mit Blick auf den Dachsteingletscher, Abfahrt auf einer steilen Straße durch die Felswände der sogenannten »Öfen« nach Gröbming. Zum Ausrasten fährt man dann im Ennstal auf ruhigen Straßen im Anblick des Grimmings nach Tipschen, wo man die letzte Hürde nimmt und durch die Salzaschlucht neben dem Salzastausee wieder zum Start und Ausgangspunkt Bad Mitterndorf zurückkommt (64 km, 1009 Hm, schwarz).

Gipfelmöglichkeiten: Von der Viehbergalm auf die Kammspitze, 2139 m (leichte Kletterei I, ca. 3 Std., schwarz).

Winter: Schneeschuhwanderung entlang der Route. Viehbergalm im Winter geschlossen.

Variante: a) Umrundung des Miesbodensees und Abstieg über den Kohlweg zum Eckangerl (gesamt ca. 5 Std.).
b) Überschreitung der Kammspitze und Abstieg nach Gröbming (gesamt ca. 6 Std.).

Gleich zu Beginn wandert man von der **Kneippanlage** weg in wenigen Minuten auf einer steilen Straße (Nr. 28) durch die wildromantischen **Öfen**, eine Schlucht, welche Stoderzinken und Kammspitz trennt und in deren Mitte der Gröbminger Bach hinunterstürzt. Nach mehreren Serpentinen und Holzbrücken geht die Steilheit zurück und man folgt gemächlicher einer Forststraße bis zur **Rahnstube**, 1154 m. Dort steht an der Kreuzung eine Jagdhütte und rechter Hand eine Holzhütte. Wanderer nehmen den rechten Weg, biegen gleich wieder rechts ab und gehen links an der Holzhütte vorbei. Der Weg wendet sich in einer Linkskurve nach Norden und wird steiler. Nach überqueren eines Weges geht es auf grobschotterigem Steig bergan bis zum **Eckangerl**, 1385 m, einer Lichtung mit einem Bildbaum. Links haltend kommt man ca. 100 m weiter an einem zweiten Bildbaum vorbei und erreicht nach gemütlicher Waldwanderung zuerst auf breitem Weg, dann bei einem Holzwegweiser rechts auf einem Wiesensteig, die **Ritzingerhütte** auf der **Viehbergalm**, 1445 m.
Von der Hütte 100 m nordwärts hinunter zu den Almhütten an der Almstraße, auf dieser ca. 150 m rechts bis zur **Simeterhütte**. Dort rechts auf Steigspuren über eine Wiese (auf vereinzelte rot-weiß-rote Markierung auf Steinen achten) leicht bergauf zum Waldrand, kurz weiter auf dem Waldsteig, bis zu einer Forststraße. Diese überqueren und dem Weg (Nr. 28) bis zur nächsten Forststraße folgen. Hier links abbiegen und vorbei an Tümpeln leicht bergab bis zur großen Lichtung Miesboden mit einer Alm- und Jagdhütte. Dort rechts auf einen Steig abbiegen und der rot-weiß-roten Markierung in wenigen Minuten zum **Miesbodensee**, 1418 m, folgen.
Abstieg wie Anstieg.

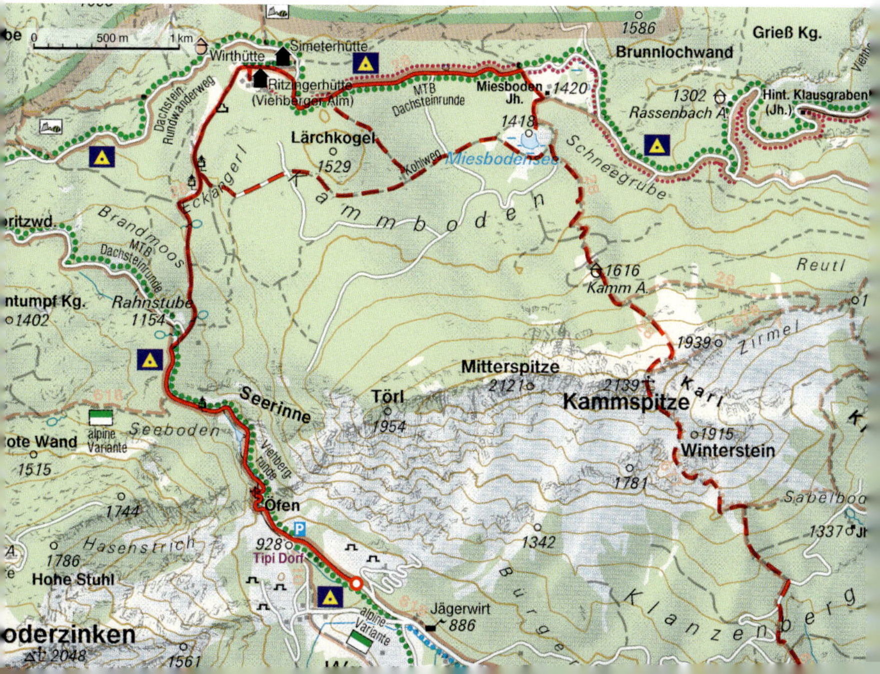

49 Duisitzkarseehütte und Fahrlechhütte

Über Duisitzkarsee und Neualm ★★★

Tibetanische Gebetsfahnen, Bergseen und die Frau Perchtl

Gebetsfahnen spielen eine wichtige Rolle im buddhistischen Teil des Himalayas. Sie sind im ganzen Himalayagebiet an jedem Pass, auf jedem Gipfel zu finden. Auch werden sie an heiligen Orten und Klosteranlagen, an hohen Masten, Häusern und Brücken aufgehängt. Es sind immer 25 Einzelfahnen, die eine Gebetsfahne ergeben, wobei sich die Farbfolge jeweils fünf Mal wiederholt. Die tibetisch-nepalesischen Gebetsfahnen haben die Farben rot, gelb, weiß, blau und grün. Die 5 Farben symbolisieren die buddhistische Lehre der 5 Elemente (Erde, Wasser, Feuer, Luft und Leere) sowie im tibetischen Buddhismus die vier Himmelsrichtungen und das Zentrum (Stupa). Die Fahnen tragen Mantras, Verse und buddhistische Motive, die durch den Wind in alle Welt hinausgesendet werden sollen. Diese Sitte hat ihren Weg zu uns in den christlichen Alpenraum gefunden. Auch auf der Eschachalm weht, wie auf vielen anderen Hütten in den Ostalpen, eine Gebetsfahne.

In den Schladminger Tauern wandert laut Sage in der Dreikönigsnacht, welche im Volksmund die »Perchtlnacht« genannt wird, die Frau Perchtl über Berg und Tal. Zumeist erscheint sie als ein uraltes Weiblein mit vielen Runzeln im Gesicht, weißen Haaren und einem Buckel. Scheinbar langsam und schwer atmend schreitet sie daher, doch dies ist nur Täuschung, denn ihr Schreiten gleicht der Schnelle des Wolkenschattens, der über die Talgründe flüchtig dahin zieht. In langer, endloser Reihe folgt ihr ein Heer zarter Kinder. Es sind die Seelen der ungetauft verstorbenen Mädchen und Buben. Sie gehen nicht paarweise oder in Gruppen, sondern eines nach dem andern. Begegnet man einem solchen Zug, so muss man das letzte Kind ansprechen und ihm einen Namen geben, dann wird dessen Seele erlöst und die Perchtl dankt einem für diese gute Tat. Gelegentlich erscheint aber auch die Frau Perchtl in Gestalt einer schönen Dame, man erkennt sie dann nur an ihrer langen Nase. Wen sie unterwegs bei bösen Taten ertappt, den zerreißt sie in tausend Stücke oder sie schlitzt ihm den Leib auf, füllt diesen dann mit Sägespänen und Hackgut und näht ihn statt mit Nadel und Zwirn mit einer Pflugschar und einer Eisenkette zusammen. An die guten und braven Menschen stellt sie eine Bitte und wer diese erfüllt, der wird von der Frau Perchtl reichlich belohnt.

Seeterrasse auf der Fahrlechhütte mit Blick auf die Murspitzen.

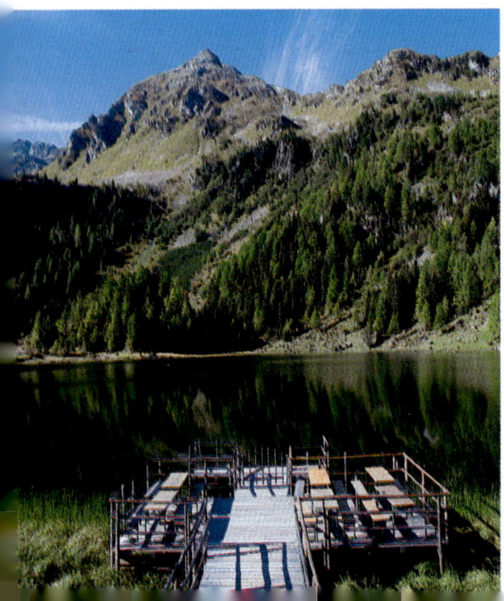

EINKEHR

Eschachalm, 1213 m: Geöffnet von Juni bis Oktober täglich ab 11 Uhr. Keine Übernachtung. Tel. +43/(0)664/1044838, www.eiblhof.at/eschachalm.html.

Duisitzkarseehütte, 1648 m: Geöffnet von Anfang Juni bis Anfang Oktober. Traditionelle Hüttenkost und hausgemachte Mehlspeisen. Übernachtung möglich. Tel. +43/(0)664/9733684, www.duisitzkar.at.

Fahrlechhütte, 1648 m: Geöffnet von Ende Mai bis Anfang Oktober. Einzigartige, in den See hinausragende Holzterrasse mit Tischen und Bänken. Ganztägig warme Küche und bodenständige Hausmannskost. Empfehlenswert ist der Schwarzbeerkaiserschmarren. Übernachtung möglich. Tel. +43/(0)664/9833253 oder +43/(0)664/3385903, www.fahrlechhuette.at.

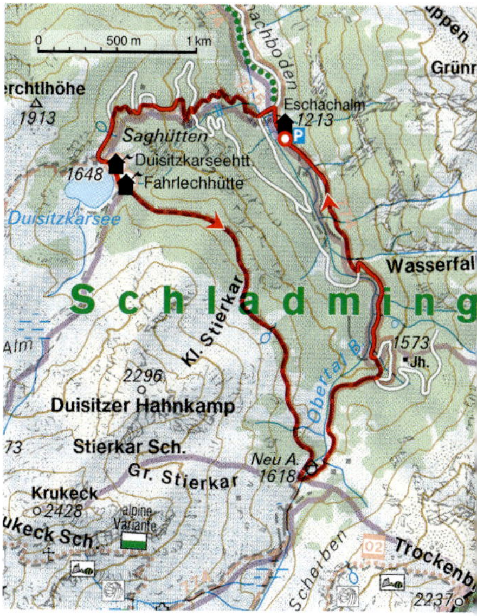

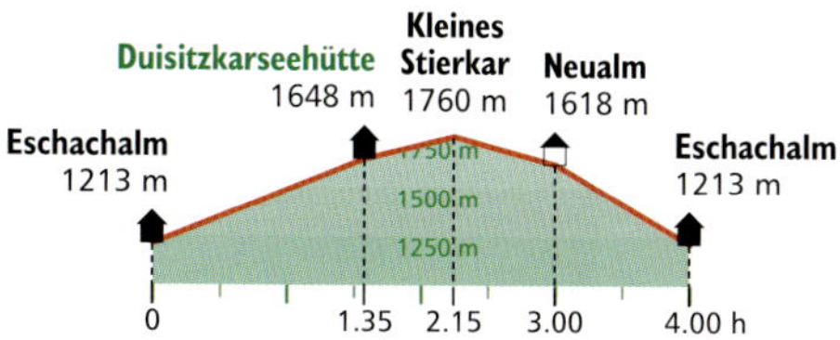

KURZINFO

Talort: Schladming, 750 m; Anreise von Salzburg über die Tauernautobahn A 10 bis Radstadt und weiter nach Schladming. Oder aus dem Salzkammergut bzw. von Liezen über Stainach und Gröbming nach Schladming. Von dort ins Obertal bis zum Parkplatz Eschachalm; Tourismusverband Schladming-Rohrmoos, Tel. +43/(0)3687/23310, www.schladming-dachstein.at.

Ausgangspunkt: Parkplatz an der Eschachalm, 1213 m.

Gehzeit: 4.00 Std.

Höhenunterschied: 550 m.

Anforderungen: Zum Duisitzkarsee problemlos über Wanderwege und Almstraßen. Am Steig zur Neualm ist Trittsicherheit notwendig.

Kinder: Die flachen Uferzonen am Duisitzkarsee bieten schöne Spielmöglichkeiten.

Kinderwagen: Geeignet für geländegängige Kinderwagen vom Parkplatz Eschachalm über die Forststraße zu den Hütten (4,2 km; 580 Hm, ca. 2.15 Std. im Anstieg).

Mountainbike: Rohrmoosrunde – Ausgangspunkt der Tour ist der Parkplatz der Hochwurzen Gondelbahn-GUB, wo es über die »Rohrmooser Frei«, vorbei an der Talstation des »Sun Jet« Richtung Obertal geht. Nach landschaftlich sehr schönen und gemütlichen 11 km erreicht man den Parkplatz Eschach. Auf dem gleichen Weg zurück (22 km) oder bei der Weggabelung Windbacher (km 18,3) rechts Richtung Untertal. Über den Fastenberg und Schladming nach Rohrmoos (knapp 42 km).

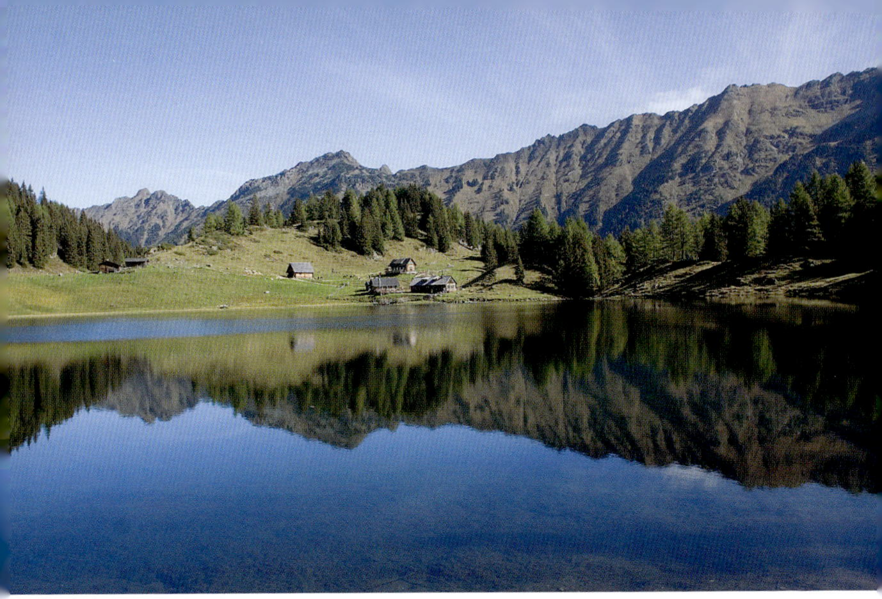

Spiegelwelt am Duisitzkarsee.

Vom Parkplatz bei der **Eschachalm**, 1213 m, über den Obertalbach, wählt man rechts den Wanderweg Nr. 775 und überquert kurz darauf einen Bach auf einem Steg. Teilweise etwas steiler geht es im Wald aufwärts über felsige Stufen, dann die Forststraße berührend, die man als einfachere, aber längere Alternative wählen könnte. Man tritt aus dem Wald heraus und wandert weiter bis zu den Bergwiesen bei den Saghütten. Rechts an den Hütten vorbei weiter hinauf, dabei noch zweimal die Forststraße überquerend. Beim dritten Aufeinandertreffen biegt man links auf die Forststraße ein und folgt dieser merklich flacher durch ein Weidetor in den Karkessel zwischen Murspitzen, 2333 m, und Duisitzer Hahnkamp, 2296 m. Wenige Minuten später erreicht man die **Duisitzkarhütte**, 1648 m, und die daneben liegende **Fahrlechhütte**.

Zwischen den Hütten hindurch führt der Pfad weiter, umrundet einen Hügel und führt über einen Holzsteg auf einen zweiten kleinen Hügel hinauf. Wir folgen dem Weg Nr. 774 teilweise mühsam über Blockwerk in leichtem Auf und Ab in den Nordabhang des Duisitzer Hahnkamp hinein. Der Steig führt bald öfter aufwärts als bergab in den Osthang hinein und erreicht im **Kleinen Stierkar**, 1760 m, seinen höchsten Punkt. Danach geht es kontinuierlich bergab, vorbei an einer Quelle mit Holztrog. Einige Metallbügel erleichtern den Abstieg über größere und steilere Felsstufen. Bald schon erblickt man die Hütten der Neualm im Süden, zu denen man noch durch einige Strauchgürtel und Waldzonen hindurch muss. Nach Überquerung eines kleinen Hügels und des Obertalbaches steht man vor den beiden südlichen Hütten der **Neualm**, 1618 m. Links geht es nun auf breitem Weg (Nr. 774) teilweise durch Wald und am Obertalbach entlang problemlos zum Parkplatz bei der **Eschachalm**, 1648 m.

Putzentalalm, 1354 m

Um den Schwarzensee zur Alm

★★★

Naturpark Sölktäler

Mitten in den Niederen Tauern liegt eine malerische Almenlandschaft mit artenreichen Bergwiesen und idyllischen Bergdörfern. Die Trogtäler dieses Naturparks, der aus dem Großen und dem Kleinen Sölktal besteht, und die zahlreichen bewirtschafteten Almen, die wilden Gebirgsbäche und bezaubernden Bergseen charakterisieren neben den imposanten Gipfeln das Landschaftsbild. Speziell das Element Wasser bereichert mit seiner Dynamik die Landschaft. Nass- und Moorflächen mit ihrer typischen Vegetation, kleine Karseen und der 23 Hektar große Schwarzensee, aber auch Gebirgsbäche mit zahlreichen Wasserfällen sind Lebensräume mit großem Wildreichtum. Reh-, Rot- und Gamswild, Schneehase und Murmeltier sind gut an das Leben dieser alpinen Stufe angepasst. Auch Baum-, Stein- und Edelmarder, sowie Birk- und Auerhuhn sind hier zu finden. Und der Steinadler zieht seine Kreise über den schroffen Graten. Auf den Almflächen weidet im Sommer das Vieh und in den Kupferkesseln der Almhütten wird, wie schon seit Jahrhunderten, eine besondere Spezialität erzeugt, der »Steirerkas« mit seinem charakteristischen Geschmack nach alpinen Pflanzen und Kräutern. Traditionelle Käseherstellung kann in der Steiermark bis in das Mittelalter zurückverfolgt werden. Bereits im 17. Jahrhundert galt der Steirerkas als Grundnahrungsmittel für Knechte und Kumpel. Ursprünglich wurde der Steirerkas von vielen bäuerlichen Betrieben und Almwirtschaften nur für den Eigenbedarf der Bauern produziert.

Auf der Harmeralm.

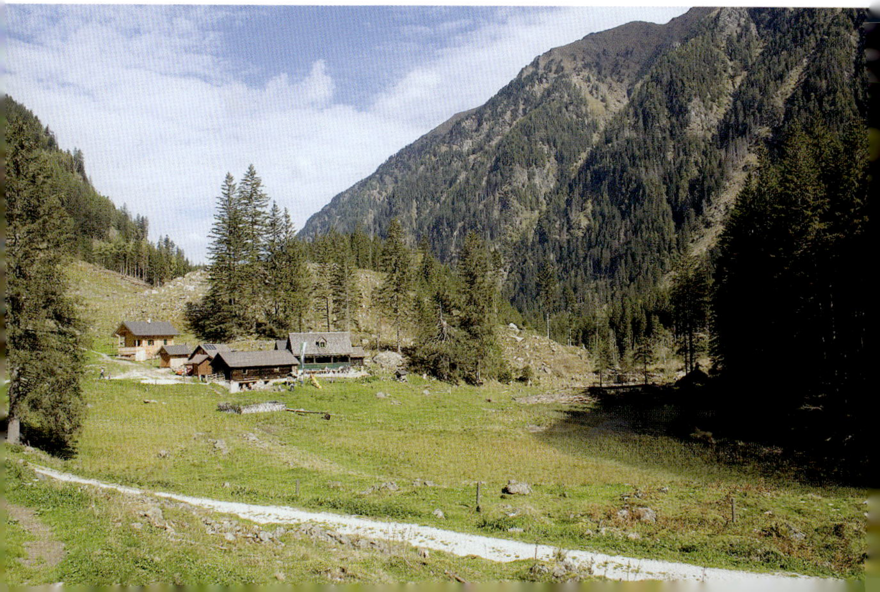

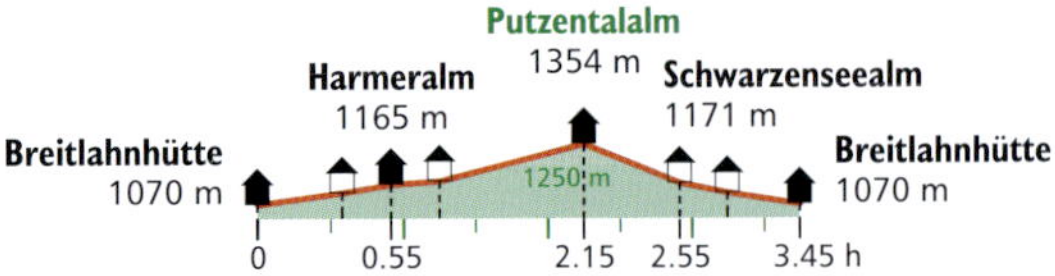

KURZINFO

Talort: Kleinsölk, 989 m; von Salzburg über die Tauernautobahn A 10 bis Radstadt und weiter über Schladming nach Moosheim und Kleinsölk. Oder aus dem Salzkammergut bzw. von Liezen über Stainach und Stein an der Enns nach Kleinsölk. Von dort 10 km ins Tal zur Breitlahnhütte (ab Jägerstüberl Mautstraße); Tourismusverband Naturpark Sölktäler, Tel. +43/(0)3687/23310, www.schladming-dachstein.at/de/naturpark-soelktaeler.

Ausgangspunkt: Parkplatz bei der Breitlahnhütte, 1070 m; 1,5 km Mautstraße ab Jägerstüberl). Wer keine Maut für 3 km Fahrt (hin und zurück) bezahlen möchte, der kann auch bei der Mautstelle parken. Gehzeit verlängert sich dann um knapp 1 Std.

Gehzeit: 3.45 Std.

Höhenunterschied: 290 m.

Anforderungen: Problemlose Tour auf Steigen, Wanderwegen und Almstraßen.

Kinder: Wasserrad und Streichelzoo auf der Harmeralm. Hasendorf und Ziegengatter auf der Ladreiterhütte.

Kinderwagen: Mit Ausnahme der Seeumrundung von der Harmeralm bis zur Schwabalm ist die Route mit dem Kinderwagen problemlos befahrbar.

Gipfelmöglichkeiten: Kieseck, 2681 m (ca. 7 Std. hin und zurück ab Schwabalm, schwarz); Predigtstuhl, 2543 m (ca. 10 Std. ab Breitlahnhütte, schwarz; als Rundtour ohne Gipfel über Ranten- und Prebertörl zur Putzentalalm ca. 7 Std.).

Herbststimmung am Schwarzensee und auf der Schwabalm.

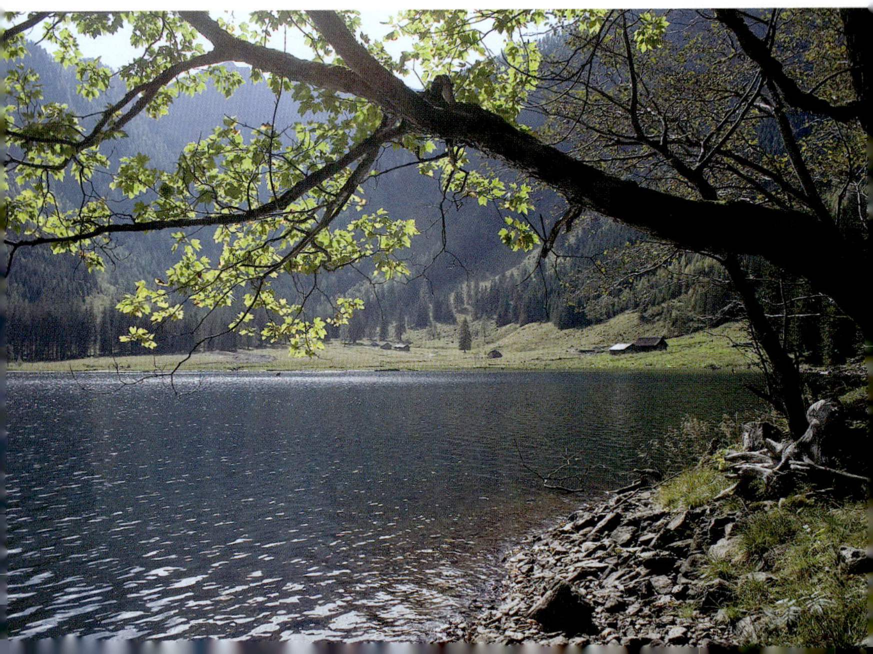

EINKEHR

Breitlahnhütte, 1070 m: Alpenverein-Vertragshaus; geöffnet von Mai bis Anfang Oktober. Steirische Schmankerl wie Steirerkasnocken, Hüttngröstel, fangfrische Forellen und Heidelbeerschmarrn. Übernachtung möglich. Tel. +43/(0)3687/61321, +43/(0)720/517462 oder +43/(0)664/5359067.
Harmeralm, 1165 m: Geöffnet von Mai bis Anfang Oktober. Übernachtung möglich. Tel. +43/(0)3685/22551, +43/(0)720/349145, www.harmeralm.at.
Putzentalalm, 1354 m: Geöffnet von Mitte Mai bis Mitte Oktober. Übernachtung möglich. Tel. +43/(0)664/9262200 oder +43/(0)650/5000855, putzentalalm.webnode.at.
Ringdorferhütte, 1354 m: Geöffnet von Anfang Juni bis Ende September. Liegt nahe der Putzentalalm in idyllischer Lage mit Blick auf romantische Wasserfälle und mit einem faszinierenden Panorama. Keine Übernachtung. Tel. +43/(0)664/3949723.

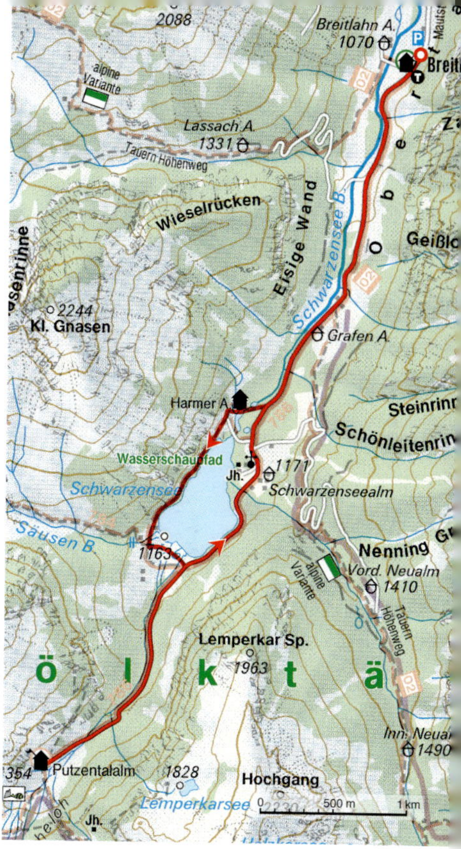

Auf breitem Fahrweg (Nr. 786) geht es fast eben von der **Breitlahnhütte**, 1070 m, vorbei an einer Wildfütterung, zur unbewirtschafteten **Grafenalm**, 1125 m. Weiter taleinwärts bis zu einer Kreuzung mit Schaukasten und Wegweiser; dort nach rechts zur **Harmeralm**, 1165 m, die man 2 Min. später nach Überquerung des Schwarzenseebaches erreicht. Auf einem Fahrweg oberhalb der Alm 100 m links taleinwärts, dann nach rechts und auf einem breiten Wiesenpfad in wenigen Minuten zum Schwarzensee. Am rechten (westlichen) Seeufer entlang, wird der Wiesenpfad zu einem schmalen, aber problemlosen Steig, der in leichtem Auf und Ab den Wanderer mit romantischen Ausblicken bis zur **Schwabalm**, 1180 m, und einem Wasserfall führt. Hier links halten, über einen Steg. Vorbei am Erzherzog-Johann-Gedenkfelsen wandert man über einen Bohlenweg den Wasserschaupfad entlang bis zum taleinwärts führenden Fahrweg. Rechts abbiegen und ab nun bergauf bis in den Kessel der **Putzentalalm**, 1354 m, mit ihren Hütten. Beim Abstieg geht es auf gleichem Weg bergab, bis man das Südufer des Schwarzensees erreicht. Nun bleibt man rechts auf dem Fahrweg und wandert an der Seeostseite bis zu den Alm- und Jagdhütten der **Schwarzenseealm**, 1171 m. Dem – bald vom Anstieg bekannten – Weg talauswärts folgend, vorbei an der **Grafenalm**, 1125 m, erreicht man wieder den Ausgangspunkt bei der **Breitlahnhütte**, 1070 m.

51 Preintalerhütte, 1657 m

Klamm- und Talwanderung »Wilde Wasser« ★★

Erlebniswasserfälle, ein romantischer See und lange Bergtouren

Diese Wandertour ist ein Familienerlebnis, hinauf geht es durch den »Alpinsteig Wilde Wasser« (auch »Hölle« genannt), hinunter über einen Forstweg. Der Wanderweg vom Untertal zum Riesachsee war immer schon ein beliebter Weg. Seit ein paar Jahren wird dieser mit dem »Alpinsteig Wilde Wasser« zu einem besonderen Erlebnis. Mit vielen Leitern und einer spektakulären Hängebrücke hoch über dem Riesachfall wurde eine Klamm geschaffen, die einen Schuss Adrenalin ausschüttet. Die Riesachwasserfälle stürzen durch die Hölle in zwei Sektionen tief in die Schlucht, wobei der große Wasserfall ca. 70 m hoch und der höchste Wasserfall des Bundeslandes Steiermark ist. Der kleine Riesachfall ist aber nicht weniger spektakulär. Durch den Alpinsteig kann man ziemlich nahe an die Wasserfälle herantreten und das Sprühwasser auf der Haut spüren. Im Frühling nach der Schneeschmelze ist das Naturschauspiel am wildesten. Dieser Wasserfall wird vom Riesachsee gespeist, der in Privatbesitz ist. Nordöstlich der Preintalerhütte befindet sich die Hochwildstelle, 2747 m. Ihre Überschreitung über den Südgrat und der anschließende Abstieg über den Normalweg zählen zu den schwersten und längsten Bergfahrten, die man in den Schladminger Tauern unternehmen kann und erfordert leichte Kletterei und das Begehen von Klettersteigen. Der Tiefblick ist jedoch fantastisch, der Dachstein zum Greifen nahe und der grandiose Überblick auf alle namhaften Gipfel der Schladminger Tauern belohnt für die Aufstiegsmühen.

Bei der Jausenstation Gfölleralm.

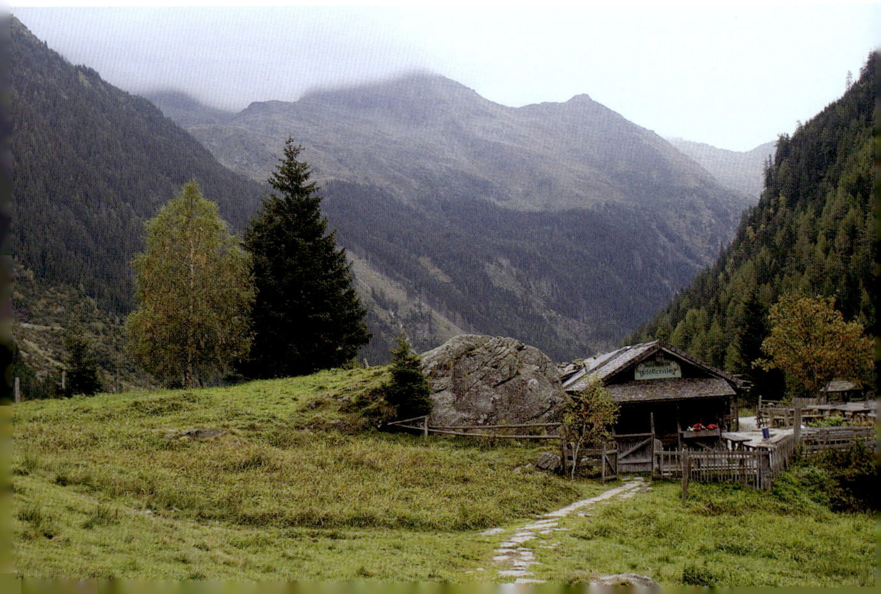

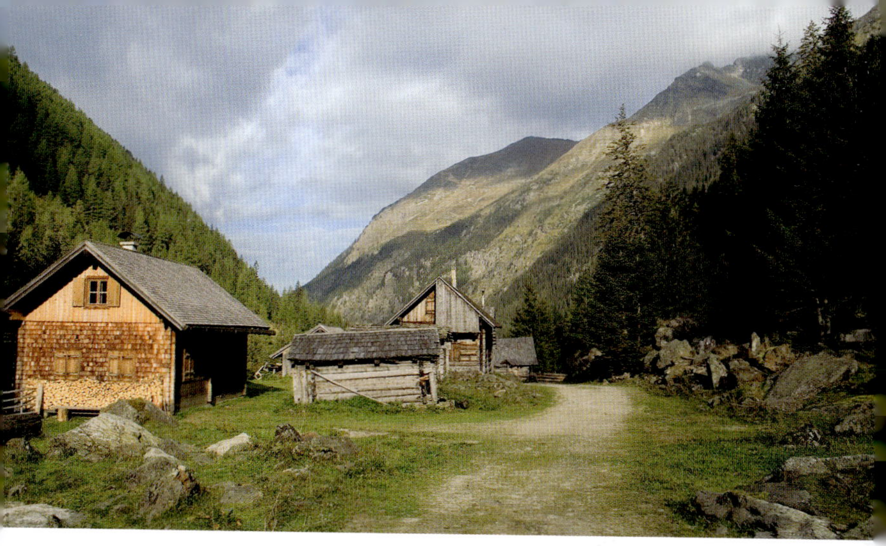

Das Hüttendorf der Kotalm.

KURZINFO

Talort: Schladming, 750 m; Anreise von Salzburg über die Tauernautobahn A 10 bis Radstadt und weiter nach Schladming. Oder aus dem Salzkammergut bzw. von Liezen über Stainach und Gröbming nach Schladming. Von dort ins Untertal zum Parkplatz Riesachfall; Tourismusverband Schladming-Rohrmoos, Tel. +43/(0)3687/23310, www.schladming-dachstein.at.
Ausgangspunkt: Parkplatz Gasthof Riesachfall, 1080 m.
Gehzeit: 5.20 Std.
Höhenunterschied: 610 m.
Anforderungen: Trittsicherheit, Schwindelfreiheit, etwas Kondition am Alpinsteig »Wilde Wasser«. Sonst problemlos über Wanderwege und Steige.
Kinder: Alpinsteig mit Hängebrücke. Ab 8 Jahren mit Seilsicherung!
Kinderwagen: Geeignet für geländegängige Kinderwagen über die Forststraße bis zur Kotalm (ca. 4,7 km; 330 Hm, ca. 2 Std. im Anstieg).
Mountainbike: MTB-Lehrpfad-Runde: Planai Mittelstation – Janerbrücke – Riesachparkplatz – Talbach – Schladming (22,9 km, 574 Hm).
Gipfelmöglichkeiten: Alle ab Gasthof Riesachfall: Hochwildstelle, 2747 m (aufgrund der Ausgesetztheit und Exponiertheit ist der Südgrat trotz der relativ geringen technischen Schwierigkeiten ein sehr ernstes Unternehmen und sollte nur bei beständigem Wetter von absolut trittsicheren und schwindelfreien Bergsteigern unternommen werden, ca. 9.30 Std., schwarz); Greifenberg, 2618 m (steil, Steighilfen, 9.30 Std., rot); Kieseck, 2681 m, und Waldhorn, 2702 m (Kletterei im Grad I, knapp 11 Std., schwarz).
Variante: Von der Kerschbaumeralm aus über die Brandalm, die Neualm und den Robert-Höfer-Steig zur Preintalerhütte (ca. 1.30 Std. länger).

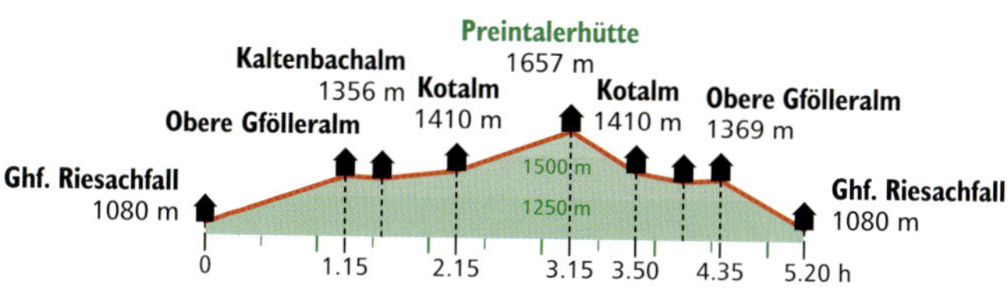

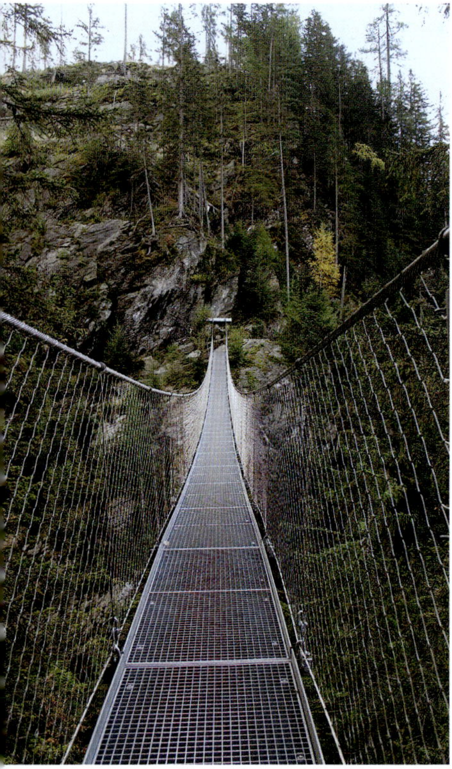

Die Stahlseilbrücke am Alpinsteig.

EINKEHR

Gasthof Riesachfall, 1080 m: Von Mai bis einschließlich Oktober täglich von 9 bis 20 Uhr geöffnet, bei Bedarf auch länger. Gutbürgerliche Küche und leichte Sommerküche, darunter fangfrische Forellen, Pfandlgerichte, und hausgemachte Mehlspeisen. Spezialität sind Fleischkrapfen. Keine Übernachtung. Tel. +43/(0)3687/61678 oder +43/(0)664/5105162, www.gasthaus-riesachfall.at.

Gfölleralm, 1369 m: Geöffnet von Mitte Mai bis Anfang Oktober. Für eine Alm eine große Speisekarte. Keine Übernachtung. Tel. +43/(0)676/5908068, www.gfoelleralm.at.

Kaltenbachalm, 1356 m: Geöffnet von Juni bis Anfang Oktober. Daneben Seppl's Riesachalm, 1356 m. Keine Übernachtung. Tel. +43/(0)3687/23477, www.starchlhof.at.

Kotalm, 1410 m: Geöffnet von Juli bis September. Keine Übernachtung.

Preintalerhütte, 1657 m: Hütte der Alpinen Gesellschaft Preintaler; geöffnet von Juni bis Anfang Oktober. Warme Küche und bodenständige Hausmannskost. Übernachtung möglich. Tel. +43/(0)664/1448881, www.preintaler.at.

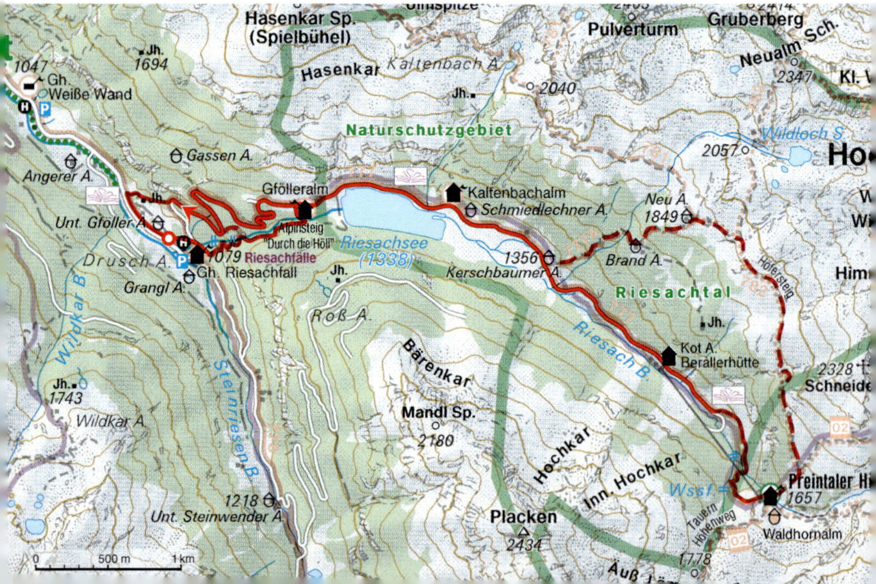

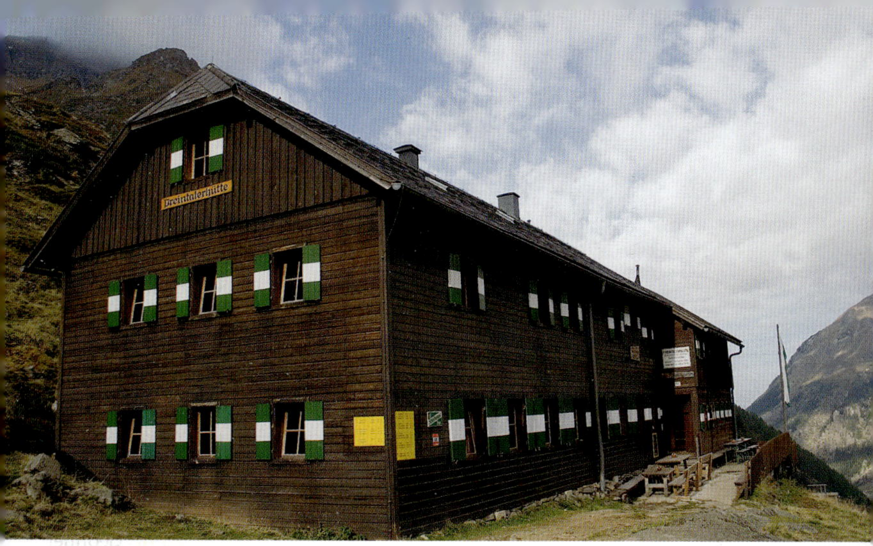

Die Preintalerhütte.

Vom Parkplatz über die Brücke des Riesachbaches und gleich vor dem **Gasthof Riesachfall**, 1080 m, links den Riesachfallsteig hinauf. Kurz darauf ist man am kleinen Wasserfall angelangt. Weiter geht es über angelegte Stufen in Serpentinen steil hinauf bis zur Wasserfallbrücke mit Blick auf den Großen Riesachfall. Nach der Brücke zweigt der Weg sofort rechts auf den Alpinsteig ab (Wegweiser »Höllsteig«). Gleich darauf erreicht man die 46 m lange Seilbrücke, die einen in 35 m Höhe schwankend, aber sicher über die Schlucht wieder auf die rechte Bachseite bringt. Ein Gitterboden lässt einen atemberaubenden Blick in die Tiefe zu. Wer nicht schwindelfrei ist, sollte aber nicht hinunterschauen. (Wer den Alpinsteig auslassen will, wendet sich nach der »Wasserfallbrücke« nach links und geht geradeaus zur Forststraße, biegt dort rechts ab und wandert gemütlich zur Gfölleralm.)
Weiter geht es den Steig entlang, viele steile Leitern und Rampen auf- und abwärts fordern erhöhte Aufmerksamkeit. Wenn es merklich ruhiger und flacher wird, geht es noch einmal über eine Brücke auf die linke Seite und kurz aufwärts vor eine Felswand. Über die steile, lange Leiter hinauf zu einem Fahrweg, der in Kürze zur **Gfölleralm**, 1369 m, führt. Nun geht es sehr einfach weiter, nämlich an der Almstraße entlang, vorbei an der **Kaltenbachalm**, 1340 m, der unbewirtschafteten **Kerschbaueralm**, 1356 m, und der **Kotalm**, 1410 m, bis zum 450 m dahinter liegenden Wegweiser zur Preintalerhütte. Dort den linken Steig hinauf, anfangs über Blockwerk, dann über zwei hintereinander liegende Holzbrücken, zum Schluss in Serpentinen in einem großen Bogen von Süden nach Osten bis zur **Preintalerhütte**, 1657 m. Auf dem Anstiegsweg geht es nun zurück bis zur **Gfölleralm**, 1369 m, von wo man gemütlich über die Forststraße in weiten Kurven und langen Geraden hinunter ins Tal zum Parkplatz beim **Gasthof Riesachfall**, 1080 m, zurückwandert.

Stichwortverzeichnis

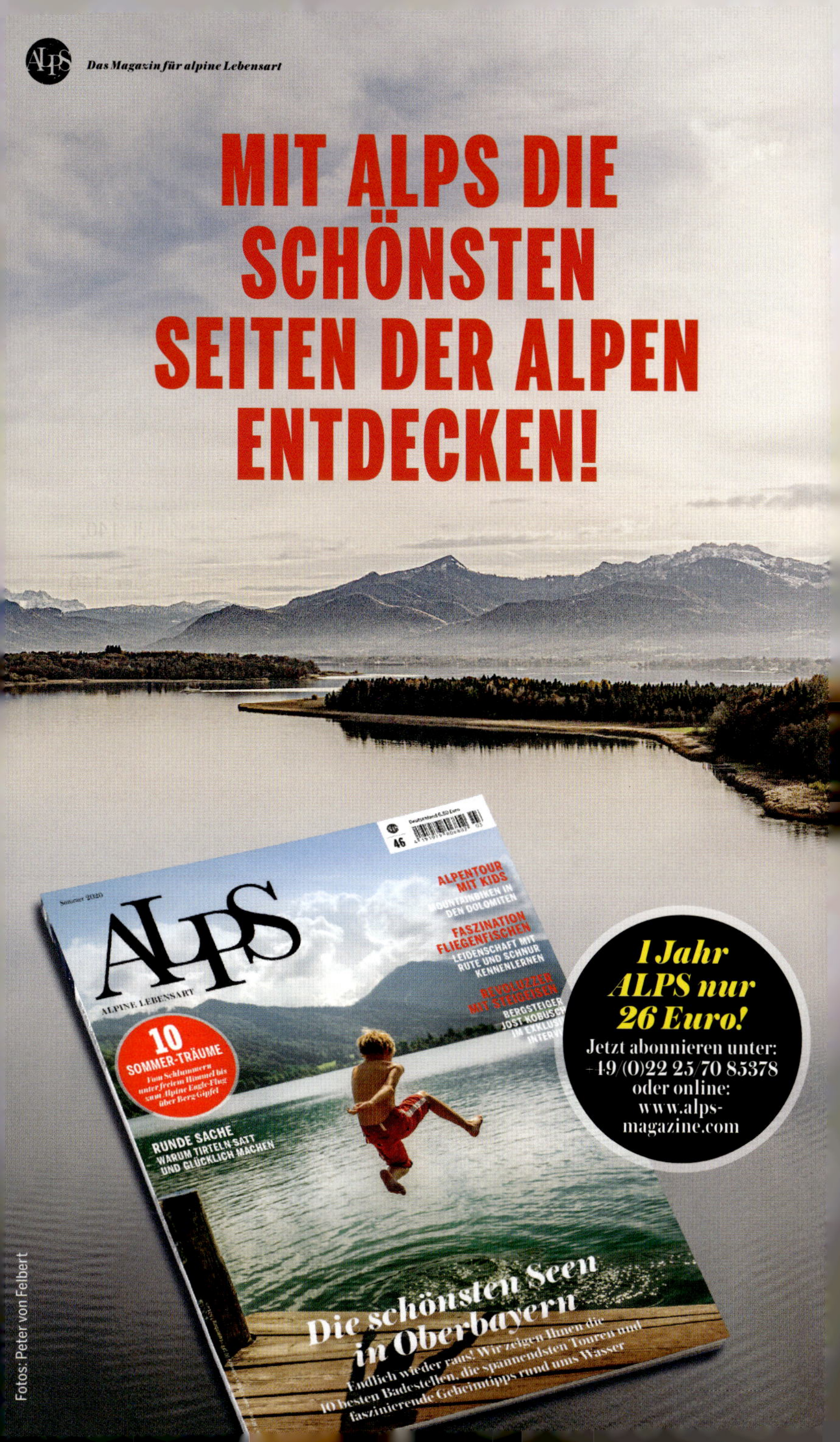
Das Magazin für alpine Lebensart
MIT ALPS DIE SCHÖNSTEN SEITEN DER ALPEN ENTDECKEN!
ALPS
ALPINE LEBENSART
ALPENTOUR MIT KIDS
MOUNTAINBIKEN IN DEN DOLOMITEN
FASZINATION FLIEGENFISCHEN
LEIDENSCHAFT MIT RUTE UND SCHNUR KENNENLERNEN
REVOLUZZER MIT STEIGEISEN
10 SOMMER-TRÄUME
RUNDE SACHE
WARUM TIRTELN SATT UND GLÜCKLICH MACHEN
Die schönsten Seen in Oberbayern
1 Jahr ALPS nur 26 Euro!
Jetzt abonnieren unter: +49/(0)22 25/70 85378 oder online: www.alps-magazine.com
Fotos: Peter von Felbert

Impressum

Titelbild:
Aussichtsterrasse auf der Neuen Thüringer Hütte (Tour 11).

Bild Seite 1:
Gleiwitzer Hütte mit Hohem Tenn (Tour 14).

Alle Fotos stammen von Thomas Man und Bernhard Kern – außer: Seite 52 (Oliver Schreier) und Seite 88 (Gaby und Hans Wölfler).

Der Autor:
Thomas Man, geboren 1965, erlebte seine Kindheit in den Pinzgauer Bergen. Seit 1985 lebt er mit Familie im niederösterreichischen Weinviertel. Er war viele Jahre im Außendienst als Prüforgan im Österreichischen Bundesministerium für Land- und Forstwirtschaft, Umwelt und Wasserwirtschaft. Er ist begeisterter Bergsteiger und Skifahrer, absolvierte leichte Klettereien in den niederösterreichischen Voralpen, viele Klettersteige und Almwanderungen in Salzburg, Tirol und Niederösterreich. Als geprüfter Tourenführer leitet er Wanderungen in Österreich und Deutschland.

Kartografie:
Wanderkarten im Maßstab 1:50.000 und 1:75.000
sowie Übersichtskarten im Maßstab 1:650.000 und 1:2.000.000

3., aktualisierte Auflage 2021

ISBN 978-3-7633-3055-3

FSC MIX
Papier aus verantwortungsvollen Quellen
FSC® C021956
www.fsc.org

Liebe Bergfreunde!
Alle Angaben dieses Buches wurden vom Autor nach bestem Wissen recherchiert und vom Verlag mit größtmöglicher Sorgfalt überprüft. Für die Richtigkeit der Angaben kann jedoch – soweit gesetzlich zulässig – keine Haftung übernommen werden.
Wir bitten dafür um Verständnis und freuen uns über jede Anregung und Berichtigung zu diesem Rother Wanderbuch:

Rother Bergverlag · Keltenring 17 · D-82041 Oberhaching
Tel. +49 89 60 86 69-0 · Fax 60 86 69 69
E-Mail: leserzuschrift@rother.de
Besuchen Sie uns im Internet: www.rother.de